FIFTEEN LECTURES ON ANCIENT AND MEDIEVAL PHILOSOPHY

古代中世纪哲学十五讲

上

吴天岳 / 著

北京大学出版社
PEKING UNIVERSITY PRESS

图书在版编目（CIP）数据

古代中世纪哲学十五讲：上下 / 吴天岳著. —北京：北京大学出版社，2023.3
ISBN 978-7-301-33735-6

Ⅰ. ①古… Ⅱ. ①吴… Ⅲ. ①中世纪哲学－哲学史－西方国家 ②古代哲学－哲学史－西方国家 Ⅳ. ① B5

中国国家版本馆 CIP 数据核字（2023）第 025562 号

书　　名 古代中世纪哲学十五讲（上下）
GUDAI ZHONGSHIJI ZHEXUE SHIWU JIANG（SHANGXIA）
著作责任者 吴天岳 著
责任编辑 王晨玉　田　炜
标准书号 ISBN 978-7-301-33735-6
出版发行 北京大学出版社
地　　址 北京市海淀区成府路 205 号　100871
网　　址 http://www.pup.cn　　新浪微博：@ 北京大学出版社
电子信箱 pkuwsz@126.com
电　　话 邮购部 010-62752015 发行部 010-62750672 编辑部 010-62752025
印 刷 者 北京中科印刷有限公司
经 销 者 新华书店
710 毫米 ×1000 毫米　16 开本　46 印张　768 千字
2023 年 3 月第 1 版　2023 年 5 月第 2 次印刷
定　　价 268.00 元（上下）

献给我的父母

《皇家诗歌：普拉托市致安茹的罗伯特》(约 1335 年)，大英图书馆。此图为哲学女神 (Phylosophya)。

目　录

CONTENTS

（上）

（下）

前 言

FOREWORD

本书写给所有对哲学及其历史有严肃兴趣的读者。它邀请愿意同伟大哲学家一起思考的读者返回哲思发生的历史现场，一起穿越从哲学发端到经院哲学成熟近两千年的历史，一起面对艰深复杂但又与所有理性思考者的困惑息息相关的哲学问题，大至宇宙的本原，小至个体的决定。这不是一次朝圣之旅，而是一次致敬之旅。流行乐手常常用翻唱的方式向他们的偶像致敬，但最动人的翻唱从来不是单纯的模仿，而是忠于原曲精神的创造性表达。同样，向哲学家致敬的最佳方式就是接受他们的对话邀请，用他们情有独钟的反思批判性地考察他们自己的思考和论证，而不是鹦鹉学舌般地售卖现成的结论或所谓金句。当然，批判的目的不是为了摧毁，而是为了更好地重建，为了真正同情地理解古人的洞见所包含的历史穿透力，而不是廉价地顶礼膜拜和自我感动。这注定是一次艰辛的旅程，它不需要太多的知识储备，但要求对于理性思考本身的真正热爱。

要真正从一次思想的旅程中获益，光有说走就走的一腔热忱当然不够。在奔赴古人的思想盛宴之前，首先需要对当地的风土人情有充分的了解，尤其是在遥远而陌生的异国他乡。更重要的是，简单地报菜名或罗列菜品的原料显然只会辜负美食，不深入烹调的细节，只能入宝山而空回。

要了解异乡风情，图像无疑是最直接和最有冲击力的方式。本书为此精心挑选300幅插图（含少量图表），尽可能选择近代以前的视觉图像，尤其是与相关哲学思考同期的艺术作品，或展示历史语境，或将抽象的哲思具象化，希望不仅能缓解漫长旅程中的疲惫，而且能以左图右史的方式消除跨文化之旅的陌生感，构造一个具体可感的古代思想世界。每幅插图均附简单说明，方便读者将它们看作一部相对独立的古代中世纪哲学图像史。

真正的美食家未必是大厨，但一定深谙烹饪之道，尤其是关键性的细节。

要深入古人哲思的细节，传统教材的写法没法满足我们的需求。本书正文部分不追求面面俱到地展示近代以前的哲学成就，而是尝试通过精心选择的论题，在概论式教材止步之处，通过细致的命题分析和论证重构来展示缜密的哲学思考。本书虽然面向没有哲学知识背景的初学者，但不避讳晦涩难解的哲学难题。不敢说做到了深入浅出，但力求每一个概念清清白白，每一步推导即使有错也错得清清楚楚，尤其期待激发同行者自我探索的热情，因此在不少章节的讨论中，提出的问题会比解决的要多。

任何游记或旅行指南都有一叶障目的危险，再好的导游也难免沉溺于自我表演。为更好地帮助读者全面而深入地欣赏近代以前的哲学风景，每讲之后附有书目。其中，“阅读材料”部分提供最低限度的必读文本，包含原始文献和综述，建议在正文前阅读。一是期望读者能直接面对真正的历史文本，而不是单纯依赖本书的转述；二是希望相关概论式教材章节能有提纲挈领之效，以免读者迷失在正文的细节赏析中。“进一步阅读指南”部分则为两部分读者服务，一是期待对所讲哲学家或哲学论题有进一步了解的初学者，尤其是希望能进一步独立探索的读者，为他们提供适合入门的词条和导论性著作；二是立志以哲学为业尤其是以近代以前的哲学史研究为业的读者，为他们提供经过筛选的经典著作和最新专著。此外，本书呈现的学界主流主张，也非常依赖这些论述。为了行文流畅，正文中只做了最低限度的注释，挂一漏万，这些书目可作为补充。本书最后附有概念对译表，提供核心概念的原文和英译文，方便读者查对和重新规划自己的旅程。

行囊已备，借用苏格拉底在《理想国》结尾时的祝福：“就这样，不论在此世此岸还是在那我们已经说过的千年的旅程中，我们顺利前行。”（10.621d2-3）

吴天岳

2022年11月19日于马连洼

第一讲

赫拉克利特与巴门尼德论运动与存在

这是一段哲学的历史旅程，从它在古希腊的发端到中世纪经院哲学盛期，贯穿西方哲学近两千年的发展。

与其他学科史不同，哲学史首先是哲学，因为哲学史研究的对象首先并非历史上现成的概念、结论和主张，而是仍然能被我们理解的哲思活动本身。借用古典学家维拉莫维茨的名言："要让古人开口，我们必须以自己的鲜血饲之。"[1] 掩藏在历史残卷下的哲思，只有通过当下的重构和解释工作，才能进入哲学史研究的视野。与此同时，我们愿意不辞劳苦，穿越重重的历史壁障，最终也是

[1] 转引自伯纳德·威廉斯：《羞耻与必然性》（第二版），吴天岳译，北京：北京大学出版社，2021 年，第 24 页。

图 1.1　拉斐尔《雅典学园》湿壁画（1509—1511 年），梵蒂冈博物馆。壁画所属的签字厅很可能是教宗尤利乌斯二世的私人图书馆，而教宗本人也很可能是这幅壁画主题和人物的设计者。当然，也有学者认为拉斐尔得到当时教廷中人文主义者的指导。

为了推进当下的哲思：和其他学科不同，哲学必须将自身的历史也作为研究和反思的对象，从自身的历史过往中开拓新的思考资源。因此，作为哲学的子学科，哲学史应当以哲学反思为前提和目的，通过与前人的哲学对话来进入我们的哲学生活，而不是单纯地满足我们对于一个学科发展历程的历史好奇心。

与其他哲学研究进路不同，哲学史仍然是历史，它不是简单地将我们当下的哲学关注投射到历史文本上，因为这不过是给当下的哲学思考穿上了历史的伪装，对我们当下的哲学生活不会有任何新的贡献。因此，只有通过忠实于历史语境的哲学重构和解读，哲学史才有可能对我们的哲学生活做出它所独有的贡献，也就是展示另一种哲学生活的可能性。[1]

哲学史既是理论反思，也是历史研究，它注定是困难的。在回到哲学在近代以前的发展之前，我们有必要对哲学史研究的方法论做些初步的反思。

[1]　参见拙文《向哲学史说是》，载《外国哲学》总第 29 辑，北京：商务印书馆，2015 年，第 20—31 页。

图 1.2　拉斐尔《圣事的争论》湿壁画（1509—1511 年），梵蒂冈博物馆。

一、哲学史方法论反思

1. 哲学史的讲法："数人头"与论题至上

首先要谈的是哲学史的讲法或线索，其中最常见的是"数人头"和论题至上的讲法，而拉斐尔的两幅名画刚巧可以帮助我们理解它们间的差异。

第一幅是大家熟悉的《雅典学园》（图 1.1），这是拉斐尔为梵蒂冈签字大厅所做的巨幅壁画之一。它展示的是文艺复兴时期受过良好教育的人对哲学这门学科的理解，不同时期的古代哲学家汇聚在一座想象中的哲学殿堂，有众人皆知的柏拉图、亚里士多德、苏格拉底，有本讲要讨论的赫拉克利特、巴门尼德、毕达哥拉斯，甚至还有著名的古代科学家托勒密和欧几里得。

就像《雅典学园》一样，很多传统的哲学史也采用这种以重要哲学家为核心的方式来"数人头"，按年代先后顺序，依次讲述他们的生平著作和思想，尤其关注哲学家之间的相互影响，着力于全面展示他们曾有的历史贡献。"数人头"讲法的好处是历史线索清晰，在具体的历史语境中理解过往的哲思，危险则在于容易让哲学论证被历史叙事淹没，常常因为面面俱到而浅尝辄止，难以展示古人哲思的复杂和深度。

第二幅画名为《圣事的争论》（图 1.2），它同在签字大厅，正对《雅典学园》。拉斐尔借它展示同时代人对神学的理解。和《雅典学园》不同，这里关心的并不是神学史上的核心人物，而是一个核心论题，即在圣事礼或圣餐礼中，人们所崇拜的饼和酒，是不是实实在在地变成了基督的身体和血。利用这样一个核心论题，拉斐尔将不同时期的重要神学家聚集在一起，我们可以看到奥古斯丁、托马斯·阿奎那、波拿文都拉，甚至还有但丁。

与“数人头”的哲学史不同，这种论题至上的讲法，是以重要哲学问题为线索，在现代哲学学科分支框架下展示过往哲学家在同一问题域的贡献，例如形而上学、知识论、伦理学、自然哲学等。它的好处是直面理论问题本身，通过论证重构的方式与古代哲学家深度对话，危险则在于见木不见林，在聚焦具体问题时，将古人独特的哲思同他们宏大的思想史背景中剥离开来，看不到它所具有的历史特性，甚至于简单地用所谓的后见之明，把当下人的主张置于古人之口。

考虑到哲学史作为哲学子学科的特性，一种理想的哲学史，应该把上述两种讲法的优点结合起来，一方面保持对历史语境的敏感，另一方面又保持对论证本身的关注。因此，在接下来的旅程中，我们一方面侧重梳理哲学思考发展的脉络，依次介绍重要的哲学家和哲学流派，以柏拉图、亚里士多德、阿奎那等为核心；另一方面，在具体的展示中拒绝面面俱到的传统做法，而是聚焦他们思想中最有原创性的一两个侧面，关注几个核心论题和论证，在澄清基本历史背景的基础上，不怕繁琐，一步步重构命题推演，展示如何具体分析和批判古人的论证，引导读者进入作为哲学的哲学史。在专题选择上，注重全面覆盖逻辑学（含语言哲学）、自然哲学、形而上学、心灵哲学、知识论、伦理学、行动哲学、政治哲学、宗教哲学等各分支领域，展示各分支核心问题的历史由来，让这趟哲学史旅行也可以成为一部史料主导的哲学导论。当然，这样的做法是否有效，自然有待旅行者的检验。

2. 哲学立场引导的哲学史观

关于哲学史方法论的思考，想说的第二点是：人们对哲学的理解，塑造着他们的哲学史观。什么样的哲学家能进入哲学的殿堂？什么样的哲学问题能成为哲学史研究的焦点？这些都取决于哲学史的书写者如何理解哲学是什么。

拉斐尔和他的同时代人也不例外。让我们回到《雅典学园》中的一个重要细节（图1.3）：画面的中央是柏拉图和亚里士多德——这丝毫不让人意外，他们几乎在所有时代都被看作古希腊最伟大的哲学家——他们手中各拿一本书作为自己的代表作：柏拉图的是《蒂迈欧篇》，而亚里士多德的则是《伦理学》。这样的选择多少让我们吃惊，因为我们更熟悉作为《理想国》作者的柏拉图，而亚里士多德的逻辑学和形而上学的成就，更被当代的哲学史家称道。拉斐尔的选择，甚至也不同于他之前的中世纪经院学者：在那个时代，亚里士多德也首先被看作伟大的形而上学家，而柏拉图的名字虽然仍被推崇，他的著作却很少被人提及。那么，拉斐尔为什么会做出这样的选择呢？

图1.3　拉斐尔《雅典学园》局部：柏拉图与亚里士多德。

图1.4　拉斐尔《哲学女神》天顶画（1509—1511年），梵蒂冈博物馆。

同一间签字大厅的天花板上，一幅哲学女神画像（图1.4）对我们的问题做出了回答：哲学女神的两侧有两块小黑板，上面的拉丁语写着 *Causarum cognitio*，“认识原因”，这被看作哲学的根本目的。哲学要让我们理解事物的因果关系，而这里的事物不仅仅指自然物。这从哲学女神手中的两本书可以看出来：一册是“道德哲学（*Moralis*）”，另一册则是“自然哲学（*Naturalis*）”。在拉斐尔和他的同代人，尤其是人文主义者看来，哲学最重要的就是这样两个分支：一是对人与人之间关系的研究，即道德哲学，一是对人之外的自然界的因果解释，即自然哲学。此时我们就不难理解拉斐尔为什么会选择柏拉图的《蒂迈欧篇》，因为在这篇对话中，柏拉图少有地谈到了他对自然万物的哲学理解，而亚里士多德的《尼各马可伦理学》自 13 世纪被完整译为拉丁语以后，就被看作道德哲学的典范之作。

我们今天重新探索哲学发展的最初历程，也和拉斐尔以及他同时代的人文主义者一样，非常依赖我们自己对于哲学是什么的理解，这是我们穿越历史的理论出发点。当然，这个理论出发点也可能成为理论偏见的来源。就像拉斐尔自己对哲学历史的理解，受限于他同时代的人文主义者一样，我们对西方哲学历史的重构，也会受制于当下对哲学的流俗理解。要平衡这种偏见可能带来的误差，就需要回到哲学的历史语境中，去考察过往的哲学家如何理解自身，如何理解哲学这门学科。在这个意义上，我们也可以更好地理解哲学是如何起源的。

二、哲学的起源

按照传统的说法，哲学诞生于公元前 585 年 5 月 28 日，因为这一天米利都人泰勒斯预言的日食发生了（图 1.5）。米利都在爱琴海东岸，今天的土耳其境内，当时是希腊人的一块殖民地，一个独立的城邦。这一天被看作哲学的生日，更多是因为泰勒斯本人。他被称作第一个哲学家，按照亚里士多德的说法，因为他发明了一种全新的谈论自然的“原因和本原”的方式。这种谈论方式被广泛接受，传播到希腊文明的其他地区：不仅包括米利都附近的厄弗所、希腊本土的雅典，还有其他希腊城邦的殖民地，例如今天意大利境内的埃利亚和西西里岛。哲学就此在希腊语世界扎根。

一个几乎和哲学本身同样古老的问题是：为什么是希腊？希腊人有他们自己的说法：例如哲学起源于闲暇，摆脱了体力劳动和日常所需的希腊闲人才有精力专注于哲学的研究；又如哲学起源于惊异或好奇，古希腊先贤对自然界规律现象的强烈好奇心，推动着他们去探询它们的本原。今天的历史学家更多会考虑古希腊文明的外在特征，来解释哲学为什么会在此地发生：他们往往会提到希腊发达的航海业，强调希腊作为海洋文明的开放性特征；也有人也会突出政治方面的因素，例如特殊的城邦制度，尤其是民主制度；当然，还有人会提到希腊人特殊的多神教信仰等。毫无疑问，哲学作为人们在历史中的实践，当然会受到这些历史因素的影响。但另一方面，如果哲学的本性是由这些历史中的或然性因素决定的，那么，它就很难成长为一个被有理性的思考者普遍接受的知识学科。

图 1.5　奥古斯丁《上帝之城》抄本（约 1475 年），海牙荷兰皇家图书馆。奥古斯丁提到毕达哥拉斯（右侧讲者）是第一个自称哲学家的人，而泰勒斯（左上丈量太阳者）则以他预言日食和月食的能力著称。（《上帝之城》8.2）

在谈到哲学起源时，我们可能需要更多地考虑哲学的内部特征，根据历史文献来考察究竟是哪些人在当时被称为哲学家？古希腊人是如何理解一个哲学家的工作的？古希腊哲学家的工作有什么特点能把它和其他思想和实践的方式区别开来？

1. “哲学家”一词的起源与哲学的发明

据说最早自称为哲学家的是毕达哥拉斯（约前 570—前 490 年）（图 1.6）：

> 在被弗琉斯（Phlious）的僭主莱昂（Leon）问到他是谁时，〔毕达哥拉斯〕说：“一个哲学家（*philosophos*）。”他将人生比作集会，来参加集会的，有的是为了竞赛，有的是为了生意，但最好的是为了观看，人生也是如此，有的人天生奴性，追逐名和利，而哲学家则追寻真理。[1]

在毕达哥拉斯看来，哲学家选择了最好的生活方式，因为他们追求的既不是世俗的荣誉，也不是物质的利益，而是真理或真相。希腊的哲人从一开始，就把他们的哲学活动和对真理的追求联系在一起：哲学家们首先是真理的观看者和追寻者。

我们都知道哲学或“philosophia”一词在古希腊语中指“爱智慧”。这里所说的“智慧”或“Sophia”含义非常广泛，它可以泛指一切和人、神有关的知识，也可以指一种卓越的生活态度，一种实践的智慧。重要的是，“爱智慧”和“智慧”有着本质的区别：智慧是一种现成的、已经实现的、不变的洞察，不管是理论上的顿悟，还是实践中的洞见都是如此；爱智慧则是对于这样一种心智状态的追求，它始终是有待实现的，总要通过研究和论证，来确保爱智者不断接近真理和智慧本身。在下一讲中，我们会进一步介绍苏格拉底和柏拉图对于爱智者和智者的区别。[2]

这里需要强调的是，通过爱智慧这样一种独特的求知方式，哲学作品同希腊早期乃至其他文明传统中的智慧文学（Wisdom literature）区别开来。智慧文学是源自古代近东的一种文体，由智者和圣人关于自然、人生和神祇的训导构成。希伯来语《圣经》中收录了不少智慧文学的杰作，如《箴言篇》《训道篇》

[1] 第欧根尼·拉尔修：《名哲言行录》8.1.8。本书引用译文，除特别注明外，均由作者自原文译出。其中，“〔 〕”中的短语为原文所无，由译者根据文意补充，以方便理解。为方便不熟悉希腊字母的读者，希腊文采用美国图书馆协会与国会图书馆建议的方式（ALA-LC）进行拉丁转写，在不影响理解时取其词典形式。

[2] 见本书 2.2.1（指本书第二讲第二节第一条，下同，不另说明）。

图 1.6　乔尔乔内《三个哲学家》油画（约 1505—1509 年），维也纳艺术史博物馆。一种解释认为，手拿直角三角板的年轻人是毕达哥拉斯，身旁的是他的老师锡罗斯的斐瑞刻德斯（Phrecedes of Syros）和泰勒斯。

《智慧篇》等，而希腊人也借助赫西俄德的《工作与时日》《神谱》等著作传承他们对人生和宇宙的洞察。但是哲学与它们有本质的不同：哲学的精神不在于训导知识、传承智慧，而在于探索和反思。

亚里士多德在回顾之前的希腊哲学时，给了早期哲学家们一个特别的称号"physikoi"，"研究自然的人"。[1] 这个词源自希腊语"physis"，在早期哲学家那里，它既可以指自然界整体，也可以指自然界中事物的生成变化，同时还可以指可见的自然现象背后的自然本性。对于自然界以及它所包含的自然物的变化进行深层解释，探究其本原，这就是哲学先驱们的首要工作。早期的哲学家们所从事的工作就是探究自然（peri physeos historia），尤其是其中的变化和原因。

[1]　亚里士多德：《物理学》1.2 184b15-17。

但是，不应忽视的是，传统的宗教信仰和神话，也尝试对世界的产生和变化做出系统的解释，例如我们熟悉的各种创世传说。一个老生常谈的问题是：怎么将哲学有关自然的谈论和其他话语体系区别开来？它的答案也同样经典：哲学话语提供的是 logos，而宗教和神话产出的则是 mythos。

我们要注意，这两个希腊词并不像它们衍生出的现代词汇那样截然对立：一个是逻辑缜密的理性论述，另一个则是荒诞不稽的神话。在古希腊语中，它们都可以指一种话语、一个说法或者一段故事。不仅我们今天会读到巴门尼德要讲一个 mythos，柏拉图的《理想国》也会混用“mythos”和“logos”。由此可见，单纯的词源学考察，并不足以揭示用“logos”所概括的哲学的特性。我们需要更加细致地考察早期自然哲学家们的工作，深入考察哲学作为一种独特话语体系的基本特质，以及它是如何诞生的。

首先要提到的是英国学者劳埃德谈到希腊科学起源时一个著名的说法：“自然的发现。”他强调希腊人区分自然和超自然：尽管他们不否认神的存在，但并不认为神会以违背自然法则的方式干预自然。希腊人更愿意强调自然界受其内在本原支配，包含着可以查明的因果法则。[1] 在某种意义上，我们可以把早期哲学家称为“自然主义者”。他们相信自然界的一切并非偶然的结果，也不是混沌一片，而是包含内在的秩序。希腊人创造了“kosmos”一词既指宇宙整体，也指它内部的秩序，并且坚信这一秩序对我们来说是可以认知的。

其次，早期哲学家在对自然的探究中，发明或创造性地诠释了一些传统词汇，使它们得以成为严格的哲学术语，尝试对纷繁复杂的自然现象给出内在的、系统的解释。例如我们已经提到的“physis”和“kosmos”，再如“aitia”，我们今天通常把它翻译成“原因”，但它可以更宽泛地指“合乎理性的解释”“理由”等。我们后面在有关亚里士多德四因说的解释中会进一步探讨这个术语的哲学内涵。[2] 这些术语成为早期哲学家的重要理论工具，帮助他们对自然界的深层变化给出界定清晰的描述和解释。[3]

[1] 杰弗里·劳埃德：《希腊科学》，张卜天译，北京：商务印书馆，2021 年，第 16 页。

[2] 见本书 5.3.2。

[3] 参见 Jonathan Barnes, *Early Greek Philosophy*, London: Penguin Books, 1987, pp. 18 22。

再次，早期哲学家的解释，往往遵循经济的原则，尽可能诉诸少数几个本原来解释杂多的现象。神话也会对自然现象给出解释，但总是不断引入新的神祇或传说来解释一个新现象的发生，而不是坚守少数几个普遍适用的法则。例如泰勒斯强调水是万物的本原，阿那克西美尼则会提到气，恩培多克勒等人则提到水、火、土、气四个基本元素等。

最后，早期哲学家对于传统的解释，或者说现成的说法，总是抱持批判性的态度。它旗帜鲜明地表明，希腊哲学不是在传承什么知识和智慧，而是在尝试用理性的方法去探讨能够得到辩护的说法。早期哲学家也因此很少是独断论者，而总是强调通过合理的推理来达到结论。[1]

上述四种特征，其实都浓缩在希腊语“logos”这个概念的丰富内涵中。其中四个含义尤其值得关注：（a）我们的语词、言辞或其中包含的说法或解释；（b）能够给出一种合理的说法的能力，引申为一般的理性能力；（c）推理过程，也就是我们运用理性能力来给出一个说法的过程；（d）支配事物变化的原则，它可以成为我们理性认识和谈论的对象。为了保持这个概念的多义性，我们将它音译为“逻格斯”。在它的众多含义中，“合理的说法”是核心，它将我们的语言、心灵和世界勾连起来，而这一三重关联将成为我们理解西方哲学传统的重要线索。

2. 伊奥尼亚学派

在进入本讲的主角赫拉克利特和巴门尼德之前，我们非常简单地介绍一下刚才已经谈到的泰勒斯和他所属的伊奥尼亚学派，以及毕达哥拉斯和他的追随者们的工作。

米利都人泰勒斯（约前 620—前 546 年）的生平我们知之不多，人们往往会提起柏拉图在《泰阿泰德篇》中写到的一个小故事，说泰勒斯太过专注于研究星空和天体，以至于不小心掉进了坑里，他身旁的色雷斯少女嘲笑他太专注于

[1] 参见 Maria Michela Sassi, *The Beginnings of Philosophy in Greece*, Princeton & Oxford: Princeton University Press, 2018, xvi。

图 1.7 约翰·坦尼尔《跌入井中的天文学家》版画，出自 Thomas James, *Aesop's Fables: A New Version, Chiefly from Original Sources*, Illustrated by John Tenniel, London: J. Murray, 1848, p. 216。

云上的事情，以至于看不见脚下的大地（图 1.7）。[1] 这个故事自然有不同的讲法：一方面，它提醒哲学家们在关注抽象的概念和理论反思的同时，也要留心眼前的世界和它所面临的具体的、实践的问题；另一方面，它也展示出，哲学这种特殊的思考方式和人们的日常生活如此不同，以至于很难被普通民众理解。

至于泰勒斯的哲学主张，非常遗憾，只有两个残篇可以确切无疑地归在他的名下。一个残篇断言："水是万物的本原。"[2] 本原（archē）是希腊自然哲学和形而上学的核心概念，它既指事物在时间上的开端，也指支配一个事物运动变化的法则，或对于运动变化的解释。泰勒斯认为水可以解释这一切。这是一个不明觉厉，但显然唯物论色彩浓郁的自然主义主张。

但另一个残篇的气质则大为不同："万物充满了神。"这里的"神"，至少按照亚里士多德的说法，实际上指的是灵魂。[3] 所以他似乎又有一种万物有灵论的主张，认为所有的事物都被灵魂或生命的原则所支配。

泰勒斯原本的解释究竟如何，我们并不清楚。甚至离他并不久远的亚里士多德也只能猜测，泰勒斯之所以把水看作万物的本原，是因为万物都以湿的东西为养料，而热本身就是从湿气里产生的，热所从中产生的东西被看作万物的

[1] 柏拉图：《泰阿泰德篇》174a4-8。

[2] 亚里士多德：《形而上学》1.3 983b17-21。

[3] 亚里士多德：《论灵魂》1.5 411a7-8。

来源。此外，万物的种子也都有潮湿的本性，而水是潮湿本性的来源。[1] 至于作为本原的水和他所说的神或灵魂之间的关联，就更不可知了。亚里士多德说泰勒斯将灵魂看作运动的本原，因为他在观察到磁力吸附现象时断言磁石拥有灵魂。[2] 但我们并不清楚灵魂作为运动的本原究竟是一个独立的本原，还是水的另一种形态？西塞罗等后世作家持第一种主张，声称这里的灵魂指的是整个宇宙的心智，它从水中塑造万物。这听起来尽管不太可信，但至少解释了水为何能演化为万事万物不同的形态。[3]

因为泰勒斯留下的残篇实在太少，现代学界更愿意把阿那克西曼德（约前610—前 546 年）看作希腊早期自然哲学的缔造者。他的一个重要贡献，是开创了一种全新的文体——“论自然（*Peri physeos*）”，它成为早期哲学写作的范式。

阿那克西曼德又被称作“宇宙生成论（cosmogony）与宇宙论之父”（图 1.8）。在《论自然》中，他尝试对世界的深层变化给出一个自然主义的甚至是机械论的解释。例如，他认为我们不需要什么东西来支撑大地，大地就在整个宇宙的中央，它到其他所有事物都是等距的，所以没有没有任何事物可以推动大地朝向一个特殊的方向运动。[4]

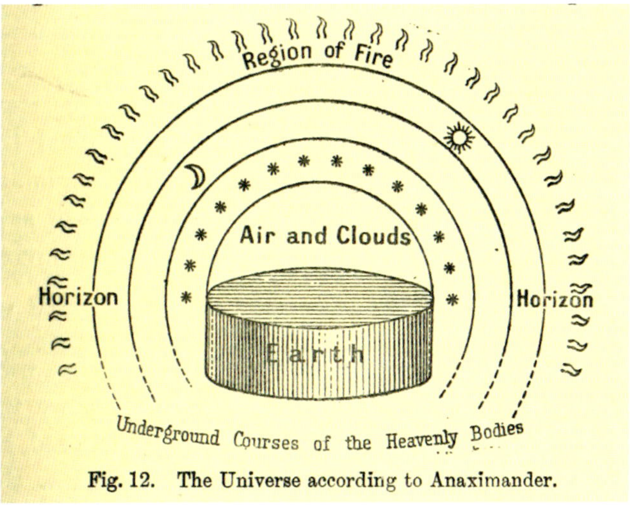

图 1.8 阿那克西曼德的宇宙，出自 M.A. Orr, *Dante and the Early Astronomers*, London: Gall and Inglis,1913, p. 59。

和泰勒斯不同，阿那克西曼德并没有把水或某种特殊的物质元素（例如阿那克西美尼的气）作为世界的本原，因为他认

[1] 亚里士多德：《形而上学》1.3 983b22-27。

[2] 亚里士多德：《论灵魂》1.2 405a19-21。

[3] 西塞罗 .《论众神的本性》1.10.25 （DK11 A23）。DK 这一缩写的含义，见本讲后的阅读指南。

[4] DK12 A11.

为这些物质元素由于自身的物理特性，就必然是确定的和有限的。而这样的元素难以解释自然界纷繁杂多，而且往往与之相对立的现象。例如用水来解释火就非常困难。

在阿那克西曼德看来，我们应该换一个方向来思考，认为世界的本原是永久持存的，在时间上没有限定，否则的话就没有办法解释在本原尚不存在的时间中出现的自然现象；与此同时，本原在空间上也应该没有限定，否则就没法包容万物；同时，本原也不应该有特定的性质，而是在整个时空中持存不变的事物。阿那克西曼德将它称之为“apeiron”，中文通常译为“不定”，但它也有“无限”“没有边界”等含义，只有通过它，我们才能理解自然界中的边界、事物的确定性质以及万物的生成变化。[1]

但是，“不定”作为对世界的解释，它是有缺陷的。按照流行的解释，它没有特定的性质。[2] 然而，我们所观察到的自然现象之所以能够被理解，恰恰是因为有特定的性质约束着它们的变化。阿那克西曼德显然也意识到了这一点，他认为要解释自然中的变化，尤其是包含着对立面的变化，除了“不定”这一消极本原之外，还需要引入更为积极的法则：

> 存在者从中生成之来源，也是其毁灭时的归宿，这根据的是必然性（chreōn），因为按照时间的安排，它们要为自己的不义彼此付出代价和补偿。[3]

这常常被称作“补偿原则”，它被用来解释自然界的具体运作：这个世界受到一些彼此对立的基本实体或性质的支配，例如水和火、冷和热、干和湿。如果这些对立面中有一方在某段时间占了支配地位，另一方在其他时间段中就需要得到补偿。例如夏天时热居于支配地位，到了冬季，就需要冷来占据支配地位作为补偿。

这是一个今天看起来非常幼稚和粗糙的自然法则。但需要强调的是，它首先并不是一个通过观察自然归纳得出的后天原则，而是哲学家在反思可以观察

---

[1] DK12 B2-3.

[2] 对“不定”一词的不同解释，见 Daniel Graham, *The Texts of Early Greek Philosophy*, Cambridge: Cambridge University Press, 2010, pp. 66-67。

[3] DK12 B1.

到的自然现象时，引入的一个约束自然变化的先天法则。因为阿那克西曼德明确地强调了这一切是出于“必然性”，而不是某种经验法则。此外，这个法则不仅仅描述自然事实，而且确定了世界的规范性秩序。通过“不义”“代价”“补偿”这些带有强烈价值色彩的词汇，阿那克西曼德表明：只有当自然受到这种补偿原则支配时，它才是一个好的、有序的、正义的世界。

通过引入“补偿原则”，阿那克西曼德试图利用某种先天的、具有必然约束力的法则来解释世界，这是早期哲学家一个了不起的尝试。也正是在这一点上，自然哲学家的工作和自然科学家的工作有了分别。我们稍后会回到早期哲学家所强调的“必然性”这一概念再做进一步解释。[1]

可以附带一提的是，阿那克西曼德也常被看作进化生物学之父，因为他提到了物种之间的演化。在他的宇宙生存论的模型中，物种并不是一成不变的，而是可以从水生到陆生演化。[2] 当然，这能不能理解成进化论的先驱，属于科学史而不是哲学史的领域。

3. 毕达哥拉斯及其追随者

之前提到毕达哥拉斯（约前 570—前 490 年）最早自称哲学家，但我们更熟悉他作为数学家的身份，以及被西方人称为毕达哥拉斯定理的勾股定理。

毕达哥拉斯的哲学主张确实和他的数学实践紧密结合。当伊奥尼亚的哲学家们尝试用自然元素解释宇宙的本性和生成变化时，毕达哥拉斯和他的追随者毫不犹豫地把数看作本原：

> 为了说明这一点，毕达哥拉斯派有时习惯于这样说：“万物皆与数相似。”有时则会以最自然哲学的方式发誓如下：“以将‘圣四（tetraktys）’——拥有永恒自然之根基的源泉——赐予我等者的名义〔发誓〕，绝不！”所谓“赐予我等者”，指的是毕达哥拉斯……而“圣四”则是一个数，它由前四个数构成，产生了最完满的数，也就是十，因为

[1] 见本书 1.3.4。

[2] DK12 A30.

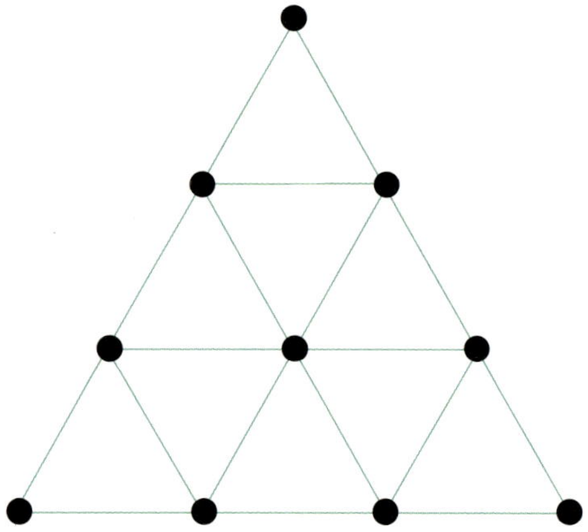

图 1.9　毕达哥拉斯派的圣四

1+2+3+4=10。[1]

在毕达哥拉斯的数学体系中，“四”具有非常重要的地位，被看作一切智慧的源泉。因为它不仅揭示了十进制中“十”这个完满数的来源，而且也展示出最基本的和谐比例关系：毕达哥拉斯认为四度、五度和八度是完美的协和音程，而其中八度的弦长比例是 2:1，五度是 3:2，而四度则是 4:3。所以，这三个最完满的和谐都可以还原为前四个自然数的比例关系。而整个天体的运行又似乎是在模仿音阶，天底下的万物无不包含着内在的比例关系。因此，前四个自然数组合而成的数与数的和谐，就构成了世界的本原。为此，毕达哥拉斯派生造了“圣四（tetraktys）”这个词，以及一个每条边由 4 个点构成的等边三角形（图 1.9）作为特殊的象征，来展示他们所理解的宇宙秩序。

当伊奥尼亚的哲学家们专注于世界的物质特性时，毕达哥拉斯选择了对世界的抽象刻画，用数来解释世界的变化。他把目光投向自然结构，后者通过数的方式呈现出来。这种对于内在结构与事物构成形式的思考，对后来的哲学家，特别是柏拉图产生了深远的影响。

毕达哥拉斯的灵魂转生学说对柏拉图影响也很大。他认为灵魂在死后只是离开我们的身体，但并不会随之灭亡，而是会重新投生到其他身体中，不止会

[1]　塞克斯都：《驳逻辑学家》1.7.94。

转生为人，也会变成其他动物。据说毕达哥拉斯曾经因一只狗被人抽打而痛哭，说那是他失散多年的好朋友。[1]

图 1.10　匿名法国画家《不要吃豆子》水彩（16 世纪初），美国国家美术馆。

此外，对于毕达哥拉斯派来说，哲学并不仅仅是一种知识或探究自然的方式，而首先是一种生活方式。毕达哥拉斯的追随者们，在严格的意义上构成了一个学派，甚至是一个宗教团体。他们有自己的学派礼仪，遵守一定的进食法则。在 16 世纪的这幅插图（图 1.10）中，毕达哥拉斯看到了豆子，连连摇手，因为他们学派拒绝进食豆子，这是一种宗教式的禁忌。这看起来像是哲学的倒退，但它同样生动地展示出早期哲学家们对于不可解释的事物所采取的应对方式。至于这样一种生活方式是不是合乎理性，我们需要在具体的历史语境中来思考和判断。

三、赫拉克利特论逻格斯与运动

接下来，我们将更加细致地解读赫拉克利特和巴门尼德留下的哲学思考。他们保存下来的残篇相对完整，可以从中重构出一些明确的哲学立场，甚至是

[1]　拉尔修：《名哲言行录》8.1.36。

最早的哲学论证。

赫拉克利特（约前535—前475年）（图1.11）出生于古代名城厄弗所，离米利都不远。他熟悉米利都哲学家们的工作，著作中包含着对早期思想家的激烈回应。但从根本上说，他是一个特立独行的哲学家，很难归入当时的任何一个哲学流派。

赫拉克利特的哲学写作也不走寻常路，并没有像阿那克西曼德和之后不少自然哲学家那样，采用专论的方式讨论自然变化的本原。他选择了格言体，有如神谕一般言简意赅，包含着刻意的模棱两可，留白解释空间。但与神谕不同，赫拉克利特的含混并不是要让人在面对不可知的未来灾难时陷入混乱，而是试图唤醒人们的良知和理性，去更深刻地理解现实的复杂。[1]

图1.11　亨德里克·特·布吕根《赫拉克利特》油画（1620年），阿姆斯特丹国家博物馆。文艺复兴以后的艺术传统中，赫拉克利特常被称为“哭泣的哲学家”，往往以悲伤的形象示人，愁眉紧锁，陷于沉思之中。

赫拉克利特的特立独行还表现在他哲学反思的对象上，和早期自然哲学家不同，他对人生有着强烈的理论兴趣，留下很多发人深思的警句。例如大家耳熟能详的：“人的性格即命运。”[2]这似乎在暗示，一个人特定的行为方式会决定他或她的遭遇，这是非常典型的赫拉克利特式表达。不过，

[1] Sassi, *The Beginnings of Philosophy in Greece,* pp. 105-106.

[2] DK22 B119.

这里的“命运（daimon）”一词在希腊语里，首先指的是个人的守护神。而人的性格和守护神之间会有什么样的关联，究竟是我们的性格决定了守护神的态度，还是守护神预先确定了我们的性格，其实并不清楚。尽管我们可以感受到修辞的强大力量，但它背后的理由是含混的，后人也因此将他称作“晦涩的赫拉克利特”。

有关赫拉克利特哲学的研究，在伦理和政治理论之外，主要集中在以下几个领域：（1）以逻格斯概念为核心的关于哲学方法论的反思；（2）对立统一原则，即同一个事物可以呈现相互矛盾的性质；（3）万物皆流学说，即所有事物都处于极端运动变化之中；（4）关于火的学说，尤其涉及它是不是世界的物质本原。

不过，一千个人眼中有一千个赫拉克利特。在有些学者眼中，他是一个自然主义者，和米利都的先行者一样，用火这一物质元素解释万物的生成和变化；而在另一些人看来，他是一个人文主义者，激烈地批评人们固有的风俗、政治和道德实践；有些人把他看作一个神秘主义者；另一些人则认为他是一个踏实的经验论者；有人认为他是一个唯物论一元论者；有人则认为他是最早的过程哲学家，并不希望把世界还原到某些静态的元素及其性质，而是认为构成自然的最基本要素就是不断生发的过程。

赫拉克利特本人推崇对立，而对他的思想的整体解释也处于巨大的张力中。我们接下来将通过具体残篇的分析，重新为这位晦涩而迷人的思想家画像。

1. 逻格斯悖论

尽管以晦涩著称，但和其他早期哲学家一样，赫拉克利特也强调要用理性的方式表达自己的主张。而一个理性表达的最小条件，是要让人理解：

> 博学并不教会人们理解，否则的话，它就已经教会了赫西俄德、毕达哥拉斯，也教会了色诺芬和赫克塔特乌斯。[1]

赫拉克利特罗列了一些他之前的哲学家、历史学家和神话学家，认为他们的著作

[1] DK22 B40.

图 1.12　乔瓦尼·科隆纳《史海》抄本（1447—1455 年），巴黎法国国家图书馆。左侧是德谟克利特自愿弄瞎双眼的传说，他坚信这可以让他的心灵之眼看透自然法则。右侧则是中世纪人文主义者想象的古代哲学家讨论的场景，右上角面对读者的四位自左至右依次是德谟克利特、赫拉克利特、阿那克萨戈拉和阿里斯提德(Aristides)。不过，对同行一向出言不逊的赫拉克利特大概不会是一个好的对谈者。

中并不包含理解（图 1.12）。而在他看来，哲学在追求真理和智慧的同时，必须要理解和把握它所获得的知识或智慧，而且是通过一种彻底反思的方式，达到对我们自己的一切经验和知识的根本理解。这一点充分体现在一系列有关逻格斯的残篇中。

> 你要是明智的话，就不听我，而听逻格斯，就会同意万物为一。[1]
>
> 尽管逻格斯是共同的，但大多数人却把思考（phronēsis）当自己私产一样活着。[2]

前面已经提到，在希腊语的日常使用中，逻格斯可以指个人的言语和说法，但这显然不是这里的用法，因为我的言辞和说法完全可以看作我的一部分或私

[1]　DK22 B50.

[2]　DK22 B2.

产。赫拉克利特试图向我们揭示逻格斯的一个重要特征：它是所有人共同分有的。不过，这里的表达有其含混之处：众人共有的可能是一种能力，比如逻格斯泛指的理性能力，但也可能是这一能力所把握的对象，因为逻格斯也可以指支配事物的内在法则。我倾向于前一种解释，因为与逻格斯相对立的是个人的思考。上述残篇向我们暗示的是，逻格斯的一个重要功能是使我们能够进行思考和理解。大多数人的错误不在于他们进行思考和理解，而是没有意识到思考和理解，并不是通过他们私己的经验，而是通过他们所分有的逻格斯或理性能力来实现的。在另一条残篇中，赫拉克利特直截了当地断言：

> 众人共有的就是思考（phroneein）。[1]

尽管逻辑上我们不能由此推出逻格斯就是思考，但它无疑提供了一个重要的理解线索。

赫拉克利特还进一步描述了众人共有的思考活动应当具有的特征：

> 所有人都分有的是认识他们自己与有节制的思考（sōphronein）。[2]

因此，逻格斯一方面应当是有节制的或合理的思考，需要遵循基本的思考法则；另一方面，它指向的对象首先不是外部世界，而是思考者自身，也就是一种自我知识。对希腊人来说，自我理解从一开始就是他们追求的一个核心目标。而逻格斯作为众人所共有的理性思考能力，可以通过合理的运作赋予人们自我知识。

在以上残篇中，赫拉克利特一方面强调逻格斯不是私人独有的，另一方面又强调我们的心灵所共有的思考能力，可以帮助我们更好地理解自己。这些都支持我们将逻格斯理解为人所共有的理性思考能力。但不容忽视的是，他在残篇中也明确指出，逻格斯会将我们导向一个特定的哲学主张："万物为一。"这个过于抽象的主张让人不明所以，需要进一步结合他的具体哲学主张来考察，但它指向的显然是外在世界，而不是心灵自身。

这也将我们导向理解赫拉克利特的逻格斯概念的一个核心困难或所谓的"逻

[1] DK22 B113.

[2] DK22 B116.

格斯悖论”：逻格斯可以指言辞和特定的理性能力，尤其是跟自我知识联系在一起的思考能力，它与**人的心智**相关；但与此同时，在某些残篇中，赫拉克利特似乎也用它来指某种独立于人的心灵而存在的**宇宙法则**，其中最为著名的是下面这条，它被认为是失传的《论自然》一书的开篇：

> 这逻格斯的存在（eon）永恒不被人们理解，既在他们听到它之前，也在他们刚听到它之后。这是因为，尽管万物的生成都依据逻格斯，但当我根据自然本性区分每个〔事物〕并说明各自的实情时，我所描述的言与行，他们听起来就像没有经验的人。而其他人察觉不到他们醒着时所做的一切，正如他们遗忘了他们睡着时所做的一切。[1]

这个残篇的第一句话非常难译，这里试图尽可能保存希腊文本的模棱两可和丰富的解释空间。正如亚里士多德已经注意到的，其中“永恒”这个副词，既可以修饰在它之前的“逻格斯的存在”，强调逻格斯是永恒的，也可以修饰它之后的“不被人们理解”，强调人们永远无法把握逻格斯的存在。[2] 赫拉克利特迷恋这种文字游戏。但不管哪一种解释，这里所说的逻格斯听起来都是独立于人的心智的存在。这在接下来的文本中得到进一步肯定：万事万物的发生都依赖逻格斯。解释者们也据此认为，至少在这个残篇中，赫拉克利特向我们暗示，逻格斯不仅仅与我们的言语和理性能力有关，而且是支配着事物生成变化的一个自然法则，应当从宇宙论或自然哲学的角度来加以刻画，例如此前所说的“万物为一”，就可以解释为万物都依据同一个逻格斯生成。而人们之所以不理解逻格斯，也不是出于某种语言和理性能力的障碍，更多的是出于对心灵之外世界的无知。

回到之前的讨论，当赫拉克利特说，我们要倾听逻格斯时，究竟是要倾听外在的自然法则，还是我们所共有的某种理性能力（例如良知）？两者都有可能，但还有第三条道路，即上述两种解释是可以调和的。因为作为宇宙法则的逻格斯也是人所共有的，而且当它被所有人共有时，它并不会向任何人掩藏自身。而这

[1] DK22 B1.

[2] 亚里士多德：《修辞学》3.5 1407b11-18。

一宇宙论的逻格斯的存在恰恰是我们有关语言之外的谈论得以具有意义的前提，因为它揭示出这个世界包含着可以理解的结构，而该结构本身是我们的语言和理性思考能力可以通达的，尽管我们由于缺乏必要的经验，往往不能理解它。

在有关逻格斯的方法论反思中，赫拉克利特不仅仅单纯利用希腊语“逻格斯”一词的多义性，而且试图展示其中所预设的基本哲学图景。当然，因为我们只能读到残篇，而且他习惯以格言体的方式写作，很难确切地重构他的思想。不过，在逻格斯的指引下，我们可以更好地理解他的实质性哲学主张。

2. 万物皆流？[1]

按照传统解释，赫拉克利特坚信（1）所有的事物都是火的不同呈现；（2）所有事物都像火一样处于永恒的运动变化之中，或者说处于流变中；（3）一个在流变中的事物，既是自身又不是自身，所以它本身就包含着对立面的并存或统一。[2] 这一解释传统源远流长，其中，万物皆流的说法（流变说）甚至可以上溯到希腊古典哲学时期，柏拉图就认为赫拉克利特描述的正是我们生活于其中的可感世界，它永远处于流变之中，我们的理性没法把握它，也无法从中获得具有普遍必然性的永恒知识。[3]

然而，以上主张看起来违背了我们的常识和基本的逻辑法则——例如无矛盾律——而且使得我们对于世界的知识成为不可能。这一后果会和我们有关逻格斯的解释发生直接冲突，因为赫拉克利特认为这个世界本身是有法则支配的，而且是可以通过理性的方式去把握的。

其次，流变说和对立统一说是相互冲突的。在赫拉克利特看来，动和静也是一组对立，也应该是统一的。他曾经宣称：

> 在变化中停息。[4]

[1] 本小节内容主要参考 Daniel W. Graham, “Heraclitus”, *The Stanford Encyclopedia of Philosophy* (Summer 2021 Edition), Edward N. Zalta (ed.), URL = 〈https://plato.stanford.edu/archives/sum2021/entries/heraclitus/〉（本书中所列的网站，均于 2023 年 1 月 16 日访问过，下同，不另说明）。

[2] 例如 Jonathan Barnes, *The Presocratic Philosophers*, revised edition, London: Routledge, 1982, esp. p. 45。

[3] 柏拉图：《克拉底鲁篇》402a8-10 = DK22 A6；《泰阿泰德篇》152d2-e8。

[4] DK22 B84a.

图 1.13 “阿克罗蒂里河”壁画（前 1650—前 1500 年）局部，圣托里尼。这或许是西方最早的风景画。

变与定、动与静总是相伴相生的，如果万物都在流变中，那么万物也同时都在静止中。如果对立统一成立的话，单单谈论流变就是在扭曲事物存在的方式。

传统解释所导致的这些后果，引导着我们重新思考赫拉克利特的主张。这是哲学史研究应当遵循的一个重要法则，即善意解释原则（charitable interpretation）：当发现某个特定的解释包含着逻辑矛盾或导出荒谬的结论时，我们就需要重新考量要解释的对象，尽力从它所立足的前提出发，遵循它所遵循的方法论原则，通过严密的论证，给出一个在符合文本精神基础上更为合理的解释。

所谓“流变说”认为万物皆流，像河水一样，永不停息地在变化。赫拉克利特有三个著名的残篇谈到了河流（图 1.13）的比喻：

> 总有不同的水流过那些踏进河流**同**一的人。[1]
>
> **同一条**河流，我们既踏入又不踏入，我们既存在（einai）又不存在。[2]
>
> 按照赫拉克利特的说法，不可能两次踏入**同一条**河流，或者两次接触〔同一〕状态下的一个可朽坏的实体。[3]

第一条河流残篇译文有意拗口，因为它最能体现赫拉克利特语带双关、信

[1] DK22 B12，黑体由引者所加，下同。

[2] DK22 B49a.

[3] DK22 B91a.

息密集的晦涩文风。原文中的“同一”既可以修饰踏进河流的人，也可以修饰河流本身。一种读法是：那些踏进河流的人，尽管河水在不断地变化，仍然是相同的人；另一种读法则是：当那些人踏进河流时，尽管后浪推前浪，河水始终在流动，但河流本身还是同一条河流。[1] 究竟哪一种解释更恰当，我们先暂且悬置。可以明确的是，无论哪种解释，都向我们表明：在河水的剧烈变化中，仍然有一些东西是保持同一的：或者是河流，或者是踏入河流中的人。

第二条河流残篇则包含着字面上的两组矛盾：踏入与不踏入，存在与不存在。它明确地违背了矛盾律，断言同一个行动者 S 可以在同一个时刻既进行又不进行行动 φ，而且未对这一矛盾现象进行任何解释。值得注意的是，和上一条残篇一样，它特意强调了我们作为行动者所面对的是同一条河流。

对于河流同一性的强调同样出现在最后一条残篇中。但麻烦的是，它和上一条没法同时成立。因为上一条在肯定我们不踏入河流的同时，也肯定了我们踏入同一条河流。既然能踏入一次，自然也能踏入两次。但最后一条明确地否认这一点，它的理由或许是河流作为可以朽坏的或者流变中的事物，它在我们两次尝试踏入时处于不同的状态。出于善意解释的原则，如果我们不认为赫拉克利特的思想前后不融贯，就需要指出哪一条残篇并非他自己的主张。从史料的角度看，第三条残篇更像是在转述而不是引用赫拉克利特的著作，而其他两条残篇根本没有提及“两次”，更重要的是，它将我们不能两次踏入同一条河流的理由归于河流本身状态的不同，这就很难解释为什么在不同状态中的河流仍然是同一条河流。相较而言，前两条残篇更有可能直接引自赫拉克利特自己的著作。

重新回到刚才对第一条河流残篇的解释，我们就会发现：赫拉克利特所强调的，与其说是河流的流变，不如说是河流的自我同一。他在这里实际上暗示了河流和水的一个重要区别。作为一种水体，河流和池塘、湖泊、大海的区别恰恰在于构成河流的水始终是流动的，否则它就会变成湖泊或者干涸的河床。因此，在第一条河流残篇中，赫拉克利特要展示的正是：在这样一种水体构成的不断变化中，河流却是同一的。我们作为踏入河流者，在所接触的对象的不

[1] Graham, *The Texts of Early Greek Philosophy*, p. 190.

断变化中，也是同一的。赫拉克利特更想要表达的是变中的不变，而不是一种极端的流变说。这一非传统解释恰好照应了我们之前提到的另一条残篇：“在变化中停息。”一个事物可以通过它自己的不断变化来保持休止；而河流恰好就是这样的事物，因为只有当它始终奔腾不息的时候，它才是河流，它才会在本体论上处于不变的、休止的状态。而有生命的事物，也需要在体液的流动中维持生命，保持同一。

再回到第二条河流残篇，它的关注点其实不在河流，而在于“我们”，在于我们作为行动者所身处的对立状态，这将我们指向赫拉克利特传统解读的另一个教条，即对立统一原则。

3. 对立面的统一

赫拉克利特所说的对立面的统一，传统上被认为像第二条河流残篇一样公然违背无矛盾律。[1] 但这显然不适用所有以对立面为主题的残篇，例如下面这条：

> 在〔身体〕里，那活着的和那死去的、那醒着的和那睡着的、那年轻的和那衰老的是相同的。因为前者换了位就成了后者，后者再换回来就成了前者。[2]

这一段所描述的，既不是生和死这样的对立面是同一回事，也不是同一个事物在同一个时刻可以既年轻又衰老，而是将对立面看成了可以相互转化的两个极端。对立面之间的转化是以拥有这两个极端性质的同一个事物为中介的，而这个事物（例如赫拉克利特本人）之所以能实现在对立面之间的转化，是因为它在时间中发生变化，在不同时刻可以有不同的性质和状态，但它本身却可以保持不变，这就是所谓“历时性的同一（diachronic identity）”。在后面的讨论中，我们会看到历时性同一，特别是人的历时性同一的重要：我们从婴孩长大，然后老去，在什么意义上仍然是同一个人，这会成为哲学家一直关注的一个话题。赫拉克利特对此没有给出更多的解释，但他强调了是同样一个东西在经历

---

[1] 亚里士多德：《形而上学》4.3 1005b23-25。

[2] DK22 B88. 此处参照了 D. Graham 的读法及英译，见 id. *The Texts of Early Greek Philosophy*, p. 162。

生和死。所以，当赫拉克利特谈到对立统一时，他并不见得就违背了无矛盾律这样的逻辑或形而上学法则，而很可能只是在谈论历时性变化中同一个事物在对立的两极性质之间转化。

当然，赫拉克利特在谈到对立面的同一时，不仅从历时同一性的角度入手，而且也会谈到同时性的对立，即同一事物在同一时刻可以具有相互对立的性质：

> 上坡的路和下坡的路：同一条路。[1]
>
> 海水最纯净也最肮脏：对于鱼它是可以饮用的和安全的；但对于人，它是不可饮用的和致命的。[2]

同一条路同一时刻可上可下，差别来自视角的不同。同样的海水在同一个时刻，既是可饮用的也是不可饮用的，但它并不违背形而上学的基本法则，因为它所针对的对象不同。因此，前面提到的第二条河流残篇，“同一条河流，我们既踏入又不踏入，我们既存在又不存在”。或许也可以有其他理解，不需要像传统解释者那样认为是在公然无视无矛盾律等逻辑或形而上学法则。此前关于河水流变与河流同一性的分析已经为我们给出了暗示，但遗憾的是，赫拉克利特并没有为我们如何理解我们的存在和踏入（河流）的行为提供更多的线索。

4. 宇宙论：火、战争与必然性

传统解释认为赫拉克利特把火元素作为宇宙的物质本原，就像泰勒斯的水一样。我们先来看一条关于宇宙与火的残篇：

> 这宇宙（kosmos），对于万物〔保持〕同一，既不是神也不是人所创造的，它过去一直存在（einai）、现在存在、将来也存在：永生的火，它依一定的尺度燃烧，按一定的尺度熄灭。[3]

通常认为，这是希腊文献中首次把“kosmos”这个希腊哲学核心概念用来指整

[1] DK22 B60.

[2] DK22 B61.

[3] DK22 B30.

图 1.14　约克的马格利特（绘）《奥维德道德寓言集 2》抄本（1470—1480 年），巴黎法国国家图书馆。古罗马作家奥维德《变形记》开篇的宇宙生成论同样从“纷纭纠缠的”四元素开始，图中象征自右下依顺时针顺序依次是土、水、气、火。

个宇宙整体。[1] 不过，我们也提到过，“kosmos”可以指宇宙的内在秩序。因此，这段话就有两种解释的可能：（1）永恒燃烧的火，实际上就是宇宙本身；（2）火的燃烧和熄灭，是宇宙生成和变化的法则。但无论哪一种解释，赫拉克利特都并没有把火作为一个物质元素和宇宙中的其他事物区别开来，用火的生成变化来说明其他事物的生成与毁灭，而只不过将火看作宇宙整体或者规定宇宙存在方式的内在法则。

当然，赫拉克利特确实谈到了火和其他事物的转化：

> 火之死乃气之生，气之死乃水之生。
> 土死则水生，水死则气生，气死则火生，反向亦然。[2]

此处提到后世古希腊哲学家最关心的四个元素水、火、土、气以及它们之间的相互转化（图 1.14）。赫拉克利特毫不怀疑，它们之间的存在是可以通过各自的毁灭来相互转化，构成物质间的循环。但这同时意味着水火土气四元素尽管各自物质特性不同，但彼此之间地位是平等的，因此，如果火是世界的本原，那么，其他元素也是如此。

所以，我倾向于认为：在赫拉克利特的宇宙论图景中，火并没有一种特殊

[1] Graham, *The Texts of Early Greek Philosophy*, p. 189.

[2] DK22 B76b-c.

的本体论地位使它成为宇宙的唯一本原。当然，大家可以进一步阅读其他关于宇宙之火的残篇来验证这一点。[1]如果说火有什么特殊的话，那也在于火是最容易改变的，它的燃烧和熄灭最为生动地展示出世界的运动和变化。因此，相对于传统解释对火的关注，下面这个残篇更值得重视：

> 有必要认识到战争是共同的，斗争就是正义，所有事物的生成都是根据斗争和必然性（chreōn）。[2]

图 1.15　《女神阿南刻（“必然性”）》红绘油瓶（前 470—前 460 年），莫斯科普希金造型艺术博物馆。阿南刻和克洛诺斯（“时间”）的诞生标志着宇宙秩序的形成，他们推动着天体的旋转和时间的永恒流逝，主宰着凡人和众神。

人们很容易注意到这里提到的战争法则，因为赫拉克利特曾经提到战争是“万物之父与万物之王”，以特有的方式支配着世界的毁灭与新生。[3]与此同时，四元素中火无疑最容易带来战争，因为它可以燃烧和毁灭一切。战争这一概念的引入，突出了火作为宇宙法则的动态特征。不过，更值得关注的是最后一个希腊词“chreōn”。就其表达“不可避免”“注定如此”等含义而言，与它相近的还有“anankē”（图 1.15）一词，它们都可以理解为某种必然性。

古希腊人理解必然性和其他模态概念，首先是基于统计和频率的视角，而且关心的也首先是事物的存在方式：所谓必然的事物，就是始终存在的事物，它在时间轴的每一个点上都存在；而不可能的事物，则是在所有时间点上都不

[1] 例如 DK22 B31, B64-66, B90。

[2] DK22 B80，此处原文读法参照 Graham, *The Texts of Early Greek Philosophy*, p. 156。

[3] DK22 B53.

会存在的事物；在不可能的和必然的事物中间，还有可能的或偶然的事物，它就是在时间轴上的某一点上出现的事物。所以，古希腊人谈论的必然性是对事物存在的一种描述。但是希腊语中的“chreōn”一词还有另一层含义，即“必须要实现的”。也就是说，这里的必然性不仅是一个描述性的概念，而且具有某种规范性。以上残篇中的必然性，是自然或者宇宙作为一个整体必须要实现的法则。也就是说，赫拉克利特认为宇宙是受到一定秩序支配的。例如我们之前提到的逻格斯——和战争一样，逻格斯也被说成是“共同的”——它和作为宇宙法则的斗争一样，规定了宇宙应当成为的样子，而且这一法则在时间轴的每一个点上都发生作用，约束着自然界的一切。也正是在这一意义上，赫拉克利特断言，宇宙中一切事物的生灭变化，都是按照这种必然性或应然性而发生的。

在我看来，对必然性的关注构成了古希腊哲学思考最核心的特质：（1）首先，这个世界具有了必然性，人才有可能去探索与可见可感的偶然世界相对立的必然法则，才有可能去反思经验可及的现象和偶然存在物；（2）其次，从知识论的角度来看，具有普遍必然性的事物被希腊人看作知识得以可能的本体论基础，因为它的始终存在看起来是知识永恒为真的前提；（3）与此同时，必然性还有规范性的维度，它是应当完成的。这样一种具有正当性的必然性，同时揭示了古希腊人价值理论反思的核心。在同一个必然性概念中，凝聚了古希腊哲学不同理论分支的若干核心问题。其他民族与文化确实也关注到了必然性，例如我们的先人对于命和运的关注。不过，他们并没有尝试用理性的方式将它构造为一个核心的哲学概念，在其基础上去构建宏大的理论空间。而我们会看到，无论是之前读到的阿那克西曼德、赫拉克利特，还是接下来的巴门尼德、柏拉图、亚里士多德、希腊化时期的哲学家等，他们都会沿着这条路径前进，而必然性也因此成为理解古代哲学的一个关键要素。

四、巴门尼德论是与思

不少教科书喜欢让赫拉克利特和巴门尼德（约前540或前515—？）双峰对峙，一主动、一主静。赫拉克利特关心运动和变化，而巴门尼德否认运动，把目光聚焦在静止的“是（einai）”之上。然而，不容忽略的是，希腊语中的动词“einai”及其分词“to (e)on”作为哲学概念，已经出现在赫拉克利特的残篇中，只不过并没有成为系统反思的对象，而更多的是泛指事物独立于心灵的实在性，因此我们也只是简单地将其译为“存在”。而在巴门尼德有关这个概念的专门反思中，如此翻译只会遮蔽他思想的复杂性和原创性。有意思的是，两位早期哲学家的思想虽然有着深刻差异，但他们的经历和哲学写作方式颇有些微妙的相似。赫拉克利特在他的著作中暗示自己是自学成才，而他确实也很难被归入当时任何一个哲学派别。巴门尼德也是如此，他的师承关系同样神秘难测。有人说他是色诺芬的学生，有人说他的老师是阿那克西曼德或某位毕达哥拉斯派哲学家。唯一没有争议的是，和赫拉克利特一样，巴门尼德是一个极具原创性的思想家。[1]

图 1.16　拉斐尔《雅典学园》局部，巴门尼德（右）与希帕提娅。关于后者，见本书图 8.5。

1. 长诗《论自然》

巴门尼德（图 1.16）仅有一部著作流传，标题据说是《论自然》，但这很可能是后人的附会。与阿那克西曼德的同名著作不同，这并不是一部散文体的哲学论著，而采用诗体的方式，沿用了荷马史诗和赫西俄德的抑扬格六步体。从文体的选择可以看出巴门尼德作为写作者的野心：他希望自己的哲学长诗可以传颂，同时也像史诗一样在听众中具有某种权威性。

[1]　DK28 A1-2.

从今天保存下来的残篇来看，巴门尼德将他的这部长诗分为三个不同部分，各自有着不同的修辞功能。第一部分是神话式的导论，在一个相对神圣或超验的背景下引入哲学反思；第二部分常被后人看作一篇独立的本体论论文。所谓本体论（ontology），字面上就是关于希腊语“to on”（动词“einai”的现在分词）的逻格斯。长诗的这一部分包含巴门尼德关于“是”的集中反思，他也因此被追认为“本体论之父”；第三部分常被忽略，在通常人们认为巴门尼德在本体论中否定了运动的实在性之后，他仍然给出了万物如何生成和变化的宇宙论解释。毫无疑问，这部分的讨论和他的本体论存在一定张力。不过，既然巴门尼德在构思长诗时，有意地划分了功能各自独立但又紧密接续的三个部分，我们今天讨论他在本体论上的贡献，就不应随意地把它从长诗中割裂出来，而一定要留心它身处的语境，在此基础上考察他有关“是”的讨论，是不是像通常所解释的那样，只是有关存在或真的抽象分析。

巴门尼德的哲学读者往往忽视长诗神话般的序曲，认为它不过为随后的论证提供了一个可有可无的背景。但细心的哲学史家则会提醒我们，这部序曲中包含着丰富的解释要素，可以帮助我们理解巴门尼德富有原创性的本体论反思的文化和历史语境。[1]

在这段文本中，长诗中的“我”坐着马车，凭着一腔意气（thymos），来到白昼和黑夜分界之处，此地耸立着一座巨门，由正义（dikē）女神把守。“我”在日神的女儿们的引导下，穿过了分隔日夜的这扇门，遇到另一位不知名的女神，她亲切地向我致意：

> 年轻人！陪伴你的，是不朽的车手
> 和负载你的骏马，让你来到我的殿堂。
> 欢迎你！因为并非厄运将你送上
> 这条大道（它确实远离人间的小路），
> 而是公平与正义之神。你有必要（chreō）学习一切
> 无论是富有信服力的真理的稳固核心
> 还是凡人的信念（doxa），其中并无任何真正的说服力。

[1] 例如 John Palmer, *Parmenides and Presocratic Philosophy,* Oxford: Oxford University Press, 2009, p. 51。

不过，你仍然要学习这一点：种种信念何以
必然成为可接受的，当一切事物完满之时。[1]

图 1.17　古斯塔夫・莫罗《赫西俄德与缪斯》油画（1891 年），巴黎奥赛博物馆。“〔正是缪斯女神〕她们教会了我，赫西俄德，这美妙的歌。”（《神谱》22 行）这场景与莫罗矫揉的画风很搭。

这段致辞有如整篇长诗的大纲，规划了其后的内容安排，把巴门尼德探究之旅分成两个不同的阶段：一是对稳固真理的探求，二是对信念的追寻。

首先值得注意的是，巴门尼德在此将真理同信念对立起来，这似乎暗示着即使是符合事实的信念或真信念也不应等同于真理。我们不妨将巴门尼德的这一区分与传统的神话叙事做个对比。赫西俄德在《神谱》的序歌中，同样写到自己是受神灵缪斯的启发（图 1.17），这些诗歌女神教会了他“如何述说真实”。[2] 对于赫西俄德和他的听众来说，重要的是真和假、真实和虚构。但在巴门尼德看来，对于哲学的探路者而言，真假

[1]　DK28 B1. 此处采取直译，原文读法和翻译参考了 Graham, *The Texts of Early Greek Philosophy*, pp. 210-213。

[2]　赫西俄德：《神谱》28 行。

图 1.18　黑绘油壶（约公元前 500 年）展开图，纽约大都会艺术博物馆，日神（Helios）在他的四马战车中升起；上方是夜女神（Nyx）在左边驾车离开，右侧是黎明女神（Eos）；赫拉克勒斯杀死类似冥王哈得斯的怪兽革律翁之后，日出时在最左侧的祭坛上向日神献祭。这个场景的要素过多，很难不将它同巴门尼德的神话序曲联系起来。

之别固然重要，但还要进一步区分真正令人信服的真理和缺少依据的真信念，这或许可以看作哲学和传统叙事的一个重要差异。

其次，长诗中的年轻人在马车的引领下，首先来到的是黑夜和白昼交替之处，即夜女神（Nyx）的家（图 1.18）。在赫西俄德转述的神话中，那里是大地的边缘，通往幽暗的阴间，不远处就是冥王哈得斯的神殿。[1] 因此，年轻人随后经历的一段旅程，很可能并不像人们通常想象的那样，是从人间向天国飞升，从黑暗到光明的旅程，而更像是从人间深入地府，从光明下降到黑暗的旅程。[2] 它或许向我们暗示，真理需要我们下降到黑暗中，把它从遮蔽真理的黑暗中解救出来。这是非常类似赫拉克利特的哲学态度：赫拉克利特一方面强调自然往往隐藏它自身[3]，另一方面又强调我们需要通过倾听逻格斯，或者通过理性的思考（尤其是自我认识）去将支配自然的内在法则从它的重重遮蔽中发掘出来。巴门尼德在他的哲学之旅中，或许也有类似的想法，要将真理从暗夜中解救出来。

除了夜女神和那不知名的女神，这段序曲中还出现了正义女神，正是她将年轻人送上了哲学的旅途。这似乎是在暗示，追求真理的旅程也是正义的要求。对于巴门尼德来说，探寻令人信服的真理，厘清可以接受的信念，这不仅

[1] 《神谱》729—768 行。

[2] Sassi, *The Beginnings of Philosophy in Greece,* p. 156.

[3] DK22 B123.

仅是在满足认知的需求，而且也是获得一种正当生活所必需的。当巴门尼德借女神之口说“有必要（chreō）学习一切”时，这里的“必要”正是我们在赫拉克利特那里谈到的必然性，不过它突出的是伦理上的正当性和应然性。这也就为长诗随后的本体论反思提供了一个极其重要的伦理背景：哲学所追寻的真理应当指向一种正当的生活，指向生活的救赎。

如果以上解释成立，这首序曲显然不是某种可有可无的背景或对古希腊神话的戏仿。它不仅通过大量的典故将巴门尼德的反思安置于源远流长的神话传统中，而且通过丰富的意义要素隐晦地传达了他宏大的哲学理想。当然，这些解释多依赖对于序曲晦明难辨的叙事的语文学考据和合理猜测，它的哲学意涵是有限的和不可靠的。巴门尼德更直白也更富有原创性的哲学表达，仍然来自序曲之后的论证部分。

2. 本体论的发明：关于“是”的哲学反思

在所谓本体论论证的部分，巴门尼德区分了两条不同的研究路径：

> 来吧，我呢，要告诉你——你呢，要留心你听到的说法（mythos）
> ——只有哪几条研究路径适合思维（noēsai）。
> 一条是：〔它〕是，并且〔它〕不〔可能〕不是（einai）。
> 这是可信的路径（因为它追随真理）
> 另一条是：〔它〕不是，并且〔它〕必然（chreōn）不是，——
> 这条路，我正告你，是闻所未闻的小道。
> 因为你既不可能认识“非是者（to mē eon）”（因为这是做不到的），
> 也不能把它说出来。[1]

首先要注意的是，不要把这两条路径和序曲中所说的两个阶段混淆起来。因为女神在序曲中强调，年轻人不仅要学习可信的真理，而且也要把握虽然不可信，但在一定条件下仍可接受的信念。而在上面这段引文中，第一条路径通

[1] DK28 B2，此处原文读法和翻译参考了 André Laks and Glenn W. Most, *Early Greek Philosophy*, vol. 5, Cambridge, MA: Harvard University Press, 2016, pp. 38-39。

往真理，它和真理本身一样是可信的，而另一条路径，则是人们一无所知的，它不仅没有任何可信度，而且甚至涉及的是完全不可认知和不可谈论的事物，是任何人都没法学习和把握的。这一条路显然是在追求真理的旅程中不应采取的路径。

这一段无疑极其晦涩，其中有翻译上的困难——例如在希腊语这样的屈折语中，人称代词作主语往往可以省略，这在汉语中显然行不通，因此需要根据我们对巴门尼德的整体理解进行补充。但更核心的困难是如何理解这里的希腊语动词“einai”。我不再把它译为“存在”，而译为“是”，以避免对它具体是什么含义预先有所断定。当然，将“einai”翻译为“是”，与其说为了帮助我们理解，不如说帮助我们意识到本体论发端时的根本困难。丹尼尔·格拉汉姆（Daniel Graham）在评注这条残篇时，总结了相关研究争议的三个焦点：

（1）当巴门尼德说“〔它〕是，并且〔它〕不〔可能〕不是”时，是否需要补充主语“它”？如果需要的话，“它”指的是什么？有几种可能：（1a）并不存在实在的主语，泛指所有“是者（to eon）”，即所有可以用“是”去说的事物；（1b）大写的“存在”本身，或所有存在者的整体；（1c）任何研究的对象，因为女神在这里展示的是研究的路径；（1d）任何思维的对象，因为这里的研究路径要适合思维。

（2）“是”究竟是什么含义？这里有四种最基本的用法值得关注：（2a）表存在；（2b）作为系动词表谓述结构；（2c）表同一；（2d）表真（veridical）。

（3）“是”之后是不是需要补充一个表语以构成完整的复合谓语？汉语中的“是”通常不能独立充当谓语：我们不说“巴门尼德是”，而必须说“巴门尼德是埃利亚人”。但希腊语中“einai”可以单独用作谓语，表达存在的含义，无需补充任何表语。例如“esti（einai 的单数第三人称现在时）Parmenidēs”可以表达“巴门尼德活着”。英语有时也会这么用，例如哈姆雷特的名言：“to be, or not to be, that is the question（生存还是毁灭，这就是问题）。”因此，是否需要补充表语，补充什么样的表语就成了问题。[1]

显然，以上三个问题最终还是指向“是”的含义问题，因为第三个问题直

[1] Graham, *The Texts of Early Greek Philosophy*, p. 235.

接取决于“是”究竟是（2a）表存在还是（2b）表谓述，而对第一个问题的回答也必须考虑巴门尼德针对这里的主语究竟做出了什么样的断定：是肯定（2a）它的存在，（2b）它的某种特殊性质，还是（2c）某个与它等同的事物，或者（2d）与之相关的命题的真值？

因此，让我们回到第二个问题，对“是”的四种含义或用法做进一步解释：

（2a）首先是已经解释得比较充分的存在含义：“是”作为一个实义动词独立使用，单纯表达主语所指称的事物的存在，而并不对它的性质有所陈述。

（2b）其次是谓述含义：“是”作为一个系词，它的含义是不完整的，必须要补充一个表语构成系表结构才能成为一个句子的谓语，对主语所指称的事物的性质、状态等有所断定。例如，“巴门尼德是会死的”或者“巴门尼德是伟大的”。此时，整个句子的意义主要依赖它的表语。

（2c）表同一的含义不难理解：“是”仍然作为一个系词使用，需要补充表语才能构成完整的谓语，但这个特殊的系表结构所表达的并不是主语所具有的某种性质或状态，而是与主语相同的人或事物。例如，“巴门尼德是第一个专题讨论‘是’的早期哲学家”。此时，“巴门尼德”和“第一个专题讨论‘是’的早期哲学家”被看作完全等价的表达式，在任何语境中都可以换用。

（2d）表真或叙实（veridical）含义可能是汉语读者最为陌生的：“是”并不仅简单地把主语和表语连接起来，或表达主语的存在，而是表明整个句子所表达的命题是真的，意为“确实”“这是事实”“这是真的”。这种用法非常特殊，它往往可以嵌套到我们前面提到的表存在、表谓述和表同一的用法中。当希腊人说“esti Parmenidēs”时，他们表达的不仅仅是“巴门尼德活着”，而且可以是“巴门尼德活着，这是真的”。同理，“巴门尼德是伟大的”也可以表达“巴门尼德是$_1$伟大的，这是$_2$事实”。尤其在后一个句子中，我特意用下标来指明“是”会出现在两个不同层面：首先是在从句中表谓述，说明巴门尼德当下具有的某个特征；然后是在主句中，表明整个从句作为整体所表达的命题符合事实。因此，这里的“是$_2$”可以看作一个高阶的“是”，它的含义不同于但依赖从句中的“是$_1$”。当然，希腊人在日常使用中往往省略这个高阶的“是$_2$”，而只是简单说“巴门尼德是（活着）”或“巴门尼德是伟大的”。

澄清了希腊语“einai（是）”的常见用法之后，我们重回巴门尼德谜一般的两条路径：

（2a）大多数解释者选择了表存在的用法，认为所谓的可信的路径，实际上表达的是："〔它〕存在，并且它不〔可能〕不存在。"这就意味着这里的"它"指的应当是某种存在者，而且该存在者必然存在。此前我们提到，必然的事物是始终存在的事物，然而像巴门尼德这样的存在者，它是有生灭的，是时间中偶然的存在，显然就不能成为这里的"它"所指的对象。因此，选择存在含义的传统解释，在回答此前提到的第一个问题时，就很难接受（1a）的说法，认为这里的"它"泛指任何存在者，而更倾向于接受（1b）的说法，认为它指的是大写的"存在"本身，它可以作为宇宙整体永恒存在或必然存在。但是，至少从已经读到的残篇看，女神在此前的发言中并没有谈到作为宇宙整体的存在者，此处显得突兀而且缺乏理据。不过，巴门尼德确实在长诗中相对靠后的另一条残篇中谈到了这样的"是者（to eon）"或存在者，我们稍后再看这一解释方案。

（2b）表谓述的用法也很受解释者欢迎，仅次于表存在的用法，但它也会遇到类似的困难。例如之前提到的，"巴门尼德是伟大的。"伟大之于巴门尼德，显然只是一个偶然的属性，婴儿时的巴门尼德很难说是伟大的，更重要的是，我们不能断言"巴门尼德不能不是伟大的"。不过，在谓述用法中也有一种特殊的类型，例如，"巴门尼德是会死的"。其中，"巴门尼德"作为专名，指称的是活跃于公元前 5 世纪的一个古希腊人，而所有人都是会死的，因此，巴门尼德作为人，根据定义也必然是会死的。再如，"马是动物"也是如此，马根据定义就是一种动物。同样地，在解释可信的路径中"它"的所指时，谓述论者就很难接受（1a）的说法，认为这里的"它"泛指任何 S is P 这样的谓述结构，而只能指某种特殊的谓述方式，例如关于一个事物的本质属性的谓述，但从文本解释的角度看，这似乎同样缺少扎实的依据，而且在我们稍后谈到的貌似有关宇宙整体的"是者"的残篇中，谓述论者很难解释其中提到的"是者"的几个特征。此外，相较存在论者而言，谓述论者在回应上述第三个问题时还有额外的困难：我们需要补充什么样的表语与"是"构成完整的谓语？

（2c）表同一的用法在句法结构上与表谓述的用法是相似的，同一论者自然也会遇到谓述论者的困难，此处不再展开。

（2d）比较特别的是表真的用法，因为当一个命题为真时，哪怕这个命题关系到一个偶然存在的对象或事件，或者是某个对象偶然具有的属性，它的真值看起来可以超越时间的限制，始终不变。比如说，今天是 2022 年 2 月 21 日，北京下了一场雨，那么，“2022 年 2 月 21 日北京下雨”这个命题为真，并且不仅仅在今天为真，而且在我们生活的这个世界始终为真。如果我们从时间的角度来理解必然性的话，这就意味着这个命题必然为真。此时，可信的路径所展示的就是这样一条法则：“它是真的，并且它不可能不是真的。”其中，“它”可以泛指任何真命题，而不必限定在一个特殊的范围。与之相应，那闻所未闻的小道所涉及的就是假命题，在巴门尼德看来，“假命题不是真的，并且它必然不是真的。”这也是同样显然成立的法则，“2022 年 2 月 21 日北京天晴”在我们生活的这个世界的任何一个时刻都不为真。

相较而言，表真的用法在解释两条路径的含义时，在理论上相对容易辩护。然而，《长诗》中现存最长的一条残篇，至少从字面上看，最支持存在论的读法。在残篇 8 中，巴门尼德非常明确地界定了“是者（to eon）”的四种基本性质（图 1.19）：（1）它没有出生，也没有死亡，因为无中不能生有，是者显然不能从“非是者（to mē on）”中生成，而正义女神也不允许它毁灭；（2）它是均匀的、

图 1.19　《缪斯乌拉尼亚与天球》大理石（1 世纪?），巴黎卢浮宫。希腊神话中的缪斯常常向智慧出众者发言，司职天文学的缪斯乌拉尼亚，似乎在向诗人或哲学家展示作为球体的宇宙整体，而巴门尼德残篇 8 中描绘的“是者”常被看作这样一个无所不包、永恒存在的完满球体。

完整的、浑然一体的，这意味着它是不可分的；（3）它是静止的，因为强大的必然性女神（Anankē）为它设定了界限，使得它不仅没有生灭，而且不可能发生任何移动；（4）它是完满的（teleion），完全无法设想它缺乏或者需要任何东西，它在任何方向上都是完满的。[1]

存在论解释认为：以上特征显然更像是在描述一个实在的对象，而不是某个谓述结构或事物的属性，更不像是在谈论真假。不过，像巴门尼德这样的具体存在者，自然无法满足这些特征的要求，但我们的宇宙作为所有存在者之总和则有可能。因为在大部分古希腊人看来，宇宙是永恒的，它不生不灭，始终就在那里；而宇宙作为一个整体也被认为是同质的，每一个部分都具有相似的结构。或许宇宙中的事物有变化，但宇宙整体本身是不会移动的，它被必然性的链条"捆缚"着，同时也不存在一个可以让作为整体的宇宙发生运动的空间；宇宙也不可能缺少任何东西，否则它就不能够满足宇宙的定义。传统解释者倾向于把"是者"解释为一个大写的存在者（Being），强调它并不是在过去存在，或存在于将来，而是当下就是完整的、单一的、连续的。它被设想为一个浑圆的、无所不包的球体，这个存在者单一同质、不可分割、静止且完满。

问题在于，与这个特殊的是者相对的"非是者"又是什么呢？看起来，在囊括所有存在者的宇宙整体之外，所有其他我们能够设想的一切都可以称为非是者，包括巴门尼德这样的具体存在者在内。那么，为什么这些"非是者"都必然不是呢？为什么它们就不配被称为"是者"或"存在者"呢？存在论解释所带来的这些问题仍然让我们感到困惑。当然，更大的困惑还来自于巴门尼德的最重要洞见，也就是是与思（noein）之间的同构性。

3. 是与思

〔能被〕思维者（noein）与〔能〕是者是同样的。[2]

---

[1] DK28 B8，其中第四个特征的解读采用了 G. E. L. Owen 的读法，参见 A. H. Coxon, *The Fragments of Parmenides: A Critical Text with Introduction and Translation, the Ancient Testimonia, and A Commentary*, edited and with new translations by Richard McKirahan, Las Vegas: Parmenides Publishing, 2009, p. 315。

[2] DK28 B3，此处译法参考 Coxon, *The Fragments of Parmenides*, pp. 296-297。

这是巴门尼德长诗中的一个关键节点。古代作家在引用这一条时，常常把它理解为思维与是（或存在）的同一性。但结合巴门尼德残篇中其他有关是与思的讨论来看，这里强调的并不是思维与是（或存在）作为**活动**的同一，而是适合于思维的和适合于是的**事物**的同一，或者说思维的对象和可以用“是”这个词的某种特定含义去谈论的**对象**是同一的。尽管我们还不能确定“是”的这个特定含义是什么，但这句名言清晰地标示出是与思的同构性：可以是的，我们也可以思，反之亦然。但是，和所有金句一样，其中的核心概念往往是含混的。我们已经讨论了“是”的几种基本含义，现在该轮到“思”了。希腊语中的“noein”，可以（a）泛指在心灵中构想某物，（b）具体地考虑某物，或（c）以理性的方式理解某物，尤其是知识。

以下两条残篇虽然晦涩，但仍然可以帮助我们进一步澄清巴门尼德的“思”指的究竟是什么样的心灵活动：

> 必须这样来言说和思维：是者是，因为是〔本身〕就是
> 而无（mēden）则不是。[1]
> 因为你既不可能认识“非是者（to mē eon）”（这是做不到的），
> 也不能把它说出来。[2]

这两条残篇虽然出处不同，但两相比照，我们不难发现所表达主题的相似性：第一条残篇正面地阐释我们应该如何思考和谈论“是者”；而第二条则从反面说明我们没法认识和言说的对象。因此，我们有理由将第一条中的“无”等同于第二条中的“非是者”，同时也可以将第一条中的“思维”等同于第二条中的“认识”。

再来考察以上残篇各自的内容：第一条读起来似乎毫无信息量，只是在简单地肯定是就是是，不是就是不是。这显然是误以为巴门尼德在这里仍然仅仅在继续谈论有关“是者”的本体论法则。这个残篇的关键在于，它不仅将是与思勾连起来，而且将是、思、言三者捆绑在一起，并且要在上一节所讨论的

[1] DK28 B6.

[2] DK28 B2.

本体论法则基础上，进一步来为思维和言说立法：我们必须要把是者说成是，要把是者思维成是。简而言之，我们必须如其所是地谈论和思维一个对象。当然，这里的“是”可以解释为存在、具有某种属性、与某物同一、为真。例如，存在论者会说，我们应当把存在者说成是存在的。这听起来或许问题不大，哪怕这里的存在者只能指作为宇宙整体的大写的存在者（Being）。

但是，存在论的解读在第二条残篇不容易走得通。因为，巴门尼德在这里直接断言我们不可能认识，也不可能谈论非是者，也就是大写的存在者之外的任何事物（如果它们存在的话）。但是，我们在日常的谈论中并不认为只有宇宙整体能够成为我们的认识对象，更不会只谈论宇宙整体。与此同时，比照第一条残篇，我们注意到这里的“认识”并不仅仅是单纯地获取信息或泛泛地考虑、构想某物，因为我们不仅能想象宇宙整体之外的个别存在者，甚至能想象这个世界并不存在的事物如独角兽，因此，它和“思维”指的都应该是某种特殊的认知状态，也就是我们刚才提到的“思维”一词的第三个含义，即（c）以理性的方式把握对象，尤其是知识。然而，知识的对象或者内容的一个必要条件是它为真：我们通过知识把握到的是关于心灵和世界的真理。因此，回到之前我们倍感费解的金句，“〔能被〕思维者与〔能〕是者是同样的”，如果这里的“思维”可以解释为严格意义的知识，那么，这里的“是”更可能指的是“真”而不是“存在”“谓述”或“同一”，因为知识所关系到的是真，而且只有真的东西才能成为知的对象。“是”的其他含义都不容易解释这个金句中所涉及的是与思的同构。

当然，要坚持将巴门尼德所说的“是”等同于“真”，还有大量的文本解释和理论重构的工作要做，尤其是前面谈到的“是者”的四个特征，需要解释“为真者”或“真的东西”在什么意义上是没有生灭的、不可分的、不可改变的和完满的。这条路是狭窄的，但未必就是歧途。[1]

不过，在探索“是”的含义与“是者”的本体论特征之外，巴门尼德的一个重要贡献在于：他向我们揭示出，无论“是”表存在、表谓述、表同一还是表真，它所涉及的都是心灵之外的世界的本体论结构；与此同时，“是者”的

[1] 可以参阅 Charles H. Kahn, *Essays on Being,* Oxford: Oxford University Press, 2009, esp. chs. 6-8。

本体论结构又能成为知识的对象，并且能被我们的语言谈论；更重要的是，它还规范着我们的思维和语言：我们必须如其所是地思考和谈论心灵之外的世界。

因此，在这些谜一样的残篇里，巴门尼德尝试去辩护的是一种实在论和可知论的立场，即这个世界是独立于我们心灵存在的，同时心灵之外的世界又是能被我们认知和谈论的。在巴门尼德看来，哲学之路不仅需要对于这个世界是什么有一个更清楚的界定，而且也需要在我们的语言、思维和世界之间搭起一座桥梁，使得这个世界对于我们来说是心灵可以通达的。这是后来的实在论者，无论是柏拉图、亚里士多德，还是中世纪的众多哲学家，都不得不去面对的理论挑战。所以，巴门尼德不仅仅是本体论之父，他同时也为在一种恰当的形而上学基础之上如何建立一种合理的知识论甚至语言哲学提供了初步的指引。

在结束本讲之前，我想简单提到巴门尼德在当时留下的哲学遗产，它分为两个截然不同的部分：

（1）巴门尼德所在的埃利亚城成为当时的一个哲学研究中心，涌现出埃利亚的芝诺（约出生于公元前500年）和麦利梭（约出生于公元前480年）等巴门尼德的追随者，形成所谓埃利亚学派。他们强调是者所具有的统一性和静止等特征，反对多样性和变化的存在。芝诺尤其值得一提，他提出半程问题（又称二分法）、阿基里斯与乌龟、飞矢不动、游行队列四个著名悖论，以归谬法的方式有力地论证，如果我们接受运动的可能性，就会导致在有限的时间内完成无穷多任务等看起来荒谬的后果。芝诺悖论实际上是通过批判性地考察自然哲学的前提，如时间和运动，来捍卫巴门尼德《论自然》第二部分中的本体论主张。值得一提的是，这些悖论所涉及的形而上学、数学和自然哲学困难，不少具有强大的生命力，至今仍在困扰着今天的思考者。有兴趣的读者可以通过阅读指南中两个与芝诺相关的《斯坦福哲学百科》词条进一步探索。

（2）巴门尼德之后的另一批哲学家则反其道而行之。他们继承了巴门尼德有关自然及其运动变化的表象的思考，这涉及我们没有论及的《论自然》的第三部分中的宇宙论，即所谓凡人的信念。他们认为巴门尼德并没有完全否认宇宙论（cosmology）或宇宙生成论（cosmogony）的可能性，只不过要求我们必须要在本体论的基础上重新考察自然界的运动和它们的本原。阿那克萨戈拉（约出生于公元前500或前480年)、恩培多克勒(前484—前424年),甚至还有早期的原子论者也正是在这个意义上继承巴门尼德的哲学遗产,从而开拓出一种比早期伊奥尼亚学派更为复杂和丰富的自然哲学景观。

阅读材料

本部分提供最低限度的必读材料,每讲分为原始文献和综述,可在课前阅读或结合讲授内容阅读。为方便查找,本部分内容主要出自以下两种导论和四部英文文选。其中,原始文献部分因无合适中译,暂只列入英文译本,俟未来将从原文译为中文,编撰与本书配套的古代中世纪哲学读本。

文选

Julia Annas (ed.), *Voices of Ancient Philosophy,* New York and Oxford: Oxford University Press, 2001.(后文简写为 Annas)

S. Marco Cohen, Patricia Curd, and C.D.C. Reeve (eds.), *Readings in Ancient Greek Philosophy: From Thales to Aristotle*, Indianapolis: Hackett, 2012.(后文简写为 Cohen et alii)

Gyula Klima (ed.), *Medieval Philosophy: Essential Readings with Commentary*, Malden, MA and Oxford: Blackwell, 2007.(后文简写为 Klima)

Arthur Hyman, James J. Walsh, and Thomas Williams (eds.), *Philosophy in the Middle Ages*, Third Edition, Indianapolis: Hackett, 2010.(后文简写为 Hyman et alii)

导论

克里斯托弗·希尔兹:《古代哲学导论》,马明宇译,北京:北京大学出版社,2019年。(后文简写为《古代哲学导论》)

约翰·马仁邦:《中世纪哲学:历史与哲学导论》,吴天岳译,北京:北京大学出版社,2015年。(后文简写为《中世纪哲学》)

本讲阅读材料

1. Heraclitus, *Fragments* (Cohen et alii, pp. 29-40).
2. Parmenides, *The Way of Truth* fragments (Annas, pp. 227-232).

3.《古代哲学导论》，第一章，第 1—4 节。

进一步阅读指南

本部分为有兴趣深入了解所讲内容的读者提供经过精选的文献，既包括学界常用的原著校订本和译本，也收录适合初学者的导论（条目前标有 *）和少量适合进阶读者的经典论述与前沿研究，以英文出版的专著和文集为主，主要针对正文中所涉及的论题，并附简短推荐语。本部分还单独收录了《斯坦福哲学百科全书》(*The Stanford Encyclopedia of Philosophy,* Principal Editor: Edward N. Zalta, URL: http://plato.stanford.edu/，后文简写为 *SEP*）中的相关词条，它们均由相关领域专家撰写，条目内容丰富深入，书目信息量大且不断更新，远超一般哲学词典，既有适合初学者的概论性词条（条目前标有 *），也有更为专门的研究导论。此外，以下文献包含本书作者所知的中译本信息，但并不代表对中译文质量的肯定。

原始文献

Hermann Diels and Walther Kranz, *Die Fragmente der Vorsokratiker*, 3 vols, original edn. 1903; reprint of 6th edn., Berlin: Weidmann, 1974.（学界常用的前苏格拉底残篇文献汇编，现有研究常保留其残篇标号，标示为 DK。部分文本考订已过时，需参考以下两种新校订本或其他专门研究）

Daniel Graham, *The Texts of Early Greek Philosophy: The Complete Fragments and Selected Testimonies of the Major Presocratics*, 2 vols., Cambridge: Cambridge University Press, 2010.（汇集了重要的早期哲学家的所有残篇和重要的古代文献相关报道，英译文流畅可读，并附有简单评注，对初学者也很有帮助）

André Laks, and Glenn Most, *Early Greek Philosophy*, 9 volumes, Cambridge MA and London: Harvard University Press, 2016.（目前最完整的残篇和古代报道汇编，并附有高质量的原文校订和英译文，收入著名的洛布丛书）

G. S. Kirk, J. E. Raven, and M. Schofield, *The Presocratic Philosophers*, second edn., Cambridge: Cambridge University Press, 1983. 基尔克、拉文、斯科菲尔德：《前苏格拉底哲学家：原文精选的批评史》，上海：华东师范大学出版社，2014 年。（选录 600 余

条原文残篇和证言，除中译外，还附有原书英译文，所附评注也值得参考。但原书出版年代较早，使用需审慎）

研究文献

*Julia Annas, *Ancient Philosophy: A Very Short Introduction*, Oxford: Oxford University Press, 2000. 茱莉亚・安纳斯：《古典哲学的趣味》，张敏译，南京：译林出版社，2008 年。（生动的古希腊哲学导论，按专题分章，有利于读者把握古代哲学的气质）

Jonathan Barnes, *The Presocratic Philosophers*, revised edition, London: Routledge, 1982.（立场鲜明的系统性经典研究）

A. H. Coxon, *The Fragments of Parmenides: A Critical Text with Introduction and Translation, the Ancient Testimonia, and a Commentary*, edited and with new translations by Richard McKirahan, Las Vegas: Parmenides Publishing, 2009.（仍然经典的巴门尼德残篇原文校订及译文，附有详细的评注）

*Patricia Curd and Daniel H. Graham (eds.), *The Oxford Handbook of Presocratic Philosophy*, New York: Oxford University Press, 2008.（一部较新的面向普通哲学读者的论文集）

*Mary Louise Gill and Pierre Pellegrin (eds.), *A Companion to Ancient Philosophy*, Oxford: Blackwell, 2006.（一部以"数人头"为主线的文集，重要哲学家和流派下按不同哲学分支专题撰文，文章质量参差不齐，但作者群涵盖欧陆和英美两个不同传统，较为难得）

*Terence Irwin, *Classical Thought,* Oxford: Oxford University Press, 1989.（仍然可读的一部"数人头"古代哲学简明导论）

Charles Kahn, *The Art and Thought of Heraclitus*, Cambridge: Cambridge University Press, 1979.（赫拉克利特残篇译文及详细评注，仍然有益的经典研究）

——, *Pythagoras and the Pythagoreans*, Indianapolis: Hackett, 2001.（毕达哥拉斯及其学派的经典研究）

*André Laks, *The Concept of Presocratic Philosophy: Its Origin, Development and Significance*, G. Most, trans., Princeton: Princeton University Press. 安德烈・拉克斯：《前苏格拉底哲学：概念的缘起、发展及其意义》，常旭旻译，北京：北京大学出版社，2021 年。（精彩的欧陆传统概念史研究）

*G. E. R. Lloyd, *Early Greek Science: Thales to Aristotle*, New York: Norton, 1974. 收录于杰弗里・劳埃德：《希腊科学》，张卜天译，北京：商务印书馆，2021 年。（希腊科学起源导论，浅显易懂）

Alexander Mourelatos, *The Route of Parmenides,* revised and expanded edition, Las Vegas: Parmenides Publishing, 2008.（初版于 1971 年的巴门尼德经典研究，辩护一种谓述论立场）

G. E. L. Owen, "Eleatic questions," *Classical Quarterly* (New Series), 10: 84-102; reprinted with additions in R. E. Allen and D. J. Furley (eds.), *Studies in Presocratic Philosophy*, ii: *Eleatics and Pluralist*, London: Routledge & Kegan Paul, 1975, pp. 48-81.（受到罗素启发的巴门尼德经典研究，存在论解读的代表）

John Palmer, *Parmenides and Presocratic Philosophy*, Oxford: Oxford University Press, 2009.（有关巴门尼德的较新专著，关注其中的模态概念）

Wesley C. Salmon, *Zeno's Paradoxes*, 2nd Edition, Indianapolis: Hackett Publishing Co. Inc, 2001.（收录了有关芝诺悖论研究的一些经典论文）

Maria Michela Sassi, *The Beginnings of Philosophy in Greece,* Princeton & Oxford: Princeton University Press, 2018.（有趣的思想史考察，展示希腊哲学起源的多重文化和社会语境）

《斯坦福哲学百科》（*SEP*）词条

Anaxagoras

Empedocles

Heraclitus

Parmenides

*Presocratic Philosophy

Pythagoras

Pythagoreanism

Zeno of Elea

Zeno's Paradoxes

第二讲

智者与苏格拉底

把智者放到这样一趟日程紧凑的哲学史旅程中，需要一点解释。上一讲在追溯哲学的历史起源时，我们谈到了最早的希腊哲学家，他们也被称为“前苏格拉底哲学家”。“前苏格拉底哲学”这个概念，出自18世纪的德国学者艾伯哈德（J. A. Eberhard），他在1788年写成的《哲学通史》（*Alllgemeine Geschichte der Philosophie*）中使用了这个概念，认为在苏格拉底和他之前甚至同时代的思想家之间存在哲学发展的断层，苏格拉底也因此被看作哲学史的一个转折点。[1]

“前苏格拉底”这一说法，虽然出自近代的哲学史书写，但也可以追溯到古代的哲学传统。它有两个来源：一是柏拉图的《申辩篇》和色诺芬的《回忆

[1] 安德烈·拉克斯：《前苏格拉底哲学：概念的缘起、发展及其意义》，常旭旻译，北京：北京大学出版社，2021年，第1页。

苏格拉底》，其中呈现的苏格拉底（图 2.1）不再专注于万物的自然本性，而是转向"人间的事务"，正如西塞罗在《图斯库路姆论辩集》中的名言：

图 2.1 雷耶·范·布隆曼达《苏格拉底、他的两个妻子和阿尔西比亚德》油画（1660 年代），斯特拉斯堡美术馆。苏格拉底斜倚着的石头上用希腊语刻着"认识你自己"。

> 然而，是苏格拉底第一个把哲学从天上唤下，并将其安置于城邦之中，甚至还把它引入家室，又迫使它追问生活、习俗以及善恶之事。[1]

西塞罗认为，苏格拉底为了人的哲学，摒弃了早期希腊的自然哲学，从而成为有史以来第一个人文主义者；另一个来源是柏拉图和亚里士多德，他们在对早期哲学史的追溯中认为，苏格拉底与前代哲学家的断裂并没有出现在关注领域的不同，而是发生在方法论层面，即从对**事物**的哲学反思转向对**概念**的哲学反思，其中最为重要的是他对于定义和普遍性的关注。[2]

柏拉图和亚里士多德的苏格拉底解释，我们会在后面几讲中进一步考察。不过，西塞罗的讲法从哲学史角度看很难得到辩护。上一讲已经提到，毕达哥拉斯派关注人的生活，并且把哲学作为一种生活方式，而赫拉克利特和其他伊奥尼亚哲学家的一个突出不同，正在于他对于性格、命运等伦理事务的关注。

[1] 译文参考了西塞罗：《图斯库路姆论辩集》5.4.10，顾枝鹰译，上海：华东师范大学出版社，2022 年，第 205 页，略有改动。

[2] 参见拉克斯：《前苏格拉底哲学》，第一章。

我们没有讲到的恩培多克勒和德谟克利特也是如此。

更重要的是，与苏格拉底同时期的智者，尽管常常被划入前苏格拉底哲学家的范畴，他们同样对人的伦理和政治实践有着浓厚的兴趣，并且把个人的卓越品质作为思考和实践的核心。黑格尔在他的《哲学史讲演录》中，甚至将智者放到了一个特殊的位置，宣称是智者，而不是苏格拉底，摒弃了传统以自然为客体的哲学反思，开启了主体反思的时代。他认为真正的哲学转折点出现在智者身上。[1] 在接下来的讨论中，我们也会看到智者和苏格拉底的哲学实践有很多表面上的相似之处。但与此同时，在柏拉图的对话录中，苏格拉底的最大论敌往往也是智者。

基于这些考虑，要更好地理解苏格拉底在哲学史上的独到贡献，就需要把他安置于原有的历史和文化语境之中，尤其要将他和智者放在一起来考察。当然，智者中也不乏头脑敏锐的思想家，他们对哲学也有很多独到的贡献值得关注。

一、智者运动

“智者（sophistēs）”一词和“哲学”一样，都来自希腊语的“sophia”，也就是“智慧”或“学问”。这个词最初与另一个同根词“sophos”词义相近，都是泛指才华出众，拥有和实践某种智慧或学问的贤人。上一讲提到的泰勒斯就被看作希腊“七贤”之一。然而，在苏格拉底生活的时代，“智者”一词的含义发生了重要转变。

柏拉图《会饮篇》中的苏格拉底特意将作为“爱智者”的哲学家和贤人区别开来，认为哲学家是智慧的追求者和探寻者，但并不像众神、贤人那样拥有智慧。[2] 那么，作为苏格拉底一生之敌的智者，那些自称拥有和实践某种学问或智慧的智者，他们究竟是些什么样的人呢？

柏拉图笔下的智者，是公元前 5 世纪的一批职业教育家，他们没有固定的

[1] 拉克斯：《前苏格拉底哲学》，第 35—36 页。

[2] 柏拉图：《会饮篇》204a1-b5。

图 2.2　菲利普·冯·福尔茨《伯利克里发表葬礼演讲》油画（1852 年），收藏地不详。公众演讲在雅典的政治生活中扮演着重要角色。

学校作为教学场所，而是在整个希腊世界云游。他们最早将知识和教育作为谋生手段，在这个意义上，或许可以看作最早的知识分子。智者们最钟爱的是伯利克里（图 2.2）治下的民主雅典。他们的主要工作，就是向年轻人传授在公众场合演讲、辩论和说服的技艺，帮助他们在城邦的公共事务中出人头地。而雅典的公民大会制度、五百人议事会和公共辩论传统等都对智者们提供的教育有特别的需求，因为出色的演说家往往能在这些场合得到更多的关注和盟友。智者们有时也宣称，他们培养的是年轻人的 aretē。这是我们今天要深入讨论的一个核心概念。它指的是一个事物所具有的出色品质，尤其是一个人卓越的性格品质。它在城邦生活中往往会得到认可、赞扬甚至奖赏，我们也常常把它译作“美德”“德性”。智者们相信，他们公开的演讲和私下组织的研讨可以重塑年轻人的性格，让他们具有在政治生活中备受推崇的出色品质，例如正义和节制。而年轻人在掌握了利用言辞来进行说服的技艺之后，他们至少可以在公众场合更好地**显出**自己拥有美德。

由此可见，和哲学家一样，智者的工作，同样和逻格斯紧密地联系在一起。因为公共场所的讲演，无论是政治、诉讼还是典礼演讲，都是智者们的专业所在。对于智者来说，逻格斯首先是在语言、讲演、说法的意义上使用的。智者们如普罗泰戈拉常常宣称，他们可以教会人们把一个弱的逻格斯（说法）变成强的逻格斯（说法）。[1] 然而，不容忽视的是，逻格斯不仅是他们讲授的内容，也成为他们理论反思的对象，无论它指的是我们的理性思考能力还是语言能力。智者也因此被看作最早系统反思人的逻格斯本性的思想家。[2]

我们因此应当把智者看作语言哲学的先驱吗？在进入这样的评价之前，需要注意的是，在古希腊思想后来的发展中，有关逻格斯的研究有两种全然不同的路向。哲学当然研究和反思逻格斯，尤其是作为哲学方法的逻格斯，就像赫拉克利特用他晦涩的语言已经示范的那样。但与此同时，还有另外一门与逻格斯紧密相关的技艺或知识——修辞学。智者究竟首先是修辞学家还是哲学家，是我们在接下来的考察和分析中需要回答的问题。在进入智者们那些咄咄逼人、让人难以置信同时又难以反驳的宏论之前，我们或许可以留心这样一些问题：智者们自己发表的演讲或给出的说法（逻格斯）是否与他们的哲学方法论反思相一致？他们在什么意义上让一个弱的逻格斯变成了强的逻格斯？他们的论辩是为了帮助我们更好地理解逻格斯本身，还是别有所图？

作为职业教育家的智者集中出现于公元前 5 世纪中叶，而且往往以雅典为他们施展的舞台，因此有智者运动一说。不过，智者们往往会把他们的工作追溯到更早的传统中去。例如柏拉图笔下的普罗泰戈拉就宣称，智者所传授的是一门古老的技艺，古代的智者因为怕招人嫉恨，往往借用其他技艺如诗歌、预言术、音乐，甚至竞技体育的名目行走江湖。因此，诗人如赫西俄德、荷马、西蒙尼德斯，宗教团体如奥菲欧斯派和缪斯的追随者，甚至竞技运动员如塔兰

[1] DK80 A21 = 亚里士多德：《修辞学》2.24 1402a24-27。

[2] Sarah Broadie, “The Sophists and Socrates,” in David Sedley (ed.), *The Cambridge Companion to Greek and Roman Philosophy*, Cambridge: Cambridge University Press,2003, p. 75. 智者们在语言分析上的贡献，参见鲁道夫・普法伊费尔：《古典学术史》（上卷），刘军译，张强校，北京：北京大学出版社，2015 年，第 36—67 页。

特的伊库斯（Iccus of Tarentum），都可以算作智者的先驱。在普罗泰戈拉看来，他们的工作都是在进行公众教育。[1] 普罗泰戈拉强调，他所传授的是如何在家政和城邦事务——未来的经济学和政治学——中明谋善断，这是一门与所有公民相关的技艺，它关系到如何在城邦的论辩和政治行动中获取最大的成功。[2] 柏拉图的转述是否属实很难考证，但这套说辞至少可以解释，为什么智者虽然多是外邦人，但却能在民主制的雅典如鱼得水。

不过，并非所有的雅典公民都善待这些口若悬河来教自己如何做人（公民）的教育家。智者们的技艺无疑帮助少部分富有的雅典人提高了他们的政治地位：通过高价购买智者的教育服务，他们在天赋和贵族出身之外，找到了另一条提升阶层地位的通道。智者们身为外邦人，无法直接参与雅典政治，但却通过他们的言辞改变了民主雅典的政治图景。他们所遭遇的抨击也是猛烈的，其中最为毒舌的还是柏拉图：通过大量以苏格拉底和智者为主角的对话，让“智者”一词彻底沦为贬义，专指那些靠着似是而非的论证招摇撞骗的“砖家”。不仅如此，在《智者篇》的结尾，柏拉图直截了当地斥责智者是语言或逻格斯的滥用者：他们并没有真正的专业知识，纯粹通过人们不可靠的意见来进行摹仿，只知玩弄逻格斯（言辞或论证）来在听众中制造矛盾的说法，他们只是在生产幻象，而不是传授真正的技艺。[3]

颇有反讽意味的是，我们今天对于智者的了解，不少来自柏拉图这些带有强烈个人立场、不乏虚构成分的报道。除了接下来要专门谈到的普罗泰戈拉和高尔吉亚，普罗迪科（Prodicus，出生于公元前470—前460年间）、希庇阿斯（Hippias，约出生于公元前470年）、色拉叙马科（Thrasymachus，前459—前400年）、卡里克勒斯（Callicles，生卒年不详）等智者都以不同方式出现在柏拉图的对话录中。就像著名古典学家多兹（E. R. Dodds）在评述柏拉图笔下卡里克勒斯的命运时所说的，柏拉图致力于摧毁智者的名声，却不小心成了他们极

[1] 柏拉图：《普罗泰戈拉篇》316d2-317a1。

[2] 同上，318e5-319a2。

[3] 柏拉图：《智者篇》268c8-d4。

富生命力的思想的传承者，成了后世智者研究复兴的重要源泉。[1]

在进入智者们的具体思想之前，需要强调的是，虽然他们都被看作公元前5世纪一场影响深远的思想运动的参与者，他们也都以教育为业，在雅典谋生，但他们各自的研究旨趣和理论立场往往相去甚远，并不像我们之前提到的毕达哥拉斯学派或者埃利亚学派那样有着相对明确的正统学说，因此最好分而论之。

1. 普罗泰戈拉的相对主义

普罗泰戈拉（约前490—前420年）（图2.3）是最早也是最知名的智者，他是古希腊史上第一个以教授论证、演讲术和修辞术为谋生手段的人，也是第一个公开自称智者的人。[2] 他来自色雷斯的阿布德拉，这是爱琴海北岸的一个小城，也是后面我们要提到的德谟克里特（约公元前460—前370年）的故乡。他至少两次到访雅典，据说伯利克里曾委托他为雅典在意大利南部的殖民地编撰法典。

图2.3　胡塞佩·德里维拉《阿布德拉的普罗泰戈拉》，油画，哈特福德沃兹沃斯学会。

普罗泰戈拉留下的残篇，哲学上最有价值的是两部著作令人难忘的开篇：

> 关于神，我不知道他们存在（einai），还是不存在，或者他们会有什么样的形式。因为

[1] Plato, *Gorgias*, a revised text with introduction and commentary by E. R. Dodds, Oxford: Clarendon, 1959, p. 390.

[2] 柏拉图:《普罗泰戈拉篇》317b4-5。

有太多的东西阻碍〔我〕知道这一点:〔问题〕的含混，以及人的生命的短暂。[1]

人是万物的尺度，既是那些是者（to on）是其所是（einai）的尺度，也是那些非是者非其所非的事物的尺度。[2]

第一条残篇出自《论诸神》，它展示出普罗泰戈拉在宗教哲学上一种接近不可知论的立场，认为神祇或超自然事物的存在和属性是人的认知能力无法通达的。拉尔修说这部著作被雅典人在广场上公然焚烧，普罗泰戈拉也因此被驱逐出境，这大概不完全是空穴来风。[3]

另一条残篇则可能出自普罗泰戈拉的《反驳篇》或《论真理》，它的思路从天上回到人间，以人作为关注的核心。这段话无人不知，但在失去上下文之后，它变得极其费解，解释空间巨大。首先，我们并不清楚这里所提到的人究竟指人类整体，还是指个别的人：如果是人类整体的话，这里的断言就很像一个古代人文主义者的宣言，它使人类成为衡量其他事物的标准；但这里的人更有可能指个别的人。也就是说我们在谈论事物的时候，总是根据个别的人——个别的认知者或个别的道德实践者——来做出判断。这样一种主张认为，心灵之外的事物，其所是依赖与之相关的个别认知主体或实践主体，这是一种后来被称为相对主义的主张。其次，我们也不能确定上一讲反复讨论的“是（einai）”这个关键概念在这里的含义，它也可以表存在，可以译为“人是万物的尺度，既是那些存在者存在的尺度，也是那些不存在者不存在的尺度”。

不过，在一条较少得到关注的古代证言中，普罗泰戈拉非常明确地阐述了一个事物之所是与个别认知者的关系：

普罗泰戈拉是位智者，他说是者之所是在于显现（phainesthai）。他说：“我对于在场的你显现为坐着；对于不在场的某人则不显现为坐着：我究竟是坐着还是没坐着，这并不清楚。”[4]

[1] DK80 B4.

[2] DK80 B1.

[3] DK80 A1，大多数现代学者认为这可能是将安那克萨哥拉的命运误植给普罗泰戈拉，见 Laks and Most, *Early Greek Philosophy*, vol. 8, p. 9。

[4] 盲人狄迪莫斯（Didymus the Blind）:《〈诗篇〉评注》34.17。此条不见 DK，1968 年被 M. Gronewald 发现，引自 Graham, *The Texts of Early Greek Philosophy*, p. 704。

这一段看起来是在将普罗泰戈拉的不可知论立场一般化，认为不仅神的存在和性质不可知，甚至一个具体的存在物如普罗泰戈拉本人在某个时刻是否坐着的状态也是不可知的。但这看起来是一个荒谬的结论，因为在普罗泰戈拉发言的那个时刻，他究竟是坐着还是站着，看起来不仅一目了然，而且可以独立于在场或不在场的观察者加以断定。由于缺乏必要的原文语境，我们不知道普罗泰戈拉会给出什么样的辩护，但重要的是他在此得出这一不可知论结论的前提："是者之所是在于显现"。它事实上是将一个事物的状态还原为它相对于某个具体观察者的显现：

> 如果 x 向某个人 S_1 显现为 F，则**对于 S_1** 来说 x 是 F；如果 x 向另一个人 S_2 不显现为 F，则**对于 S_2** 来说 x 不是 F。

在这一主张下，我们可以将普罗泰戈拉的结论弱化，它并不是一般性地断定事物 x 的状态不可知，而是说我们没有办法独立于 S_1 和 S_2 去断定 x 的状态，因为 x 向他们的显现是相互矛盾的。与此同时，x 相对于 S_1 就是 F，相对于 S_2 就不是F，这是可知的，而且看起来是不容置疑的，我们只是不能谈论 x 本身是什么。此时，普罗泰戈拉不需要作为一个不可知论者发言，他可以只接受某种相对主义的立场。这种立场否定存在独立于观察者或者实践者的事实决定一个事物是否具有某种属性。

回到有关"人是万物的尺度"的残篇，我们就不难断定普罗泰戈拉的主张与后世人文主义者强加于他的人类中心主义无关，而只是在表达上述相对主义的立场，这一点很快会在他的批评者中得到印证。不过，这种相对主义的立场，即使可以避免一种极端的不可知论，它同样是让人不安的。因为它拒绝承认事实与显现的区别，而将事物之所是完全还原为心灵中的显现，这事实上就否认了存在着独立于心灵的外在世界。相对主义者即使承认这样的世界存在，也会坚持我们的心灵无法通达外在世界本身，而只能通达它在心灵中的显现——这只不过是一种弱化的不可知论。更重要的是，错觉和幻觉等现象的存在，而且人的感官的生理状态对显现的影响，都在提醒我们事物并不必然如其所是地向我们显现，以事物向我们的显现作为判定事物性质的唯一标准，这付出的认知代价是惨重的，它将导致我们陷于无知而不自知。

图 2.4　萨尔瓦托·罗萨《德谟克利特与普罗泰戈拉》油画（1660—1663 年），圣彼得堡冬宫博物馆。德谟克利特（中）发现樵夫普罗泰戈拉（右）能以毫无几何误差的方式捆绑木材，对这个乡下人的天赋感到惊讶："小伙子，既然你有做事的天赋，就来和我做大事吧！"（见奥卢斯·革利乌斯《阿提卡之夜》5.3，今人多认为德谟克利特比普罗泰戈拉小一辈，此事多为讹传。）

普罗泰戈拉同时代的哲学家（尤其是实在论者）很快揭竿而起，最早发难的是德谟克利特（图 2.4）。他将普罗泰戈拉的相对主义立场概括为"所有表象（phantasia）都为真"，并给出了一个归谬论证来予以反驳，可以大致重构如下[1]：

（1）所有表象都为真。（进行归谬的前提）

（2）有一个表象是并非所有表象都为真。（前提：经验事实）

（3）并非所有表象都为真。（1，2）

在接下来的讨论中，我们将会大量使用命题重构的方式来展示古人的论证，以便更清晰地梳理他们的论证思路和准确地诊断其中可能存在的缺陷甚至错误。当然，在重构时必须小心，要准确地重构其中的核心概念，不破坏原始论证的外在语境和内在架构。这些技巧和要求我们将更多在具体操作中展示。

这个据说出自德谟克利特（图 2.5）的论证结构非常简单。命题（1）是要归

[1]　DK80 A15.

谬的命题，德谟克利特只是为了论证的缘故假设其为真。需要说明的是，此处的“表象”指的就是世界向认知者的显现，尤其是通过感官实现的显现。该命题预设如下真理观：当我们说一个表象为真，则该表象的内容是事实，例如，我产生了眼前的显示屏太亮了的表象，它如果为真，就意味着我眼前的显示屏确实亮度过高。论证的关键是命题（2），它想向我们指出的是：在众多的表象中，有一个很特殊的表象，其内容不涉及外在事实，而直接针对相对主义的立场：“并非所有的表象都为真。”显然，德谟克利特本人就有这样的表象，我们也不难想象一个怀疑论者也会分享这样的表象，因为他们都相信：至少我们某些有关外在世界的表象不是真的，例如幻觉和错觉。重要的是，普罗泰戈拉这样的相对主义者既无法否认存在这样的表象，也无法否认它为真。由此推出的结论（3）就意味着事实上命题（1）“所有表象都为真”本身并不成立。我们在假设命题（1）成立的基础上，引入一个额外的前提，就能推导出它的不成立，这就意味着命题（1）也就是相对主义的主张是自我挫败的。

图 2.5　尼古拉斯·莫亚特《希波克拉底拜访德谟克利特》油画（1636 年），海牙莫瑞泰斯皇家美术馆。德谟克利特让人送来羊奶，仔细地审视一番，断定这奶出自一只产了头胎的黑山羊。德谟克利特敏锐的观察力让医学之父大受震撼。

德谟克利特的反驳单纯从形式上看，显然是有效的。但这个形式上有效的论证是一个合理可靠的反驳吗？我们已经提到命题（2）基于普罗泰戈拉无法反驳的经验事实，但他会无条件地接受命题（1）中所预设的真理观吗？显然不！根据我们之前的分析，普罗泰戈拉的尺度理论拒绝谈论独立于认知者或表象的拥有者的事实，因此他并不接受“一个表象为真，则该表象的内容是事实”这样的真理观，因为事实本身如何是我们无法谈论的。普罗泰戈拉会强调，一个表象为真，则该表象的内容相对于它所显现的个别认知者是成立的。因此，在相对主义真理观下，命题（1）更应该表述为：

（1’）所有表象对于表象的持有者都是真的。

相应地，命题（2）所涉及的针对相对主义的表象当然是真的，但只是相对于德谟克利特本人或任何反相对主义的人为真，而不是无条件地为真。因此，在接受相对主义主张及其真理观的前提下，我们并不能合理地从命题（2）推导命题（3），而只能得出：

（3’）并非所有表象都是真的，这一点对于反相对主义的人为真。

而命题（3’）与（1’）并不矛盾，反而可以看作（1’）的一个实例。因此，德谟克利特的反驳之所以成立，是因为他隐蔽地借用了相对主义者并不接受的真理观，并且实质上扭曲了普罗泰戈拉本人的立场，这从根本上削弱了他的论证作为反驳的可靠性。但这是否意味着，沿着德谟克利特的思路，就没有办法发展出一个更为合理的针对普罗泰戈拉相对主义的反驳吗？

事实上，柏拉图在《泰阿泰德》中指名道姓地提到普罗泰戈拉，并且给出了一个可以称之为增强版的德谟克利特式反驳。柏拉图或对话中的苏格拉底从一开始就从类似（1’）的命题出发，强调普罗泰戈拉并没有一般性地断定所有表象为真，而是认为所有表象对于表象所显现的对象为真。他的归谬论证的基本思路可大致重构如下[1]：

（1）如果一个命题 p 向任何一个人 S 显现为真，那么，p 就对于 S 为

[1] 柏拉图：《泰阿泰德篇》169d-172b。此处的重构和以下的分析受到 Myles Burnyeat（*The Theaetetus of Plato*, Indianapolis and Cambridge: Hackett, 1990, pp. 28-31）启发，为简明起见，略过了一些文本细节，有兴趣的读者可以尝试更为细致的重构。

真；如果 p 向 S 显现为假，那么，p 就对于 S 为假。（进行归谬的命题，以下简称为“尺度学说”）

（2）尺度学说向大多数人显现为假。（前提：经验事实）

（3）尺度学说对于大多数人为假。（1，2）

（4）如果一种真理学说对于任何人为假，则该学说为假。（前提：真理学说的普遍有效性）

（5）尺度学说是一种真理学说。（前提：“尺度”的定义）

（6）尺度学说为假。（3，4，5）

前三个命题的推演与德谟克利特的归谬论证相似，只是特意强调了这里的命题真假的有效性范围，不认为命题（3）就可以直接证伪相对主义。关键在于命题（4）引入的前提，它强调真理学说对于任何人类主体的普遍有效性：无论是符合论还是融贯论，真理学说对于每一个个别的认知者都应该是同等有效的。如果一种真理理论只适用于部分认知主体，在柏拉图看来，它就不再是一种真正的真理学说。尺度学说在这个语境中显然是一种真理学说：它将个别认知者或者显现的对象确立为判断命题真假的标准。与此同时，柏拉图的论证在形式上是成立的。

但在经历了德谟克利特的论证之后，我们可能会担忧这里所强调的真理学说的普遍有效性是否同样违背了相对主义的基本立场。这个担忧看起来并非空穴来风，因为普罗泰戈拉一再限定一个命题 p 的真值的适用范围，即只针对它向之显现的认知者为真或者为假。这里谈到的尺度学说也是以命题的方式呈现的，看起来它只需要对普罗泰戈拉和相对主义者为真就可以了，并不需要对那些反相对主义者为真。相对主义真理观看起来是拒斥真理观的普遍有效性的，因为这似乎暗示了某种真理的绝对有效性。

这样的质疑和为相对主义的辩护听起来是合理的，但它付出的代价是沉重的。因为这就意味着，尺度学说本身也是相对的，即只适用于尺度学说的追随者。它也因此仅仅表达了相对主义者个人的理论偏好，而并没有对什么是真理给出任何普遍有效的断定，因此我们既不清楚这样的理论偏好是否会威胁到真理的客观性，也不清楚这样的主张究竟对我们对世界的认知与世界之所是做出了什么样的断言——因为这个世界就是它向某个人显现的样子，这仅仅对普罗泰戈拉式的相对主义者有效，仅仅是一群人没有额外理由的理论偏好而已。我们甚至会觉得没有必要和这样的相对主义者对话，因为他们认为“真理是相对的”只适用于他们，根本不关心其他人是否接受这一点，也无意说服其他人接受这一点。他们所表达的不过是：如果相对主义在我看来是真的，相对主义对我来说就是真的。这看起来是毫无信息量的同义反复。相对主义者的这种策略或许可以避免自我拆台的危险，但代价是他们放弃了一种具有实质意义的真理观。

当然，相对主义的主张并没有因为柏拉图的反驳而失去生命力，在随后的历史中它还会发展出更为精微复杂的形态，尤其是在文化和道德领域。普罗泰戈拉的主张在哲学家和一般知识界并不缺少辩护者，而且它对于教条主义的绝对主张也是一剂解毒良药。不过，相对主义作为一种理论，无论是真理理论还是价值理论，它的自洽性都是可疑的，就此而言，柏拉图的反驳仍然可以帮助我们思考。

同样重要的是，围绕着“人是万物的尺度”这一惊世骇俗的主张，从普罗泰戈拉到德谟克利特再到柏拉图，我们得以见证，古希腊哲学从一发端就包含着思想的尖锐交锋，而且是通过非常细致的论证形式展开。这些交锋能够帮助我们对一个命题的细节和它可能造成的理论后果，获得非常清晰的认识。即使这论证有误，我们也清晰地意识到它在哪里出了错，让错误成为新的思想生长点，这显然是一种大而化之的思想传统所匮乏的。

2. 高尔吉亚的《论非是者》与《海伦颂》

来自西西里岛的高尔吉亚（图 2.6）（约前 485—前 380 年）比普罗泰戈拉稍小几岁，在当时的声望却毫不逊色，据说人们曾在奥林匹亚山上为他铸造过一尊实心黄金雕像。比普罗泰戈拉幸运的是，他的《海伦颂》完整地保存了下来，而另一部重要的哲学论述《论非是者》（*Peri tou mē ontos*）也有两份详尽的摘要流传。

在《论非是者》中，高尔吉亚给出了三个语不惊人死不休的命题，分别涉及后世三个重要哲学分支：（1）“无物是。”这是一个本体论论断，直接针对巴门尼德和他的追随者，认为没有任何东西可以成为“是”的主语；（2）“即使有物是，它也是不可知的。”这是一个知识论论断，否认我们可以在认知上通达所谓“是者”。（3）“即使有物可知，它也是不可以用语言（logos）传达的。”这是一个语言哲学的主张，认为逻格斯或语言没有办法把我们的知识，特别是关于是者的知识传达给他人。[1]

每个论断都极端反直觉，同时处处针对巴门尼德及其追随者，试图颠覆我们此前所强调的语言、思维和世界的同构性。篇幅所限，我只扼要地呈现高尔吉亚的基本论证思路。

图 2.6　高尔吉亚画像，《犹太、希腊、罗马历史图集》抄本（16 世纪），巴黎法国国家图书馆。

先看第一个命题。高尔吉亚断言，如果有某物可以成为是这一动词的主语，它（a）要么指“是者”，（b）要么指“非是者”。但是，说“非是者是”，这显然是荒谬的，因为这意味着非是者既是又不是，显然违背了无矛盾律；另一方面，巴门尼德所说的“是者”也不可能是。因为是者（a1）要么是永恒的，（a2）要么就是生成的，再没有其他可能。而（a1）如果它是永恒的，它就没有开端，而没有开端，也就没有界限。而如果它没有界限的话，它就无处可是，因为找不到一个比无限者更大的容器来容纳它。因此，作为无限者的永恒者无处可是；（a2）另一方面，如果是者是生成的话，它（a2-1）要么来自另一个是者，（a2-2）要么来自非是者。高尔吉亚立刻指出，这两种情况都是不可能的，因为，一方面，如果来自另一个是者，那就已经有是者，不

[1]　DK82 B3.

需要生成；另一方面，非是者不能生成任何东西，因为能生成者总分有某种存在。在此之外，高尔吉亚还提供了一个额外的论证，指出如果某物是，它要么是一，要么是多：但它不可能是一，因为一属于量的范畴，而量总是可分的，可分的并不是一；它也不可能是多，因为多是一的组合，既然它不是一，它也不能是多。这两个论证可以吐槽的地方很多，很适合做论证重构的练习。

第二个命题认为即使有物是，它也是不可知的。在高尔吉亚看来，是者总是可以设想的，这就意味着所有是者都是可以设想的，反过来也是如此，二者是等价的。但是，我们完全可以去设想不存在的事件，例如高尔吉亚在飞，或者巴门尼德的马车在海上狂奔，但当我们这样想时，并不能推出高尔吉亚就是在飞，或者巴门尼德的马车就是在海上狂奔。这足以向我们证明“是”并不等同于“被设想”。这里的论证同样有很多可以反驳之处，例如，我们说是者是可知的，并不意味着可知的就如此是；其次，可知的和可设想的也可以是两个不同的概念。但要注意的是，高尔吉亚的论证直接针对的是巴门尼德。而巴门尼德在著名的是与思残篇中断言，可以被思维的和可以是的是同样的。所以，当巴门尼德认为是者可知时，他认为是和可以被思维是等价的，这是我们批评高尔吉亚的论证时必须考虑的历史语境。

最后一个论断更为有趣，它涉及逻格斯或语言的本性。高尔吉亚说，我们能够通过语言向其他人所传达的不是别的，仅仅是逻格斯或语言本身，而不是任何外在于语言的事物。他在语言和事物之间做了一个截然区分。认为语言只是外在事物的记号或表征，而我们通过语言所表达的也只是记号和表征本身，并不是外在的事物或是者。他认为外在的事物或是者对于我们来说是不能通达的，这是一种非常有趣的语言哲学立场。它同样出现在认知层面，即认为我们的心灵所能认识的只是心灵的内在表征，而不是外在于心灵的事物。这是一个后世哲学家不得不严肃对待的立场。正是在这个意义上，我们可以把智者看作语言哲学的先驱，尽管他们的目的或许并不是为了研究语言的本性本身。

上面的描述虽然粗略，但足以呈现《论非是者》雄辩的修辞风格，它通过引入大量的析取论证，逐一反驳每一个析取枝，来辩护那些看起来荒谬的立场。有的论证存在明显的逻辑谬误，但有些分析却包含着难以驳斥的理论洞见。它的作者即使不算哲学家，也是哲学家必须严肃对待的敌人。

以上讨论集中在理论哲学领域，是为了纠正传统教科书认为智者不关心理论反思的偏见。不过，智者首先关注的确实是伦理和政治领域，而他们贩卖雄辩言辞的目的，也是为了帮助人们更好地在城邦中生活，尤其是在雅典这样的民主城邦。人们需要通过言辞来说服他人，来改变政治生活的走向。所以语言的技艺，特别是修辞，对于雅典的公民来说意义不同寻常。高尔吉亚也把这样一种论辩技巧用于道德领域。

古希腊人也有类似红颜祸水的主张，认为正是海伦导致了特洛伊战争。高尔吉亚在《海伦颂》这篇演讲词中，列举了海伦前往特洛伊（图 2.7）若干可能的理由（aitia）：

> 她的所作所为，或是（1）因为运气的无常、众神的决定和必然女神（Anankē）的命令，或是（2）受到外力的劫持，或是（3）被言辞（logos）说服，或是（4）被爱欲（eros）征服。

接下来，高尔吉亚通过不容置疑的分析断定，无论出于何种原因，海伦本人都无需为之负责。前两种理由相对容易理解，这些都被看作外在于海伦的因果力，在它们的作用下，海伦很难成为自己行动的主人，也因此不必为之负责。其中值得一提的是“必然女神”，她完全可以只是事物内在必然性的神格化，而在后世的讨论中，并非所有哲学家都认为生活在种种必然性之下的人都可以免责。

图 2.7 《海伦登船前往特洛伊》湿壁画（1 世纪），庞贝悲剧诗人寓所，那不勒斯国立考古博物馆。

高尔吉亚提到的后两个原因无疑更为麻烦，在哲学上也更为有趣：言辞是不是像高尔吉亚所说的那样，它对于灵魂的作用就像药剂之于身体一般不可抵御？当我们被别人说服时，是不是只有说服我们或者教唆我们的人才要承担责任？我们就只是他的一个工具，并不是自己行动的原因吗？爱欲是不是只是心灵的一种疾病，应该得到怜悯而不是谴责？当我们被内心的爱欲、被一种强大的内在欲望征服时，我们就不需要为它所引起的后果承担责任了吗？这些问题值得进一步深入探索，特别是在学习了亚里士多德的自愿行动理论后进一步思考。[1]

3. 习俗与自然之争

提到智者，自然绕不过著名的“习俗与自然之争”。这里涉及两个希腊哲学的核心概念，一是我们已经有所了解的“physis”，另一个则是“nomos”，它同样含义丰富，可以指不成文的习俗，也可以指法律，还可以泛指一切约定而成的规则。这里的争论涉及人的社会实践所遵循的规则的起源：它们究竟是纯粹人为的、约定俗成的产物，还是扎根于人的自然本性？它并不仅仅涉及对某种实践制度起源的描述，而是涉及该制度或规则的合法性争议。在参与争论者看来，如果一个事物有自然的起源，它同时也就获得了某种自然的合法性，反之则不然。

习俗与自然之争首先出现在语言层面，因为对事物的命名，显然因不同的文化、不同的语言而异，甚至在同一个文化中，对同一个事物的命名也可能有差异，例如“秋裤”和“棉毛裤”，它看起来是众多偶然因素作用的结果。那么，我们对事物的命名，甚至我们的语言本身就只是一个纯粹约定俗成的东西，没有额外的合法性来源吗？

并不是所有希腊哲学家都这么想！在流传至今的《希波克拉底文献》中，有一篇《论技艺》，它的作者很可能是一位智者。他在为医疗作为一门技艺的价值辩护时，强调尽管事物的名称是人们在习俗实践中赋予事物的，但不同门类的专门技艺可以把握的事物的内在特征或形式（eidos），在这个意义上，我们可以把基于技艺或专门知识的名称看作“自然的后裔”。[2] 这意味着，当我们给事

[1] 参见本书 6.4.1-2。

[2] （伪）希波克拉底：《论技艺》2，见 William. H. J. Jones (ed.), *Hippocrates*, vol. 2, Cambridge, MA: Harvard University Press, 1923, p. 192。

物的名称同事物的内在特征建立起一种稳定的关系时，人们就会乐于接受它，并根据相关知识纠正错误的用法。例如，在不同的语言中，火和热会有不同的名称，但在所有语言中，“火”都会蕴涵着“它是热的”，所以我们就会用“热”去谓述“火”。不过，在其他智者如高尔吉亚看来，我们的命名却纯粹是约定俗成的，因为语言根本就没有办法去表达外在于我们的事实，我们也对于心灵之外的世界没有恰当的知识。因此，事物的本性和与之相关的知识，并不能够成为约束我们语言的规范，这也是智者们常见的立场。[1]

当然，习俗与自然之争更多出现在道德层面。正如索福克勒斯的悲剧《安提戈涅》（图 2.8）的主人公面临的两难处境：究竟是遵循现有的法律将背叛

图 2.8　塞涅卡《悲剧作品集（附特利维特评注）》抄本（约 1460 年），维也纳奥地利国家图书馆。中世纪艺术家想象的忒拜城与安提戈涅。

[1]　本段参考 Broadie, “The Sophistes and Socrates,” pp. 84-86。

城邦的兄弟的尸骨弃置一旁，还是遵循某种人们可以认识到的高于法律的自然正义的要求让他入土为安？似乎任何一个选择都会冒犯道德和正义的要求。这里的核心议题在于，究竟有没有所谓自然正义，是不是所有的正义都是约定俗成的结果？在正义的自然主义者看来，（1）在人类不同的社会政治体系之上，存在着自然的正义和不义，它对于所有民族、所有文化都是有效的。与此同时，他们往往也接受（2）习俗正义的自然起源论，认为自然正义就是我们传统道德的起源，自然正义的合法性解释了人类习俗和道德实践的规范性来源。不过，这两个立场之间可以有张力，它们可以是分离的。

智者们通常两种立场都不接受，尤其拒绝认为传统道德习俗来源于某种天然合法的自然正义。例如柏拉图对话中提到的两个著名智者，卡里克勒斯和色拉叙马科，他们就认为即使存在着自然正义，它也不是希腊人所接受的那套传统道德价值。色拉叙马科就曾将自然正义说成强者的利益，通过剥削弱者为强者服务，是一种弱肉强食的丛林法则。[1] 今天，我们这片土地上仍然有很多人接受这样的法则，而且和色拉叙马科一样认为普罗大众接受的传统道德没有自然合法性，反而是在压制自然正义的要求。因此，他们尽管也接受某种自然正义的存在，但是将它和现实的道德法则截然割裂，认为现实的道德完全是人类社会约定俗成的结果，与真正的正义无关。

智者们对传统道德合法性的质疑，对语言本性的反思，对知识可能性的拷问，对世界的实在性的否认，对真理相对性的辩护等，几乎涉及诞生不久的哲学的所有分支领域，对人们广泛接受的命题和价值都提出了难以应对的质疑。无论智者是否哲学家，他们都现实地推动了当时的哲学思考，而他们提出的一系列问题和论证也成为苏格拉底以降的哲学家必须严肃对待的挑战。

[1] 柏拉图：《理想国》338c1-2。

二、苏格拉底的实践哲学

1. 苏格拉底其人

“谁是苏格拉底?”这个问题看起来毫无必要，谁人不识这位雅典哲人？苏格拉底（前 470—前 399 年）（图 2.9）是公元前 5 世纪著名的思想家，柏拉图的老师。他热衷于论辩，像孔子一样述而不作，但有很多主张，通过后人的论述或转载得以流传。苏格拉底不仅是一个了不起的思想家，也是一个能为自己的思想和信念献身的伟大哲人，一个言行合一的思想巨人。

这是常见的关于苏格拉底的印象，但当我们回到古希腊文献和有关苏格拉底的漫长接受史中，就会发现不同人眼中有不同的苏格拉底。作为哲学史的旅客，我们需要面对的首先就是所谓的“苏格拉底问题”：如何重构一个历史真实的苏格拉底及其思想?

图 2.9 《苏格拉底》罗马壁画（约公元前 1 世纪），以弗所博物馆。

关于苏格拉底的一手报道，有三个主要来源：雅典喜剧作家阿里斯托芬的《云》、色诺芬的《回忆苏格拉底》和柏拉图的“苏格拉底对话”。二手证言中最重要的则来自亚里士多德：很多被认为区分苏格拉底和柏拉图理论的标准，例如是否持有理念论（或形式理论）、是否将美德等同于知识等，都很依赖亚里士多

图 2.10 《愚钝的牧人》木刻版画，出自 Johannes Sambucus, *Emblemata*, Antwerp: Plantin, 1564, p. 145。这里的牧人指《云》中的人物斯瑞西阿得斯。

德只言片语的报道。

（1）首先来看阿里斯托芬（约前 456—前 380 年）的《云》(图 2.10)。《云》这部喜剧最早上演于公元前 423 年，当时苏格拉底还不到 50 岁。在喜剧作家的笔下，苏格拉底的形象是可笑的。据说他开设了一间叫“思想所”的机构。像智者一样，苏格拉底招募年轻人到思想所学习，教他们研究一些自然现象，比如如何测量一只跳蚤跳了多少个腿长之类听起来毫无意义的问题。和智者一样,《云》中的苏格拉底也会传授论辩的技艺，并且宣称他能使弱的逻格斯变强，让那些听起来无理的论辩变得有说服力。阿里斯托芬说苏格拉底经常坐在一个吊在半空中的篮子里，认为这种状态更适合进行思考，这很容易让人想起仰望星空的泰勒斯。

《云》中的苏格拉底和我们所熟悉的雅典哲学家看起来非常不同，这是一个愤世嫉俗、特立独行的苏格拉底，他对雅典人的道德规范不屑一顾，更像一个自然哲学家，也更像一位智者。很长一段时间，阿里斯托芬的夸张描述被哲学史界忽视，被认为只是文学家的向壁虚构。但一部文学作品，在它所刻画的对象还活着时能被广泛接受，哪怕是喜剧这样充满强烈讽刺意味的体裁，它一定会有一些跟事实相近的地方，能够让认识苏格拉底的雅典观众接受。其中很重要的一点是，它提到苏格拉底对于自然的兴趣。柏拉图《斐多篇》中的苏格拉底也谈到过自己的求学经历：他确实对自然哲学发生过兴趣，甚至求学于阿刻劳斯（Archelaus，公元前 5 世纪），还了解过阿那克萨戈拉的主张，因为对他们哲学的不满而转向自己独特的哲学探索。此外，阿里斯托芬笔下的苏格拉底，无论是否可信，也很可能是审判苏格拉底的雅典公民更熟悉的苏格拉底。《云》虽然是一部文学作品，描绘了一个很奇怪的苏格拉底，仍然有值得关注之处。

图 2.11　色诺芬《远征记》抄本（1506 年），大英图书馆。色诺芬与他的希腊雇佣军。

（2）色诺芬（前 430—前 355 年）（图 2.11）是戎马出身的历史学家，他的《回忆录》中的苏格拉底和阿里斯托芬的苏格拉底完全不同，几乎就是后者的反面：苏格拉底摇身一变，成了虔诚、正派、温和的雅典公民。他不再是让人生厌的说教者和话痨，而几乎是所有人的朋友。这看起来更像色诺芬本人或他理想中的自我形象。他认为苏格拉底对自然哲学没有太多兴趣，也不会假装自己精通一切事务，靠贩卖自由而无用的知识赚钱。与此同时，色诺芬笔下的苏格拉底也没有多少惊人之语，传统而保守。

问题在于，如果苏格拉底真是一位雅典好公民，我们就很难理解为什么他会在民主审判中招来杀身之祸，更难理解他为何能打动像柏拉图这样的天才，而且后世几乎所有的古希腊哲学流派——大概除了伊壁鸠鲁之外——无不将苏格拉底尊为至圣先师！我们不得不承认色诺芬笔下的苏格拉底，特别是从哲学的角度来看，是平庸的。

（3）柏拉图对话录中的苏格拉底无疑在哲学上最有趣，但也最不易和他的讲述者区分开。学者们通常将柏拉图对话分为三个不同时期：早期、中期和晚期。主流的意见认为柏拉图自己的思想经历了一定的发展：早期较多受到苏格拉底的

图 2.12　巴黎的马修（绘）《运气之书》抄本（13 世纪中叶），牛津博德利图书馆。述而不作的苏格拉底化身中世纪抄工，柏拉图反成了絮絮叨叨的发言者，耐人寻味。

影响，尤其关注伦理问题；中期则对形而上学和认识论产生浓厚兴趣，引入独特的形式理论（传统译为“理念论”）；到了晚期，柏拉图开始思考形式理论可能带来的困难，并对之做出修正。

柏拉图对话的具体分期下一讲再展开。[1] 这里着重介绍研究者们如何在柏拉图著作中辨别苏格拉底自己的主张（图 2.12）。正如之前提到的，今天的研究非常依赖亚里士多德的报道。例如他在《形而上学》中指出：

> 有两件事我们可以公正地归于苏格拉底：归纳性论证和普遍定义；二者都是科学知识的出发点。但他并没有把普遍者（ta katholou）或定义看作分离者，只有〔柏拉图主义者〕才那么做并且将其称为存在者的“形式（idea）”。[2]

亚里士多德认为相较于早期希腊思想家，苏格拉底在定义和哲学方法上做出了独特的贡献，为构建严格的知识体系找到了牢固的出发点。但与此同时，他并未像柏拉图主义者那样，认为知识的对象，也就是普遍者（即中世纪讨论的“共相”）[3] 可以同个别的存在相分离，成为分离的形式。柏拉图的“形式”具体指

[1]　见本书 3.1.2。

[2]　亚里士多德：《形而上学》13.4 1078b27-32。

[3]　见本书 11.3.1。

何物，我们后面再讨论。[1] 但根据亚里士多德的报道，一个论述如果包含形式理论，那就是柏拉图自己的主张。反之则属于苏格拉底。这个说法虽然受到部分当代柏拉图研究者的质疑，但被广泛接受。学界主流仍然认为，不包含形式理论的柏拉图早期对话更接近历史上的苏格拉底。

柏拉图早期对话中的苏格拉底总是向他的追随者追问某个事物的定义，尤其是传统美德，例如《游叙弗伦》问虔敬，《拉刻斯》问勇敢。苏格拉底的对谈者每给出一个定义，苏格拉底就会用一些反例来揭示定义无效。例如在把勇敢定义为坚守阵地时，苏格拉底就会问：为了战局而进行战略性撤退、放弃阵地，这就是不勇敢吗？如果回答不是，就必须对这个定义进行修正。在这些反复追问中，对话往往是无疾而终的，最后并没有达到一个让对话参与者都满意的定义。所以，苏格拉底在这些对话中，总是说他自己其实没有什么特定的智慧或者知识，这是他跟智者的一个显著差异。

苏格拉底只是在不断地向人们请教，通过对话去揭示传统美德定义中的缺陷。所以，柏拉图笔下的苏格拉底呈现为一个积极探索的哲学家的形象。与此前的哲学家不同，他更多是通过反驳的方式来推进人们的思考，很少正面建构自己的主张。就像柏拉图笔下的苏格拉底所说的，他只是思想的助产士，帮助别人把他们自己的思想接生出来，如此而已。[2]

柏拉图笔下的苏格拉底机智幽默，思想敏锐。但这一定是历史上真实的苏格拉底吗？我们至少可以承认，从哲学的角度看，这是最值得去思考和与之对话的苏格拉底。当然，如何从这些修辞色彩浓厚的对话中把苏格拉底自己的思想剥离出来，对于专门研究苏格拉底思想的学者，仍然是一个巨大的解释挑战。以下的讨论，我们将以亚里士多德等古代文献的证言为主要线索，按照目前学界的主流意见，集中讨论柏拉图的对话所呈现的苏格拉底，尤其是他在哲学方法论和道德哲学领域的贡献。

在回到柏拉图对话之前，我们不妨先看一看从不同文献来源中拼贴出来的苏格拉底形象：苏格拉底是一个很奇怪的人。这是柏拉图笔下的阿尔西比亚德

[1] 见本书 4.4.1。

[2] 柏拉图：《泰阿泰德篇》148e1-151d6。

图 2.13　克里斯托弗·威廉·埃克斯贝尔《阿尔西比亚德与苏格拉底》油画（1813—1816 年），哥本哈根托瓦尔森博物馆。阿尔西比亚德是雅典历史上最为著名的人物之一，杰出的军事领袖，一个不仅让雅典，而且让整个希腊都为之疯狂的美男子，但他也是苏格拉底最为忠实的追随者。

（图 2.13）的评价：

> 这个人是如此奇怪，无论是他本人还是他说的话（logoi），你在过往和当下，都找不到任何能与之相提并论。[1]

苏格拉底的奇怪体现在很多方面：

（a）首先是其貌不扬。当时的希腊是一个外貌至上的社会，杰出的人物往往都仪表堂堂。伯利克里也好，阿尔西比亚德也好，甚至柏拉图也是如此。在广受欢迎的人物中，苏格拉底是一个特别的例外：他得有多大的精神魅力才能让人忘记他的容貌！[2]

（b）让人困惑的是，苏格拉底又常常宣称他是无知的，或者说他的精神是贫乏的。当然，我们不要对苏格拉底的无知有所误解：这并不是说他一无所知，而是说他宣称自己并不拥有一种特殊的学问或知识，尤其是智者们宣称的可以传授于人的那种智慧。与此同时，一个宣称自己无知的苏格拉底，总是能

[1]　柏拉图：《会饮篇》221d1-4。

[2]　参见 Debra Nails and S. Sara Monoson, "Socrates," *SEP* (Summer 2022 Edition), URL =〈https://plato.stanford.edu/archives/sum2022/entries/socrates/〉。

在对话中让那些宣称自己拥有智慧的人陷入尴尬境地，并承认他们在所谈论话题上的无知。

大家或许听说过那个著名的德尔斐神谕：没有比苏格拉底更智慧的人。[1] 苏格拉底不肯接受这个判断，因为他一直都知道自己并没有特殊的智慧。于是他就去找各种各样被人们看作有智慧的人：诗人、声名卓著的将军、匠人、智者甚至哲学家，最后却发现他们并不像自己所宣称的那样拥有超越凡俗的智慧。苏格拉底由此得出结论：之所以没有比苏格拉底更智慧的人，是因为只有苏格拉底知道自己并不拥有这种智慧。

苏格拉底自知其无知，这就是所谓的“苏格拉底式无知”。但是，这样一种高阶的知识，即关于自己缺乏智慧的心灵状态的知识，它仍然没有任何实质内容。除了确认自己具有某种心灵状态，苏格拉底并不能因此对世界和对自身有更多实质性的认识。如果苏格拉底仅仅自知其无知的话，他并不能在哲学上做出实质性贡献。所以我们一定要小心，不要夸大苏格拉底的无知。一定要注意这只是他形象的一部分。此外，我们马上会讲到苏格拉底认为美德即知识，如果他所谈论的智慧是跟美德密切关联的知识的话，那么，承认自己无知，就是在承认自己无德——这显然是苏格拉底和他的追随者（图 2.14）难以接受的后果。因此，我们

图 2.14　德拉克罗瓦《苏格拉底与他的精灵》天顶画（1838—1847 年），巴黎波旁宫图书馆。

[1]　柏拉图：《申辩篇》21a5-8。

去修订美德即知识的断言，要么需要限定这里所说的无知的界限，要么在两者之间寻找新的平衡。

（c）同样让人奇怪的是，苏格拉底一方面说自己无知，同时又说他的心中有一个内在而神圣的迹象或声音在指引着他。这个内在的声音被称作“daimonion”，它可以泛指任何神圣的、超自然的存在，也可以特指某种品级较低的神灵，介于人和众神之间，或许可译为“精灵”，但它的角色更像良心的化身，在关键时刻昭示什么该做什么不该做。苏格拉底也坚信自己从精灵那里听到了超越习俗正义的判断，获得了具有无上权威的道德洞见。道德争论中良心的出场并不罕见，奇怪的是，怀疑一切世俗权威的苏格拉底从不质疑精灵或良心的声音。苏格拉底一向推崇道德论辩和推理，他为什么会相信内心深处的神秘道德直觉？他对良心的绝对服从和他一贯的批判精神可以相容吗？这些问题至今困扰着苏格拉底的解读者。

图 2.15　奥古斯丁《上帝之城》抄本（约 1475 年），海牙荷兰皇家图书馆。背景左侧苏格拉底在亭中饮鸩而亡，右侧则是他的两个指控者跪在市政官员前。前景中是悲伤的追随者。

不过，无论精灵给了苏格拉底什么样的指引，在世俗人看来，它显然没有把他引向幸福的终点。苏格拉底当年在对话中激怒的人指控他引入新的神和败坏年轻人。苏格拉底的申辩并没有说服或打动审判员：五百人大会上，有 280 票认为他有罪，220 票认为他无罪。他本不必赴死，但他不愿接受其他的刑罚，最后激怒陪审团被判处死刑（图 2.15）。

（d）苏格拉底最后一个奇怪之处，是苏格拉底对话录这一文体的出现。苏格拉底并非苏格拉底式对话录的作者，但他探究哲学的方式受到当时人们的欢迎，不仅柏拉图写过苏格拉底对话录，色诺芬和柏拉图提到过的斐多（Phaedo of Elis，公元前 4 世纪）也以他作为主人公来撰写对话。一个不事写作的思考者，一个拒绝成为教师的人生反思者，却以自己的对话实践和人格魅力开创了一个流行的哲学文体，实属罕见。

我们要提到的苏格拉底的最后一点性格特征其实并不奇怪，但它异常突出。他一生都遵循良心的内在呼唤，坚守他所认定的法则。即使他未必像色诺芬所描述的那样是一个中规中矩的公民，但他的这些品质，他在战场上、在“三十僭主”统治期间的表现，都为当时人称道。直到今天，很多人仍然把他看作美德的典范，而他慷慨赴死的举动更把他的人格推上极致，使他成为世俗哲学的楷模。

2. 苏格拉底的诘难法（elenchos）

从柏拉图和亚里士多德开始，人们就愿意强调苏格拉底在哲学方法论上的贡献（图 2.16）。他的方法被称为“elenchos”，这个词的基本含义是反驳或批判性的考察，它常被翻译成“诘难法”或“问答法”，指以问答的方式来推进思考。

典型的诘难法通常包含这样七个步骤：（1）苏格拉底向他的对谈者追问某个美德（例如勇敢、虔诚、节制、正义等）的定义；（2）对谈者给出一个定义；（3）苏格拉底从这个定义出发，给出对话者难以接受的反例或者推导出某种荒谬的结果；（4）对话者修正他的定义；（5）苏格拉底给出新的反例或新的

图 2.16　穆巴希尔《格言警句精编》抄本（13 世纪），伊斯坦布尔托普卡珀皇宫图书馆。苏格拉底（右）与学生间的哲学论辩。

归谬论证;（6）几次反复后，对话者意识到他无法给出一个前后融贯、普遍有效的定义，承认他的无知;（7）苏格拉底欣然分享他的无知，整个对话在困局（aporia）中收场。

以《理想国》第一卷为例——它很可能源自一篇以正义为核心论题的早期对话——苏格拉底的对谈者先说正义就是归还欠别人的东西。苏格拉底马上追问：你找邻居借了把斧头，但当邻居来找你要回斧头的时候，你发现他已经喝得醉醺醺的，而且扬言要拿这把斧头去把另一个人给砍了，这时候把斧头还给邻居还是正义的吗?

苏格拉底的对谈者因此不得不修订有关正义的概念，因为他觉得给一个预谋杀人者以凶器算不上正义。他改口说正义就是扶友损敌，是帮助朋友和损害敌人。苏格拉底紧接着追问：损害敌人是让敌人变得更好还是变得更糟？正义作为一种美德，它的功效是让人变得更糟吗？这一系列的质疑迫使他的对话者不断调整自己的主张，到了《理想国》第一卷的最后，苏格拉底坦然承认他仍然不知道正义是什么。显然，这样一个结论实际上就是苏格拉底式的无知的一个加强版，或者说一个更加程式化的结果。

如果说苏格拉底式的自知其无知并没有提供任何有关自我和世界的实质性知识，那么，诘难法除了帮助我们澄清一些原有的错误信念，或者原有的不相容的一整套信念之外，它在什么意义上能推进我们的哲学思考呢?

美国学者弗拉斯托斯（Gregory Vlastos）[1] 对苏格拉底的诘难法有一个精准的描述：

> 苏格拉底的诘难法是通过问答式的论证交锋来探寻道德真理，在这种论证中，只有当一个论题被确定为回答者自己的信念时才会被辩论，只有当对该论题的否定是从回答者自己的信念中推导出来时，它才算被驳倒。[2]

这个描述高度浓缩，它至少从四个方面展示出诘难法的哲学意义：

[1] 弗拉斯托斯是 20 世纪下半叶英语世界最有影响力的古希腊哲学研究者之一，他和欧文（G. E. L. Owen）等一批哲学史研究者，通过引入分析哲学的论证手段，带来了英语世界的古代哲学研究复兴。苏格拉底研究是弗拉斯托斯最重要的工作领域之一。

[2] Gregory Vlastos, *Socratic Studies*, edited by Myles Burnyeat, Cambridge: Cambridge University Press, p. 4.

（1）首先，诘难法是一种探寻，它和所有古希腊哲学的精神特质是一致的。它探寻的对象是真理，反驳并不是它的目的。这一点也把它和很多智者的工作区别开来。苏格拉底一再郑重其事地提到，他们的对话关心的并不是什么随便的事情，而是一个人应当以什么样的方式来生活，这是对最高贵和美好的事物的探究。[1] 苏格拉底对道德真理的追问，往往和古代伦理学的终极问题联系在一起，它指向对美好生活的追寻。

（2）其次，问答的参与者应当只回答自己真正相信的东西，或者说必须表达自己真正接受的伦理观点。之所以强调这一点，是因为智者在论辩时，经常会为了论证的需要隐藏自己的真实想法，而用“如果你愿意的话”之类的表达来演练一种主张。至于他自己是不是真正接受这个观点，把它作为一种道德信念和道德实践的标准，被看作是不重要的。苏格拉底则不同，在他看来，在对道德真理的追寻中，我们必须要求参与者的真诚。[2]

（3）苏格拉底强调，诘难法必须要给出一个恰当的、准确的定义，它刚好把要定义的对象囊括进来，既不能太宽也不能太窄。所以，苏格拉底在问答中常常会用反例的方式来澄清某个定义不恰当。例如，刚才提到的正义是归还你欠别人的东西，这定义就太宽了，并非所有这样的行为都是正义的。不过，这里似乎假设了定义的某种优先性：

> 如果我们不知道 F 的一般定义，就不能断定一个具体的事物 x 是不是具有 F 这一性质。

比方说，如果我们不知道正义的严格定义，我们就不知道一个行动正义与否，这个断定显然是荒谬的，因为这意味着在苏格拉底这样的哲学家给出正义的定义之前，任何有关正义行动或正义品质的谈论都是不合法的，而且哲学家们也没法用归纳的方式从正义概念的特殊用法中获得关于它的严格定义。而诘难法里给出的反例也是无效的，因为我们同样无法断定这些反例是否满足正义的严格定义。苏格拉底对定义的执念，也使得这一谬误常被称作“苏格拉底谬误

[1] 例如柏拉图：《理想国》352d6-7；《高尔吉亚篇》487e7-488a2。

[2] 例如柏拉图：《普罗泰戈拉篇》331c4-d1。

(Socratic Fallacy) ”。[1] 苏格拉底是否真的犯了这一谬误，仍然是学界争议的话题。重要的是，我们不能把定义的优先性和诘难法的其他要素剥离开来。苏格拉底关心的是道德领域内的真理。他或许可以承认，我们确实可以通过不严格的工作定义去谈论道德概念，但如果最终不能给出严格定义的话，就没法确定一些让人困惑的边界案例，也没有办法对我们的道德谈论给出可以辩护的道德理由，也就无法通达真理，无法通达那些指向美德和美好生活的道德知识，这一点在有关美德即知识的讨论中会更加凸显。

（4）当然，诘难法最直接的哲学意义仍然在于：即使我们不能直接断定一个道德命题是不是实质上正确，它至少可以帮助我们从形式上考察该命题能不能和我们广泛接受的其他道德信念相容。苏格拉底坚信，真诚的道德信念的融贯性，是道德真理的一个必要条件，而诘难法可以帮助我们建立这种融贯性。

3. 苏格拉底的道德心理学

苏格拉底对道德哲学的贡献不止于诘难法。但在展示他更实质性的道德学说之前，我们先简单介绍一下美德伦理学的一些基本观点，因为本书谈到的伦理主张，绝大部分可以归入美德伦理学。

西方哲学中的“美德（virtue）”和“伦理学（ethics）”这两个词都来源于古希腊语。之前已经提到，“美德”用来翻译“aretē”。它本泛指任何类别的卓越性，并不必然是道德上的美德，只是一种优异的稳定品质，使得拥有该品质的事物能够很好地发挥它的功能。希腊人可以谈论一把刀的美德，这体现在它的锋利上。伦理学则来自“ēthos”，它本指动物的巢穴，引申为行为方式或行为习惯。ēthos 一方面演化为判断行为是否得当的标准，成为具有规范性约束力的习俗，另一方面进一步引申为一个人稳定的品质或性格，而美德实际上就是在道德上值得赞誉的性格品质。

美德伦理学围绕美德这一特殊品质展开，认为只有由它产生的动机，才能确保一个行动成为正当的。这意味着，一个行动被看作勇敢的，不仅仅是它具

[1] 这个说法源自 P. T. Geach, “PLATO’S ‘EUTHYPHRO’: An Analysis and Commentary,” *The Monist*, 50, 3 (1966), pp. 369-382, at p. 371。

有勇敢行为的外部特征，而且行动者应当具有被称之为勇敢的品质，使他在大多数情况下都能完成勇敢的行为。一方面，美德通常被看作一种原初的内在价值，它不能被还原成其他规范性概念。这意味着，一个行动是正当的，是因为它来自特定的美德，而不是反过来认为一种美德是善的，是因为它可以导致正当的行动。

另一方面，美德通常同希腊人所说的“eudaimonia”联系在一起。它通常译为“幸福”“繁荣”“福祉”或“美好生活”。它的本义和我们在赫拉克利特那里谈到的命运守护神（daimon，“性格及命运”）相关，即得到命运守护神的眷顾。古希腊人所理解的幸福，不能混同于我们今天谈论的幸福感，因为它指的首先是得到神灵眷顾这样一种客观的生活状态。它和美德的关联在于，美德被看作促成或构成幸福的要素：有的哲学家坚持德福一致的主张，认为一个人拥有美德是使得他成为幸福的人的充分必要条件；而其他一些哲学家则认为美德是幸福的一个必要条件。无论哪种情况，我们都需要培养自己的美德，以促成美好生活的实现。当然，这里的幸福概念本身也是道德化的：并非所有人所认为的幸福都值得追求，只有真正的幸福如此，而这样的幸福往往需要具有某种独立的道德价值。

以上对美德伦理学理论框架的描述虽然粗浅，但它或许可以帮助我们理解苏格拉底、柏拉图、亚里士多德，甚至奥古斯丁、阿奎那等人伦理思想的基本特质。

苏格拉底开启了以系统性方式探讨美德本性的哲学事业：他关注的不是零散的、分离的道德主张，而是一整套道德信念的有效性。

除了通过诘难法以否定方式考察信念系统的融贯性之外，苏格拉底还借助类比来推进他的论证：如果我们有理由认为 A 和 B 是相似的，那么就可以通过我们更熟悉的 A 的某些性质去推断 B 也具有相应的性质。他常用来类比美德的是技艺（technē），有时也会拓展到算术和几何等知识门类。当我们掌握了一门技艺或知识，心灵实际上就获得了一种稳定的倾向，确保我们在给定的场合不仅能完成与技艺相关的活动，而且可以出色地完成。例如一位琴艺出众的钢琴家可以出色地进行演奏，一位掌握速算法的学生也能迅速完成运算。苏格拉底认为美德也是这样一种卓越品质或稳定倾向，一个勇敢的人并不见得时时刻刻都在展示勇敢的品质，但只要需要，他就能根据自己的意愿很好地完成勇敢的行动。

这一类比论证更实质性的后果在于，它引导着苏格拉底进一步将美德这种心灵品质还原为一种特殊类型的知识。因为真正掌握了一门技艺的匠人不仅能够出色地完成他的工作，而且能够为与技艺相关的事项给出一个合理的说法（或“逻格斯”），能够解释一切得以运作的原因。[1]一言以蔽之，真正的匠人知道自己在做什么和如何做得好，他所拥有的知识就是他所掌握的技艺。如果美德与技艺充分相似，这似乎暗示了美德也应该能还原为某种知识。正是在这一类比的暗示下，苏格拉底总是不动声色地诱导他的对谈者用知识来定义美德，例如将虔诚定义为关于祈祷和祭祀的知识，将勇敢定义为关于什么应该心怀畏惧什么应该保有希望的知识。[2]这一突出理性认知要素的道德心理学主张常常被概括为“美德即知识”，它也被称为苏格拉底的美德唯理智论（intellectualism）。

然而，类比论证的危险在于，我们并不完全清楚两个类比项如何具有足够的相似性可以类比。因为如果我们完全了解 A 和 B 的相似之处，也就不需要类比了。另一个危险是，所有的类比，都包含不可类比之处，否则的话 A 和 B 就不是相似而是同一。具体到技艺的类比，它会带来两个重大的困难，而柏拉图笔下的苏格拉底对它们有清醒的意识。[3]

（1）《普罗泰戈拉篇》的一个核心话题是美德是否可教。智者普罗泰戈拉宣称他所教授的就是公民的技艺，它可以使人们成为正直的公民，并因此具有明谋善断的美德。[4]技艺显然是可教的，由少数专业人士传授给学徒。如果苏格拉底接受美德－技艺类比，他就应该认为，相应的专家可以通过言传身教的方式把美德教给其他人。然而，苏格拉底至少在这篇对话的前半部分明确地否认美德可教，一是在公共生活层面，民主制的雅典不认为少数专家可以垄断政治美德，而相信所有（成年男）公民都有发言权；二是在私人生活中，很多有美德的人如贤者梭伦也不能把他的孩子教育好，而他显然不是不愿意这么做。[5]简而

[1] 柏拉图：《高尔吉亚篇》465a2-7。

[2] 分别见柏拉图：《游叙弗伦篇》14c5-6、《拉刻斯篇》194e11-195a1。

[3] 以下有关技艺类比困难的讨论参考了 Anthony Kenny, *A New History of Western Philosophy, Volume 1 Ancient Philosophy*, Oxford: Oxford University Press, 2004, pp. 262-263。

[4] 柏拉图：《普罗泰戈拉篇》318e5-319a2。

[5] 柏拉图：《普罗泰戈拉篇》319a8-320c1。

图 2.17 弗朗索瓦－安德烈·樊尚《苏格拉底教育阿尔西比亚德》油画（1776 年），蒙彼利埃法布雷博物馆。苏格拉底教育了阿尔西比亚德这么久，也没能让他成为跟自己一样的道德楷模。

言之，技艺可教，美德却不可教（图 2.17），这是二者的一个不可类比之处。

（2）技艺和美德的另一个不可类比之处与错误相关：一个拥有技艺的匠人会犯错，这错误有时是无意甚至违背意愿的，但也有可能是有意的和自愿的。例如一个弓箭手因为射术不精没射中靶心，他显然想射中靶心却没能力做到，这是不自愿地出了错；另有一个弓箭手射艺精湛，却有意射中第一个弓箭手射中的地方，这时我们在某种意义上也可以说他犯了错，只不过这错误是自愿的。两相比较，我们很难不认为有意犯错的弓箭手在射术上要远远胜过不自愿犯错的那一位。然而，在美德的领域也是如此吗？难道一个在美德实践上有意犯错的人，要比那不自愿地犯错的更好吗？[1]

苏格拉底自己的道德哲学主张突出地体现在对上述困难的回应中，但切入的视角颇为出人意料：

[1] 柏拉图：《小希庇阿斯篇》373c6-376c6。

（1）苏格拉底坚持认为美德是不可教的。但这并不会动摇美德和技艺或知识的可类比性，因为美德之所以不可教，不是因为美德不是知识，而是因为没有可以教授美德的老师。之所以如此，是因为美德是一门极其难以掌握的知识。在柏拉图的早期对话如《普罗泰戈拉篇》《美诺篇》《拉刻斯篇》中，作为主人公的苏格拉底往往引导他的对话者去发现，很难设想一个正义的人不同时是勇敢的，一个勇敢的人，不同时是节制的。这也就意味着我们赋予不同名称的这些传统美德具有内在的统一性。它们彼此交织，一个人要拥有其中一种美德，就必须拥有所有其他美德。反过来，如果一个人现实地拥有了一种美德，我们就可以断定他同时拥有其他美德。显然，让一个人拥有所有传统美德是极其困难的。苏格拉底坦承他缺少智慧，显然他也没有办法做到这一点。

这里指向的是美德统一性（the unity of virtues），我们在下一讲谈到柏拉图道德心理学时再深入考察它的理论后果。[1] 可以一提的是，苏格拉底之所以要坚持这么强的立场，是因为他看到了美德和我们的知识一样，具有内在的同构性。不同门类的知识，虽然涉及的对象各有不同，例如天文、地理、算术、几何，但从认知主体或知识拥有者的角度看，它们作为一种心灵潜能的状态是相似的，都是以特定方式获得的某种稳定心灵状态，确保它的拥有者可以出色地完成与之相关的测量、运算、预测等活动。美德也是如此，尽管勇敢指向的是危急状态下的表现，正义指向的是公共生活，节制指向的是私己的欲望，但它们作为一种心灵状态也是相似的，都构成了行动者不易改变的性格特征的一部分。

（2）苏格拉底对于第二个困难的回应更为强硬：没有人会在美德的领域有意犯错！这一主张有时也会简洁但误导性地表述为“无人有意犯错”。[2] 这里需要澄清的是，苏格拉底并不是一般性地否定明知故犯，否定一个行动者在意识到他的行动在道德上是错误的同时仍然会去如此行动。他强调的是，当一个人拥有关于什么是好与坏、对与错的知识时，他就不可能不想要按照他的知识所要求的方式行事。给定了道德知识的存在，就必然有与之相对应的欲求与行动。[3] 与上一条回应相一致，这里的知识是严格界定的道德知识，它足以确

[1] 见本书 3.3.3。

[2] 柏拉图：《普罗泰戈拉篇》345e2-6。

[3] 例如柏拉图：《普罗泰戈拉篇》352c2-7。

保其拥有者具有所有传统美德。从另一个角度来看，如果一个人宣称自己拥有关于好坏对错的道德知识，但仍然会产生违背知识要求的欲望而犯错，这只能证明他事实上并没有道德知识。在苏格拉底看来，道德错误都是由无知造成的。这进一步强化了苏格拉底的唯理智论立场，不仅美德被等同于某种与理智认知相关的道德知识，而且道德知识也被看作决定行动动机的充分条件，它的缺席则成为道德错误的源泉，后者也可称为动机唯理智论（motivational intellectualism）。[1]

然而，苏格拉底的唯理智论立场，看起来会跟我们甚至他的同时代人的日常信念发生冲突。例如，当苏格拉底谈到所有人都欲求好的事物时，他的对谈者美诺就立刻反驳：有的人明明知道自己欲求的是坏事，但仍然会欲求它。[2]例如一个人完全可能认为偷情是不好的，但仍然因为肉体的快乐而乐此不疲，例如下图中的阿尔西比亚德（图 2.18）。看起来，理智关于事物好坏的判断并不

图 2.18　让 – 莱昂 · 热罗姆《苏格拉底在阿斯帕西娅家中寻找阿尔西比亚德》油画（1861 年），私人收藏。苏格拉底最忠实的追随者也会被快乐征服。

[1]　美德唯理智论者和动机唯理智论的区分，见 Thomas C. Brickhouse and Nicholas D. Smith, *Socratic Moral Psychology*, Cambridge: Cambridge University Press, 2010, esp. chap. 6。

[2]　柏拉图：《美诺篇》77c3-7。

能决定行动者的动机。在《普罗泰戈拉篇》中，甚至苏格拉底自己也提到，大多数人认为知识并不足以成为美德，因为关于道德善恶的知识不能主导人们的道德动机和行动。主宰人心的，可以是愤怒、是快乐、是痛苦、是爱和恐惧，而知识往往像奴隶一般被这些非理性心理要素拖曳着。[1] 这种因为情感等非理性要素的干扰，不能够按照自己的理智判断行事的现象，被希腊人称为不自制（akrasia）。[2] 因此，苏格拉底如果要辩护他的美德即知识的主张，就必须解释为何不自制现象是不可能的。

在《普罗泰戈拉篇》中，苏格拉底给出了一个简单而有趣的论证来尝试改变大多数人的意见，说明一个拥有道德知识的人不可能被快乐或其他非理性因素征服：[3]

（1）一个拥有道德知识的行动者S可能被快乐征服。（用来归谬的前提）

（2）如果S拥有道德知识，当行动路线Y比行动路线X更好时，S就能够通过衡量知道或相信[4]Y比X更好。（前提：道德知识的定义）

（3）如果S被快乐征服，当S有可能做X和做Y时，S会因为X所带来的快乐而选择X。（前提："被快乐征服"的定义）

（4）当Y比X好，并且S有可能做X和做Y时，S知道或相信Y比X更好的同时，可能因为X所带来的快乐而选择X。（1，2，3）

（5）S相信"好＝快乐"。（前提：快乐主义原则）

（6）当Y比X更快乐，并且S有可能做X和做Y时，S知道或相信Y比X更快乐的同时，可能因为X所带来的快乐而选择X。（4，5）

（7）一个拥有道德知识的行动者不可能被快乐征服。（通过6归谬否定1）

这个论证通过澄清"道德知识"和"被快乐征服"两个核心概念的含义，给出

[1] 柏拉图：《普罗泰戈拉篇》352b2-c2。

[2] 后世的讨论常常将不自制称为意志软弱（weakness of will），并将它同意志或意愿这一心理官能联系起来。需要强调的是，苏格拉底并没有意愿的概念，当代有关意志软弱的讨论通常也不需要预设这一概念。

[3] 柏拉图：《普罗泰戈拉篇》352a1-358e6。

[4] 苏格拉底在这个论证中并不区分知识和信念，这一区分对于该论证是否重要，留给读者思考。

了对不自制现象更为精准的定义，即命题（4），当代的相关讨论往往会从类似的定义开始。[1] 但整个论证的关键无疑是命题（5），它将道德知识所关心的好等同于快乐。这未必是苏格拉底本人的主张。但在苏格拉底看来，这是认为快乐能够征服道德知识的人很可能会接受的立场。因为他们认为：一个不自制者之所以能被快乐征服，就是因为他将快乐当成了好，认为一个行动的好就在于它最终能带来快乐或避免痛苦。这样的主张在希腊化时期被称为快乐主义（hedonism），它将好坏完全还原为快乐与痛苦。[2] 然而快乐主义者没有意识到，当他们暗自将快乐等同于好的同时，就没有理由认为一个人可能因为快乐的缘故而违背理智有关好坏的判断，因为这就等同于，在认为 Y 比 X 更快乐的同时认为只有 X 才能带来快乐或者更大的快乐，这显然不可理喻。

因此，之所以出现快乐压倒理智判断的所谓不自制现象，在苏格拉底看来，只有一种可能：就是行动者并不知道或相信 Y 比 X 更好（快乐）。因此，不自制现象所呈现出的理智判断和非理性情感的心理冲突只是表象，事实是不自制者并不真正拥有他所宣称的道德知识或信念，他的失败来源于无知。

苏格拉底的论证在形式上是有效的，但整个论证的说服力看起来是有限的，因为它只针对快乐主义者有效，但并非所有认为一个行动者会被快乐征服的人，都会像苏格拉底所设想的那样相信快乐和好是完全对等的。因为我们完全可以只把快乐看作一种特殊类别的好，同时认为还存在其他类别的好，例如荣誉、美德、被神眷顾等等。一个人相信从博取荣誉的角度来说，内卷比“躺平”更好，但却出于对快乐的欲求而选择了躺平，这并没有不可理喻之处，也不存在自相矛盾。因此，苏格拉底重构的命题（5）对于不自制现象的辩护者来说是不公平的。当然，为不自制可能性的这一辩护也是有代价的，因为它使得行动者对于一个具体行动的价值评判分裂为不同的视角：快乐、荣誉、道德等。这会产生两种可能的后果：要么行动者丧失了将一切视角考虑进去给出整体评判的能力，只能随机地让其中一个视角决定自己的行动；要么行动者仍然需要一个更高的关于好的定义，例如幸福来整合以上不同视角

[1] 例如 Donald Davidson, “How Is Weakness of the Will Possible?” reprinted in id., *Essays on Actions and Events*, Oxford: Clarendon Press, 2001 (1980), pp. 25-42。

[2] 见本书 7.2.3。

下的好，这虽然可以避免快乐主义的立场，但它让我们回到问题的原点：当我们对行动路线 X 和 Y 的好坏有了整体的基于理性认知的判断时，我们会不会因为某个视角下对 X 和 Y 的偏好而违背这一理性判断？这意味着即使剔除命题（5）所呈现的快乐主义立场，一种苏格拉底式的反不自制论证仍然是可以辩护的。

不过，苏格拉底更重要的贡献在于使不自制本身成为了道德哲学和行动哲学的一个核心问题。我们在接下来的哲学旅程中会看到，不自制现象之所以数千年来一直困扰着哲学家，不仅因为它生动地展示着我们的心理冲突和道德理由冲突，时刻提醒我们大多数人（如果不是所有人的话）道德不完满的现实和理性认知主导个人行动时的有限性，更重要的是因为它可能导致两难处境。

一方面，如果如大多数人所惯常认为的那样，将不自制行动单纯归于理智判断之外的动机，无论它是快乐、痛苦、欲望、恐惧还是后世哲学家谈论的意愿，都会面临苏格拉底的批评：不自制行动就会变成一种全然不可理喻的行动，纯粹是人在非理性倾向支配下的后果。而人之所以为人，一个重要的特征在于人能够根据自己对世界的认识和判断来决定自己的行动，不自制行动显然难以满足这样的要求，我们很难解释不自制行动在什么意义上是一个人作为理性存在者的行动，我们为什么要为之自责。然而，不自制显然是人性的，甚至太过人性的，因为神（如果存在的话）和其他动物没有不自制的可能。

另一方面，如苏格拉底那样将不自制现象的出现归于某种理智的缺陷或无知，以此来保留不自制行动的可理解性，我们又很难公正地对待不自制者所经历的内心冲突——无论它是理性需求与情感需求的冲突，还是不同视角下的关于什么是好的道德信念的冲突。行动者在不自制中对于自我分裂的鲜活经验被还原为一种单纯的道德知识的匮乏，这同样让人不安。更重要的是，当不自制被归于无知，我们同样需要解释不自制者为什么需要对自己的无知而内疚，认为不自制是一种应当受到谴责的状态？这对于苏格拉底尤其困难，因为他所谈论的道德知识是他自己也无法企及的、直接导向所有传统美德的品质，如果连苏格拉底这样以知行合一而著称的哲学家都不具备这样的品质，我们有什么理由为自己的不自制而不安？换句话说，不自制的行动在什么意义上可以归属于行动者，再一次成了问题。

阅读材料

1. Sophists, *Fragments* (Cohen et alii, pp. 104-112).
2. Plato, *Protagoras* 348c-362a (Cohen et alii, pp. 206-218).
3. 《古代哲学导论》，第一章，第 6—7 节；第二章。

进一步阅读指南

原始文献

Aristophanes, *Clouds*, Dover, K.J., Oxford: Clarendon Press, 1968.（阿里斯托芬《云》的经典评注本）

柏拉图：《柏拉图对话集》，王太庆译，北京：商务印书馆，2004 年。（收录多篇早期对话，译文晓畅可读）

John Cooper (ed.), *Plato: Complete Works*, Indianapolis: Hackett, 1997.（学界最常用的全集译本，便于查阅。译文整体质量不错，但缺少适合初学者的导论、注释和评注，不少对话有更好的单行译本）

*John Dillon and Tania Gergel, *The Greek Sophists*, London: Penguin, 2003.（出色的英译，导论和注释对初学者有益）

Gabriele Giannantoni (ed.), *Socrates et Socraticorum reliquiae*, 4 vols., Napoli: Bibliopolis, 1990.（有关苏格拉底及其早期追随者的古代文献汇编标准本）

*Plato, *The Last Days of Socrates: Euthyphro, Apology, Crito, Phaedo*, translated with introductions and notes by Christophe Rowe, London: Penguin, 2010.（了解苏格拉底其人最重要的几篇柏拉图作品，译文清晰可读，适合初学者）

Plato, *Gorgias*, translated with notes by Terence Irwin, Oxford: Clarendon, 1979.（著名的 Clarendon 柏拉图系列丛书，译文更贴近原文，评注非常适合哲学读者）

Plato, *Platonis opera*, edited by E. A. Duke et alii, Oxford: Clarendon, 1995-, vol. 1.（新的柏拉图对话校订本，目前仅出版一册）

Plato, *Platonis opera*, vol. I-V, edited by John Burnet, Oxford: Clarendon, 1900-1907.（柏拉图对话经典校订本）

Plato, *Protagoras*, translated with notes by C. C. W. Taylor, revised edition, Oxford: Clarendon, 1991.（著名的 Clarendon 柏拉图系列丛书，译文更贴近原文，评注非常适合哲学读者）

色诺芬:《回忆苏格拉底》，吴水泉译，北京：商务印书馆，1984年。

Xenophon, *Memorabilia*, (4 books), E.C. Marchant, O.J. Todd, (trans.), (revised by J. Henderson), Loeb Classical Library, Cambridge, MA: Harvard University Press, 2013.（色诺芬《回忆苏格拉底》希英对照本）

注：其他有关智者的原始文献及英译文，参见上一讲“进一步阅读指南”中的 Diels and Kranz, *Die Fragmente der Vorsokratiker* (DK); Graham, *The Texts of Early Greek Philosophy*; Laks and Most, *Early Greek Philosophy*。

研究文献

Thomas C. Brickhouse and Nicholas D. Smith, *Socratic Moral Psychology*, Cambridge: Cambridge University Press, 2010.（关于苏格拉底道德心理学的专门研究，深入浅出）

Donald Davidson, “How Is Weakness of the Will Possible?” reprinted in id., *Essays on Actions and Events*, Oxford: Clarendon Press, 2001 (1980), pp. 25-42.（当代有关意志软弱的经典论文）

Charles Kahn, *Plato and the Socratic Dialogue: The Philosophical Use of a Literary Form*, Cambridge: Cambridge University Press, 1996.（关于对话文体的哲学意义的经典研究）

G. B. Kerferd, *The Sophistic Movement*, Cambridge: Cambridge University Press, 1981.（英语世界经典研究专著）

Mi-Kyoung Lee, *Epistemology after Protagoras: Responses to Relativism in Plato, Aristotle, and Democritus*, Oxford: Clarendon, 2005.（关于普罗提泰戈拉的相对主义知识论及古代哲学传统的专题研究）

*Donald R. Morrison (ed.), *The Cambridge Companion to Socrates*, Cambridge: Cambridge University Press, 2010.（较新的研究导论，适宜初学者）

Johannes M.,van Ophuijsen, Marlein van Raalte, and Peter Stork (eds.), *Protagoras of Abdera: The Man, His Measure*, Leiden: Brill, 2013.（较新的普罗泰戈拉研究文集）

Vasilis Politis, *The Structure of Enquiry in Plato's Early Dialogues*, Cambridge: Cambridge University Press, 2015. 瓦西里·珀力提:《柏拉图早期对话中的探究结构》，苏峻、葛天勤译，北京：北京大学出版社，2020年。（关于早期对话中苏格拉底式诘难法尤其是其最终的困惑的专题研究）

*Gilbert Romeyer-Dherbey, *Les sophistes*, Paris : Presses Universitaires de France, 2002. 吉尔伯特·罗梅耶－德尔贝《论智者》，李成季译，高宣扬校，北京：人民出版社，2013年。（来自欧陆哲学史研究传统的出色导论，中译本补充了几篇相关论文）

Jacqueline De Romilly, *The Great Sophists in Periclean Athens*, Oxford: Clarendon, 1992.（原著为法语，经典的思想史研究）

Heda Segvic, “No One Errs Willingly: The Meaning of Socratic Intellectualism,” *Oxford Studies in Ancient Philosophy* 19 (2000):1-45.（关于“无人有意犯错”的精彩研究，在《普罗泰戈拉篇》之外，关注了《高尔吉亚篇》中的讨论）

Leo Strauss, *Xenophon's Socrates*, Ithaca, NY: Cornell University Press, 1972. 施特劳斯：《色诺芬的苏格拉底》，高诺英译，上海：华东师范大学出版社，2011 年。（色诺芬的《申辩篇》《回忆苏格拉底》《会饮篇》等著作的评注，施派苏格拉底解释经典）

*C.C.W. Taylor, *Socrates*, Oxford: Oxford University Press, 1998. C. C. W. Taylor《众说苏格拉底》，欧阳谦译，北京：外语教学与研究出版社，2007 年。（清新易读的简明导论，适合入门）

Gregory Vlastos, *Socrates: Ironist and Moral Philosopher*, Cambridge: Cambridge University Press, 1991.（分析的古代哲学史研究经典）

——, *Socratic Studies,* edited by Myles Burnyeat, Cambridge: Cambridge University Press, 1994.（作者去世后辑录出版的文集，是上一本专著的有益补充）

《斯坦福哲学百科》（*SEP*）词条

Callicles and Thrasymachus

Plato: Shorter Ethical Works

Protagoras

Relativism

*Socrates

*The Sophists

Virtue Ethics

第三讲

柏拉图论灵魂及其美德

接下来两讲介绍柏拉图（前 427—前 347 年）和他的哲学。下一讲关注他的知识论和形而上学，本讲则聚焦灵魂学说和美德理论（图 3.1），实际上是继续上一讲有关苏格拉底道德心理学的反思。所谓道德心理学，是对伦理语境中思想和行动的研究，考察那些在伦理上具有价值的行动和品质的属性。对于古代哲学家来说，美德是他们伦理反思的核心。与此同时，从苏格拉底开始，古代和中世纪的哲学家们将美德这种品质首先归于灵魂。

"灵魂"这个概念，对于大多数当代哲学读者来说是陌生的，因为大家习惯于将它归入宗教和神话的范畴，认为它指的是人的某种神秘的非物质要素，可以脱离肉身而存在，因此不应出现在严肃的哲学讨论中。不过，在当代道德心理学的分析中，理论家们仍会把人的有意识、有目的、需要承担道德责任的

图 3.1 威廉·布莱克《柏拉图的灵》水彩（约 1820 年），纽约摩根图书馆和博物馆。这是布莱克为弥尔顿（图中坐着的年轻人）《沉思者》一诗所作插图，诗中写道：

> 让柏拉图的灵（spirit）移驾，来展示
> 是什么样的世界或广袤天地收留了
> 不朽的心灵（mind），在她抛弃了
> 肉体角落中的寓所之后。

行动和品质归于人的心灵或心智（mind）。因此，我们可以**暂时**将古人所说的灵魂，看作近代以来的心灵或心智概念的对应物，以此确保在哲学中谈论灵魂的合法性。而它们之间的差异，将成为接下来有关心灵哲学、道德心理学的讨论会反复触及的话题。在本讲中，我将尝试提供一个基本的理论框架，初步展示古今灵魂 / 心灵概念之间的差异和相通之处。

一、柏拉图：生平与著作

与之前讲到的哲学家不同，柏拉图是史上第一个著作基本完整流传的哲学家。甚至不仅仅是第一个，在古希腊几乎是唯一一个。尽管亚里士多德流传下来的著作也不少，但是有很多他生前广为传颂的作品，尤其是对话录，今天也仅有残篇留存。古人提到的柏拉图著作，我们今天几乎都可以看到，这给了今人一个独特的机会去相对完整地了解一位古代哲学家。

1. 柏拉图与他的时代

按照传统的说法，柏拉图公元前 427 年出生于雅典。有人说他本名阿里斯

托克勒斯，“柏拉图”是他的绰号。这个词在希腊语中的本意是“宽广的”“壮实的”。很可能是因为他身强体壮，肩宽背厚，曾经是一个出色的摔跤手，所以才得了这个诨名。也有人说是因为他文风汪洋恣肆，气魄宽广。他来自一个历史悠久、在政治上很有影响力的贵族家庭：父亲阿里斯通（Ariston），母亲珀里克提俄涅（Perictione）。他父亲的血缘据说可以上溯至雅典国王科德罗斯（Codrus），他的母亲同样来自名门望族，可以追溯到著名的雅典政治家梭伦。公元前5世纪末，他母亲的家族中，还出现了克里提亚（Critias）和卡尔米德（Charmides）这样的政坛大人物。[1] 两人曾短暂地作为“三十僭主”中的领袖人物统治雅典，也作为戏剧人物出现在柏拉图的对话中。柏拉图的亲友在雅典政坛影响巨大，就像托名柏拉图的《第七封信》中所提到的那样，柏拉图自己如果不是遇上苏格拉底的话，很有可能会以政治为业。[2]

据说柏拉图对文学也有浓厚的兴趣，他写诗，写悲剧，甚至有人说他就是在参加悲剧竞演的路上，遇到了苏格拉底（图3.2），当时柏拉图20岁，这次相遇从根本上改变了他的一生。柏拉图已经接触过哲学，有人说他是赫拉克利特的追随者。[3] 但是苏格拉底强烈的人格魅力，还有他所

图3.2　奥古斯丁《上帝之城》抄本（约1475年），海牙荷兰皇家图书馆。苏格拉底接待柏拉图一家，右侧一群蜜蜂环绕着沉睡中的婴儿柏拉图，据说它们将蜜抹在小柏拉图的唇上，预示着他出色的语言能力。

[1]　拉尔修：《名哲言行录》3.1.1-5。

[2]　柏拉图：《第七封信》324b8-325c5。关于此信的真伪，参见 Myles Burnyeat and Michael Frede, *The Pseudo-Platonic Seventh Letter*, Dominic Scott (ed.), Oxford: Oxford University Press, 2015。

[3]　拉尔修：《名哲言行录》3.1.5。

展示的全新的哲学反思方式，给年轻的柏拉图留下了不可磨灭的印象。他和一群雅典年轻人一样，追随苏格拉底左右，通过和导师以及彼此间的对谈，来锤炼自己的哲学思考。

柏拉图遇到苏格拉底之后不久，雅典政坛发生了根本性的变化。公元前 404 年，伯罗奔尼撒战争的失败，使得一部分雅典人对传统的民主政体感到绝望，他们选出了一个寡头执政的三十人政府，史称三十僭政时期。当然，这一对雅典民主制的反动，在历史上非常短暂，民主政体很快复辟。然而，重新建立的民主政体，对柏拉图的人生和思想，都产生了更深远的影响。公元前 399 年，正是在民主制政体下，雅典人指控苏格拉底引入新的神和败坏年轻人，最终通过投票的方式，判处苏格拉底死刑。（图 3.3）

苏格拉底去世后，柏拉图开始写作。我们今天读到的柏拉图早期对话，就来源于这个时期，从公元前 399 年到前 387 年他第一次访问叙拉古之间。叙拉古是希腊人在西西里岛建立的一个城邦，当时的统治者僭主狄奥尼修斯一世（Dionysius I，前 432—前 367 年）附庸风雅，宫廷中多文人雅士。访问叙拉古，是柏拉图人生的一个重要转折。在那里，他接触到当地的哲学流派如毕达哥拉斯派，同时也尝试推广自己的哲学思想。据说，他在和狄奥尼修斯一世谈到僭主制时，声称统治者如果没有高尚的德行，他所盘踞的高位一钱不值。这激怒了骄傲的僭主，他将柏拉图卖身为奴。靠着朋友的帮助，柏拉图才重新回到雅典。

图 3.3　孔什的威廉《对话录》插图，抄本（13 世纪早期），瑞士博德默图书馆。哲学女神（左）与柏拉图（右）的对话，柏拉图手中的对话框写着："哲学是对死亡的专注沉思。"（参见柏拉图《斐多篇》67e4-6："那些正确地进行哲思的人是在练习死亡。"）

柏拉图回到雅典后，很快就做出

一个重要决定：建立一个学术共同体。这很有可能是受到毕达哥拉斯派强调团体生活的启发。这个学术共同体被称为雅典学园（Academia）（图 3.4）。学园与其说像今天的大学，不如说更像科学院类型的研究机构。这里确实有一些有闲暇的年轻人追随柏拉图，聆听他的教诲。但更多的人是作为柏拉图的同事，参与这一以哲学为核心的学术共同体。柏拉图尤其看重数学，认为不懂数学的人没有资格进入学园。他在学园里和同事们开展多方面的研究，不仅有我们今天所说的哲学——涵盖伦理学、知识论、形而上学等领域的探究——同时也包括自然科学，甚至还有对于人们社会实践的经验观察和反思。公元前 367 年，在柏拉图 60 岁时，学园迎来一位非常重要的成员亚里士多德，一个来自希腊北部的年轻人。他在学园中的职务之一就是收集谚语。

图 3.4 《雅典学园》镶嵌画（公元前 1 世纪），庞贝（现藏那不勒斯国立考古博物馆）。多数学者认为左三是柏拉图，亚里士多德也可能现身其中（左一或右一）

亚里士多德到达学园后不久，叙拉古的僭主狄奥尼修斯一世去世，他的儿子狄奥尼修斯二世（前 397—前 343 年）在舅舅迪翁（Dion，前 408—前 354 年）的辅佐下继位。迪翁在柏拉图第一次访问叙拉古时曾随他学习，过从甚密，此时借机邀他重返叙拉古担任国师，教育年轻的僭主，让他既能成为伟大城邦的统治者，也能成为哲学家，也就是《理想国》中所说的“哲学王”。[1] 不想只

[1] 柏拉图：《第七封信》327b6-328b1。

当纯理论家的柏拉图再次造访叙拉古。可惜迪翁很快招致年轻僭主的猜忌，被驱逐出境。柏拉图虽然在叙拉古继续停留到公元前 365 年，但也无力唤起狄奥尼修斯对哲学的兴趣，还被怀疑试图颠覆现政权，只能落寞而归。

公元前 361 年，毕达哥拉斯派哲学家阿尔库塔斯（Archytas，前 428—前 347 年）说服柏拉图，相信狄奥尼修斯二世重新对哲学有了兴趣，第三次前往叙拉古。他到达后就立刻着手测试反复无常的僭主是否真对哲学有兴趣。测试的方式很简单：柏拉图相信真正的爱智者永远不会停止对真理和智慧的追寻，并且以此作为基本的生活方式，无论要付出多少努力，无论面对多少艰难困苦，只有到生命的终点才会停下脚步；而伪哲学家们则会望而生畏，或者沾沾自喜于已经学到的知识，以为万物皆备于我。[1] 显然，狄奥尼修斯没能通过这样的测试，因为据说他还试图写一本哲学书，而在《第七封信》的作者看来，真正的哲学只能口传，任何写作都是对哲学思考的背叛。[2] 不久之后，柏拉图再次无果而归。

公元前 347 年，柏拉图去世，享年 80 岁。据说他临死前还在写《律法篇》。柏拉图是一个比较多产的作家，归在他名下的著作包括 35 篇对话和 13 封书信。不过，在他的学生和当时的人看来，柏拉图不仅仅是一位出色的学者，而且是一个像苏格拉底那样能够践行自己哲学理想的崇高人物。亚里士多德在他的诗中，曾经这样赞誉柏拉图：

> 他，凡人中独一位或头一位，
> 以自己的一生和言辞（logoi）清楚地展示
> 一个人可以同时变得善好（agathos）和幸福
> 现在再没有人懂得这一点。[3]

亚里士多德笔下的柏拉图是个言行合一的人，而他不仅通过自己的言行成为道德高尚的好人，而且也蒙受神明的护佑，成为幸福的人。这就是所谓“德福一致”，从柏拉图的《理想国》开始，它将成为古代伦理学反思的核心话题。

[1] 柏拉图：《第七封信》340b1-341a7。

[2] 同上书，341a7-345c3。

[3] 亚里士多德：《残篇》F673。

纵观柏拉图（图 3.5）一生，有五个历史要素对理解他的思想非常关键[1]：

图 3.5　西拉尼昂《柏拉图》大理石雕塑（罗马复制品），罗马卡比托利欧博物馆。

（1）公元前 399 年苏格拉底之死（图 3.6）。苏格拉底对柏拉图的影响首先体现在哲学研究方法上。苏格拉底通过问答的方式启发、引导他的学生或读者探究真理，在他看来，哲学本身并不是在传授专门的技艺和知识，更不是神秘的人生智慧。哲学从一开始就是一种探索和追问。柏拉图主要以对话的方式展开自己的哲学思考，便继承了苏格拉底的这一主张。他甚至会将苏格拉底式的诘难指向自身，通过自我批判的方式反思自己的哲学主张可能造成的理论困难，以此来邀

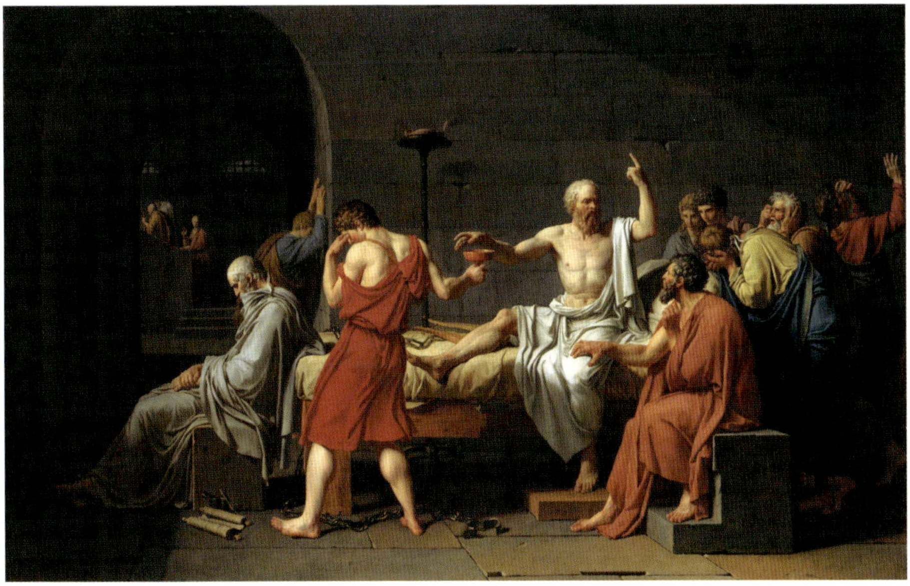

图 3.6　雅克－路易·大卫《苏格拉底之死》油画（1787 年），纽约大都会艺术博物馆。苏格拉底去世时，柏拉图（左）不到 30 岁，但他并不在现场。画中的老人扮相除了暗示这个场景来自柏拉图的回忆，或许也是强调苏格拉底之死对他一生的影响。

[1]　以下概括主要参考 Malcolm Schofield, “Plato in his Time and Place,” in Gail Fine (ed.), *The Oxford Handbook of Plato*, 2nd edition, Oxford: Oxford University Press, 2019, pp. 41-68。

请或逼迫读者与他一起探索新的思考路径。此外，正如前面已经提到的，面对死亡的练习也被看作哲学的使命。

（2）雅典的民主制。苏格拉底在民主时代的雅典被投票处死，这对柏拉图产生了极大的震动。他在《理想国》等对话中反思民主制可能会带来的问题，不能说与此无关（图 3.7）。不过，我们也要注意雅典民主制对柏拉图思想的正面影响。对于苏格拉底和智者来说，逻格斯之所以重要，一个关键是在雅典的民主实践中，人们需要通过逻格斯（无论指言辞还是道理）来影响政治的发展。对于柏拉图来说，这两种不同的逻格斯之间的互动与对峙，一直是他哲学反思的一个核心内容：一方是苏格拉底以求真为目的的哲学论证，另一方则是智者们所实践的以改变人的心意为目的的修辞手段。哲学和修辞之争，在柏拉图的哲学思考中占有特殊的地位。

此外，柏拉图开设雅典学园，也是为了和伊索克拉底（Isocrates，前 436—前 338 年）相抗衡。伊索克拉底是雅典著名的演讲辞作家，他不公开演讲，但像智者们一样以撰写和教授人们道德、政治、司法演讲辞为生。伊索克拉底于公元前 392 至前 390 年在吕克昂（请记住这个地点）开设了第一间修辞学校，一改智者们四处巡回授课的传统，深刻影响了希腊的教育传统。柏拉图希望通过建设自己的学园，来改变雅典基本的文化、教育和学术生态，同时以间接的方式去改变雅典的民主制。

（3）来自智者的挑战。以修辞为业的智者在自己的逻格斯实践中也展示出不容忽视的哲学倾向。上一讲已经通过普罗泰戈拉的“人是万物的尺度”这一命题，展示了它蕴涵的相对主义危险，以及柏拉图在《泰阿泰德篇》中的德谟克利特式回应。此外，涉及习俗和自然之争中的非道德倾向，智者们的主张也主要通过《高尔吉亚篇》《理想国》等柏拉图的著作得以保存。智者们在形而上学、知识论、伦理学、政治哲学等领域提出的挑战，是柏拉图要耗费一生去应对的难题。

（4）毕达哥拉斯派的影响。柏拉图几次前往西西里，和毕达哥拉斯派哲学家如阿尔库塔斯有深入的交往。（a）毕达哥拉斯相信灵魂转生，这使得柏拉图认为有必要严肃对待灵魂不朽的问题，这一点和苏格拉底有很大的不同；（b）毕达哥拉斯认为数是万物的本原，这引导柏拉图关注数学和事物的抽象结构；

（c）毕达哥拉斯派是一个关系非常紧密的学术共同体，在某种意义上甚至是一个宗教共同体。柏拉图认为，未来希腊学术的发展，也需要这样一种共同体。教科书中的柏拉图常常给人高高在上的感觉，因此有必要强调哲学共同体的存在对于他的意义。前面也曾提到，在叙拉古的经历也让柏拉图去探索"哲学王"的可能性，或哲学家成为城邦理想统治者的乌托邦构想。

图 3.7　博施《愚人船》油画（约 1490—1500 年），巴黎卢浮宫。柏拉图在《理想国》第六卷中将国家比作一艘船："每个水手都认为他有权掌舵，尽管他从来没有学过航海术，也说不清是谁教他的，什么时候学的，而且还会进一步断言航海术是教不来的，他们准备把任何说它可教的人碎尸万段。"（488b1-8）

（5）其他前苏格拉底哲学家的影响。柏拉图年轻时曾经迷恋过赫拉克利特。他们之间的比较值得深入的研究：（a）一个值得关注的点是写作方式的相似：二者都采用了一种相对间接，甚至有时显得隐晦的写作方式；（b）另一个点是对政治既关注又超然的态度，这听起来有点自相矛盾，但他们确实既鄙夷现实政治，又不放弃对它的批判和对理想城邦的向往；（c）从具体哲学主张看，赫拉克利特关于"万物皆流"的思考最值得关注。按照我们的解释，这一方面是对运动变化的肯定，另一方面也要求我们在运动变化之外，去寻找真正可以支撑我们理解的事物。在柏拉图看来，后者在我们可以经验的可感世界中是不能够实现的，因为经验世界始终在流变当中，这将他引向巴门尼德。

巴门尼德的学说为柏拉图提供了使变化中的可感世界得以可知的本体论结构，只不过，柏拉图强调它不再是我们通过感觉经验可以通达的，而是要通过理性思考去理解的世界结构。巴门尼德对于“是”的反思，被柏拉图进一步发扬光大，成为他的形而上学和知识论，甚至是他的哲学人类学的基础。

2. 柏拉图的著作

柏拉图的著作在他生前就广泛传播，成为喜剧摹仿和影射的对象。公元前1世纪中叶，柏拉图的著作（包括书信）被按照希腊悲剧四联剧（Tetralogy）的形式分成9组，它们通过忒拉绪洛斯（Thrasyllus，殁于36年）的编辑保存下来，不过其中有些作品是伪作，另有少数几篇一直有争议。现存最早的柏拉图四联剧作品集抄本可以追溯到公元9世纪，不过，还有一些更早的残篇保存在公元2世纪、3世纪的纸莎草卷中。

图3.8　左：柏拉图《理想国》330a2-b4纸莎草（3世纪），牛津赛克勒图书馆；右：抄工约翰《柏拉图著作集》抄本（895年），牛津博德利图书馆。

我们今天引用柏拉图著作，无论使用哪种语言的学者，都会采用一个标准版页码。例如图3.8的330a2-b4，它实际上来自柏拉图全集的一个早期印本，由法国出版商Henry Estienne刊印，而Estienne在拉丁语里对应的是Stephanus，因此，这个标准页码又称斯特凡努斯版页码。该全集为希腊语－拉丁语对照本，共三卷，最早将柏拉图的著作在篇名之外，区分出页和段落，页码用阿拉伯数字标示，而同一页的段落则通常分为a、b、c、d、e，有时为了精确引用，在标示段落的字母编号后还会加上行号，以便查对原文。

图 3.9　奥古斯丁《上帝之城》抄本（约 1475 年），海牙荷兰皇家图书馆。柏拉图在书房中用中世纪讲台读一本当时还没有的册页装著作。书桌上的三本书展示的也是后人对他的著作的分类：自然、道德与理性哲学。

对于哲学史研究者来说，柏拉图著作带来的一个麻烦是如何解释它们之间的相互关系（图 3.9）。按照传统说法，柏拉图的思想经历了一个发展和变化的过程。他最早的对话写作主要围绕苏格拉底关心的伦理和政治问题展开，随后发展出自己对理论哲学的兴趣，特别是形式理论或理念论。他在晚期著作中又意识到这种形而上学和知识论主张内部的困难，并进行了一系列的修正。根据这样一种思路，柏拉图的作品可以区分为早期、中期和晚期。不过，即使在这种所谓标准解释内部，对于个别对话的归属也仍然存在争议，以下是基于弗拉斯托斯的版本：

早期对话：《申辩篇》《卡尔米德篇》《克里同篇》《欧绪德莫篇》《游叙弗伦篇》《高尔吉亚篇》《大、小希庇阿斯篇》《伊翁篇》《拉刻斯篇》《吕西斯篇》《普罗泰戈拉篇》、《理想国》第一卷、《美诺篇》；

中期对话：《克拉底鲁篇》《斐多篇》《会饮篇》、《理想国》第二至十卷、《斐德若篇》《巴门尼德篇》《泰阿泰德篇》；

晚期对话：《蒂迈欧篇》《克里提亚篇》《智者篇》《政治家篇》《斐里布

篇》《律法篇》。[1]

早期对话通常选择某一美德作为核心论题，对话者们尝试给出定义，以此展开更深入的批判性反思。这类对话，往往没有确定的结论，它是开放式的，苏格拉底和他的对谈者通过对话中的思想交锋，来推进他们的哲学思考。

中期对话则开始在伦理学之外，探索道德争论的形而上学和知识论本源。柏拉图认为我们需要引入善的形式或理念，来处理在伦理和政治生活中所遇到的理论难题。在《斐多篇》或著名的《理想国》中，柏拉图引入了一整套以形式为核心的本体论和认识论模型，认为一个超越可感世界和经验世界的形式世界，才是我们理解和把握心灵之外事物的基础。

晚期对话包含着对中期理论的自我批判。例如《智者篇》深入讨论了形式理论包含的困难，指出它无法涵盖所有思考所必需的基本概念，尤其是包括否定和静止在内的一系列跨越不同范畴领域的概念。

必须要指出的是，这一标准解释在晚近的研究中招致多方质疑。例如下一讲要讨论的《巴门尼德篇》，从计量文献学（Stylometry）的角度看，它在语言风格上更接近《理想国》，但其中所包含的内容恰恰是对《理想国》和《斐多篇》中的形式理论的直接批评。所以，从内容上说，《巴门尼德篇》又更接近柏拉图的晚期作品。《美诺篇》和《普罗泰戈拉篇》也有类似问题，此处不再展开。[2]

3. 如何以哲学的方式阅读柏拉图对话录

对于今天的哲学史读者来说，更大的困难来自对话录这种文体本身所造成的解释学挑战。

---

[1] Vlastos, *Socrates: Ironist and Moral Philosopher*, pp. 46-47.

[2] 有兴趣的读者可以参考专门的研究，基于计量文献学的语言风格分析，见 Leonard Brandwood, "Stylometry and Chronology," in Richard Kraut (ed.), *The Cambridge Companion to Plato*, Cambridge: Cambridge University Press, pp. 90-120；对标准解释的批评，见 Charles Kahn, "On Platonic Chronology," in Julia Annas and Christopher Rowe (eds.), *Perspectives on Plato: Modern and Ancient,* Cambridge, Mass.: Harvard University Press, pp. 93-127; Christopher Rowe, *Plato and the Art of Philosophical Writing*, Cambridge: Cambridge University Press, 2007。

柏拉图在著作中只有两次提到自己，一次是《申辩篇》中苏格拉底提到柏拉图出现在审判现场，另一次是《斐多篇》中斐多提到他因病未能见证苏格拉底的死亡。[1] 在所有对话录描述的戏剧场景中，柏拉图是沉默的。在上一讲中，我们透过柏拉图对话录中的戏剧人物去了解历史人物如智者和苏格拉底的哲学思想，那么，柏拉图自己呢？对话录中的人物，尤其是主角（不一定是苏格拉底）的论证，可以代表柏拉图自己的思想吗？这恐怕是所有柏拉图的严肃读者都要面对的一个难题。在这些对话中，作为主角的苏格拉底有时也会被他的对话者反驳，被逼到进退两难的理论困境中。这个时候，我们该如何重构柏拉图自己的思想呢？

更重要的是，在那篇托名柏拉图的《第七封信》中，我们已经看到早期柏拉图学圈有人直接主张哲学写作是在背叛真正的哲学思考。而在真正出自柏拉图手笔的《斐德若篇》中，对话者也对哲学写作本身能否展示和推进哲学思考，能否准确呈现哲学所追求的真理提出了质疑。所以，如何解读柏拉图的对话录不仅是一个哲学史问题——我们怎样去重构一个历史上影响深远的哲学家的哲学思考，它更是一个触及哲学本身的问题。因为它涉及哲学和写作之间的关联，即哲学思考这样一种探索真理的方式，是不是能够借助书面语言或其他语言实践予以再现。如何回答这一问题，不仅决定着我们怎样理解柏拉图，也决定着我们怎样理解哲学写作本身，甚至哲学本身。用今天的术语来说，这是一个有关哲学是什么的元哲学（metaphilosophy）问题。

首先要提到的是，柏拉图选择的并不单纯是对话录这样一种写作方式，而是苏格拉底对话录（Socratic Dialogues）。正如我们之前提到的，在苏格拉底去世之后，不仅柏拉图在写苏格拉底对话录，色诺芬和历史上的斐多等一批古代作家也采用这一文体。他们认为这是纪念和更好地理解这位伟大哲学家的一种卓有成效的写作方式：苏格拉底作为对话的主角，回到他关心的那些核心伦理问题，采用他习惯的问答方式来推进哲学思考。

不仅早期对话，绝大部分中期对话也都是以苏格拉底为核心的。柏拉图只有在中晚期写作中，才逐渐在《蒂迈欧篇》《智者篇》等作品中把其他人物作为

[1] 柏拉图：《申辩篇》34a1；《斐多篇》59b10。

对话的核心，但苏格拉底本人还需要出场。一直要到通常认为是其绝笔的《律法篇》，柏拉图才觉得可以不需要依赖苏格拉底来展示自己的思考。所以，柏拉图的对话录文体有一个发展的过程，从非常倚重苏格拉底到逐渐摆脱他。[1]

我们当然也可以认为，对话录中苏格拉底角色的变化未必象征着柏拉图自己思想的发展，而是他特意选择的一种展示自己思想的不同手段。当柏拉图觉得一个哲学问题，尤其是伦理问题适合借苏格拉底之口来呈现时，苏格拉底自然成为对话的中心。而当他认为有些问题是苏格拉底自己没有触及的，比如说晚期对话中的一些形而上学和自然哲学论题，就不再让苏格拉底作为主角来引导哲学思考。当然，最耐人寻味的是《律法篇》，柏拉图最后也是篇幅最长的对话，谈的虽然是政治哲学和伦理学的话题，但苏格拉底却彻底消失了，取而代之的是一个来自雅典的陌生人。

无论柏拉图的思想是否有过前后的转变，他对每一个对话各自的使命和对话角色的分配显然有精心考量。我们不应简单地将包括苏格拉底在内的任何一个人物当作柏拉图的传声筒，而更应该考察单部对话内部不同角色的思想交锋，考察鲜活而生动的对话如何在具体论题上推进论证和哲思。

德国著名古代哲学研究者迈克尔·弗雷德（Michael Frede）的《柏拉图的论证与对话形式》一文有几点概括，很适合初学者了解如何在尊重对话文体特殊性的前提下，以哲学的方式阅读柏拉图对话：

（1）对话录不是伪装的哲学论著。一部哲学论著，就像后来归在亚里士多德名下的著作一样，通常会综述前人的研究，给出要论证的命题，再提供一系列论证，包括对可以考虑到的反驳的回应。柏拉图的对话录，确实也包含着关于同一论题的不同立场、不同论证之间的交锋。但是它拒绝用直白的论述方式来向我们呈现哲学思考。

（2）对话录首先是一种文学体裁，它是虚构的。柏拉图的对话虽然常有具体发生的历史场景，但它更像一出包含哲学内容的戏剧，其中的人物不能等同于他们的台词或论证，而作者更不能混同于某个人物。

[1] Alex Long, “Reading Plato,” in James Warren and Frisbee Sheffield (eds.), *The Routledge Companion to Ancient Philosophy*, London: Routledge, 2014, p. 132.

（3）对话录就是辩证法的实践。这里的“辩证法”用其本意，泛指对谈的技艺。弗雷德提醒我们要注意区分苏格拉底式诘难式辩证法（elenchic dialectic）和当时流行的教学式辩证法（didactic dialectic）。这里可以补充一个后面会讲到的例子。奥古斯丁的《论自由决定》就是典型的教学式辩证法：它发生在师生之间，对话参与者并不具有平等的关系。与之不同，苏格拉底式对话更希望对谈者处于一种平等地位，例如《普罗泰戈拉篇》中的苏格拉底和普罗泰戈拉，他们都构建了一种可以辩护的主张。所以，在苏格拉底式对话中，我们更容易看到思想的交锋，尤其是那些以困局（aporia）结尾的开放性对话，它们要求所有对谈者更积极地介入思想和论证的发生过程。

（4）柏拉图通过对话向我们展示：真正意义的知识，至少在某些场合，会要求我们以符合论证的方式来生活，即知行合一。柏拉图本人就不想只做言语上的巨人。苏格拉底诘难法要求他的对谈者只谈他们实际接受的信念，而不是单纯地为论辩的要求随便提供一个主张。尽管他的智者朋友非常抵触，但苏格拉底始终坚持这一点。这或许是因为对话的作者柏拉图始终认为，哲思要帮助我们获取的，首先是以逻格斯或理性论证展示出来的哲学生活方式。我们因此也就能理解，为什么在柏拉图看来，哲学并不传授专门的技艺或理论知识，而是引导人们探索那些能改变自己生活方式的根本智慧，这种智慧只能源自一个人自己的理性思考和伦理实践。

（5）对话的形式意在使听者受到启发，引导听者重新思考所谈论的哲学问题，而不是简单地接受任何一个对话人物所持有的立场和结论。它需要对谈者以批判的姿态进入对话中，去反思包括苏格拉底在内的对话人物所提出的主张和论证。对话之所以是一种恰当的哲学思考方式，就在于它能够让一个听者在他的灵魂内部，以内在对话的方式把哲学思考延续下去，把哲学变成他自己的个人知识。[1]

在我看来，最后一点是柏拉图对话录作为哲学作品最重要的特征，它也是柏拉图在《斐德若篇》里面提到的理想的哲学写作应该有的特征。弗雷德的文

[1] Michael Frede, “Plato’s Arguments and the Dialogue Form,” *Oxford Studies in Ancient Philosophy*, supplementary volume (1992), pp. 201-219.

图 3.10 《亡灵书》纸莎草（约公元前 1250 年），大英博物馆。托特是古埃及的书写之神，《亡灵书》就是他完成的，此处他正在记录亡灵审判的结果。《斐德若篇》中在评述他发明了书写技艺时写道："你的发明让他们在没有得到恰当教导的情况下了解很多事情，他们看起来已经知道很多，其实大多数情况是无知的。"（275a7-b1）

章此处未及展开，但它恰好涉及几种不同的柏拉图对话解读策略争夺的关键阵地，这里需要稍作补充。

柏拉图的《斐德若篇》专门讨论哲学和修辞之间的关系。在对话快结束时，他借用古埃及的神话，对哲学写作本身提出了严厉的批评（图 3.10）。[1] 柏拉图认为，任何形式的写作，在传达哲学思考时，都会有两个巨大局限：（a）一是不知道针对什么样的听者在发言。就像我在这里录视频课一样，其实并不知道大家作为听者是什么样的状态，也不能根据听者的实际情况、具体知识背景等来调整讲法。柏拉图认为，所有写作，都没法针对它的听众做到因材施教，因为它呈现的总是一个现成的文本；（b）当哲学作品面对反驳时，它也没有办法捍卫自己。如果我现在上一门面对面的讨论课，参与者在听到我的一个论证时，会有不满，会提出反驳，也会有人做出进一步的辩护，就可以有更深入的交流。而采用录像或者写作的方式，我就没法即时捍卫自己的主张。柏拉图认为，这正是写作在再现哲学思考时会遇到的最大困难。

施特劳斯学派和图宾根学派正是以这一讨论为重要依据，认为柏拉图对于写作作为展示本真哲学思考的媒介保持强烈的怀疑态度，因此我们要了解柏拉图真正的哲学思考，需要另辟蹊径。

[1] 柏拉图：《斐德若篇》274b6-278e3。

图宾根学派认为在对话录之外，还有所谓“未成文学说”，仅在柏拉图学园内部流传，在现存文献（如亚里士多德的报道和后世杂家的证言）中仅留下蛛丝马迹，需要通过对比和梳理工作加以复原，其中包含二元本原学说（太一与不定的二）、善的理念等未来新柏拉图派进一步发展的高深理论。在图宾根学派看来，对话录只是用来激发初学者兴趣，或者提醒那些已了解不成文学说的门徒，并不是真正适合最深刻哲学思考的工具。

施特劳斯学派强调，出于对政治迫害的恐惧，柏拉图采用了隐微写作的方式，将他最本真的思考向大多数读者隐藏起来，以免自己在写作中陷入不知何时回答、何时沉默因而不能向合适的人呈现思想、不能捍卫自己的困境。在对话录中，柏拉图特意通过自己的缺席和以苏格拉底这样一个以反讽闻名的人物为中心，将自己的真实见解隐藏在对话之中。因此不能从字面上理解柏拉图的思想，而必须从字里行间追寻其隐晦的教诲。施特劳斯学派通常认为没有必要严肃对待对话中直接表露的思想立场和论证，因为这些“显白”的表达是用来迷惑那些不得其门而入的外行人的。

首先不得不说的是，在以上两种解释路径下，柏拉图作为哲学对话录的写作者的态度都是不**真诚**的，他并没有将听者或读者视为平等的、可以信赖的哲学对谈的对象，而是刻意隐藏了自己本真的哲学态度。这直接违背苏格拉底一再坚持的对话者必须谈论自己真诚哲学信念的要求，是对苏格拉底式对话录内在的平等对话精神的彻底背叛。

其次，柏拉图在《斐德若篇》中并非一般性地反对一切哲学写作，而是反对一种糟糕的哲学写作，一种灌输式的、僵硬的、让人不知变通的写作。[1] 这从他自己的哲学写作实践中就能得到印证：《斐德若篇》并非他的最后一部著作，柏拉图并没有因为哲学写作可能存在的缺陷而放弃对话录的写作。因此，他自己选择的对话录这一写作方式本身，就可以看作对哲学思考如何通过书面语言传达这一难题的实践回应，而且他一直在探索不同的对话录写作方式，从依赖苏格拉底到摆脱苏格拉底，从简短紧凑的问答到长篇独白，并不拘泥于一种特定的写作模式。

[1] 柏拉图：《斐德若篇》258d4-5。

最后，正如我们刚才所分析的，柏拉图对话录的写作宗旨，就是在它的读者内心中唤起一个新的内在对话，让读者自己为对话中所展示的种种哲学思考和立场进行辩护或反驳，让读者自己探寻恰当的进入对话和进入哲思的方式，这可以很好地应对前面提到的哲学写作的两个局限。而且它远远胜过诉诸某种秘不示人的口传学说，或者某种出于臆测的微言大义，因为后两者都是在让哲学思考远离已有的论证和反驳，引向一种隐蔽但不容置疑的现成主张。

稍作总结，我们在进入柏拉图对话录时，最好不要把它看作现成哲学体系的展示，更应把它看作哲学对话的邀请。哲学的对话并没有由苏格拉底或者其他人物完成，它之所以常常没有结论，就在于它只给了我们一些引导性的记号、提醒，驱使我们自己去发现那些能改变自己根本生活方式的哲学思考，而不是接受某种一劳永逸的教条。

二、柏拉图的灵魂解剖

我们从有关灵魂本性的反思进入柏拉图的哲学世界。和苏格拉底不同，柏拉图相信人的灵魂内部包含着不同的构成要素，这使得理智的判断和非理性的情感之间有可能发生真正的心理冲突。不过，在进入柏拉图的灵魂解剖之前，我们先简单了解古希腊灵魂概念的发展。

1. 古希腊的灵魂概念

今天的“心理学（psychology）”一词就源自古希腊语的“灵魂（psychē）”。它首先指的是神话中的普赛克。她是厄洛斯（即丘比特）的妻子，但因违背厄洛斯的命令而被抛弃。为了找回爱人，她不得不去完成一系列不可能的任务，其中就包括前往地狱（图 3.11）。在这个传说中，我们可以清楚地看到“灵魂女神”和死亡的紧密联系。这同样体现在《荷马史诗》中。“灵魂”一词有两种用法：一指一个人活着的气息，存在于胸隔膜里，在死亡的时刻离我们而去；一指在死亡的那一刻，离开一个人的肢体前往冥界之物。这两个含义看起来相互关联，不过我们也没有特别明确的证据来证实这一点。人们一方面认为灵魂是一个活着的人之所以存活的基础，也就是他的生命；另一方面又相信灵魂是一个人在肉体死亡以后的某种延续。需要注意的是，在《荷马史诗》中，灵魂同样跟死亡紧密地联系在一起，而且只有人才有灵魂。

图 3.11　欧仁－欧内斯特·希勒马赫《普赛克在冥界》油画（1865 年），墨尔本维多利亚国立美术馆。维纳斯强迫普赛克进入冥界，用瓶子取回美貌的灵药。她正穿越冥河，等待她的是三头犬刻耳柏洛斯，它不允许任何凡人离开冥界。

到了公元前 6 世纪和前 5 世纪的时候，灵魂的词义发生了变迁。泰勒斯的一个残篇说“万物都充满了神”。按照亚里士多德的解释，这里的“神”指的就是灵魂，这是一种万物有灵论的主张：不仅人有灵魂，其他事物也有，包括磁石在内。当然，石头有没有生命可能会有一些争议，但对大部分公元前 5 世纪的希腊人来说，灵魂就成了生命的代名词：一个有灵魂的东西就是有生命的东西。除了人之外，动物甚至植物都有灵魂。

公元前 5 世纪，“灵魂”一词的语义有了另一个重要的扩充。人们不仅把灵魂看作生命的本源，而且把它和情感活动联系起来，特别是快乐和愤怒这类跟希腊人伦理政治实践紧密结合在一起的情感。情感被看作灵魂的一个重要活动。与此相应，当一个人能够恰当地处理情感，比如说扼制那些对于肉体快乐的强烈欲望，就会被认为拥有值得赞扬的美德，反之则是应受谴责的恶德。而让一个人拥有美德和恶德的，首先并不是他的肉体，而是他的灵魂。所以，这个时期，灵魂被看作上述道德品质的拥有者，是美德和恶德的宝座。与之相应，灵魂也成为道德实践中谴责和赞扬的首要承担者。因此，在柏拉图的道德哲学反思中，灵魂问题就成了一个核心话题。[1]

2. 柏拉图论灵魂不朽

在古希腊传说和《荷马史诗》中，灵魂和死亡紧密地关联在一起，我们首先来看柏拉图如何理解灵魂和死亡的关系。

在《申辩篇》中，柏拉图笔下的苏格拉底对死亡持一种不可知论的态度。不过，他提到死亡未必是一种惩罚，甚至声称死亡很可能是一种祝福，因为：

> 死亡，不外乎这两种中的一种：或者是虚无，死者对一切都丧失知觉；或者就像人们说的，是某种变化，是灵魂从此岸向彼岸迁移。[2]

苏格拉底这里提到了死亡作为一个形而上学事件的两种可能性：一种是绝对的消亡或湮灭，至少是一切意识活动的终结，如同“无梦的睡眠”；另一种是灵魂经历死亡而幸存，得以进入另一个世界。不过，苏格拉底没有表态，他只是对着审判者说（图 3.12）：无论哪种情况，对他来说可能都是好事；如果没有了知觉，他当然也就不再经历任何痛苦；而如果他去往另一个世界，到了冥界，他会面对真正公正的审判者，而不是对他充满偏见和敌意的雅典公民。所以他说：

> 分别的时候已经到了，我去接受死亡，你们继续活下去，我们这两条路哪一条更好，除了神谁也不清楚。[3]

《申辩篇》中的苏格拉底，展现出他一贯坚持的无知态度，但在这样的语境中，这种无知实际上又包含着对于自己命运的勇敢面对。

[1] 以上有关“灵魂”词源的讨论，参考了 Hendrik Lorenz, “Ancient Theories of Soul,” *SEP*, URL = 〈https://plato.stanford.edu/archives/sum2009/entries/ancient-soul/〉。

[2] 柏拉图：《申辩篇》40c5-9。

[3] 柏拉图：《申辩篇》42a2-5。

图 3.12　路易斯·约瑟夫·勒布朗《苏格拉底致辞》油画 (1867 年)，私人收藏。

《斐多篇》则大为不同。整部对话的背景，同样是苏格拉底接近死亡的至暗时刻，但他尝试在死亡之前，给他的朋友们提供最后的安慰，来自哲学的安慰。

苏格拉底首先将死亡定义为灵魂和身体的分离。[1] 这个定义本身可以有两种解读方向：一是单纯强调一种对人的二元论理解，认为一个活着的人包含着灵魂和身体两个部分，而死亡则是灵魂和身体的组合的崩解，这种二元组合不再存在，人也随之湮灭；二是在二元论基础上强调灵魂的优先性，认为一个人真正所是的仅仅是他的灵魂，而死亡意味着这个人（即他的灵魂）不再需要依赖身体而存在。

在随后的讨论中，苏格拉底认为灵魂在此生中事实上被身体奴役，因为由身体而来的感觉和情感搅扰着灵魂，让它无暇追求智慧。而一旦灵魂得以摆脱身体的束缚，它就能如其所愿地与知识和真理为伴。死亡作为灵魂与身体的分

[1]　柏拉图：《斐多篇》64c4-8。

图 3.13　奥古斯丁《上帝之城》抄本（约 1475 年），海牙荷兰皇家图书馆。据说一个叫克里昂布鲁图斯的年轻人在读完柏拉图有关灵魂不朽的论证之后就自行了断，以求伟大灵魂的大解脱。（《上帝之城》1.22）

离，意味着灵魂的解放。（图 3.13）显然，苏格拉底在这里非常明确地选择了《申辩篇》中对死亡的第二个定义，即死亡是一种变化，是灵魂离开这个世界前往另一个世界。因为这里所说的“分离”并不意味着灵魂本身的终结。因此，死亡也不再被看作绝对的虚无，因为灵魂会承载着我们的意识和生命继续下去。

在苏格拉底看来，哲学的意义也就因此不会随着死亡的终结而终结。正是在《斐多篇》中，柏拉图借苏格拉底之口，给出了对哲学的著名定义：哲学就是面对死亡的练习。[1] 因为死亡可能仅仅是一个暂时性的终结，我们需要通过哲学反思准备好面对从此世到彼岸的巨大变化。这是柏拉图在《斐多篇》里对死亡所持的态度。我强调这是柏拉图的态度，因为它和《申辩篇》中苏格拉底的不可知论形成了鲜明的对比。接下来我们会看到，正是在毕达哥拉斯派的影响下，柏拉图为灵魂的不朽提供了一系列论证。

[1]　柏拉图：《斐多篇》67e4-6。

学者们在柏拉图的《斐多篇》中区分了四个不同的灵魂不朽论证。不过，这四个论证应该看作四个相互独立的论证，还是同一个论证的不同发展阶段，需要大家在阅读时自行决断。这里要做的，只是简单展示它们各自的内容，以及可能存在的一些问题。

（1）对立面或相反物论证。它从一个一般性的命题出发：如果两个事物 X 和 Y 构成对立，比如冷和热，那么，X 就是从 Y 而来，Y 从 X 而来。冷的东西是由热的东西变冷，而不是冷的东西变冷。同理，如果我们认为，死和生是一组对立物，那么显然死是由生而来的。只有有生命的东西才会死，死的东西不会再死。我们由此也可以推断，生会由死而来。[1]

这个论证可能存在的问题：首先，即使我们接受生会由死而来这一结论，这足以论证我们通常所理解的灵魂不朽吗？但更根本的问题在于，生死作为对立面和冷热作为对立面是一样的吗？换句话说，一个事物由死到生的变化或者由生到死的变化，和一个事物由冷到热的变化，是同一个范畴的变化吗？对这个问题的回答，显然会影响我们如何评估对立面论证。

（2）回忆论证。如果说第一个论证非常依赖有关冷热变化的自然哲学和形而上学知识的话，第二个论证则求助于柏拉图特有的知识论，尤其是他在《美诺篇》中所发展的知识即回忆的主张。

在《美诺篇》中，苏格拉底和一个没有受过数学训练的奴隶男孩交谈，引导他正确地画出了一个面积是给定的正方形面积两倍的大正方形。这样一种几何能力，在苏格拉底看来，不是小男孩通过后天的经验所获得的，而是保存在他灵魂中的记忆。男孩的知识只不过是重新唤醒他曾经拥有的记忆。当然，《美诺篇》的知识论主张能不能得到辩护，是我们下一讲的主题。[2] 这里只看柏拉图如何从这个前提出发来推证灵魂不朽。

柏拉图首先再次强调，小男孩所获得的几何学知识，不可能来自后天经验。他引入了一个新的概念，即被称为事物本身的理念或形式（eidos）。例如我们可以谈论相等的事物，但它们并不总是相等：我眼前的这台电脑和旁边的一摞书质

---

[1] 柏拉图：《斐多篇》69e6-72e1。

[2] 见本书 4.1.1。

量相等，但它们的价格并不相等。柏拉图认为，我们能够理解相等事物的一个前提是，在我们的理解中，“相等本身”作为相等的形式是始终相等的，不可能不相等。因为如果相等本身包含不相等的性质的话，它就不能让我们理解其他事物如何是相等的。这一点不易理解，我们下一讲再进一步展开。[1]

柏拉图这里想要说的是，在感性经验中，我们把握到的相等的事物并不总是相等，它们会变成不相等。我们并不能通过感性经验把握相等本身。但是没有对相等本身的把握，我们就不能理解什么是相等的事物。那么，我们从哪里获得关于相等本身的知识呢？柏拉图认为不可能是在出生之后——因为出生后获得的都是感性的知识——更不可能在出生的那个时刻，那就只能是在出生之前。柏拉图因此断定，既然我们承认自己必然拥有关于相等本身的知识，同时，我们重新获得这种知识，只不过是回忆起生前所拥有的认识，这时我们就必须假设我们的灵魂在出生之前是存在的。[2]

这个论证同样疑点重重。首先，是否存在着先天知识（a priori knowledge）是可疑的。这里所谓“先天知识”，指不通过经验获得的认识，它往往具有超越具体经验的普遍必然性。我们在感性经验之外是否有其他的认知渠道，这是下一讲要进一步讨论的；更重要的是，即使承认先天知识的可能性，我们是否一定要假设灵魂在出生之前作为先天知识的拥有者，也是同样可疑的。因为一个人完全可能因为自己的某种内在结构而拥有超越个别经验的知识，就像今天的哲学家并不都排斥先天知识一样，这并不需要诉诸某种神秘的、出生之前的记忆。

（3）相近论证或相似性论证。这个论证在一定程度上依赖刚才的回忆论证。苏格拉底指出，灵魂最接近“相等本身”这样的形式。而这些形式就像巴门尼德神圣的球体一样，它们是纯粹的、内在统一的、不可分的、永恒的，甚至是神圣的。近朱者赤，如果灵魂在出生之前拥有关于形式的知识，灵魂本身也应该具有和它们相似的特征。因此，如果形式是永恒的，灵魂也就是不朽的。这是一个结构相对简单的论证，而且非常依赖灵魂作为认知者与其认知对象的相似性这一没有得到充分辩护的断言，此处不再多讲。[3]

[1] 见本书 4.2.2。

[2] 柏拉图：《斐多篇》72e3-78b3。

[3] 同上书，78b4-84b8。

（4）生命形式论证或“最后的论证”。在《斐多篇》的后半部分，苏格拉底针对同伴所提出的反驳一一作出回应，并在此基础上给出了灵魂不朽的最后辩护：灵魂就其本性而言就是不朽的。这个论证在某种意义上回到了第一个论证——但只是在某种意义上，大家一定要注意它们之间的差异。苏格拉底强调，在古希腊人的日常理解中，灵魂是生命的代名词，凡是有灵魂的就是有生命的。所以，拥有生命被看作灵魂的一个本质特征，灵魂被看作生命的本原，它使一个事物获得生命。灵魂因其本性或者某种内在的本质，它本身就是活着的，就像火本身就只能是热的，雪总是冷的一样。不可能有一团火它不是热的，同理，也不可能有一个灵魂，它不是活着的或者存在一个已经死去的灵魂，因为这违背了灵魂的定义。有人质疑：火当然不可以经历从热到冷的变化，因为只要它是火，它就不可能变冷。但火是可以熄灭的，那么灵魂是不是也会熄灭呢？苏格拉底的回应干净利落：不会。因为灵魂的熄灭，实际上就意味着它的死亡，而我们已经论证了灵魂的本性决定了它不能接受死亡，所以灵魂不可能像火一样熄灭。[1]

苏格拉底真的论证了灵魂的永存或不朽吗？我们要特别留意的一点是，苏格拉底强调灵魂的本质属性是有生命的，这仅仅意味着，**只要**灵魂存在，灵魂就是有生命的。由此并不能够断言，灵魂永远存在。首先，“有生命的”这个表述是含混的，它可以表达一种存在的方式，也可以指有生命的事物能进行生命活动的这一能力，而后者并不是对该事物存在的直接断言。所以，当我们说，“只要灵魂存在它就是有生命的”，就如同我现在说，“只要现在有法国国王，他就一定是一个人”。作为人而存在或者拥有人性，这是法国国王的一个本质属性。但是，当我们断定“法国国王是人”的时候，我们并没有断定当下有法国国王存在。所以，这里的问题就在于，存在能不能被看作一个事物的本质属性。而我们断定一个事物有本质属性的时候，能不能够同时断定它的必然存在。这是我们在之后的形而上学讨论中会不断返回的核心话题。

在《斐多篇》里，柏拉图展示出他对灵魂本性的理解，强调灵魂是生命的本原，并且是一个不朽的本原。这样的灵魂和我们的美德有什么关联呢？或者说这样一个灵魂，它本身除了不朽之外还具有什么其他属性，它是否具有可以

[1] 柏拉图：《斐多篇》102a10-107b10。

图 3.14　雅克 – 菲利普 – 约瑟夫 · 德 · 圣康坦《苏格拉底之死》油画（1762 年），巴黎国立高等美术学院。"最后的论证"之后，苏格拉底的对谈者没有再提出新的反驳。耐人寻味的是，他们虽然在理性上接受了灵魂不朽的结论，但在苏格拉底的死亡来临的那一刻，仍然抑制不住悲伤。

进一步分析的内在结构，这些都是未知的。在上述论证中，柏拉图非常强调灵魂作为形式的认知者而存在。因此我们似乎有理由认为，在《斐多篇》中，柏拉图实际上将自我等同于灵魂，再将灵魂等同于理智。这样的灵魂不包含内在结构，它就是理智本身，就是一个纯粹的理性存在者。如果是这样的话，我们就很难解释，一个纯粹的理性存在者如何经历愤怒、痛苦、悲伤等理性之外的情感，自然也很难解释为什么苏格拉底的论证不能在情感上征服他的对谈者。（图 3.14）与此同时，这些感性经验看起来和我们的美德和伦理实践有着更密切的关联，例如《斐多篇》中那些抑制不住悲伤的在场者，他们就为自己的情感失控感到羞耻。[1] 不过，柏拉图在《理想国》《斐德若篇》《蒂迈欧篇》等对话中，给出了一个完全不同的灵魂图景。

[1]　柏拉图：《斐多篇》117e3-4。

3. 柏拉图论灵魂三分

《理想国》有时也被称作《论正义》。柏拉图的一个基本论证策略是用城邦的正义来解释人的灵魂的正义。他之所以采取这样的路径，是因为他相信，城邦和灵魂在结构和性质上是相似的，我们可以通过对城邦正义的观察去推断灵魂的正义所需要的结构性特征。这又被称为城邦－灵魂类比。这个类比有它的内在困难，相关解释充满争议，但这不是这里要去关心的。[1] 我们重点来看它向我们揭示出灵魂具有什么样的内部特征。

柏拉图首先认为，一个理想的、正义的城邦，需要通过分工来实现它的正常运行。这不仅涉及经济上的分工，让人们从事不同的生产劳作，而且也要求政治上的分工，尤其涉及统治者和被统治者的分工。一个城邦首先需要有**劳作阶层**，他们作为被统治者满足这个城邦最基本的物质生活需求，生产粮食、衣物、日用器物等。其次，为维护主权完整和荣誉，必须要有士兵或**军事阶层**来守卫城邦。最后，柏拉图认为一个正义的城邦，必须是统一的、善好的城邦。要保证城邦内部意见的统一，就需要有统治者来统筹什么是对于城邦整体的善，并以此安排城邦基本的政治生活。城邦的**统治阶层**，也被称为护卫者。

图 3.15　提香《明智的隐喻》油画（约 1550 年），伦敦国家美术馆。提香用三个不同年龄的人隐喻过去、现在、未来，对应三只不同的动物：狗、狮和狼。柏拉图在《理想国》第九卷中也用三种动物来比喻灵魂的三个部分：多头怪兽（欲望）、狮（意气）和人（理性）。它们可能望向不同的行动路线，造成灵魂内部的冲突甚至分裂。

相应地，在人的灵魂内部，也存在这样的三分（图 3.15）：（a）与城邦中的生产阶层相呼

[1]　相关争议及一种可能解决方案，参见拙文《重思〈理想国〉中城邦－灵魂类比》，收入曹青云（主编）：《实在、知识与灵魂：古希腊哲学研究文集》，北京：中国社会科学出版社，2020 年，第 131—152 页。

应，灵魂有欲望（epithymētikon）的部分，它对应着维系生存的最基本物质需要，比如说食物、水，当然也包括衣物等。这是灵魂得以生存必不可少的部分；（b）其次，灵魂有一个被称为意气 (thymoeides) 的部分，它就像士兵一样，捍卫着灵魂本身拥有的荣誉和自我形象。意气往往同带有强烈自我色彩的情感联系在一起，例如一个人因为丢了面子以后所产生的羞愧与愤怒，或者在得到城邦同胞赞许时所感到的骄傲和自豪，这些都属于灵魂的意气部分，它使得灵魂作为整体能够守卫自己的基本价值。（c）不过，欲望和意气对于人的灵魂还不够，还需要一个算计的或理性的部分（logistikon），它和城邦的护卫者一样，负责统筹规划什么是灵魂作为一个整体所需要的善。

由此可见，在以上图景中，灵魂不再是单一的、整齐划一的整体，而被区分为具有不同行动倾向的部分或不同能力。这一划分显然非常依赖城邦 – 灵魂类比，但城邦 – 灵魂类比建立在一个并不牢靠的前提上，即灵魂和城邦具有相似的内部结构决定其运行。令人庆幸的是，在该类比之外，柏拉图在《理想国》的第四卷，还为灵魂的内部划分提供了一个独立论证。该论证依赖一条广泛适用的非对立原则：

> 同一事物的同一部分，在同一时刻针对同一个对象，不可能完成或承受正好相反的事情。[1]

当这里的"同一事物"指灵魂时，它的内部结构不可见，但它所处的时刻、针对的对象和它与对象的关系通常是确定的。这就意味着，如果在同一时刻，同一个灵魂对同一个对象，有完全相反的态度，例如既欲求又拒斥，那一定是因为该灵魂内部包含着不同的部分。

在这个前提下，柏拉图通过诉诸类似不自制等包含心态冲突的心理现象，就可以论证灵魂不同部分的存在。举例来说，在进行了剧烈的体育锻炼之后，我非常口渴。此时，我灵魂中的欲望部分就会对水产生强烈的欲求，推动着我想要立刻喝水。但与此同时，理性又会告诉我，在剧烈运动以后立刻喝水对健康是有害的，我因此又会拒绝立刻喝水。在同一个时刻，我的灵魂作为整体，对于眼前的水就会有

[1] 柏拉图：《理想国》4 436b9-10。

图 3.16　平图里基奥《奥德修斯归来》湿壁画（1509 年），伦敦国家美术馆。右上角进屋的男子正是漫游归来的奥德修斯，他的目光望向墙上的弓箭，这是他未来处死求婚者的利器。

渴望和拒绝两种相对立的态度。如果我们认为灵魂的同一个部分不能有相互对立的态度，就应该承认，是不同的部分决定着灵魂的不同态度。

同理，理性也会与意气部分发生冲突。当奥德修斯漫游归来（图 3.16），看到的却是向他妻子求婚的人，他的荣誉受到践踏，怒不可遏，灵魂中意气的部分即刻就要发作。但与此同时，一向以"隐忍者"著称的奥德修斯，他的理性部分告诫他不该在此刻宣泄自己的怒气，而要等到一个更好的时机来完成一次更加彻底的报复。此刻，奥德修斯的内心也存在冲突，但这个冲突是通过意气（愤怒）和理性部分的冲撞来实现的。如果我们不愿违背非对立原则，就必须承认它们是灵魂的两个独立部分。意气和欲望的区分也是如此。[1]

柏拉图在《斐德若篇》中，特别是苏格拉底关于爱欲（eros）的演讲中，

[1]　柏拉图：《理想国》4 439e1-440e4。

图 3.17 “陶工安多基德斯”陶制双耳瓶（约前 540 年），纽约大都会艺术博物馆。“我们的车夫驾驭着两匹马，一匹高贵美好，出自同样〔高贵美好〕的血统，另一匹〔品性〕完全相反，血统也相反；这意味着，在我们这样的情况下，驾驭马车必然是艰难和痛苦的。”（《斐德若篇》246b1-4）

也强调我们需要对灵魂的本性有所认识。他在那里也谈到灵魂的三分，仍然把灵魂区分为理性的、意气的和欲望的部分，不过用了一个隐喻来描述灵魂的内部关系：灵魂有如一驾马车，它由一匹白马和一匹黑马驱动。白马温顺，善于服从车夫的命令，象征着意气部分；而黑马较为顽劣，代表着欲望部分；驾驭他们的车夫则是理性部分（图 3.17）。

《斐德若篇》中有关灵魂三分的讨论，在一个关键点上与《理想国》不同。它在提到马车喻时，首先讲的是灵魂没有进入身体前的状态，这意味着灵魂的欲望部分和意气部分，并不是在它与身体结合之后才产生的，而是本身就有的。这一点对于柏拉图的灵魂学说会有什么样的影响，大家可以在阅读中进一步思考和探索。[1]此外，《蒂迈欧篇》中也有关于灵魂三分的讨论，将理性、意气和欲望的部分依次同大脑、胸腔、腹部三个身体部分对应起来，同时区分灵魂的不朽与可朽的部分，和以上有关灵魂的讨论都有重要的差异。[2]

柏拉图对灵魂内部结构的解剖决定性地影响了西方世界理解心灵内部结构的基本框架，它所带来的理论后果，需要进一步澄清。

灵魂三分无疑有它独特的理论优势。在苏格拉底的道德心理学中，灵魂实际上是一个没有内在结构的纯粹理智存在物，它的行动倾向完全依赖其认识，

[1] 柏拉图：《斐德若篇》245c1-249d3; 253c7-255a1。

[2] 柏拉图：《蒂迈欧篇》40d6-44d2；68e1-73a8。

总是根据理智的判断来行事，并没有理智之外的其他行动动机。因此，苏格拉底断然否认不自制这样包含着灵魂内部冲突的现象，因此也不承认理性和欲望的双峰对峙。这并不意味着苏格拉底的动机唯理智论就没法辩护，而是强调它会遇到的一个重大困难，即难以直观地解释，为什么我们会在现象层面、在心灵内部经验到理性和非理性的冲突。与此相反，柏拉图的灵魂三分学说，无疑为这种冲突提供了一个便捷而直观的解释。当然，这样的便捷是有代价的。

（1）首先，柏拉图通过灵魂解剖区分出来的理性、意气和欲望究竟是什么类型的存在物，具有什么样的本体论地位，其实并不明确。在《理想国》中，柏拉图给出的明确描述是：它们是灵魂的三种不同形式。[1] 这看起来像是在谈论三种不同类型的灵魂，就像城邦中存在三种不同类型的人。但在之前的讨论中，我们都不加反思地把它们称为灵魂的三个部分，因为欲望的、意气的、理性的灵魂，看起来是作为三个独立的行动者或者次级行动者（subagent）决定灵魂整体的行动倾向。

（2）即使我们按主流解释认为柏拉图在谈论灵魂的三个独立部分，它们各自指什么，看起来也不易确定。因为柏拉图各处的表述并不一致。

（a）欲望：当我举剧烈运动后喝水的例子来谈《理想国》第四卷中的灵魂三分时，欲望所指向的是一种自然的生理需求。但在《斐德若篇》和《蒂迈欧篇》中，欲望更多让灵魂朝向感官快乐。而在柏拉图《理想国》的第九卷中，对金钱的爱（philia）则被看作最典型的欲望。[2] 这三处的说法显然存在冲突，尤其是对金钱的爱是一种很独特的欲望，因为我们很难拥有对货币的自然欲求，尤其不可能是一个纯粹非理性的生理需求。因为只有当我们意识到货币可以作为一种手段，间接地满足我们的物质欲望时，我们才会产生对货币的欲求。我们不会因为货币本身而欲求它。对货币的欲求里已经包含着最低限度的对目的－手段的理性认识，这和我们之前把欲望和理性截然分开的非对立原则看起来是有冲突的。

（b）意气：意气同一个人对荣誉、自我形象或“面子”的欲求联系在一起。

[1] 柏拉图：《理想国》4 435b9-c2。

[2] 柏拉图：《理想国》9 580d9-581a7。

灵魂往往出于维护自己荣誉的需要，而产生愤怒、羞愧等强烈的情感反应。那么，它是不是也可以看作感性欲望的一部分呢？毕竟这里同样没有理性认识的参与。灵魂对荣誉的这种强烈渴望，由于丢失面子而产生的痛苦，看起来可以化约到非理性的欲望部分。为什么要在理性和非理性二分之外，平添一个意气部分呢？

（c）理性：在《理想国》第四卷中，无论是奥德修斯，还是拒绝喝水的例子，行动者的理性部分实际完成的是**实践**理性的算计和谋划，即灵魂用理性来考虑一个行动会产生的实践后果。我们不难理解实践理性与欲望或意气的冲突。但《理想国》的核心卷（5—7卷）在谈论如何培养哲学王时，柏拉图关注的首先是**理论**的学习。那么，当我们谈论理性部分的时候，究竟谈论的是哪一个，实践的还是理论的？它们之间又有什么样的关系？柏拉图并没有直面这个问题，我们要等待亚里士多德来对它们做出更明确的区分。[1]

（3）无论灵魂是三分、两分还是其他划分，都要面对一系列更为根本的困难：在区分灵魂不同能力、活动、行动倾向时，如何保证灵魂的统一性？此外，当我们把灵魂作为整体的行动还原到它的某个部分，而每个部分的活动都像一个独立的次级行动者在决定整体的行动时，这种解释在什么意义上具有终极有效性？这听起来稍微有些抽象，图3.18可以更直观地展示这里的问题所在。

如果一个人之所以做煎蛋，是因为在他的心灵中有一个类似小小人（homunculus）一样的次级行动者（例如欲望部分）根据自己的认知和欲求在掌控着他的行动，那我们似乎就有理由进一步追问，在欲望这个小小人的内部是不是也有一个类似的结构，如此以至于无穷。这常常被称为“小小人难题（homunculus problem）”，它常被用来

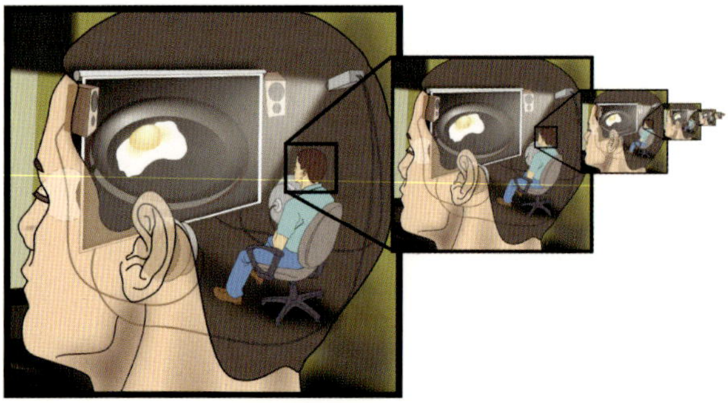

图3.18 “小小人（Homunculus）的无穷倒退”。

[1] 见本书6.3.3。

图 3.19　安瑟尔谟·费尔巴哈《柏拉图的会饮》油画（1869 年版），卡尔斯鲁厄州立美术馆。阿伽通（中央站立者）的朋友们聚集在他家中庆祝他的悲剧获奖，众人发言歌颂爱神时，醉醺醺的阿尔西比亚德带着狂欢者从左侧闯入，右侧的苏格拉底背过身去，不为所动。阿尔西比亚德沉迷肉体的快感，阿迦通刚赢得了荣誉，而苏格拉底所爱的是美本身。

反驳心灵的内在表征理论，但在我看来，它也适用于这里有关行动者动机的讨论。

不过，柏拉图遇到的问题还要更为复杂。因为灵魂不是一个没有区分的整体，这就意味着心灵内部存在不止一个，而是三个小小人在操纵一个人的行动。这些小小人需要一定的协作，才能保证一个人正常地行动。但它们之间也可能发生冲突。在经历心理冲突时，心灵如何能保持自身作为整体的统一性，如何不被心理冲突四分五裂？它凭借什么在冲突中做出决定？对于柏拉图来说，还要麻烦的是，这样一个时常限于分裂之中的灵魂真的可以不朽吗？当然，我们可以回到灵魂不同部分的分工中去考虑这一点，也可以回到城邦－灵魂类比中，通过考察统治者和其他阶层之间的关系，来找寻解决的线索。但这里显然没有一个直截了当、不证自明的答案。

（4）最后是一个专门针对柏拉图的问题。在柏拉图有关灵魂动机的讨论中，爱欲（eros）占据非常重要的地位。我们提到的《斐德若篇》，还有大家熟悉的《会饮篇》（图 3.19），核心的话题都是爱欲与灵魂。柏拉图所谈论的爱欲，不仅仅是灵魂最低的欲望部分对感性事物的爱，它也可以是理性对真理的爱，还可以是意气对荣誉的爱。爱欲作为柏拉图心理学中无处不在的强大力量，它在灵魂三分的图景当中，究竟该如何安置呢？

三、柏拉图论美德

柏拉图有关灵魂本性及其内部结构的学说，我们已有初步了解。接下来要考察的是，柏拉图在这一图景下，如何安放灵魂所拥有的美德，尤其是正义。

1. 四枢德的流俗理解

在柏拉图对话尤其是《理想国》中，有四种美德占有特殊地位：勇敢、正义、节制、智慧。后人称之为“四枢德（Cardinal Virtues）”，因为它们直到文艺复兴时期都被看作道德生活的枢纽。我们不妨借拉斐尔在签字厅中完成的《四枢德》壁画（图 3.20），来了解近代以前受过良好教育的普通人如何理解这四种

图 3.20　拉斐尔《四枢德》湿壁画（1509—1511 年），梵蒂冈博物馆。签字厅的这幅壁画的主题也是当时最重要的知识门类。《雅典学园》关于哲学，《圣事的争论》关于哲学，《四枢德》则关系到法学。

美德。对四枢德的这一流俗理解和柏拉图《理想国》中独特的美德道德心理学形成了鲜明的对比。

壁画的上方有三位女神，她们各自象征一种美德。最左侧的身穿铠甲，轻抚雄狮，显然对应着勇敢。画面中央的女神揽镜自照，在图像学传统中，这通常被看作自我知识或智慧的象征。古希腊人从一开始，就将“认识你自己”的德尔斐神谕视为通达实践智慧的必要途径。最右侧的女神手持缰绳，很显然是在驾驭或压制躁动的欲望，就像柏拉图在马车喻中所展示的那样，这是节制的象征。

我们很快会注意到壁画中正义女神的缺席。不过，在三位美德女神像的下方，是人间法律实践的场景：左侧罗马皇帝查士丁尼将他的法典（即《查士丁尼法典》）授予特雷伯尼努斯（Tribonian，约 475—545 年），右侧则是教宗格列高利九世（Gregory IX，1227—1241 年在位）颁布教令。一边是民法，一边是教会法。毫无疑问，正义是支撑着人们司法实践的根本。所以在签字大厅的天顶，在勇敢、智慧和节制的上方，是正义女神的肖像（图 3.21）：她一手持剑，一手拿着天平，身旁两块石板，镌刻着罗马法学家乌尔比安（Ulpian，约 170—223 年）的正义定义：

图 3.21　拉斐尔《正义女神》天顶画（1509—1511 年），梵蒂冈博物馆。

正义是持久和永恒的意愿，它赋予每个人他所应得的。（*Iustitia est constans et perpetua voluntas ius suum cuique tribuendi*）

和天平这个象征物一样，正义作为一种美德，首先关注的是分配中的正当性，它涉及人们在经济交往中的相互关系。给一个人他所应得的，这被看作正义的核心。女神手中的剑表明她也司职惩罚，而惩罚的公正同样在于让恶人罪有应得。在拉斐尔和他同时代人心目中，正义具有超越其他美德的卓越地位，因为它不仅使每个人各得其所，而且使其他的美德也各得其所。

2. 柏拉图论四枢德

与美德的流俗理解关注外在行动不同，柏拉图的美德学说与他的灵魂学说，尤其是灵魂三分说牢牢捆绑在一起。

（1）智慧。柏拉图把智慧和灵魂的理性部分联系在一起，理性的部分作为心灵内部的统治者，它能够也应该知道对于灵魂的每一个部分，什么才是好的，以及对于灵魂三个部分所构成的整体，什么才是好的。当理性拥有这样的知识时，在柏拉图看来，灵魂就拥有了智慧的美德。[1] 这里，我们很自然地会有一个疑惑，它和我们之前关于理性部分的疑惑是联系在一起的：这种与智慧相关的知识究竟是一种纯粹的理论认识，还是一种实践知识？不过，柏拉图这里至少强调了该知识的对象是善好。所以，我们可以在最宽泛的意义上，认为它是一种实践的知识，涉及什么是能给我们带来好处的行动。当然，这里的好处实际上指的是对于灵魂，尤其对于灵魂整体的好处。

（2）勇敢。柏拉图看起来同样把勇敢归于灵魂的一个特殊部分：勇敢和意气之间有种很自然的连结，因为在灵魂－城邦类比中，意气部分所对应的是城邦中的士兵或军事阶层，勇敢是他们最重要的美德。但需要强调的是，英勇抗敌、坚守阵地等勇敢的活动是在城邦层面谈的，那么，在灵魂层面，什么样的活动或特质才能体现勇敢这一品质呢？柏拉图认为，如果意气部分能够持守理性所交付它的命令，特别是关于什么应当害怕，什么不应当害怕的命令，那

[1] 柏拉图：《理想国》4 428b1-429a1。

么，意气的部分就能展示出自己的美德。[1] 这里实际上也是在回应早期对话《拉刻斯篇》中关于勇敢的讨论。在那里，苏格拉底向我们展示，勇敢并不简单地只是毫无畏惧，也不仅仅是坚守阵地，因为恰当的战略性撤退也会被看作勇敢，支撑着所有这些行动的，是人们关于什么应当害怕和什么不应当害怕的知识。[2]

（3）节制。和智慧、勇敢有所不同，节制总是 a 节制 b，它需要包含至少两个要素。所以，柏拉图认为节制涉及灵魂不同部分之间的关系。而《理想国》第四卷中对灵魂的分割，实际上就是从灵魂内部冲突这一现象出发的。在柏拉图和其他古人看来，一个陷于内部冲突的灵魂，显然不可能成为卓越的、拥有美德的灵魂，它处于一种糟糕的状态。因此，节制这样一种美德，就应当使灵魂的各个部分处于和谐中。而在柏拉图的灵魂三分说中，不仅欲望的部分会和理性发生冲突，意气的部分也会同理性冲突，意气和欲望之间也并不总是协调一致。任何一种冲突都会破坏心灵内部的和谐。因此，节制不单独属于灵魂的任一部分，而是和灵魂的三个部分都有关联。[3]

（4）正义。柏拉图对其他三种美德在灵魂的部分间进行了分配：一归于理性，一归于意气，一归于三个不同部分，正义的位置何在呢？和拉斐尔的壁画一样，柏拉图在《理想国》中同样认为正义这种品质具有非常特殊的地位。毕竟整部《理想国》的宗旨在于发现什么是正义，特别是灵魂内部的正义。所以他通过城邦的正义来探讨灵魂的正义。柏拉图发现，要确保对话者们在口头上或者用逻格斯建立的这个理想城邦具有正义这种品德，从一开始建城时就必须遵照正义法则，这首先体现在城邦的分工原则上。到了第四卷，苏格拉底提醒我们，这条贯穿整部《理想国》的政治分工原则实际上已经暗示了正义的定义：

> 做自己的，不多管闲事，这就是正义。[4]

[1] 柏拉图：《理想国》4 429a8-430c7。

[2] 见本书 2.2.3。

[3] 柏拉图：《理想国》4 430d5-432b1。

[4] 同上书，4 433a8-9。

所谓“做自己的”，这里指的是做自己的工作或应当完成的任务，尤其指在一个拥有复杂结构的事物内部，每个部分行使属于自己的功能，不干预其他部分承担的功能。只有当每个部分都各行其是时，它们所构成的整体才有可能是正义的。

上述正义定义看起来在城邦的层面更容易得到辩护。在柏拉图看来，“做自己的”不仅意味着人们要根据经济分工完成自己的生产任务，更重要的是每个阶层要严格按照其政治地位行事：作为被统治者的生产阶层要甘于接受统治，护卫者或统治阶层则要按照他们的知识来行使统治职责，军事阶层则通过服从统治阶层的命令来确保整个城邦的完整和统一，只有这样的城邦才能成为正义的城邦。由此可见，正义和节制非常相近，它也需要三个不同部分的参与，而且是首先属于整体而不是某个具体部分的品质。根据城邦和灵魂的类比，只有当灵魂的三个部分各做各事——理性部分发号施令，意气部分确保理性的号令得以贯彻，欲望部分则俯首听命，这样的分工原则得以贯彻时，整个灵魂才有望成为正义的灵魂。

以上是对《理想国》中四枢德学说的简要概述，柏拉图在他的城邦－灵魂类比框架下，以城邦和灵魂的三分为根基来解释美德的本体论基础。相较于人们在伦理交往中所展现的高尚行为，柏拉图更关注灵魂内部的品质。这最突出地体现在正义这一美德中，它不再是欠债还钱或给每个人他所应得的分配法则，而首先是灵魂内部的秩序，是和节制难以区分的个人内在品质。我愿将其称为美德理论的内在化转向，为了更好地理解这一内在化转向所产生的理论后果，我们将结合苏格拉底有关美德的主张，来反思其更隐蔽的理论立场。

3. 苏格拉底与柏拉图论美德统一性

（1）首先要问的第一个问题是：四枢德彼此间是什么关系？它们究竟是完全独立的四种品质？还是有某种共同的、更基础的灵魂属性将它们统一起来？我们在此回到传统上归于苏格拉底的一个主张：美德统一性（unity of virtues）。但要注意的是，美德的统一性本身可以有两种不同的解释：

（a）一种是强解释，可以称之为苏格拉底式的美德统一性：所有美德都是**同一的**。结合苏格拉底“美德即知识”的主张，这一点并不难理解。因为苏格拉底把所有伦理美德都化约为道德知识这样一种心理状态。尽管具体的美德所涉及的内容可以有所不同，但它们所依赖的心理机制是一样的。因此，勇敢不过是智慧的一种特殊形态，正义也是如此，反之亦然。显然，《理想国》所说的四枢德并不满足这一严格的同一性，因为它们分属灵魂的不同部分，这是苏格拉底和柏拉图的美德理论一个不容忽视的根本差异。

（b）美德的统一性也可以有一个相对较弱的表述，有时候被称为美德的交互性（reciprocity of virtues）：当且仅当一个人拥有所有美德时，他才拥有一个特定美德。[1] 换句话说，我们不可能在不拥有其他美德的情形下，拥有某个特定的美德。就像苏格拉底所说的，很难设想一个人可以不是正义的、节制的而是勇敢的。美德的交互性之所以是美德统一性的弱化表述，是因为它承认不同的美德可以有差异性，只要求一个人在拥有一种美德的同时拥有所有美德。它仍然坚持认为不同的美德中有某种共同的要素，决定着它们之间的内在关联。

柏拉图是不是同样拒绝美德的交互性呢？这里，我们需要比通常的教科书更为审慎。因为前面提到的这四种美德，至少智慧、节制和正义都要求理性部分的参与。如果它们都要求理性处于一种卓越状态的话，我们就可以说这三种美德都要求拥有智慧才能实现。这一具有明显唯理智论的倾向的一个直接困难是对勇敢的定位。柏拉图似乎只是简单地在城邦层面将勇敢归于军事阶层，在灵魂层面将其归于意气。这里需要再次强调的是，要成为勇敢的人，只是单纯的无所畏惧或害怕那些应当害怕的东西是不够的。如果一个人不知道基于什么样的理由采取上述姿态，单纯凭借意气状态的服从，他很难被说成是真正勇敢的人，因为他可能只是天生不知畏惧而已。正如柏拉图在《理想国》第四卷中所指出的，军事阶层必须对什么应当害怕什么无须害怕持有正确的信念，而且这信念应当来自他们的教育和律法的灌输。柏拉图特意将其命名为“公民的勇敢”。[2] 因此，一个勇敢的人也必须满足某种认知条件，即拥有正确的道德信念。然而，正如我们下一讲将要进一步展示的，柏拉图并不认为知识就是正确的信念，作为美德的智慧因此也不能等同于正确的道德信念。以上论述不足以直接

[1] 这一区分，参见 Terence Irwin, *Plato's Ethics*, Oxford: Oxford University Press, 1995, pp. 237-239，以下讨论也受益于该书和 Irwin 的其他研究。

[2] 柏拉图：《理想国》4 430b1-c3。

辩护柏拉图接受美德的交互性，但它至少指出了一种可能的思考方向，我们可以进一步追问灵魂是否能在只拥有正确信念但并不拥有知识的条件下成为勇敢的，它可以引导我们更深一层去反思勇敢是不是仅仅属于意气。

（2）这里引申出另一个关键的问题：知识对美德来说是不是必要的？按照刚才的思路，如果我们把智慧看作一种特殊的实践知识，即关于灵魂每一个部分的善以及灵魂作为整体的善的知识，而刚才关于美德交互性的论证是成立的话，那么柏拉图就需要承认，知识是获取美德的一个必要条件，尽管它未必是充分条件。当然，最大的挑战仍然在于如何理解勇敢这种美德。

在以上两个问题的分析中，我的解释和主流的柏拉图道德心理学已经有所不同：人们通常认为柏拉图完全背弃了苏格拉底道德心理学的核心理念。在苏格拉底那里，灵魂是一个没有内在结构的整体，因此美德也不过是这个整体的特定品质；而在柏拉图这里，美德被分散到灵魂的一个部分或多个部分，具有不同的特征。我在这里尝试指出的是，柏拉图的文本确实留下了一定的理论空间让人辩护他并没有如此极端地背离苏格拉底的美德学说。因为柏拉图一直强调，在道德实践中，道德知识对于人们获得恰当的道德品质至少是必要的，尽管他并不否认，除了智慧之外，其他美德的实现都需要非理性部分的参与。

（3）还可以进一步追问的一个问题是，如果承认这四种美德有所不同，它们当中有没有一个是最重要的？如果有，它是哪一个？在有关美德交互性和道德知识必要性的讨论中，作为道德知识的智慧无疑占据突出地位。如果一个人不知道什么应当害怕、什么不该害怕，他就很难拥有勇敢的美德；如果不知道低级的欲望会给灵魂整体的善带来伤害，也就很难拥有节制这种美德；关于正义，我们也可以做类似的推导：正义就是各做各的事情。那么，什么是各自的事情？换种说法，什么是属于一个人或者灵魂的一个部分应当完成的功能？谁来规定和保障灵魂的各部分不逾越自己的界限？谁让灵魂得以认识它各部分的职责？我们也很自然地会想到理性部分和智慧这一美德。但另一方面，在引入四枢德的讨论时，柏拉图笔下的苏格拉底明确强调，我们从一开始就需要正义这种美德来构建理想中的城邦，需要遵循正义的分工原则。根据城邦－灵魂类比，在灵魂的构建中，正义作为灵魂的品质，也应该具有这种卓越地位，如同拉斐尔的壁画所展示的那样。因此，正义还是智慧，哪一个是最根本的美德，不仅在柏拉图这里，在亚里士多德传统中，仍然是富有争议的话题。

（4）最后，回到柏拉图对正义的理解和流俗的正义概念：柏拉图首先关心的是灵魂的正义，是灵魂不同部分去完成各自的功能，这是个体灵魂的一种内在品质，它或许能给个体灵魂带来他所追求的善，使他拥有他所期待的美好生活。但是，这样一种个体的内在品质，和我们通常所关心的人与人交往中的正义有什么关系呢？当然，人们可以说，柏拉图在城邦的层面也谈到了正义。但我们不要忘记，他在那里谈到的正义是生产阶层、统治阶层、军事阶层之间的关系，是阶层甚至阶级之间的关系，其中并不直接体现个体和个体之间交往的正义关系。所以，在柏拉图关于正义的理解中，我们会发现，个体与个体之间，主体与主体之间，作为主体交互的品质的正义，很可能是缺席的。

阅读材料

1. Plato, *Republic* 4, 436a-444a; 9, 588b-590d; (Annas, 71-82).
2. Plato, *Phaedrus* 253d-254e. (Annas, pp. 82-84).
3. 《古代哲学导论》，第三章，第 1—2、7 节。

进一步阅读指南

原始文献

柏拉图：《柏拉图对话集》，王太庆译，北京：商务印书馆，2004 年。（收录多篇早期对话，译文晓畅可读）

柏拉图：《理想国》，顾寿观译，吴天岳校，湖南：岳麓书社，2010 年。（从希腊文直译，译文准确，可读性略差）

John Cooper (ed.), *Plato: Complete Works*, Indianapolis: Hackett, 1997.（学界最常用的全集译本，便于查阅。译文整体质量不错，但缺少适合初学者的导论、注释和评注，不少对话有更好的单行译本）

Francis M. Cornford, *Plato's Cosmology*, London: Routledge & Kegan Paul, 1937; reprinted, Indianapolis: Hackett Publishing Co., 1997.（《蒂迈欧篇》译文及详细评注，年代略久远，但仍值得参考）

Plato, *Meno and Phaedo*, translated by Alex Long and David Sedley, Cambridge Texts in the History of Philosophy, Cambridge: Cambridge University Press, 2011.（两部中期对话的出色译本）

Plato, *Phaedo*, translated and edited with notes by David Gallop, Oxford: Clarendon, 1975.（著名的 Clarendon 柏拉图系列丛书，译文更贴近原文，评注非常适合哲学读者）

Plato, *The Republic*, translated by Tom Griffith, edited by G. R. F. Ferrari, Cambridge: Cambridge University Press, 2003.（译文流畅准确，注释精当，适宜初学者）

Plato, *Platonis opera*, vol. I-V, edited by John Burnet, Oxford: Clarendon, 1900-1907.（柏拉图对话经典校订本）

Plato, *Platonis Rempublicam*, edited by S. R. Slings, Oxford: Oxford University Press, 2003.（《理想国》的新校订本）

研究文献

*Julia Annas, *A Very Short Introduction to Plato*, Oxford: Oxford University Press, 2003.《解读柏拉图》，高峰枫译，北京：外语教学与研究出版社，2007 年。（清晰易读的简明导论，非常适合初学者）

Julia Annas, *Platonic Ethics, Old and New*, Ithaca: Cornell University Press, 1999.（柏拉图伦理学的有趣研究，包含对《理想国》的伦理学解读）

Rachel Barney, Tad Brennan, and Charles Brittain (eds.), *Plato and the Divided Self*, Cambridge: Cambridge University Press, 2012.（一部较新的关于柏拉图道德心理学的文集）

Christopher Bobonich, *Plato's Utopia Recast: His Later Ethics and Politics*, Oxford: Clarendon Press.（关于柏拉图晚期实践哲学的精彩研究，其中与道德心理学相关的讨论很出彩）

Jan Bremmer, *The Early Greek Concept of the Soul,* Princeton: Princeton University Press, 1983.（希腊早期灵魂概念经典研究）

吕克·布里松：《柏拉图哲学导论》，刘玮编译，北京：北京大学出版社，2018 年。（根据作者在中国的讲座稿写成，适合了解法国柏拉图研究传统）

*David Ebrey and Richard Kraut (eds.), *The Cambridge Companion to Plato*, 2nd edition, Cambridge: Cambridge University Press, 2022.（该书第一版已成经典，新版覆盖面更广，非常适合初学者）

*Gail Fine (ed.), *The Oxford Handbook of Plato*, 2nd edition, Oxford: Oxford University Press, 2019.（同样出色的适合初学者入门的导论，与剑桥指南相比，更突出分析的古代哲学

研究进路）
*Michael Frede, “Plato’s Arguments and the Dialogue Form,” in J. Klagge and N. Smith (eds.), *Methods of Interpreting Plato and His Dialogues*, *Oxford Studies in Ancient Philosophy,* suppl. Vol., 1992, 201-219.（关于柏拉图对话写作形式哲学意涵的精要导论）
Terence Irwin, *Plato’s Ethics*, Oxford: Oxford University Press, 1995.（柏拉图伦理学的经典研究）
Chad Jorgenson, *The Embodied Soul in Plato’s Later Thought*, Cambridge: Cambridge University Press, 2018.（柏拉图晚期灵魂三分学说的新研究，强调灵魂与身体的关联）
Rachana Kamtekar, *Plato’s Moral Psychology: Intellectualism, the Divided Soul, and the Desire for Good*, Oxford: Oxford University Press, 2018.（柏拉图道德心理学的最新力作）
Hendrik Lorenz, *The Brute Within: Appetitive Desires in Plato and Aristotle*, Oxford: Clarendon Press, 2006.（关于欲望部分的精彩分析）
Leo Strauss, *Persecution and the Art of Writing*, Chicago: University of Chicago Press, 1988. 列奥·施特劳斯:《迫害与写作艺术》，刘锋译，北京：华夏出版社，2012年，第二章。（可了解施特劳斯派的隐微写作路径）
Thomas A. Szlezak, *Reading Plato*, London: Routledge, 1999. 托马斯·斯勒扎克:《读柏拉图》，程炜译，南京：译林出版社，2009年。（可了解图宾根学派的研究进路）
Joshua I. Weinstein, Joshua I. Weinstein, *Plato’s Threefold City and Soul*, Cambridge: Cambridge University Press, 2018.（《理想国》城邦－灵魂类比与灵魂三分的新研究）
*Bernard Williams, *Plato: The Invention of Philosophy*, in id. *The Sense of the Past*, Princeton: Princeton University Press, 2006, pp. 148-186.（当代哲学家撰写的最出色的柏拉图哲学导论，适宜初学者，可惜未能覆盖晚期对话）

《斯坦福哲学百科》(*SEP*)词条

Ancient Theories of Soul
*Plato
*Plato’s Ethics: An Overview
Plato’s Ethics and Politics in The *Republic*
Plato’s *Timaeus*

第四讲

柏拉图的形式理论及其问题

上一讲讨论柏拉图的道德心理学，虽然谈到了灵魂这个特殊存在物的本性和内部结构，但这一心灵哲学反思，有非常明确的伦理学指向。理解灵魂的本体论状态，是为了更好地理解什么是灵魂所拥有的美德，从而间接地理解一个人如何通过美德实现幸福。本讲关注更一般性的理论哲学问题，以柏拉图的知识论和形而上学为核心，兼及语言哲学。其中关键是如何理解抽象对象的存在，也就是我们已经提到的“理念”或“形式（eidos）”。我们将讨论这里所谓“抽象”的含义，解释为什么要在可感的具体对象及其属性之外引入这样一个只能由理性谈论和把握的特殊存在物。

柏拉图在他的理论哲学中展示出一种特殊的实在论立场。作为实在论者，他相信有一个客观的、独立于我们心灵的世界存在。与此同时，他又试图辩护这一独立于心灵的世界，是认知上可以通达和语言可以谈论的。在之前关于巴门尼德和智者高尔吉亚的讨论中，我们已经隐约看到了这种实在论主张的雏形和它面临的理论困难。柏拉图在不同的对话和理论语境中，为该实在论图景增添了更为坚实的论证，也展示出更为深刻的洞见。英国哲学家怀特海说："对欧洲哲学传统最保险的一般性描述是：构成它的是一系列给柏拉图的脚注。"[1] 这句常被误用的名言指出了一个无可争议的事实：散落在柏拉图对话中的一系列核心洞见成了后世哲学反思不可逾越的出发点，无论是否柏拉图主义者，人们都必须严肃对待柏拉图的思考，尤其是他的实在论立场。

在进入柏拉图的理论哲学反思之前，需要注意的是，柏拉图引入这一系列理论哲学反思，和他有关灵魂本性及其结构的讨论一样，首先是在一个伦理的语境中，是为了回答我们如何获得有关美德和善的知识以确保幸福的实现。所以，在相关的形而上学、知识论和语言哲学的讨论中，实践哲学的关注始终和理论哲学的洞见交织在一起，并不像今天的哲学研究那样泾渭分明，做形而上学的很可能不会特别关注伦理学的进展，反之亦然。柏拉图和其他近代以前的哲学家，并不如此处理哲学问题。这样一种哲学研究路径，当然有它的缺陷，但也展示出一些不同于当代哲学思考的洞见。这也是我们为什么要回到近代以前的哲学史的一个重要理由。

一、柏拉图的知识论

苏格拉底式的诘难法（elenchus），是柏拉图哲学思考的起点，也是他向读者传达自己哲学思想的重要手段。我们已经分析过，苏格拉底的问答法需要满足一系列条件，它是以相互问答为形式的自由探索，追求的首先是跟美好生活紧密关联的道德真理。它通过论证的方式推进哲学思考和对真理的求索。

在苏格拉底的一系列问答中，对谈者最关心的可以统称为"什么是 F"的问

[1] Alfred North Whitehead, *Process and Reality: An Essay in Cosmology,* corrected edition, New York: Free Press, 1978, p. 39.

题。这里的“F”首先指的是古希腊人所接受的传统美德，例如虔诚、勇敢、节制、正义等。苏格拉底认为，我们只有获得了关于“什么是F”的知识，才能理解与它相关的一系列道德现象。在苏格拉底式追问中，一个很重要的预设是定义的优先性：除非我们能给出一个关于F的严格定义，否则我们不能完全认识一个特定的行动或品质是否为F的一个实例。[1]

什么是严格定义？它首先得是普遍有效的，能解释对谈者们称之为F的所有情形。例如“正义”，它的定义既要适用于物归原主，也要适用于惩治恶人。此外，关于F的定义，必须与我们有关F的其他描述内在融贯。所以，我们可以认为苏格拉底，或者至少柏拉图笔下的苏格拉底要追求的是关于F的科学定义。这一点自然也就暗示了，我们可以拥有关于“什么是F”的科学知识。这里的“科学”，指的当然不是自然科学，而是得到严格辩护或恰当解释的一系列真信念。

与此同时，在苏格拉底对美德的理解中，技艺类比扮演着重要角色。一个成功的匠人在掌握技艺的同时，也就对一个特殊的生产或实践领域（例如制鞋[图4.1]、雕塑等）的相关事项有了准确的认识和把握。拿苏格拉底常提到的医术来说，人们有一个基本预设：医术之所以能成为一门技艺，是因为存在一个与它紧密相关的技艺对象，即健康。一个医术精湛的大夫会凭借对健康的理解，在不同场合通过饮

图4.1　黑绘双耳瓶（前500—前490年），波士顿美术博物馆。鞋匠能凭借他的技艺生产不同形制的鞋，满足不同顾客的需求。

[1]　见本书2.2.2。

食和医疗上的实践，帮助不同的人维持或恢复他们的健康。而如果美德－技艺类比成立的话，一个拥有美德的人，例如一个勇敢的人，也应该至少对相关实践领域的事务拥有准确的认识，让他们在需要表现勇气的不同场合，都能完成勇敢的行动。医术作为技艺能够在不同的场合奏效，是因为它是有关健康的知识，而健康是所有人都可能具有的某种身体属性。那么，美德是不是也是一种知识，也关系到某种所有人都可能具有的共同属性呢？

在前两讲中，我们看到苏格拉底和柏拉图对于美德和知识的关系给出了相互区别但又紧密关联的答案，苏格拉底的唯理智论立场引导着柏拉图反思道德知识对于美德的必要性。接下来，我们会看到，苏格拉底对于什么是美德的彻底追问和反复辩难，会继续引导柏拉图去反思道德知识甚至一般意义上的知识如何可能：这既引领他在知识论上严格区分知识和信念，同时更进一步在本体论上区分知识的对象和信念的对象，从而引入形式这一抽象存在物。

1.《美诺篇》中的知识

“苏格拉底式无知”是进入柏拉图知识论的极佳出发点。苏格拉底在对话中总是宣称自己并不知道什么是大家争论的F，而他之所以被德尔斐神谕认为是最智慧的人，只是因为他知道自己无知。而在有些古代作家的转述中，这被进一步演绎为：苏格拉底唯一知道的就是他什么也不知道。[1] 显然，这个断言要成立，其中的两个“知道”就不能具有相同含义，否则它就自相矛盾了。因此，当苏格拉底声称“他什么也不知道”时，他实际上是在表达他并不拥有任何关于自身和外在对象的实质性知识，尤其是关于美德的严格定义的科学知识；而当他说他知道“他什么也不知道”时，这个二阶的“知道”所关系到的不是心灵之外的对象，而是“他什么也不知道”这一心理事实，因此它的含义更接近于单纯的“意识”或“察觉”，而不是任何关于外间世界的实质性知识，更不是严格意义的科学知识。

苏格拉底式无知的相关表述提醒我们，“知道”一词有不同的用法，对应着

[1] 例如西塞罗：《学园派》1.16，引自 C. C. W. Taylor, “Plato’s Epistemology,” in Gail Fine, *The Oxford Handbook of Plato*, p. 430。

认知者不同的心灵状态。一旦混淆它的不同用法，就会造成难以解决的理论困难，而柏拉图（图 4.2）最早提出的“美诺悖论”正是其中之一。

美诺悖论又称“探究悖论”“学习者悖论”，它得名于同名对话录。《美诺篇》的主题是美德是否可教。可教的东西自然可学，但学习或探究这一活动并不像我们所以为的那样理所当然。因为

> 一个人既不会去探究（a）他知道的，也不会探究（b）他不知道的。（a）他不会探究他知道的——因为他已经知道它，就没有探究的必要——（b）也不会探究他不知道的，因为他都不知道自己要去探究什么。[1]

这个论证有一个隐蔽的前提：如果我们可以进行探究，我们要么（a）知道探究的对象，要么（b）不知道它。这个命题的后件看起来是排中律的一个实例，它显然为真。苏格拉底的论证思路也非常直接，通过说明（a）（b）两个析取支都会带来荒谬的后果，以此否定隐蔽前提的后件，从而证明我们不可能进行探究或学习。

这个结论显然是荒谬的，但如果我们将上

图 4.2　乔瓦尼・科隆纳《史海》抄本（1447—1455 年），巴黎法国国家图书馆。柏拉图（左一）正在授课。

[1]　柏拉图：《美诺篇》80e2-5。

述论证转写为命题推演的方式，它从形式上看又是有效的。和以上有关苏格拉底自知其无知的分析相似，问题就出在上述引文中的"知道"是含混和有歧义的。当我们说一个人因为知道 X 而不需要探究它，这是指这个人了解关于 X 的一切，拥有关于它的完全知识。而当我们说一个人因为不知道 X 而无法进行探究，这是指这个人对于 X 一无所知。我们对于同一个对象的了解在内容和范围上是可以有差异的，而学习和探究的一个意义正在于扩充我们有关同一个对象的知识内容，获得更多关于同一对象的信息。而在上述论证中，隐蔽前提要成立，其中的"知道"含义应该相同，否则的话，一个人完全可以既在某种意义上知道，又在另一种意义上不知道同一个对象，这并不违背无矛盾律。因此，上述论证不合法地利用了"知道"一词的含混性，并不是一个合理的论证，即使它在逻辑形式上是有效的。

考察核心概念的含混性，这是我们在哲学反思中常常采取的一个批评策略。多少有些让人意外的是，柏拉图或他笔下的苏格拉底和对谈者，并没有采取这样的策略，而是接受了上述论证的有效性，认为日常意义所说的探究或学习，即以扩大信息量为目的的求知活动是不可能的，因为我们在探究中并没有获得更多的未知信息，而是唤醒了我们已经拥有但过去不懂得运用的知识。用柏拉图的话来说，没有什么学习，有的只是回忆。[1] 这一主张常被简称为"知识即回忆"，但更准确的说法应该是"学习即回忆"。

我们不难注意到，柏拉图这里实际上引入了"知道"一词含义的另一种区分：即单纯地在心灵中拥有关于对象的知识或记忆和现实地了解对象或回忆起曾经拥有的记忆。这有些类似当代品质知识和当下知识的区分：一种知识像我们的记忆一样，它是品质性的。即使在我们不运用它时，它也存在于脑海中；另一种则是在特定情境中现实地运用的知识，它类似被唤起的记忆。

为了阐明学习即回忆，柏拉图在《美诺篇》中引入一个实例，让苏格拉底引导一个完全没受过几何学训练的奴隶男孩解决一个几何学难题。如图（图 4.3）所示，图中有一个边长为 1 的蓝色小正方形，现在需要构造一个新的正方形，使它的面积是原来的两倍。男孩一开始认为将边长变成原来的两倍即可。苏格拉

[1] 柏拉图：《美诺篇》81e3-4。

拉底向他展示，当边长扩大两倍以后，会获得图中边长为 2 的蓝色大正方形，其面积是原正方形的 4 倍。经过一番操作，苏格拉底向男孩暗示，以边长为 2 的小正方形的对角线作为边长，可以画一个新的正方形，即图中以橙色为边的正方形。它的面积可以拆分为 4 个等面积的等腰直角三角形，而每一个三角形是原来的小正方形面积的一半，4 个三角形面积之和刚好就是原来小正方形的两倍。苏格拉底希望以此证明，他并没有把新的知识教给男孩，只不过唤醒了男孩心灵中已有的几何学知识。

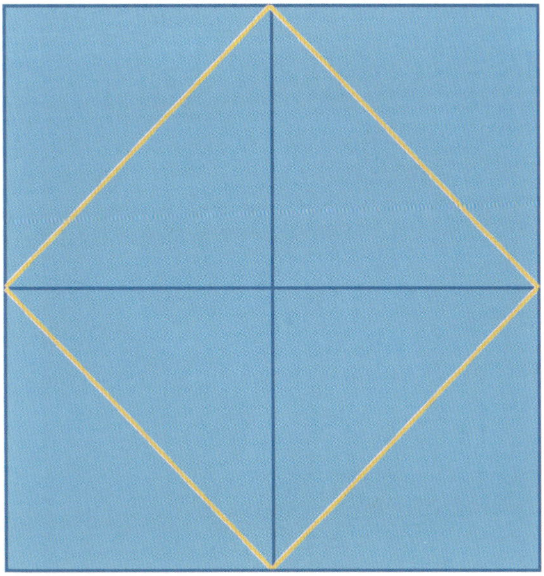

图 4.3　正方形倍积问题

这个例子能否直接支持"学习即回忆"的著名论断，学界多有争议。其中一处关键在于，当苏格拉底以图示的方式帮助男孩解决正方形倍积问题，我们能因此断定男孩就拥有相应的几何学知识吗？这可能确实要打上一个问号。因为甚至对话中的苏格拉底也暗示：男孩之前拥有的是一些"真信念（doxa）"，而且它们像是在睡梦中一样浮现在男孩心头。[1] 然而，柏拉图并不认为真信念可以等同于知识。他对我们通过回忆所获得的知识给出了更为严格的界定：

> 因为真信念，只要它肯留下来，就是桩美事，它的所作所为也是好的。但它不愿意待太久，而是要逃离人的灵魂，它也因此没有太多价值，除非有人能用〔可以解释其〕理由的逻格斯（aitia logismō [i]）把它捆起来。美诺啊，我的朋友，这就是我们先前一致同意的回忆。只有当它被捆起来，它先变成了知识，然后才能留下来。这就是为什么知识比正确的信

[1] 柏拉图：《美诺篇》85c6-10。

图 4.4　安东尼奥·卡诺瓦《代达罗斯与伊卡洛斯》，大理石雕塑，威尼斯科雷尔博物馆。代达罗斯是古希腊最传奇的工匠。苏格拉底提到，他的雕塑过于有生命力，必须捆起来以防逃走。(《斐多篇》97d6-10)

念更有价值，因为知识和正确信念的差别就在于它被捆了起来（图 4.4——引者注）。[1]

对于柏拉图来说，真信念只是我们对于事物的认识得以成为知识的一个必要条件，一个真正拥有知识的人不仅要能对所知的对象做出正确的判断，更要能用逻格斯来解释该信念何以为真。这也是苏格拉底暗示奴隶男孩并不拥有严格意义的知识，而只有真信念的原因。

柏拉图对真信念和知识的区分包含天才的洞见，我们不难看出他对知识的界定和当代知识论 JTB 模型的相似之处，后者将知识等同于"得到辩护的真信念（justified true belief）"。二者间的差异值得关注：一是希腊语中的"doxa"虽然可以译为"信念"，但它也可以单纯指"想法""意见"或"判断"：信念当然是一种想法或意见，但想法或意见未必见得是一个人所接受的信念；二是这里所说的"理由"，对应的是希腊语的"aitia"，它也常常译为"原因"，但其内涵不同于当代形而上学中的原因。[2] 抛开理由一词的含混性不谈，与第一点类似，解释理由当然是一种辩护，但并非所有的辩护都是在解释理由，更不必是柏拉图在这里所强调的用逻格斯来解释理由。更糟的是，我们同样不清楚

[1]　柏拉图：《美诺篇》97e6-98a8。

[2]　见本书 5.2.1。

这里的逻各斯究竟指什么。要等到《泰阿泰德篇》，柏拉图才对它做了进一步的澄清。

进入《泰阿泰德篇》之前，想要再提一个问题供大家思考：这种特殊的知识究竟是先天的还是后天的？这里所涉及的是知识的来源：它究竟来自我们的经验，还是独立于我们的经验？对这一问题的回答也会将《美诺篇》中的知识定义跟当代的 JTB 模型区别开来，因为这种分析模型既适用于先天知识，也适用于后天知识，它在知识来源问题上是中立的。而在《美诺篇》和《斐多篇》等所谓中期著作中，柏拉图试图向我们展示的是：严格定义的知识不可能通过后天习得，而是灵魂与生俱来的内在品质，只需要被唤醒。之所以如此，是由知识对象本身的本体论地位决定的。我们暂时悬置有关知识的形而上学基础的讨论，先来考察《泰阿泰德篇》，来看柏拉图如何尝试给出知识的严格定义，尤其是澄清知识和逻格斯的亲密关联。

2.《泰阿泰德篇》中的知识

（1）《泰阿泰德篇》不再依赖回忆说来区分知识和其他心灵状态。它首先用例示的方法对知识进行定义。对话中列举了一些普遍接受的被承认为知识的例子，例如几何学、天文学，甚至还包括生产知识，例如木匠的手艺、制鞋术等。然而，在柏拉图看来，单纯举例是不充分的，甚至很可能会带来循环定义的问题。因为当我们进一步追问：几何学是什么？举例者给出的答案很可能是：它是一门知识。而"知识"本身是我们要去定义的对象，结果出现在了定义项中，它实际上已经预设了某种未加反思的知识定义。[1] 因此，我们并不能从单纯枚举的定义中知道知识是什么。柏拉图从一开始就拒绝经验主义者从知识的个例到知识的普遍定义的研究进路。

（2）柏拉图接下来考察的定义是：知识是一种知觉。在之前有关普罗泰戈拉相对主义的反驳中，我们已经提到了这一部分内容。[2] 无需重复相关讨论，重要的是柏拉图拒绝将知识等同于知觉的理由：（a）我们有时对认知对象有知觉，

[1] 柏拉图：《泰阿泰德篇》146c7-147c1。

[2] 见本书 2.1.1。

但并没有知识。例如听到一门完全不懂的外语，我们对于说话声是有知觉的，但并不理解听到的是什么，更不具有相应的知识；（b）反过来，我们也可能会对认知对象有知识，但没有知觉。比如说当我们闭目塞听、隔绝一切知觉时，我们仍然可以拥有记忆，而记忆可以看作一种特殊的知识，我们通过它知道自己过去的经历，包括过去的知觉在内。[1] 由此可知，知识和知觉作为一种心灵状态，至少它们的外延并不相同。

（3）接下来是前面已经提到的一个知识定义：知识即真信念。柏拉图借苏格拉底之口随手给了反例，在法庭上，陪审员往往并不是案件的亲历者和见证者，也因此没有相应的知识，但这并不妨碍他们通过道听途说或其他原因对所审理的事件有真信念，并做出正确的判断（图 4.5）。[2] 当然，这里提到的知识，更多是基于见证者的亲知，是一种特殊门类的知识。苏格拉底的反驳是否适用于其他类型的知识或者更一般意义的知识本身，大家可以继续思考。

（4）至少在对话中，苏格拉底和他的对话者达成一致，对作为知识的真信念做了一个限定：知识是附带逻格斯的真信念。[3] 这让我们回想起《美诺篇》中的表述：知识是用能解释其理由的逻格斯捆起来的真信念。“捆”当然是形象语言，它突出知识作为心灵状态的稳定性：信念总有可能改变，而知识则是牢不可摧的。《美诺篇》暗示正是逻格斯，尤其是能够解释信念内容因何种理由而存在的逻格斯让它牢不可摧。然而，从赫拉克利特开始，逻格斯的具体含义一直困扰着哲学家。《泰阿泰德篇》的一个重要贡献，正在于它尝试从三个视角对知识所附带的逻格斯做进一步的澄清。

（a）逻格斯的本义是一种言说或陈述，即用语言表达思想。但是将真信念用语言的方式呈现出来，无论是口头表达还是文字记录，这显然并不能使它成为知识。[4]

（b）逻格斯也可以指解析法，一种将复合物拆解为其构成要素的方法。例如我们可以把“logos”拆解为构成它的两个音节或五个字母，以此或许可以

[1] 柏拉图：《泰阿泰德篇》163a7-164b10。

[2] 同上书，200d5-201c7。

[3] 同上书，201c8-d1。

[4] 同上书，206c1-206e3。

图 4.5　让－莱昂·热罗姆《亚略巴古法庭前的芙丽涅》油画 (1861 年)，汉堡艺术馆。公元前 4 世纪，因美貌而著称的芙丽涅曾被指控引入新的神和举行荒淫无耻的祭祀，他的辩护人向陪审团展示她的身体，让他们一致相信：在这样一个完美而近乎神圣的身体里，不可能隐藏任何阴暗的灵魂。

获得关于它的某种知识，例如拼写知识。但这个词的含义看起来仍是含混不清的，一个照着字帖将“logos”拼对的孩童甚至都不一定了解相关的拼写规则。因此，单纯列举其构成要素并不足以使我们获得关于一个事物本性的知识。更重要的是，当我们把复合物拆解为不可再分的构成要素或元素时，关于元素的知识又从何而来呢？这意味着更为根本的关于元素或本原的把握被排除在通过解析法定义的知识范畴之外，这显然是难以承受的理论后果。[1]

（c）逻格斯还可以指差异法，即解释一个事物与其他事物的根本差异。更具体来说，它试图通过描述只对一个事物 S 为真的属性 F，来获得关于 S 的知识。例如将太阳描述为我们可见的最明亮星体。苏格拉底当即指出，我们必须追问：我们对于差异性属性 F 的把握是基于真信念还是基于知识？如果是基于真信念，为什么这种真信念如此特殊，以至于可以使我们关于 S 的其他真信念成为知识？如果基于知识，那我们又必须去追问这个知识从何而来，就会陷入

[1]　柏拉图：《泰阿泰德篇》206e4-208c3。

无穷倒退。[1]

《泰阿泰德篇》在这个两难困局中戛然而止，以开放性的方式收尾。柏拉图最终并未找到逻格斯的恰当含义，把真信念和知识区分开来。整篇对话更多的是在展示不同知识定义的失败。只有在《理想国》中，柏拉图通过引入知识的对象亦即形式，才最终完成了知识的定义。不过，在《美诺篇》和《泰阿泰德篇》中，他已经向我们暗示，知识要具有的普遍有效性、必然性、稳定性等一系列特征，决定了它不能被还原为知觉和单纯的真信念，因为知识需要某些额外的保障。而这额外的保障，我们很快会看到，首先并不来自作为一种心灵能力或状态的知识，而是来自知识所关系到的外在对象。也正是在这里，柏拉图将我们的目光从知识论引向关于知识对象亦即形式的本体论地位的反思。

二、从知识论到形而上学：形式存在论证

耐人寻味的是，柏拉图自己并没有系统论证形式的存在，以至于有学者甚至怀疑柏拉图是不是真有一套严格意义的形式"理论"。[2] 我们接下来看到的论证，首先来自他最出色的学生亚里士多德的报道。亚里士多德的《论形式》残篇保存了一组关于形式存在的论证，我们着重考察其中三种：知识门类论证（The Arguments from the Sciences）、多外之一论证（The One over Many Argument）和思维（知识）对象论证（The Object of Thought Argument）。[3]

在具体展开之前，有必要对"形式"这一译法做些解释。它实际上对应柏拉图原文中的两个词："eidos"和"idea"。主流解释认为它们没有太大区别。柏拉图自己多用"eidos"，而亚里士多德的上述著作则用"idea"。它们的本意都跟视觉活动相关，指一个事物所具有的形状、样子，同时引申为对事物的基本分

[1] 柏拉图：《泰阿泰德篇》208c4-210a9。

[2] 例如 Julia Annas, *An Introduction to Plato's* Republic, Oxford: Clarendon Press, 1981, p. 217。

[3] 亚里士多德《论形式》残篇的译文和分析，参考了 Gail Fine, *On Ideas: Aristotle's Criticism of Plato's Theory of Forms*, Oxford: Clarendon Press, 1993。

类，因为我们常常通过事物的外形划分类别。柏拉图进一步认为，基于形式的分类，无论是对人和动物等自然物的分类，还是对白色、大小等属性的分类，它们之所以成立，都依赖独立于我们心灵而存在的 eidos。也只有它才能充当知识的对象，为经验世界中某些事物为什么归于一类提供终极理由。柏拉图拒绝认为 eidos 存在于经验世界中，始终坚持它是与经验世界相分离的存在物，在这个意义上，eidos 可被称作抽象存在物。

图 4.6 《亚里士多德与柏拉图双头像方碑》大理石（2 世纪晚期），J. 保罗・盖蒂博物馆。柏拉图（右）和亚里士多德（左）之间的关系远比通常想象的紧密。

如何理解 eidos，当然是我们接下来要直面的困难。汉语世界传统把它译为“理念”，强调存在一个独立于经验世界之外的理念世界。但也有译者会突出它的词源跟视觉活动的关系，把它译成“相”。我更愿意把它译为“形式”，主要是考虑到把握古代哲学整体性的需要。下一讲我们会看到，亚里士多德形而上学的一个重要贡献是形式和质料的区分或所谓质形论，其中“形式”沿用了柏拉图的“eidos”。尽管他们对于什么是形式有着非常不同的理解，但有必要突出术语上的一致性，因为它会向我们揭示古希腊影响最大的两位哲学家思想上的深刻关联（图 4.6），避免草率地断定他们之间存在不可弥合的断裂。

1. 知识门类论证

所谓知识门类论证，与技艺类比关联密切。以苏格拉底热爱的医术为例：

（1）如果医术不是关于这个人或那个人的健康，而是不加任何限定的健康，那么，就存在不加任何限定的健康。（前提：“关于”的含义）

（2）医术不是关于这个人或那个人的健康，而是不加任何限定的健康

本身。（前提）

（3）存在不加任何限定的健康即健康的形式。（1，2）[1]

命题（1）不难理解，它断定的是，医术作为一门知识必然有它所研究的对象，而且医术所指向的研究对象可以独立于医术而存在。因此，我们在确立医术的研究对象时，也就承认了该对象的存在。这看起来至少符合实在论者的基本直觉，即我们的知识首先涉及的是独立于我们心灵而存在的外在世界。

在亚里士多德的报道中，命题（2）作为一个前提被接受下来，但我们也可以用一个归谬论证来为它辩护。假设医术只是关于某个具体的人的健康，这就意味着医学技艺只适用于这个特定的对象，例如阿喀琉斯的好友帕特洛克罗斯（图 4.7）。这样的话，我们就不能凭借同样的技艺去治疗其他人，这显然是荒谬的。因为我们毫不怀疑，中国治疗新冠病毒感染的医疗技艺在方法上也适用于其他国家的患者。因此，我们如果接受医术的普遍有效性，就必须承认它的效用不能被限制在与它相关的具体对象上。那么，它能不能被还原到所涉及对象的集合（例如所有有健康问题的人类）呢？我想暂时悬置这一点，因为原文的表述本身是含混的，“不加任何限定的健康”可以是某种抽象性质，也可以是和医疗相关的所有人的健康的集合。

图 4.7　索西亚斯《阿喀琉斯为帕特洛克罗斯包扎》红绘陶器（前 500 年），柏林国家博物馆。

接受以上两个前提，结论显而易见，这里采用的是肯定前件的论证方式。不过，把不加限定的健康等同于健

[1]　亚里士多德：《论形式》79，11-15。

康的形式，这需要一点解释。柏拉图常常将F的形式称为“F本身”，因为F的形式被认为比其他任何事物都更能解释什么是F这一分类。例如，健康的形式比某个健康的人、食物、脸色都更能解释什么是健康，也因此更适于被称为“健康本身”。形式当然还包括其他特征。以上论证中，我们能不能将“不加任何限定的健康”等同于“健康本身”，取决于医治的对象是否能满足柏拉图所说的形式的其他特征。但在后面的讨论中，我们很快会发现，抛开“不加任何限定的健康”这一表达的含混性不谈，命题（3）中的“存在”也是含混的：它是指健康本身能作为一个抽象的性质独立于具体的人而存在？还是说健康本身只是不能被还原为某个人的健康，但并不脱离具体的人而存在？知识门类论证本身显然只能支撑后一种解释，柏拉图还需要其他的理由去辩护形式的分离性。在接下来的“多外之一”论证中，他非常明确地将形式的分离性引入论证的结论。

2. 多外之一论证

多外之一论证有不同版本，以下重构仍然基于亚里士多德《论形式》的报道，与教科书中常见的版本有一些微妙的差异。这类论证的一个基本想法是：如果有多个事物在同一个意义上被称为F-事物，就需要一个额外的F（本身）来解释，为什么我们可以把这些全然不同的事物都归到F这个类下面。这里的F既可以是人、动物（图4.8）这样的自然物，也可以是床、牧笛这样的人造物，更可以是健康、白、大小、相等、正义等属性。举例来说，我们之所以可以说“苏格拉底是人”“柏拉图是人”“这个杀人犯也是人”，是因为在具体的人之外存在着一个“人（本身）”来解释这些谓述何以可能，同时解释为什么我们把不同的个体都归在人这个自然分类之下。在柏拉图看来，“人（本身）”不仅不同于具体的人，而且与它们相分离，且永恒存在。

（1）只要有多个事物是F-事物，那么，它们之所以是F-事物，就是因为有F（本身）来谓述它们。（前提）

（2）没有任何一个特殊的F-事物是因为它自身而是F。（前提）

（3）因此，F（本身）不同于任何一个特殊的F-事物。（1，2）

（4）F（本身）总是以同样的方式来谓述那些在数目上相继的F-事物。（前提）

图 4.8 外形千差万别的猫都被归入猫属，这是因为它们都可以被猫（本身）谓述。第一排（自左到右，下同）：英国短毛猫、波斯猫、暹罗猫、缅因猫；第二排：布偶猫、日本短尾猫、斯芬克斯无毛猫、孟加拉豹猫；第三排：异国短毛猫、玳瑁猫、孟买猫、伯曼猫；第四排：阿比西尼亚猫、安哥拉猫、喜马拉雅猫、美国卷耳猫。

（5）因此，F（本身）是在个别的 F- 事物之外，或与 F- 事物相分离的，并且是永恒的。（3，4）

（6）任何在多之外的一、分离的和永恒的存在就是形式。（前提：形式的定义）

（7）因此，F（本身）就是形式。（5，6）[1]

[1] 亚里士多德：《论形式》80，9-15。

命题（1）作为前提，实际上在用“谓述”来解释一个事物的所是。简单说，苏格拉底之所以是人或作为人而存在，是因为“人”（本身）可以谓述“苏格拉底”这个主词，即我们可以说“苏格拉底是人”。换句话说，它假设了世界之所是与作为言语的逻格斯之间的同构，并通过我们更熟悉的谓述结构去解释世界之所是。值得一提的是，与本节谈到的其他证明形式存在的论证不同，多外之一论证关注的是谓述，而不是知识。

命题（2）仍然是前提，它涉及自谓述现象，即用主词自身来谓述主词，例如“苏格拉底是苏格拉底”。我们从直觉上会认为，“苏格拉底是苏格拉底”和“苏格拉底是人”，或者“苏格拉底是健康的”完全不同。因为前者是没有任何信息量的同义反复，而后者则让我们对苏格拉底当下之所是有实质了解。此外，我们也可以通过一个简单的归谬论证来证明这个前提。假设苏格拉底是人是因为他是苏格拉底，而正如命题（4）所展示的，所有个别的人都在同一个意义上是人，由此可以推出，柏拉图是人是因为柏拉图是苏格拉底，这显然是荒谬的。由此可反证苏格拉底是人并不是因为他是苏格拉底。

从命题（1）和（2）自然可以推出命题（3）。但这里需要注意的是，我们对于这里所说的 F（本身）究竟是什么，同样不清楚：它可以只是“人”这样的普遍谓词，也可以是它所指称的抽象的人性，或者是理想的人类个体，或者是具体的人与理想个体的相似性，因为它们都可以成为“苏格拉底是人”的理由，并且不同于苏格拉底。

命题（4）中不太容易理解的是“数目上相继的 F- 事物”，它可能在暗示 F- 事物通常是会朽坏的，有先后之分。例如“子又有子，子又有孙，子子孙孙无穷匮也”，但他们都能被称为人，而且在同样的意义上被称为人。这看起来是一个可以接受的前提。此外，命题（4）其实已经部分隐藏在我们对前提（2）的归谬辩护中，不同之处在于这里强调 F- 事物是在时间中有生灭和前后相继的关系。这一补充对于命题（5）进一步推论 F（本身）是分离的和永恒的看起来是必要的。因为甚至在所有 F- 事物都不再存在之后，命题（4）仍然是成立的。当我们在古生物馆中指着一具具骨架说“这只是恐龙”“那只也是恐龙”时，这些谓述并不会因为恐龙的灭绝而失效。这就意味着恐龙（本身）在时间的意义上也不同于这只或那只恐龙，否则的话“这只是恐龙”就会成为一个只在特定时间中有效的谓述，这显然有悖我们的直觉。柏拉图由此推论恐龙（本身）是非时间性的存在，与时空中具体的恐龙是分离的。

随后的命题（6）和（7）的推论只是在套用形式的定义，无需多说。问题的关键是如何理解命题（5）的结论：F（本身）是在个别的 F- 事物之外，或与 F- 事物相分离的，并且是永恒的。简单提两点质疑：

（a）“分离”的表述是含混的，它可以仅仅指我们在心灵中区分两个不同的对象，也可以指两种不同的存在物，甚至更强，指属于不同世界的两个存在物。通常理解的柏拉图形式理论要求最强的解释，但从命题（1）到（5）的推导只能保证最弱的理解。

（b）按照以上解释，命题（4）确实指出了 F（本身）和 F- 事物在时间上的不同，但这并不能保证 F（本身）就是非时间性的或永恒的，这看起来同样是一个过强的推断。

3. 知识对象论证

知识对象论证也有不同的版本，我们考察其中两个，它们分别受到赫拉克利特和巴门尼德两位伟大的早期哲学家的启发。

赫拉克利特式的论证同样来自亚里士多德，主要保留在他的《形而上学》中：

（1）所有可感事物都处于流变中。（前提：赫拉克利特的流变说）

（2）所有处于流变中的事物都是不可知的。（前提）

（3）所有可感事物都是不可知的。（1，2）

（4）存在知识。（前提）

（5）在可感事物之外，还存在另一种事物作为可知的对象，即形式。（3，4）[1]

命题（1）是赫拉克利特流变说的基本立场，不过做了一个重要的限定，强调处于流变之中的并非所有事物，而仅仅是那些我们通过感知去把握的个别对象，或

[1] 参见亚里士多德：《形而上学》1.6 987a29-b13；3.4 999a24-b23。此处的论证重构与分析参考了希尔兹《古代哲学导论》，第 136—142 页。

经验世界中的具体对象。这一限定实际上已经暗示了论证的走向，即在可感对象之外，还存在不处于流变中的事物。当然这里的流变具体指什么，并未澄清。

命题（2）断言任何处于流变的事物都是不可知的。这个命题能否成立，首先取决于我们对知识本身的要求。之前的讨论已经表明，知识至少应当具有普遍有效性和稳定性，而这些是知识所包含的真信念本身作为一种心灵状态无法提供的，它们应当来自知识对象。由此可以推知可知的事物应当具有某种普遍性和统一性，尤其是在变化中的同一性。[1]

图 4.9 马塞尔·杜尚《下楼梯的裸女第二号》油画（1912 年），费城艺术博物馆。一个极端流变的世界不仅难以还原为静态的画面，它甚至超出了艺术的想象。

接下来需要考察的就是流变中的事物是否无法满足成为可知对象的最小要求。这取决于如何理解流变：

（a）极端流变说：处于流变中的事物的所有属性都处于激烈的变化之中，从而导致流变中的事物既是它自身又不是它自身（图 4.9）。此时，流变中的事物显然同时处于两种对立的状态之中（既存在又不存在），它自然无法满足知识对象的同一性

[1] 参见亚里士多德：《形而上学》3.4 999a28-29。

这一基本要求；不过，该解释的麻烦在于，它所预设的流变说本身是很难辩护的，也不太可能是赫拉克利特本人所持有的主张。因此，柏拉图的论证如果预设这样一种对于流变和可感事物的极端理解，既是对赫拉克利特的误读，也会使整个论证的效力大打折扣。

（b）温和流变说：可感事物并非所有属性都在变化，而是变中有其不变之处。例如，一条河流的水体构成总是在不断变化，但河流本身仍然保持为同一，甚至河流本身恰恰因为这些水体的变化，而保持为同一条河流。但在这种情况下，我们还能断言河流本身是不可知的吗？它仍然不能满足知识所需要的同一性吗？这至少需要进一步的解释或论证，因而不能将命题（2）作为无须额外辩护的前提。

姑且假设以上论证采取了（a）极端流变说来保证其可靠性，此时，命题（3）可感事物不可知的结论显而易见，但其理论代价也是沉重的。

命题（4）将知识的存在作为一个无须论证的前提引入，这明确表达出柏拉图对怀疑论的拒斥。或者更准确地说，他并未将知识是否可能当作一个需要严肃对待的议题。再结合知识门类论证中有关知识对象的讨论，由此不难得出结论，知识总是相关于独立于知识而存在的对象，既然可感事物不能成为这样的对象，那显然就是非可感事物作为知识的对象而存在。但是，这也就意味着结论（5）中的“存在”同样是含混的。因为我们同样只能断定可知对象不同于可感事物，但并不能保证可知对象可以独立于可感事物而存在，尽管柏拉图的形式要求这一点。

以上三个论证有一个重要的共同特征，它们更多的是从否定的方面刻画形式的特征，说明它与具体事物、F-事物或可感事物之间的区别，但柏拉图的形式理论需要更正面地展示形式的本体论地位并为之辩护，而不是简单地说明它与上述事物的不同。所幸的是，柏拉图自己在《理想国》第五卷中给出了这样一个论证，在我看来，这也是这部名著在理论哲学上最重要的贡献所在。

我将它称为巴门尼德式的论证。因为和巴门尼德一样，柏拉图的论证非常依赖心灵与世界的同构，或者说知识作为心灵的状态或活动和心灵之外的“是”之间所具有的相同结构。它和著名的哲学王（图 4.10）的讨论紧密关联在一起。苏格拉底试图向人们证明，只有当哲学家成为统治者或者统治者成为哲学家，一个理想的城邦、正义的城邦才有可能建成。

图 4.10 阿米尔·库斯洛《亚历山大拜访山洞中的贤者柏拉图》抄本（1598 年），纽约大都会艺术博物馆。亚历山大大帝或许可以看作哲学王的化身，印度诗人库斯洛想象他曾拜访洞穴中的柏拉图（左），听他谈统治的艺术和即将来临的死亡。

苏格拉底为此给出的第一个理由是，作为爱智者的哲学家和那些追逐声色的知觉爱好者不同，因为只有爱智者才关心美本身或美的形式，才会因此拥有关于美的知识，即真理。这个论证已经预设了美作为形式的存在，而他的对谈者或者说理想城邦的敌人很可能并不接受这一点。所以，苏格拉底接下来就试图通过引入知识与信念的区分，来辩护形式的存在。下一节要讲到的太阳、线段和洞穴三个著名的比喻，也是在这个语境中引入的。柏拉图的《理想国》中关于形式的讨论，始终是在构建美好城邦的政治－伦理背景中展开的。

在接下来的论证中，苏格拉底和他的对话者都接受如下关于知识、无知和信念的区分：（a）知识相关于是者；（b）无知相关于非是者；而（c）信念则相关于是者与非是者之间的对象。这个区分和表述在苏格拉底的对谈者看来是不证自明的，但我们读起来却非常费解。这个困难首先是由“是者”的含混造成的。在有关巴门尼德的真理之路的讨论中，我们提到了“是”的四种基本含义：表同一、表存在、表谓述和表真。[1] 不过，在当前文本的讨论中，表同一的用法常被归入表谓述的用法，相应地，这里就有三种解读的可能。以知识为例，“是”如果表存在，这就意味着知识是相关于存在物的；表谓述，则知识相关于具有 F 这种属性，或能够被说成是 F 的事物；表真的话，则知识就相关于真理。其中，“是”表存在的解释可能是最难辩护的。尤其是当我们考虑（c）：信念相关于是者与非者之间的对象，如果“是”表存在的话，那么信念就相关于既存在又不存在的事物，或者说是相关于存在与无之间的事物。这意味着，苏格拉底和他的对话者们要么认为一个事物可以公然违反无矛盾律，要么认为存在有程度之分。这些至少是需要强辩护的结论，而在《理想国》中与苏格拉底对谈的并非职业哲学家，他不能引入很强的哲学预设，否则在对谈的辩证交锋中它就是一个效力有限的论证，这有时候被称为“辩证法的需求（dialectical requirement）”，它要求论证的出发点是对谈双方都不会质疑的公理或常识。[2]

在当代讨论中，更多解释者将作为知识相关项的“是者”理解为表谓述和表真，我们以更主流的谓述论解释为例重构苏格拉底接下来的核心论证：

（1）知识是不可能出错的能力。（前提：知识的不可错性）

（2）信念是可能出错的能力。（前提：信念的可错性）

（3）因此，知识是不同于信念的能力。（1，2）

（4）不同的能力相关于不同的对象。（前提：能力区分法则）

（5）因此，知识的对象不同于信念的对象。（3，4）

（6）知识只相关于所有是 F 并且永远不是非 -F 的事物，即必然是 F 的事物。（前提：知识的必然性）

（7）信念只相关于所有既（可能）是 F 又（可能）是非 -F 的事物。（前提：信念对象的偶然性）

[1] 见本书第一讲，第 36 页以下。

[2] Gail Fine, “Knowledge and Belief in Republic V-VII,” in ea. *Plato on Knowledge and Forms: Selected Essays*, Oxford: Clarendon, 2003, p. 87. 值得一提的是，Fine 在此文中为“是”的表真解释提供了有力辩护。

（8）每一个具体的 F- 事物都既可能是 F 又可能是非 -F。（前提：可感事实）

（9）因此，信念相关于具体的 F- 事物。（7，8）

（10）因此，知识不相关于具体的 F- 事物。（5，9）

（11）然而，存在知识。（前提：反怀疑论立场）

（12）因此，存在着知识的对象，并且它不是具体的 F- 事物，而是必然是 F 的事物。（6，10，11）

（13）F 的形式就是 F 本身，或必然是 F 的事物。（形式的定义）

（14）因此，存在着 F 的形式。（12，13）[1]

命题（1）和（2）引入了一个全新的区分知识和信念的标准——不可错性。它要求知识具有绝对的确定性，在任何情况下所知内容都不能为假。这一主张在近代以前的哲学思考中很少被质疑，在这里作为前提出现，用来论证知识和信念是两种不同的能力。

命题（4）旨在引入一个更一般的能力区分原则，将能力尤其是认知能力的差异还原为对象的差异：能力不同，则对象不同。由此得出结论，不可能有同一个事物既是信念的对象又是知识的对象。这一区分原则将《理想国》中的讨论同《美诺篇》《泰阿泰德篇》中有关知识和信念的区分联系起来，它尝试为这两种认知能力的差异提供更为坚实的本体论基础，这是柏拉图从知识论到本体论的关键所在。整个论证接下来的任务，就是对知识和信念对象的本体论差异进行更准确的刻画。

命题（6）和（7）只是在重新表述苏格拉底和他的对谈者都认同的知识和信念的相关项。我在此引入了模态解释，强调知识的对象是必然具有 F 属性的事物，因为命题（1）突出知识内容的不可错性，例如自然数 2+3 的结果永远是 5，而不能是其他。模态解释对于解释信念对象尤其有用，否则的话，信念相关的事物就既是 F 又是非 -F，这同样公然违背无矛盾律，也不能满足此前所说的辩证法要求。但认为信念的对象既**可能**是 F 又**可能**是非 -F 则可以避免这一后果，而且我们的信念之所以容易出错，往往因为与它相关的是一些偶然事件，

[1] 柏拉图：《理想国》5 476e6-480a13。

例如我明天上午是否早起。

命题（8）明确地将具体的 F- 事物断定为既可能是 F 又可能是非 -F。以健康为例，当苏格拉底的体液处于平衡时，他当然可以算一个健康的人，但他显然可能因为生病而不再健康。再如花生经常被看作健康的食物，但对于一个对花生过敏的人来说则不是。柏拉图断定所有具体的 F- 事物都是如此。不过，当这里的“F”指某种本质属性时会比较麻烦，例如我们说“这支铅笔是文具”。但我们并不能因为这支铅笔是一个具体的、特殊的文具，就认为它可能不是文具。这个困难要到亚里士多德的实体理论中才得到更充分的重视。我们暂且假设此处的论证首先关系到的是健康这样的偶然属性，尤其是与美德相关的勇敢、正义、节制和智慧等属性。显然，一个有美德的人完全可能失去他的美德，而同样的行动在某些情境中是勇敢，在另一些情境中则可能是怯懦。这也就决定了它们只能成为信念而不是知识的对象。

命题（11）同样是表达反怀疑论立场的前提，不必多说。命题（12）则不仅同知识门类论证一样从知识的存在推导知识对象的存在，而且进一步根据此前有关信念对象和知识对象的界定，指出知识的对象不能是具体的 F- 事物，但它又与 F 相关，那唯一合理的结论就是它是 F 本身，或 F 的形式。

这个论证无疑特别依赖命题（4），强调能力的区别在于它们的相关对象，二者间具有一一对应关系。然而，对话中所谈到的能力是含混的。我们可以谈论加热的能力，即让别的事物温度升高的能力，或者染色的能力，让别的事物发生颜色变化的能力，这两个能力显然不同。但同一个马克杯，我们可以给它加热，也可以给它涂上新的颜色。当然我们可以进一步澄清，指出实际上是杯子的温度会因为加热而变化，是杯子的颜色或它对可见光的反射因为被染色而变化，这两种能力的相关项还是有差异的。但这显然需要进一步的区分才能捍卫命题（4）所主张的一般原则。

当然，另一个捍卫命题（4）的办法是对这里所涉及的能力加以限定。它指的不是一般的能力，而是认知能力。但它会导致一个更为严重的问题：《理想国》中的知识论图景会和《美诺篇》《泰阿泰德篇》中的知识论图景发生冲突。因为在后两篇对话中，真信念和知识的区别在于我们能不能为真信念的理由给出恰当解释，能不能用逻各斯把它固定下来。在那样的谈论中，我们并没有预设真信念和知识的对象有所不同。它们的区别只在于是否有逻各斯保障其稳定性和确定性。而逻格斯首先和人的理性心灵的语言活动和思维活动相关，它在认知主体这一侧，而不在对象或者心灵之外的世界那一侧。然而，《理想国》第五卷所引入的区分，则认为知识和信念之所以有本质的不同，就在于它们的对象分属两个不同的世界，一个属于分离的形式世界，而另一个属于我们的可感世界。

因此，柏拉图理论哲学的解释者要面临的一个巨大挑战是，如何调和《理想国》和其他中期对话中不同的知识论图景。它反过来也会影响我们如何解释《理想国》中知识和信念对象的差异，尤其是对“是”的不同理解。以上困难当然不是我们这样的导论足以承担的，我们更关心的是：如果上述论证成立，那么，在作为知识对象的那一侧，F 的形式除了必然是 F 之外，它还应该具有什么样的特征？这些不同的特征是否会产生内在矛盾从而导致形式世界的设定没法成立。

三、形式理论的三个隐喻

我们接下来通过《理想国》中三个著名的隐喻，来进一步理解柏拉图对知识和信念这两种认知能力的区分以及可感对象和可知对象的本体论差异。

1. 太阳喻

柏拉图通过知识与信念的差异，将世界区分为可知的形式世界（也称作可理解世界）和可以拥有信念的可感世界。他进一步认为，可感世界与可理解世界虽然不同，但可以类比：我们可以通过可感世界的性质和结构来推断可理解世界。在可感世界中，他回到认知能力和对象的关系，注意到一个重要的事实：只有认知能力及其对象的在场并不能够保证知觉的发生。还欠缺把认知能力和相应的认知对象连接起来的第三个要素。这在视觉中尤为明显：我们需要在光照下，才能看到可见的对象，一盏灯、一个鼠标、一本书。而可见光的来源是太阳。柏拉图因此认为，在可见世界中，太阳扮演着非常重要的角色：它通过发射光线使万物变得可见（图 4.11）。

图 4.11　萨洛蒙·特里斯莫辛《太阳之辉》抄本（1582 年），大英图书馆。在这部炼金术著作中，红色代表纯金，太阳因此象征着哲人石的奥秘和最终的完满，而太阳的光辉让灰暗的城市和乡村变得可见。

与此相应，在可理解世界当中，我们也需要在认识中区分三个要素：（a）认知能力，即知识或理智；（b）认知对象，即形式（不过，这里并未讨论形式的范围）；（3）连接理智与形式的要素，柏拉图认为，可以和太阳相对应的是善好的形式。需要说明的是，此处的善好并不局限于道德领域，而是泛指一切正面价值或好处。

以上是从认知的角度解释太阳喻。然而，太阳在可感世界中所提供的不仅是光线，还有万物生长所需要的养料。所以，可见的事物不仅在认知上依赖太阳，在存在上也依赖太阳。相应地，在可理解世界中，其他形式，不仅在可理解性上依赖善好的形式，它们的存在也依赖善好本身。[1]

柏拉图通过太阳喻引入了一个更重要的命题，这个命题有两个维度：（a）在认知上，我们对其他形式的认识必须要以对善好的认识为前提。这一点在解释上历来有争议，常见的策略是将这里的善好理解为一个形式的内在目的。举例来说，如果存在粉笔的形式，那么，我们对于什么是粉笔本身的认识，应当包含

[1]　柏拉图：《理想国》6 507b8-509c11。

着对粉笔能带来什么好处、行使什么样的功能的认识，例如在黑板上书写。这一解释首先适用于人造物的形式，因为它们总是服务于特定的目的，或许也可以延伸到自然物上，但什么是白或者大的形式的内在目的，却不易回答；（b）在存在论上，善好的形式优先于其他一切形式。这同样费解，因为形式对我们来说已经是一些抽象对象，这些抽象对象比如说白的形式，或者说人的形式在什么意义上存在我们都不清楚，更何况它们的存在要依赖善本身？太阳喻只是把善好的形式和太阳连接起来，暗示它具有与太阳相似的重要本体论地位，但柏拉图并没有进一步澄清，这为后世的柏拉图派哲学家留下巨大的发挥空间。

2. 线段喻

线段喻（图 4.12）的出发点也是两个不同的世界：可见的与可理解的。与太阳喻不同，它认为在可见的和可理解的领域内部，都应该再做进一步的划分，把它们区分为两种不同的对象和两种不同的认知能力，并且彼此之间仍然是一一对应的关系。而且，自下而上，线段 a 和 b 的比例关系与 c 和 d 的比例关系相同，同时整个可感世界（a+b）和整个可理解世界（c+d）也是同样的比例。由此不难推导 b 和 c 长度相等，这个相等是否有特别含义，当然取决于四线段各自象征的对象之间的关系。

简而言之，通过四线段的划分，柏拉图区分出四种不同的认识对象和认知能力。自下而上来看，最低的认识能力被称为臆想（eikasia），因为它的对象是可感事物的阴影或倒影。这是最不可靠的认知能力，因为我们甚至没法对这些镜花水月式的影像形成恰当的知觉性把握。比它更高的是柏拉图称之为相信（pistis）的认知能力或状态。与它相关的是物理世界中可感的个别

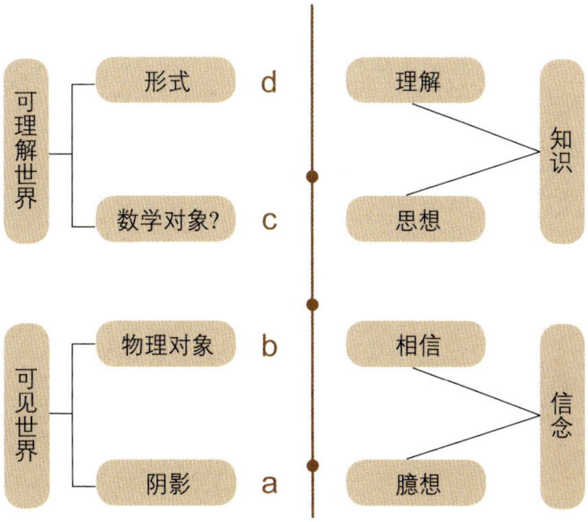

图 4.12 线段喻

事物，我们能对它们形成一些有真有假的判断。

在阴影和物理对象以上是可理解世界。非常有意思的是，柏拉图提到一种叫作图像的对象，他说这是可感世界中的个别物理对象的图像。这种图像并不是它的倒影，而是对它的数学抽象，柏拉图认为我们可以从个别的可感事物中抽象出点、线、面、体，或者是数这类通过（数学）思想把握的对象，所以我将它称为数学对象，尽管原文中并没有明确的界定。重要的是，柏拉图认为这种和数学对象相对应的思想能力，与我们把握严格定义的形式的理解能力不同：对数学对象的把握，总是要从给定的前提去推断特定的结论，是一种自上而下的推导，非常依赖我们对前提的把握。但在柏拉图看来，要获得真正的理解和严格意义的知识，我们需要从结论出发去反推成为一切思考出发点的前提，这是柏拉图所说的辩证法。它是一种特殊的直观性认识能力，通过自下而上的方式获得一种没有前提的理解。线段喻的一个重要贡献在于，它一方面强调了数学知识对于可理解世界和可理解能力的重要性，但另一方面又把严格的哲学知识和数学知识区分开来。[1]

3. 洞穴喻

洞穴喻（图 4.13）可能是最广为人知的哲学隐喻。引入它的直接目的是为了展示教育对人性的影响。它想象了一群居住在地下深处洞穴的人们，他们从小就被囚禁，身体被束缚住，只能看见眼前的墙壁。他们身后高处是一团火，在火和囚犯之间是一道墙，有人从墙后走过，他们自己的身体不会投下影子，但他们手举的物件却会在囚犯前的墙壁上投下阴影。对于囚犯来说，这阴影就是他们唯一可见的现实。直到有一天，有一个囚犯被解开枷锁，他看到了身后的火光，被强烈的光线刺痛。但有人不顾他的痛苦，将他强行拖上通往地面的陡峭通道，直到把他拽到太阳的光辉中去。在黑暗中成长的囚犯最初只能看水中的倒影，慢慢可以看事物本身，然后能在夜里看星星和月亮，直到最后才能看太阳本身，看清它是什么。此时他显然不会再留恋洞穴中的生活。但是，柏拉图强调，美好城邦的建造者有义务强迫他们教育出来的哲学家重回洞穴去进

[1] 柏拉图：《理想国》6 509d1-511e5。

图 4.13　米希尔·科克西《柏拉图的洞穴》油画（16 世纪），杜埃沙特勒斯博物馆。

行统治，因为只有这样才能确保原始城邦整体的善和正义，尽管这对于那已经不再适应洞穴黑暗生活的哲学家来说是一种前所未有的危险。[1]

洞穴喻细节丰富生动，处处暗藏玄机，值得在细读《理想国》时深入探究。洞穴喻的象征意义往往需要同太阳喻和线段喻结合起来考虑。不过，在我们谈到的三个隐喻中，洞穴喻有一个特殊之处值得强调：它一方面延续之前关于形式的形而上学和知识论考察，另一方面更清晰地展示出形式理论的政治学或伦理学向度。在洞穴喻中，柏拉图提到，一方面需要有人**强迫**哲学家走出洞穴，让他从臆想、相信上升到思考和理解，最终获得真正的知识；另一方面，理想城邦的缔造者必须再次**强迫**拥有知识的哲学家返回洞穴，成为它的统治者。柏拉图两次使用“强迫”一词，也强迫我们思考：为什么一个美好城邦的建立，必须要通过强迫来实现？这是施特劳斯派的《理想国》政治解释的一个关键切入点，而分析学派的哲学史家也给出了有力的回应。

[1]　柏拉图：《理想国》7 514a1-520e2。

在回顾太阳喻、线段喻和洞穴喻时，还有一个同样值得进一步深究的方法论话题：一个哲学家在什么意义上可以使用类比或隐喻来完成他的哲学论证？值得注意的是，在线段喻中，柏拉图将把握形式的理解能力和两种把握图像的能力严格区别开来。而这些隐喻和类比非常依赖图像式的认识方式。因此，一个可以考虑的角度是：线段喻里关于图像和非图像能力的区分，能不能反过来用在柏拉图这三个隐喻上？

四、形式的特征及其问题

图像化的表述生动有力，让人印象深刻，但它传达的信息往往并不准确，而且修辞色彩强烈的文学描述，很可能会掩盖理论自身的问题。柏拉图的形式究竟指什么，它需要满足什么样的本体论特征，我们零零散散地谈论了很多，现在需要更为清晰的界定和总结。

1. 形式理论的原则

柏拉图的《巴门尼德篇》包含着对形式理论的反思和批评，但它首先借苏格拉底之口，对自己的形式理论做了一个精要的概括，总结出形式理论遵循的七个最基本原则：[1]

（1）因果性原则：F- 事物通过分有 F 本身而是 F。例如，正义的事物之所以是正义的，是因为分有正义本身。正义解释了正义的事物是其所是的原因。当然，这里的原因指的并非近代意义上的作为事件的原因，而是某种理由或解释。因果性原则对于连接《理想国》的知识论和《美诺篇》《泰阿泰德篇》中的知识论非常关键：在《美诺篇》中，柏拉图认为严格意义的知识必须包含对事物原因的解释，而《理想国》试图辩护的是，只有形式才能提供这种终极的因果解释，因此成为知识唯一的对象。所以要真正把知识和信念区分开来，就必

---

[1] 柏拉图：《巴门尼德篇》128e5-130a2，以下概括参考了 Samuel Rickless, “Plato’s *Parmenides*, *SEP*,” URL =〈https://plato.stanford.edu/archives/spr2020/entries/plato-parmenides/〉。

须引入具有终极解释效力的形式。

（2）分离原则：F本身不同于分有F的事物。《美诺篇》和《泰阿泰德篇》中提到形式的分离性，但其含义缺少清晰的界定；《理想国》因为引入形式世界与可感世界的区分，倾向于从较强的存在意义来谈形式与具体事物的分离，认为形式的存在并不依赖分有形式的个别事物，而是反过来个别事物的存在依赖分有相应的形式。这里采取了较弱的解释，仅仅强调形式与具体事物的非同一性。

（3）纯粹性原则：F本身不能拥有相反的属性。例如人的形式就不能既是一又是多。在赫拉克利特式论证中，柏拉图强调这是形式和流变中的可感事物的一个重要差异。因为具体的人可以既是一又是多，例如《巴门尼德篇》中的苏格拉底就说他自己既是一（七个人中的一个）又是多（由多个身体部分组成）。

（4）多外之一原则：任意多个F-事物总有一个F本身这样的形式，而其他事物通过分有它而被说成（是）F。前面的论证已经详细讨论过这一原则，需要注意的是，它可以只是一个谓述原则，也可以是一个本体论原则，即刻画了F-事物和F本身在存在上的关系，就此而言，它实际上蕴涵了因果性原则。

（5）独一性原则：对于任何F属性，都只存在一个F本身作为它的形式。这意味着，所有F-事物都只有一个形式。强调形式的独一性，其实和因果性原则有密切关联，因为F的形式作为F-事物的原因，它提供的是F-事物之为F的终极解释。如果存在两个F的形式，它们各自都是F，那么，在因果解释效力上，它们要么平等，要么其中一个高于另一个。如果它们的解释力相当，那我们就没法断定哪一个F的形式为除它之外的所有F-事物之为F提供终极解释；如果其中一个解释力高于另一个，那么，高的那个才是真正的F的形式，此时F的形式仍然是唯一的。

（6）自谓述原则：F本身就是F。这是个争议很大的原则。柏拉图强调这一点，主要是基于多外之一这一谓述原则。他的一个基本预设是：一个事物如果能够解释其他事物何以被说成是F，那么，这个事物自身也应当是F，而且是以更完满的方式是F。顺带一提，我们之前谈到形式时，都尽量采用“F本身”这样的表达式，这是柏拉图自己惯用的说法。有些教科书也会用“F性（F-ness）”来指称柏拉图的形式。但“F性”这个表述的最大问题就在于，它很难解释自谓述原则。比如说我们很难说“人性是人”，但是我们说“人本身是人”，至少在语言层面不会造成太大困扰，因为这里的人本身可以指理想的人类个体，也可以指所有个人都分有的人性，后一种情况当然还是有刚才的困难。但它出现在解释而不是语言表述层面。

（7）统一性原则：任何形式都是一。这是一个比独一性要弱的原则。它并不是说所有属性都只有一个形式，而只是说任何形式都是一个统一体（unity），是一个可数的单元（unit）。或者说，形式能够作为可数的东西与其他事物区别开来。至于是不是只有一个形式，这里并不关心。

我们很自然地期待这七个原则能够拣选出柏拉图所说的形式，但当我们将它们放在一起考察形式的本体论特征时，会沮丧地发现，我们甚至难以断定形式究竟是普遍的还是个别的。

一方面，形式是所有 F- 事物共同分有的东西，它看起来是一个共相或普遍属性，可以在个别事物中得到例示。比方说，白色可以出现在苏格拉底身上，也可以出现在墙上和杯子上。但是把形式看作共相，会带来一个大麻烦：在什么意义上我们可以说 F 的共相本身也是 F？我们已经提到了人性不是人，其实白色作为白色事物共有的普遍属性，它本身并不白，因为它甚至不是可见的。

另一方面，自谓述原则确实让我们倾向于将形式看作某种超越经验世界的理想个体，它以一种更为卓越的方式是 F。例如，《理想国》第十卷在谈到躺椅的形式时（图 4.14），就认为它指的是神所创造的躺椅，一切现实可用的躺椅的唯一范本（paradigm）。工匠们通过摹仿神的创造制作出现实的躺椅，它们因为相似于这个独一的范本而被称为躺椅，而神所造的躺椅以更卓越的方式被称为躺椅，因为它凭借自身就能实现躺椅的本性。

除了以相似替代了分有，将形式解释为理想范本似乎可以很好地满足形式理论的七个基本原则。但从一开始我们就强调，形式的引入不仅要解决本体论的问题，同时也要解决知识对象的问题。将形式理解为理想范本存在的一个问题是：工匠们如何认识理想的躺椅？这躺椅作为个体，要么（a）存在于与可感世界完全绝缘的形式世界，要么（b）以某种特殊的方式存在于可感世界之中。但如果是（a），那么，第一位发明躺椅的工匠就不可能在经验中通达理想的躺椅，也无从知道什么是躺椅，当然也就无法制作躺椅。或许柏拉图可以求助于回忆说，认为工匠的灵魂在进入此世之前曾经在形式世界“看”到过理想的躺椅，这确实可以通过柏拉图的灵魂不朽说得到辩护，但这对于一个哲学解释来说付出的代价巨大，它相当于用神话替代了逻格斯。另一方面，如果是（b），我们可以在经验世界中以特定方式通达理想范本，那么，它就很难满足形式的纯粹性原则。例如，曾有学者把保存在巴黎的国际米原器（图4.15）看作柏拉图式的形式，认为它至少以经验世界可以实现的最理想方式符合当时1米长的定义，即“经过巴黎的四分之一经线（北极点至赤道）总长度的一千万分之一”。[1] 而我们日常谈论的1米长的事物，都是通过与米原器在长度上的相似而被称为1米长。但问题在于，米原器作为一个物理存在，

图4.14　热内·马格利特《形象的叛逆》油画（1929年），洛杉矶郡艺术博物馆。画中的法文意为：“这不是一个烟斗。”《理想国》第十卷区分了三种形态的躺椅：躺椅的形式、现实的躺椅和躺椅的图像，制作它们的分别是神、木匠和画师。在柏拉图看来，画师创作的躺椅只是对现实中具体躺椅的摹仿，远离躺椅本身。（597b4-15）

图4.15　巴黎沃日拉尔街36号的“巴黎米尺”，安装于1796—1797年间。

[1] 这一想法可以追溯至维特根斯坦，参见 Kenny, *Ancient Philosophy*, p. 55, n. 29。

仍然有其他物理性质，例如它可以变冷变热。更重要的是它和苏格拉底一样，既是一个整体，又是由不同物质部分组成的多。

这些困难让人不禁怀疑我们可能甚至没法设想一个存在物，让它满足形式理论所依循的所有基本原则。第一个如此质疑的正是柏拉图本人，他在对话中借巴门尼德之口，认为这些基本原则之间包含着深层的理论冲突，它们有可能动摇形式理论的根基。柏拉图作为哲学家的伟大之处，正在于他在对话中不断贯彻的自我审视和自我批判精神。

2. 形式理论的六个问题

《巴门尼德篇》提到了形式理论的六个困难：[1]

（1）形式的范围或外延。在对话中，苏格拉底不确定是否存在着分离的人的形式、火的形式或水的形式。之所以不确定，是因为有关形式的讨论更多集中在大、小、相似这样一些关系项属性上。苏格拉底并不清楚是否要给自然种类设立一个单独的形式。巴门尼德进一步指出，认为存在着像泥土、头发、垃圾这样一些毫无价值的事物的形式，这看起来是很荒谬的事情。虽然它们可以满足之前所提到的形式的若干形式化原则，但很难把它们和善的形式连接起来。所以，我们怎么来限定形式的范围？前面所涉及的只是形式究竟是个别物还是普遍物的争论，这里是如何划定形式范畴的实质困难。

（2）分有的困难或整体 – 部分二难。因果性原则强调其他事物通过分有形式而成为 F- 事物。但分有究竟如何实现，却并不明确。巴门尼德向苏格拉底指出：被分有的形式可以两种方式在个别物中存在，要么（a）作为整体，要么（b）作为部分。（a）如果它作为整体在个别物中，这就意味着形式会在同一个时刻，在不同的个别物 x 和 y 中作为整体存在。而 x 和 y 作为不同的个别物显然是彼此分离的，由此可推知形式和它自身是分离的，这显然荒谬。（b）当形式作为部分存在于个别物时，这常被称为分蛋糕式的分有。也就是说，F- 事物分有 F 本身这个形式，但只分有了它的一部分。巴门尼德以大的形式为例，一个事物通过分有大的形式的一部分成为大的，但是大的形式的一部分显然小于

[1] 柏拉图：《巴门尼德篇》130a3-134e8。以下论证重构参考了 Rickless, “Plato’s *Parmenices*”。

大本身，因为部分小于整体。所以，这就意味着，一个事物是通过分有某种小的东西而成为大的，这在巴门尼德看来同样是荒谬的。

（3）大的倒退。这是一个归谬论证，与亚里士多德提出的“第三人论证”非常相近，都是试图向我们论证，形式理论的几个基本原则无法同时成立，否则会导致无穷倒退。美国学者弗拉斯托斯有关“第三人论证”的研究在20世纪50年代至70年代引起极大关注，是标志分析的古代哲学研究兴起的大事件，此处稍作重构如下：

①A、B、C是大的。（前提）

②A、B、C通过分有大的形式L_1成为大的。（多外之一或因果性原则）

③L_1是大的。（自谓述原则）

④A、B、C、L_1是大的。（1，3）

⑤A、B、C、L_1通过分有大的形式L_2成为大的。（同2）

⑥L_2不同于L_1。（分离性原则）

⑦A、B、C、L_1、L_2是大的。（4，6）

⑧由此会出现一个L_1、L_2、L_3……构成的大的形式的无穷序列，其中在先的形式分有在后的形式。（重复4—7）

⑨存在无穷多大的形式与形式的基本原则相违背。（独一性原则）

⑩因此，要么有一个形式的基本原则有误，要么不存在形式。

这个论证的推理过程相对直接，不需要太多解释。它的基本论证策略是将大的事物和大本身放在一起构成一个新的大的集合，这时就需要一个新的大本身来解释该集合中的元素何以都是大的，由此造成无穷倒退，不断出现大的形式，这违背了形式理论的独一性原则。

其中，或许可以质疑的是，我们是否有充分的理由从①和③得到命题④，因为大本身之为大，看起来并不同于大的事物之为大。我们前面也提到大的形式必然为大、永远为大，而大的事物仅仅是可能为大；大的形式因其自身为大，而大的事物通过分有大的形式为大。但是，这些区分仅涉及模态和方式，并不关系到大的含义。更重要的是，如果大的形式之为大在含义上不同于大的事物之为大，我们就很难理解为什么前者能为后者之为大提供因果解释，从而威胁到因果性原则和我们引入形式这一存在物的初心。

当然，我们还可以进一步思考：如果上述论证有效并且可靠，要捍卫柏拉图的形式理论，我们要修订或者放弃哪一条形式的基本原则？独一性显然是一种可能，但很多学者认为，最需要质疑的是自谓述原则，它恰好也是形式理论的共相解释最难处理的原则。但是否还有修订其他原则的可能，例如多外之一原则或因果解释原则，强调它们只对经验中的F-事物有效，不适用于F的形式。显然，这里有广袤的理论空间值得探索，关于第三人论证的大量文献就是明证。不过，无论沿着什么样的思路前进，我们在进一步思考时都应关注这些修订可能付出的理论代价，而不是一味地辩护自己的主张。哲学思考的困难和有趣之处，其中之一正在于平衡不同的理论策略的优和劣。

（4）作为思想的形式所造成的困难。在遭遇大的无穷倒退这一挑战之后，苏格拉底提议将形式理解为我们的思想。巴门尼德接着追问：思想的对象是什么？思想的意向性特征使得它总是指向一个自身之外的对象。而这对象只能是另一个形式。所以如果形式是思想，而思想又是对于另外一个形式的思想，而这后一个形式根据定义又可以替换为对于第三个形式的思想，以至于无穷。

（5）相似性倒退。人们通常认为相似性倒退和大的倒退非常接近，只是论证步骤更加繁琐。是否如此，值得大家进一步细致的重构和分析，此处无暇展开。特别要提醒的一点是，相似性倒退，尤其适合用来批评对形式的范本解释，因为范本解释正是用相似取代了分有。

（6）“最大的困难”。本讲的讨论以所谓“最大的困难”来结束，再合适不过。它涉及形式理论所导致的两种难以接受的后果：一是形式不能为人所知，二是神不能知道人的事情。关于第一个后果的论证基本结构如下：

①一个因其自身而存在的事物不在人之中。（前提：因其自身而存在的定义）

②形式因其自身而存在。（前提：分离原则的强解释）

③形式不在人之中。（1，2）

④如果一个事物X是因其自身而存在的形式，而X相关于另一个事物

Y，则 Y 也是形式。（前提：形式世界与可感世界的分离）

⑤存在着与形式相关的知识。（前提：严格意义的知识的对象是形式。）

⑥与形式相关的知识也是形式。（4，5）

⑦与形式相关的知识不在人之中。（3，6）

这一推论看起来在形式上是有效的，而这些前提经过一定的补充，也可以用来论证神不能知道人的事情，例如补充一个新的前提："与形式相关的知识在神之中。"我把相应的重构工作同样留给大家。最后需要思考的是：为什么它被称为最大的困难？一个重要的线索在于，它罕见地将形式的形而上学维度和知识论维度结合起来，而一旦上述论证有效并且可靠，就意味着引入形式存在的知识论理由将不再成立，整个形式理论将被连根拔起。当然，柏拉图并未止步于此，以上一系列让人眼花缭乱的论证也只是《巴门尼德篇》的序曲，巴门尼德引入一系列繁复的辩证法练习来思考形式理论是否还有挽救的可能。这是古代哲学最为复杂难懂的文本之一，它等待着有勇气和充分理论准备的读者。

阅读材料

1. Plato, *Republic* 475b-484d, 514c-518d, 523a-525b. (Annas, 166-186).
2. Plato, *Parmenides* 128e-135c (Annas, 246-254).
3. 《古代哲学导论》，第三章，第 3—6，8—10 节。

进一步阅读指南

原始文献

R. E. Allen, *Plato's Parmenides*, revised edition. New Haven: Yale University Press, 1997.（译文与分析）

柏拉图：《柏拉图对话集》，王太庆译，北京：商务印书馆，2004 年。（收录多篇早期对话，译文晓畅可读）

柏拉图：《理想国》，顾寿观译，吴天岳校，湖南：岳麓书社，2010 年。（从希腊文直译，译文准确，可读性略差）

柏拉图：《巴曼尼得斯篇》，陈康译，北京：商务印书馆，1982 年。（陈康先生的经典译作，含详细评注）

John Cooper (ed.), *Plato: Complete Works*, Indianapolis: Hackett, 1997.（学界最常用的全集译本，便于查阅。译文整体质量不错，但缺少适合初学者的导论、注释和评注，不少对话有更好的单行译本）

Gail Fine, *On Ideas: Aristotle's Criticism of Plato's Theory of Forms*, Oxford: Clarendon Press, 1993.（亚里士多德《论形式》的经典研究，附有该残篇的原文与英译文）

Plato, *Meno and Phaedo*, translated by Alex Long and David Sedley, Cambridge Texts in the History of Philosophy, Cambridge: Cambridge University Press, 2011.（两部中期对话出色译本）

Plato, *The Republic*, translated by Tom Griffith, edited by G. R. F. Ferrari, Cambridge: Cambridge University Press, 2003.（译文流畅准确，注释精当，适宜初学者）

Plato, *Platonis opera*, vol. I-V, edited by John Burnet, Oxford: Clarendon, 1900-1907.（柏拉图对话经典校订本）

Plato, *Platonis Rempublicam*, edited by S. R. Slings, Oxford: Oxford University Press, 2003.（《理想国》的新校订本）

Plato, *Theaetetus*, translated with notes by John McDowell, Oxford: Clarendon Press, 1973.（著名的 Clarendon 柏拉图系列丛书，译注者是当代著名哲学家）

Samuel Scolnikov, *Plato's Parmenides*, Berkeley: University of California Press, 2003.（包含《巴门尼德篇》的出色翻译和详细评注）

研究文献

Julia Annas, *An Introdution to Plato's Republic*, Oxford: Clarendon, 1981.（《理想国》的经典导读，仍值得推荐）

Sarah Broadie, *Plato's Sun-Like Good*, Cambridge: Cambridge University Press, 2021.（关于哲学王与善的形式的精彩研究）

Myles Burnyeat (ed.), *The Theaetetus of Plato*, trans. M.J. Levett. Indianapolis and Cambridge: Hackett, 1990.（本书最有价值的是 Burnyeat 的长篇导论，柏拉图知识论研究的必读文献）

*David Ebrey and Richard Kraut (eds.), *The Cambridge Companion to Plato*, 2nd edition, Cambridge: Cambridge University Press, 2022.（该书第一版已成经典，新版覆盖面更广，非常适合初学者）

*G. R. F. Ferrari (ed.), *The Cambridge Companion to Plato's Republic*, Cambridge: Cambridge University Press, 2007.（《理想国》研究文集，适合初学者，附有详细研究书目）

Gail Fine, *Plato on Knowledge and Forms: Selected Essays*, Oxford: Clarendon, 2003.（柏拉图知识论与形式理论的经典论文集）

Gail Fine, *Essays in Ancient Epistemology*, Oxford: Oxford University Press, 2021.（收录七篇与柏拉图知识论相关的论文，可做上一文集的补充）

*Gail Fine (ed.), *The Oxford Handbook of Plato*, 2nd edition, Oxford: Oxford University Press, 2019.（同样出色的适合初学者入门的导论，与剑桥指南相比，更突出分析的古代哲学研究进路）

Jessica Moss, *Plato's Epistemology: Being and Seeming*, Oxford: Oxford University Press, 2021.（柏拉图知识论研究的最新力作）

Vasilis Politis, *Plato's Essentialism: Reinterpreting the Theory of Forms*, Cambridge: Cambridge University Press, 2021.（柏拉图形式理论的最新研究，论证形式为本质）

Samuel Rickless, *Plato's Forms in Transition: A Reading of the Parmenides*, Cambridge: Cambridge University Press, 2007.（《巴门尼德篇》清晰细致的哲学评注，比作者的 *SEP* 词条更为深入）

Dominic Scott, *Plato's* Meno, Cambridge: Cambridge University Press, 2006.（关于《美诺篇》的专题研究）

David Sedley, *The Midwife of Platonism: Text and Subtext in Plato's Theaetetus*, Oxford: Oxford University Press, 2004.（《泰阿泰德篇》的经典研究）

Gregory Vlastos, "The Third Man Argument in the *Parmenides*," *Philosophical Review* 63 (1954), 319-349.（分析的古代哲学研究经典论文）

《斯坦福哲学百科》（*SEP*）词条

Plato

*Plato's Middle Period Metaphysics and Epistemology

Plato on Knowledge in the *Theaetetus*

Plato's *Parmenides*

第五讲

亚里士多德论原因与实体

就哲学史影响而言，古代世界唯一能同柏拉图抗衡的是亚里士多德（前384—前322年）。柏拉图和亚里士多德（图5.1）奠定了两种最基本的哲学气质，他们的理论主张也同样深度塑造了近代以前的西方哲学。我们还是用两讲来介绍亚里士多德，本讲延续上一讲的话题，关注理论哲学，下一讲再回到他的伦理学。

一、亚里士多德：生平与著作

1. 亚里士多德其人

亚里士多德公元前384年出生于斯塔基拉的一个医学世家。斯塔基拉在今天希腊东北部，位于一个三面环海的小岛上，当时还是一个独立的民主制城

图 5.1　卢卡·德拉·罗比亚《逻辑学（或哲学）》大理石（约 1437 年），佛罗伦萨主教座堂博物馆。该浮雕原为佛罗伦萨钟楼的外装饰，展示中世纪人对不同门类的知识和技艺的理解。罗比亚选择了亚里士多德与柏拉图的争论来象征逻辑学或哲学精神。年高德昭的哲人一点没有道貌岸然的作态，情绪激动地投入论争。年轻的学生毫无惧色，据理力争，真理是指引他的唯一权威：理性的思考和针锋相对的论辩被看作通往真理的唯一途径。

图 5.2　斯塔基拉中心市集柱廊遗址（本书作者摄）。它位于两山中间，在此大声说话，两头的公民都可以听到，几乎就是亚里士多德描绘的理想城邦的大小。

邦，规模不大（图 5.2）。亚里士多德在自己的著作中很少提到斯塔基拉，甚至在遗嘱中也没有提到自己的出生地。

图 5.3　夏尔·德乔治《青年亚里士多德》大理石（1875 年），巴黎奥赛博物馆。沉迷学习的亚里士多德手中拿着小石子，如果犯困，石子就会掉入下方的盘中将他惊醒。

亚里士多德在 17 岁时，离开自己的家乡，到柏拉图的雅典学园求学（图 5.3）。他一开始或许期望得到优质的职业教育，找到一份可以谋生的工作，但收获的是一种截然不同的哲学生活方式。在雅典学园，人们主要从事各自独立的科学研究。亚里士多德在这里除了哲学之外，还接触到天文学、数学，而他自己所承担的科研任务，据说主要是收集谚语。谚语常被称作民众智慧的结晶，是人们日常经验的总结，这一点对亚里士多德自己的哲学方法有深远影响。他的哲学思考和论证往往从收集具有广泛影响力的意见入手，又称“endoxa”，包括专业内权威人士的意见、大部分人的意见和绝大多数人都接受的判断。这一哲学方法源自亚里士多德对人类认知能力的乐观态度。他的《形而上学》开门见山：“人天性想要知道。”[1] 而在一个目的论世界中，自然的欲求不会落空。亚里士多德因此认为人们通过符合理性自然本性的日常实践，必然会获得知识。对他人尤其是普通人意见的重视，也体现出亚里士多德对于知识作为一门事业的独特理解：知识并不是个别天才的事业，而是人类经验的积累。

[1]　亚里士多德：《形而上学》980a22。

亚里士多德的哲学论著因此往往从现有的经验、常识和权威人士的研究成果出发，最后通过理性的反思来重新构建这些常识和权威意见的理性基础。他并不是简单地接受或批驳它们，而是要为它们寻找新的理论基石。在我看来，亚里士多德式的哲学探求就是重建常识的努力。常识是可以批判的，但批判是为了帮助我们获得新的常识，而不是简单地否定掉自己的日常经验。这种努力，有时又被称作"拯救现象（saving the phenomena）"。这里的"现象"指的是事物对于人们的日常显现。亚里士多德认为，日常的显现中当然有需要被纠正的要素，但它本身不应该被彻底抛弃，而应当被整合到我们对于世界的科学描述中。

谈到亚里士多德在柏拉图学园的求学生涯，就不能不谈这两位历史上最伟大的哲学家的关系。有句名言，常归在亚里士多德名下："吾爱吾师，吾更爱真理。"人们常常认为它出自亚里士多德对柏拉图形式理论的批判：

> 讨论一下普遍的〔善〕，仔细考察它意味着什么，这样可能更好；尽管这样的研究是艰难的，因为引入形式的正是我们的朋友。但毁掉我们所亲近的来拯救真理，这看起来更好，也是我们身为哲学家（"爱智者"）尤其应该做的；因为尽管两者都〔为我们〕所爱，但首先应当敬畏的是真理。[1]

不过，类似的表述可以追溯到柏拉图本人。在《斐多篇》中，苏格拉底告诫他的对谈者：不要考虑苏格拉底的意见是怎么样的，而应该去思考什么是真理。[2]中世纪哲学家罗杰·培根（Roger Bacon，1220—1292 年）说："柏拉图说：'我的老师苏格拉底为我所爱，但真理更为我所爱。'而亚里士多德也说：'我更愿意认同真理，而不是与我们的导师柏拉图的友爱。"[3] 这可能才是这句名言被归于亚里士多德的出处。但它或许意味着，亚里士多德的这段话既是在强调自己与柏拉图理论的分歧，同时也是在向柏拉图，甚至是苏格拉底的哲学精神致敬：哲学家们忠于老师的方式，不是忠于他的训导，而是忠于他的批判精神。

[1] 亚里士多德：《尼各马可伦理学》1.6 1096a11-16。

[2] 柏拉图：《斐多篇》91b9-c2。

[3] 罗杰·培根：《大著作》1.16。

当然，柏拉图对亚里士多德的影响也是巨大的。英国学者乔纳森·巴恩斯（Johathan Barnes）概括了其中五个方面，它们都集中在理论哲学上，值得我们关注：

（1）柏拉图对于各学科统一性的反思。这尤其出现在《理想国》中有关哲学王教育的讨论中，它引导亚里士多德去思考各学科分类的依据和共同根基；

（2）作为辩证法家的柏拉图。刚才所说的重思有影响力的意见（endoxa）的方法，实际上就是亚里士多德的一种辩证法，只不过他会更明确地将辩证法同逻辑学结合起来，这是对柏拉图的继承和推进；

（3）柏拉图对本体论问题的关注。柏拉图在巴门尼德基础上推进了关于“是”的反思，提出了形式理论。亚里士多德自己的实体学说和质料形式学说，包括以上引文中有关普遍的善的伦理学反思，正是在继承和批判柏拉图的形式理论基础上展开的；

（4）柏拉图强调知识乃对原因的解释。在《斐多篇》和《美诺篇》中，柏拉图强调，我们要获得知识，不仅要把握事物是什么，而且要理解事物为什么如此，要解释事物的原因。亚里士多德通过对原因或理由的进一步区分（四因说）推进了这一思路；

（5）柏拉图的知识论主张。柏拉图对于知识如何可能、有关知识对象的本体论地位的反思以及对于理智和感性的区分，都深刻地影响了亚里士多德。很多人认为柏拉图是一个纯粹的唯理论者，而亚里士多德似乎更接近一个经验论者。我希望本讲的内容足以表明，如此标签化的描述，既没有准确地把握住亚里士多德的知识论特征，更误读了两位哲学家思想上的同与异。[1]

公元前 347 年柏拉图去世，亚里士多德离开学园。据说是因为柏拉图把学园领袖的职位传给了他的侄子斯彪西波（Speusippus，前 408—前 339 年）。这个传说显得亚里士多德很庸俗。更可靠的说法可能是，公元前 348 年开始，马其顿王国越来越强大，甚至毁灭了亚里士多德的家乡斯塔基拉。雅典此时建立了

[1] 以上参考了乔纳森·巴恩斯《亚里士多德的世界》，史正永、韩守利译，南京：译林出版社，2010 年，英文部分，第 35—38 页。此书中译不可靠，不推荐。

一个反马其顿的政府，该政府对于来自北方劲敌的哲学家可能会有猜忌。为了避免可能的政治迫害，亚里士多德离开了雅典，开启了所谓漫游岁月。他在途中遇到特奥弗拉斯托斯（Theophrastus，前 371—前 287 年）——对亚里士多德来说亦师亦友的人物，他对生物学的关注影响了亚里士多德。很多人认为亚里士多德是一个经验论者，也是因为这个时期他非常关注自然研究，收集了大量经验证据。公元前 343 年，亚里士多德的漫游时期结束，马其顿的国王腓力二世邀请他北上，做未来的亚历山大大帝的老师（图 5.4）。

有些研究者在谈到亚里士多德时，会把他描述成国师式的人物。这实在是小瞧了亚里士多德，因为他接受“国师”这份工作的一个前提，就是让马其顿重建他的家园斯塔基拉。斯塔基拉人因此非常感激亚里士多德。在斯塔基拉中心集市旁有一座宏伟的祭祀用遗址，希腊的考古学家们坚信这就是亚里士多德的坟墓所在（图 5.5），其中一个重要理由是斯塔基拉人认为亚里士多德是他们城邦的重建者，是第二国父。出于对亚里士多德的感激，斯塔基拉人不惜将他的遗体运回故乡，埋葬在市中心最为显眼的位置，以供后世膜拜。相比国父的

图 5.4　让 – 巴蒂斯特 · 尚佩涅《亚历山大为亚里士多德带来异国奇兽》油画（1672 年），凡尔赛宫。“如果不缺乏或不吝惜食物，那么，那些现在令人畏惧的、自然界中的野生动物就会被人驯服……在一些地方，鳄鱼因得到祭司的喂养而被其驯服。”（《动物志》9.1 608b29-609a2）

图 5.5　斯塔基拉市中心的一处祭祀用遗址（本书作者摄）。图中参与遗址发掘的考古学家坚信这就是亚里士多德的墓地。

身份，国师实在不值一提。

此外，我说亚里士多德不仅仅是国师，还因为他在米扎（Mieza）建立的学校不仅培养了亚历山大，而且培养了他身边的一批精英。亚里士多德依照斯巴达的方案训练他们的体魄，效仿柏拉图学园的方式开发他们的智力。他跟亚历山大的关系也因此成为哲学史上的美谈。不过，我们需要注意的是，亚里士多德自己的政治学说实际上是“反帝国主义”的，反对宏大的帝国建制。成为亚历山大大帝的老师，并没有影响到亚里士多德自己的哲学思考，而他对马其顿帝国的影响也是有限的。

结束在米扎的教学生涯后，亚里士多德回到雅典，建立吕克昂学园。它在雅典市中心，柏拉图的老对手伊索克拉底曾在此开设修辞学校。据说亚里士多德上午给最优秀的学生私下授课，系统讲授他所掌握的知识，晚上举办公众讲演，这是一个既像学校又像研究所的机构。

公元前 323 年，亚历山大大帝去世，雅典再次兴起反马其顿风潮。亚里士

图 5.6 罗伯特·塞耶（刊印）《亚里士多德》手绘版画（1786 年），大英博物馆。博学的哲学家因为不理解潮汐的原因而想要自杀，不过哲学拯救了他。版画下方有段臆造的内心独白："我的徒劳很快就会终结 / 小的怎能理解大的？ / 有限的理性怎能抵达无限？ / 因为神能理解的要远远胜过他。"

多德不愿让雅典人第二次背上迫害哲学家的骂名，再次离开雅典，这和苏格拉底的选择大相径庭。据说他在一个叫恰尔基斯（Chalcis）的海边小城观察潮汐时，因为对于潮汐的发生百思不得其解，郁郁而终（图 5.6）。这个传说未必可靠，但对于一个以探索自然为生的哲学家和科学家来说，这堪称是最理想的离开人世的方式。

2. 亚里士多德的知识概念

亚里士多德留下的著作不少，虽然尚不构成严格意义上的哲学体系，但已经包含深入的体系化尝试。同时，在这些不同领域的著作背后，是他自己对知识体系本身的全新理解。因此，在介绍亚里士多德的著作之前，有必要澄清他的知识概念，这对于稍后有关实体的本体论反思也至关重要。

亚里士多德尽管批评柏拉图的形式理论，但他的知识论仍然沿袭柏拉图的基本立场，尤其坚持知识和信念在对象上的截然区分：我们不可能拥有关于信念对象——后面我们会看到，实际上指是偶然的、个别的事物或属性——的知识。尽管与柏拉图不同，亚里士多德强调感知是知识的起点，但他同样坚持感知与理智认识的区分，认为有关个别事物的感知本身并不会给我们带来知识，我们仍然需要理智的把握才能获得知识。

我们先来看亚里士多德在《后分析篇》中对知识对象的界定：

> 只有当我们认为自己认识了一个事物之所是的原因——认识到它就是该事物的原因（aitia）——以及该事物不可能是别的样子，我们才会认为自己无条件地知道（haplōs epistasthai）一个事物，而不是像智者那样偶然地〔知道〕。知道显然就是这样的。……因此，如果我们无条件地对某物有知识，那该物就不能是别的样子。[1]

亚里士多德认为严格意义的知识不同于偶然获得的认识，它需要满足两个条件：**（1）因果性条件**：知识是对事物之所以如此的原因或理由的认识，有关事物 S 的无条件知识的内容中应当包含对 S 的原因的理解；**（2）必然性条件**：知识所涉及的事物 S 不可能不拥有我们所知的性质 P，也就是说 S 必然是 P；否则的话，S 就只是偶然地是 P，而我们对于 S 是 P 的认识也就只是偶然地为真。例如，我们眼前的这个三角形碰巧是等边的，我们通过实际测量可以正确地认识到“这个三角形是等边的”。但是，这个三角形显然可以不是等边的但仍然是三角形，因为等边并不在三角形的定义之中。此时，我们原来拥有的“这个三角形是等边的”这一认识就不再为真。与此相反，我们通过证明得出结论“等边三角形的每个内角都是 60 度”。显然，任何等边三角形的内角都不可能不是 60 度，而证明可以帮助我们解释它何以如此，此时我们就拥有严格定义的关于等边三角形的知识。在亚里士多德看来，那种偶然为真的认识不足以成为严格定义的知识，因为知识不仅为真，而且必然为真。这里的必然性同样是在时间频率的意义下理解的，即在一切时间点上为真。

这里的必然性条件需要进一步澄清，因为柏拉图的知识论同样要求其对象是必然的，并由此论证形式的存在。亚里士多德此处强调的是知识的内容即“S 是 P”是必然的，而不是知识所涉及的对象 S 必然存在，否则我们就只能对永恒存在的事物如不朽的天体或柏拉图的形式拥有知识。而亚里士多德则认为我们

[1] 亚里士多德:《后分析篇》71b9-16。

完全可以拥有“人是会死的”这样的知识，其内容本身就是人是会毁灭的偶然存在，但这并不妨碍我们对每一个会死的个人的这一认识成为知识。亚里士多德确实在个别语境中谈到我们不可能拥有关于可以毁灭的事物的证明或知识，但这显然是一个错误的推论，因为知识所要求的只是不可毁灭的事实，而不是不可毁灭的事物。[1]

亚里士多德认为从以上两个条件可以进一步引申出知识对象或内容的**（3）普遍性条件**：知识的内容是普遍有效的，即S是P普遍地为真。这一条件可以有强弱两种不同理解：（a）根据弱的理解，S是P这一命题在所有场合为真。这不难从此前知识内容的条件推出，因为当我们从时间频率的角度理解必然性，这一弱的普遍有效性只是必然性条件的另一种表述；（b）根据强的理解，不仅S是P这一命题在所有场合为真，而且作为知识对象的S及其性质P都只能是普遍存在物或共相，例如“人”“三角形”“会死的”“等边的”等。亚里士多德的理由是，如果我们认识的只是个别对象，即使我们可能对与它相关的事实有正确的认识，例如我们凭经验正确地认识到“苏格拉底是会死的”“柏拉图是会死的”，我们并不能对他们为什么是会死的原因有恰当的把握，同时个别事物只是偶然存在的事实也会导致我们无法对它们拥有包含必然性的认识。[2]亚里士多德提供的理由是否成立，大家可以沿着以上思路自行判断，不过他确实把强的普遍性条件看作知识对象的必要条件。由此可知，在亚里士多德的知识论中，严格定义的知识只相关于普遍对象及其必然事实，并且要能解释其必然事实的原因。

亚里士多德进一步认为，我们对于这种普遍对象的必然事实的知识，实际上可以有两种：一种是证明性知识，另一种是非证明性知识。

其中，证明性知识依赖从前提到结论的推演，需要遵循一定的逻辑法则，尤其是亚里士多德最引以为傲的三段论法则。这种推演就是证明。在这个语境中，它首先是一种知识性的推演。也就是说，知识性的证明应当使我们获得理

---

[1] 例如亚里士多德：《后分析篇》1.8 75b22-24，此处参考了 Jonathan Barnes, *Aristotle: A Very Short Introduction*, Oxford: Oxford University Press, 2001, pp. 57-58。

[2] 例如亚里士多德：《形而上学》1.1 981a5-30；7.15 1039b27-1040a7，参见 Christopher Shields, *Aristotle*, London and New York: Routledge, 2007, p. 109。

解，即在把握对象普遍必然性的同时，把握事物的原因。

亚里士多德断定，证明所依赖的前提相对于结论应当具有以下六个特征：为真、原初、直接给定、对于我们来说更为熟悉、先于结论，并且能够解释结论。[1] 其中最关键的一点在于，只有当前提在认识论地位上高于其结论时，它才能帮助我们构建一个知识体系。由此不难推断，亚里士多德所接受的知识论的基本框架是基础主义的，它将我们所接受的结论还原到某些前提、公理或者是一些基本的假设。

亚里士多德由此推论，我们对公理、定义、假设，也就是作为证明性知识出发点的基本前提的把握，不可能是证明性的。否则会导致两个后果：（a）要么证明的过程会无穷倒退；（b）要么对前提和结论的证明会是循环的。前一种后果在亚里士多德看来是无法接受的：因为结论 A 依赖前提 B，前提 B 又依赖前提 C，以至于无穷，我们无法对最根本的前提产生恰当的认识，自然也不可能拥有关于结论的知识；而要表明循环证明同样不可接受，则依赖刚才提到的证明前提需要具备的六个特征了，尤其是第四个特征，即前提先于结论。如果证明是循环的话，那么假定命题 A 为真时，可以证明 B 为真；B 为真时有 C 为真；而 C 为真，可以证明 A 为真。当我们从 A 推导到 C 时，A 作为前提是先于结论 C 的；但当我们从 C 推导到 A 时，C 作为前提就先于结论 A。这就意味着，A 既先于 C 又不先于 C，违背了无矛盾律。值得一提的是，我们马上会看到，无矛盾律本身在亚里士多德看来就是一个不能被证明，但又必须接受的逻辑推导的第一法则。因此，只要我们不放弃无矛盾律，循环证明就是不可能的。因为在循环的证明当中，前提和结论具有了同等的知识地位。与此同时，根据证明的传递性，循环证明的基本想法也可以还原为：如果 A 为真，则有 A 为真。这个命题当然为真，但是它是琐碎为真（trivially true）。在知识论的框架下尤其如此，我们从“因为 A 所以 A”中并不能获得任何有关“A 之所以为 A”的知识。循环证明无法提供其中任何一个命题之所以为真的原因，也无法让我们因此获得对该命题的理解。

证明性的知识通过遵循逻辑的推演获得，那么，非证明性的知识呢？传统

[1] 亚里士多德：《后分析篇》1.2 71b20-22。

图 5.7 亚里士多德《论生灭》抄本（14 世纪初），图尔市立图书馆。亚里士多德（右二）在一对夫妇的床前向学生讲授实体的生成。毕竟，一切知识始于感性经验。

的说法认为，亚里士多德接受抽象理论，强调我们的知识从感觉经验中抽象而来（图 5.7）。就像他在《后分析篇》最后一章所说的那样，我们的知识从外感知开始，随后在记忆中把外感知所获得的感觉图像，特别是那些相似的图像保存下来。通过记忆我们获得了经验，然后通过经验我们最终获得具有普遍有效性的知识，以此达到对事物的非证明性把握。[1]

这种抽象理论本身能否成立，是知识论要处理的大问题。亚里士多德在其他语境中强调，从个别到一般的转化是一个质的飞跃，这是凭借感觉自身不能实现的，必须要依赖理智的参与，因为感知只能把握个别事物，没法呈现普遍事物的必然属性，知识的对象没法在感性经验中直接被给予。[2] 至于理智如何完成抽象，我将它留到第十讲，作为阿拉伯哲学家关于理智及其功能反思的历史背景。[3] 这里要强调的是，只有通过理智，我们才能以直观的方式把握到起源于感觉的普遍命题必然为真。

对无矛盾律的把握就是如此。亚里士多德认为尽管我们没法为之提供证明，但一旦理解无矛盾律的含义，就不得不接受它为真，并且认为它在所有场合必然为真。因为当一个人试图否认无矛盾律时，他的否定要有意义的一个最

[1] 亚里士多德：《后分析篇》2.19 99b15-100a19。

[2] 亚里士多德：《论灵魂》3.4 429b10-21。

[3] 见本书 10.2.3。

图 5.8　（伪）亚里士多德《自然问题集》中古法语译本抄本（1450—1475 年），海牙荷兰皇家图书馆。亚里士多德（中）在与学生讨论几何学与光学问题，亚里士多德虽没写过专门的数学著作，但几何公理体系无疑是其证明性知识的模板，这部逍遥学派文献也保留了若干与数学相关的讨论。而他对数学的兴趣，可能也来自学园和柏拉图的影响。

小条件是：他在否定无矛盾律，不是在否定别的东西。而如果他要否定的对象是无矛盾律，他就必须要求无矛盾律为真。否则的话，他否定的对象就既是无矛盾律，又不是无矛盾律。所以，在亚里士多德看来，要说出有意义的话，甚至有意义地进行思考，我们就必须接受无矛盾律为真。这并非对无矛盾律的证明，而仅仅是以理性的方式指出无矛盾律是我们进行有意义的谈论的前提。[1]

以上简略地介绍了亚里士多德对知识的一般性理解，强调知识的内容是对有关普遍对象的必然事实，同时区分了非证明性和证明性知识：前者可以通过理智直观来把握，后者需要通过逻辑推演来实现。由此看来，最容易满足亚里士多德严格界定的知识，是欧氏几何这样的数学知识或者与之相似的逻辑体系，它们以自明的公理为前提，通过严格演绎的方式推导出普遍、必然的结论（图 5.8）。但我们也会注意到，如果理智直观把握的只是无矛盾律这样的形式法

[1]　亚里士多德：《形而上学》4.4 1005b34-1006a28。

则，不包含对外间世界或心灵自身的实质性理解的话，那基于这样的前提证明的结论也只是一般的逻辑法则，还有与之相似的数学定理。因此，我们还需要其他形态的理智直观，还需要感性经验和抽象活动来为知识填充经验性内容。这一点如何实现，当然是一个独立的、宏大的话题。我们由此返回亚里士多德自己的研究和写作，来看他如何填充知识的实质性内容，并把它们整合为一种关于世界的体系性认识。

3. 亚里士多德的著作

在亚里士多德看来：所有人都有求知的本性，不同知识门类的目的都是为了满足人类的自然求知欲。他因此根据知识所服务目的的不同，将其区分为不同的类别（图 5.9）。

图 5.9　亚里士多德的知识分类

最基本的区分是理论和非理论知识的区分：如果一门知识只以获得真理本身为目的，为知识而知识的话，它就是理论知识；如果在获取真理之外，一门知识还可以实现其他目的，它就是非理论知识。非理论知识又进一步分为实践知识和生产性知识两个大类。它们之间的区别就在于该知识是否会带来实践之外的额外产品。在亚里士多德看来，严格界定的实践知识指向的就是我们的行动，不会像技艺那样再带来额外的产品。

生产性知识中，一大门类是生产技艺，通过现实地制造家具、鞋等产品来满足物质需求，医学也可以归入此类，它的产品是某个具体的人的健康；另有一个很特殊的类别，它的产品是话语或逻格斯，诗学和修辞就属此类，它们往往通过摹仿的方式来生产言辞。

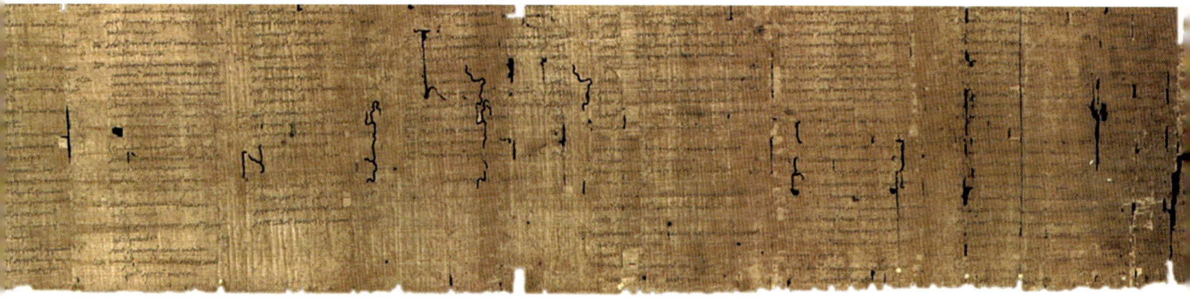

图 5.10　亚里士多德《雅典政制》纸莎草卷（78—100 年），大英图书馆。亚里士多德收集了 158 个希腊城邦的宪法，作为写作《政治学》的参考，这是仅存的一部，1879 年出土于埃及。

实践知识关心的是人们的行为举止以及与之相关的善好，根据它的对象范围又可以分为三类：首先是个人层面的实践智慧，类似我们今天所说的伦理学——但未必是亚里士多德自己的伦理学，因为下一讲我们会看到，他在伦理学著作中谈论的实际上是某种特殊的政治知识；其次是在家庭（household）层面的家政学，即后来的经济学；最后是城邦层面的政治学（图 5.10）。

亚里士多德对理论知识的区分也是根据其对象的差异：当它研究的是处于运动变化中的对象时，就是自然哲学。而当它研究的对象不包含物理性质的变化，但仍然有量的变化时，就成为数学。比数学更高的是神学或第一哲学，它所研究的对象不包含任何变化，无论是质的还是量的。它所关心的首先是必然存在和事物的必然属性。这种知识之所以被称为第一哲学或第一知识，和我们刚才说到的知识的严格定义有关：知识的对象是普遍必然事物，而严格说来，只有神学或第一哲学所研究的对象才满足这个特征。

在上述知识分类中，亚里士多德并没有直接提到逻辑学的位置，但亚里士多德自己最为骄傲的学术成就正是发明逻辑学。[1] 此处接受古代逍遥学派的主张，认为逻辑学乃是各个知识门类都必须依赖的理论工具，甚至生产性的知识也不例外。在亚里士多德看来，修辞学要真正成为一门技艺而不是诡辩，也需要去把握语言和思想背后的逻辑。在亚里士多德的知识体系中，逻辑占有一个更根本的位置，它是所有实践和理论知识的根本出发点。

[1]　亚里士多德：《辩谬篇》183b34-184a7。

根据这一知识体系框架，我们可以将今天流传下来的亚里士多德著作进行如下分类：

（1）逻辑学（《工具论》）

《范畴篇》（*Cat.*）、《解释篇》（*DI*）、《前分析篇》（*Apr.*）、《后分析篇》（*Apo.*）、《论题篇》（*Top.*）、《辩谬篇》（*SE*）

（2）理论知识

《物理学》（*Phys.*）、《论天》（*DC*）、《论生灭》（*GC*）、《天象学》（*Metr.*）、《论灵魂》（*DA*）、《自然诸短篇》（*PN*）、《动物志》（*HA*）、《动物的部分》（*PA*）、《动物的运动》（*IA*）、《动物的生成》（*GA*）、《形而上学》等

（3）实践知识

《尼各马可伦理学》（*EN*）、《欧德谟伦理学》（*EE*）、《大伦理学》（*MM*）、《政治学》（*Pol.*）

（4）生产知识

《修辞学》（*Rhet.*）、《诗学》（*Poet.*）

以上列出了亚里士多德的重要著作和常用缩写。他几乎在所有知识领域都留下了重要的贡献，唯一的例外是数学和修辞学之外的生产性知识。稍微需要补充的是，自然哲学不仅包含《物理学》，动物学、天象学等著作也在其中。特别值得一提的是，他有关灵魂的研究，也可以看作自然哲学的一部分，但它会触及自然哲学的边界。因为人的灵魂可以把握普遍必然的对象，由此获得严格意义的知识，这是理智的作用。所以，理智这一灵魂的特殊活动或功能，使得关于灵魂的研究在一定意义上超越了自然哲学，进入第一哲学的领域。

不过，这些所谓亚里士多德著作，绝大部分并不是他生前完成或发表的论著，而是他在吕克昂学园使用的讲稿，可能经过他人的编辑，但最初并不是为了公开传播。亚里士多德生前发表的大多是哲学对话录，虽然西塞罗对其文采推崇备至，但仅有残篇流传。

亚里士多德著作的这一文体特征决定了阅读和理解亚里士多德的著作应该采取的方式。我们应当充分考虑它的教学功能：亚里士多德的讲授常常从听众比较熟悉的内容出发，去推导那些更为深入和难解的内容。所以，在考察亚里士多

德的论证时，也需要考虑具体的语境。他在一开始所接受的前提，不见得就一定是他最后要去辩护的主张，因为那可能只是用来引导学生的一个论点。这也是亚里士多德的辩证法或哲学方法的一个重要特点。

英国学者巴恩斯对于阅读亚里士多德论著有一个很棒的建议：

> 拿起一本论著（treatise），想象它只是一沓讲义笔记，想象你要用它们来讲课。你必须拓展和说明论证，你必须让起承转合变得明晰；你也可能会决定将某些段落放到脚注里，或者把它们留到另一个场合或下一堂课；如果你有一个讲者的天赋的话，你还会发现笑话将不请自来。[1]

将亚里士多德著作当作讲义底稿的好处不止于此。更重要的是，我们还会从中更真切地体会到哲学的思辨精神。因为，作为讲者，我们实际上像对待一部对话录一样，把亚里士多德的哲学论著作为有待发掘的哲学宝库，它需要我们以平等的身份去参与对话，需要我们困惑、反思、质疑甚至批判，而不是简单地把它作为一套知识体系接受下来。（图 5.11）这也是亚里士多德本人作为哲学研究者所追求的理想。

图 5.11　《亚里士多德著作集》早期印本（1483 年），纽约摩根图书馆与博物馆。这部文艺复兴时期的印本曾被誉为“世上最华丽的书”。此图为克雷莫纳的吉罗拉莫绘制，展示亚里士多德与他的中世纪评注者阿维洛伊论辩的场景。阿维洛伊无疑是历史上最优秀的亚里士多德哲学讲者。

[1] Barnes, *Aristotle*, p. 6.

二、《范畴篇》中的实体理论

逻辑学是一切知识尤其是理论哲学所依赖的理论工具。《范畴篇》则是亚里士多德逻辑学论著集《工具论》的第一篇，是他所有哲学思考的立足点。从古代晚期开始到近代早期，《范畴篇》也是众多哲学研究者需要读的第一部古典哲学原典，因此成为千余年间西方哲学家思考的起点。

1. 四范畴说

什么是范畴？我们今天用范畴来指对事物的基本分类。理解亚里士多德范畴概念的关键和困难恰恰在于：被范畴分类的事物究竟是什么？在亚里士多德那里，“范畴（Katēgoria）”一词，可以指谓词（predicate），也可以指谓述方式（predication）。更重要的是，它还可以指我们用逻格斯来谈论和思考的心灵之外的对象。在古希腊哲学传统中，心灵之外的对象也被称作“是者”。从巴门尼德开始，西方哲学家就已经注意到语言、思维和“是者”之间的同构性。在《范畴篇》中，亚里士多德也正是从两种不同的谓词或谓述出发去推断“是者”的不同类别。所以，我们这里首先关注的是对于“是者”的不同类别的划分，但是划分的起点却是从两种不同的谓述开始的。

“是”在希腊哲学传统中的一个重要哲学含义就是谓述，例如“S 是 P”这样的表达式。在柏拉图看来，当我们说“S 是 P”时，无论说的是“苏格拉底是人”，还是“苏格拉底是白的”，“是”的用法并没有区别，都是表谓述。或用他的形式理论来说，这里的“是”都在说明个体对形式（人或白）的分有，可以说是同名同义的（univocal）。

亚里士多德并不这么看。他认为这两个谓述有一个非常重要的区别：苏格拉底因其本身就是人，或者说苏格拉底不可能不作为人而存在，但是苏格拉底并不因其本身就是白的。在对苏格拉底的理解当中，并不必然包含着对白的理解：苏格拉底可以不是白的，比如说他被晒黑了，但他还是苏格拉底。这一语言直觉引导着亚里士多德在《范畴篇》第二章对这两种谓述做出更根本的区分：

当我们说“苏格拉底是人”时，实际上是在用谓词“人”去说主词“苏格拉底”。当然，“说”在这里有特殊的含义，并不能等同于谓述，它实际上指的是对主词或其指称对象的归类，而且是一个基本的归类，把它归到一个具有特定本质的类别中。所以，当我们说“苏格拉底是人”，是在把苏格拉底归到人这个自然类中。但当我们说“苏格拉底是白的”时，这并不是用谓词“白”来对苏格拉底进行自然归类，因为苏格拉底并不属于白这个类别。在亚里士多德看来，我们表达的是“白”这个谓词或“白”所意指的白色这种性质在“苏格拉底”这个主词或苏格拉底这个人之中。这里的“是”表达“在……之中”的关系。亚里士多德对这个关系做了明确的界定：如果 a 在 b 之中，则 a 并不是作为一个构成部分，而是作为一个不可能脱离 b 而存在的偶性存在于 b 之中。[1] 所以，当我们说“苏格拉底是白的”时，我们实际上就是在断定：白这种偶性存在于苏格拉底之中，它不能脱离苏格拉底存在。

相应地，“是”被区分成两种不同的用法：一是“说”或者“归类”，一是“在……之中”。在此基础上，补充肯定和否定这两个选项的组合，就可以把所有的“是者”分成四个类别。当然，它们也对应四种不同的词项。

表 5.1　四范畴表

	不在基体之中（实体）	在基体之中（偶性）
不说一个主词 （特殊的）	苏格拉底 赤兔马	苏格拉底的文法知识 赤兔马的红黑色
说一个主词 （普遍的）	人 马	知识 颜色

（1）永远不可能作为谓词出现的词项。例如，“苏格拉底”这样的专名，它指称的是特殊事物，尤其是特殊的自然物。因为苏格拉底既不能对其他事物进行分类，也不能作为一个偶性存在于其他的事物当中。恰恰相反，其他的偶性存在于他之中。由此我们得到第一个类别的“是者”，即特殊实体。

（2）“人”这样的词项，它所意指的是普遍对象，无论该对象是否能独立于个别的人而存在，它至少可以对苏格拉底这样的个人进行分类，但是人本身又

[1]　亚里士多德：《范畴篇》1 1a24-25。

不是作为一种偶性存在于特殊事物之中，而是作为这个事物的本质属性对该事物进行归类，它被看作普遍实体。

另外两个类别的“是者”则是作为某种属性存在于其他基体（subject）之中。但是，它们之间又有一个很重要的不同：(3)“赤兔马的红黑色”所指称的性质就只能存在于赤兔马之中，不能对其他的颜色进行分类，它是特殊偶性；(4)与此同时，存在一个更普遍的红黑色或颜色概念，可以对其他特殊实体的颜色进行分类，它是普遍偶性。当然，这里会存在一些难以归类的案例，例如某些以特殊的个体命名的分类方式，如克莱因蓝。作为一类特殊的蓝，它究竟是特殊的偶性，还是普遍的偶性？对这类边界案例的思考会帮助我们反思赤兔马的红黑色是不是只能在赤兔马身上存在的颜色，是不是绝不可能在其他特殊实体上得到例示。这里暂时存而不论。

简单来说，我们通过“说”和“在……之中”这两种不同的关系来对“是者”进行分类。其中，能不能“说”别的词项，决定了一个“是者”是普遍的还是特殊的；而在不在别的事物之中，则决定了一个“是者”是实体还是偶性。

在上述区分中，我将“说”的对象译为“主词”，而“在……之中”的对象译为“基体”，但它们在希腊语中都是同一个词“hypokeimenon”。它的本义是“放在下面的东西、作为支撑之物”，可以指句子中的主语、逻辑中的主项，也可以指在一个物理变化当中保持不变的基体。该词在拉丁文中译为“subiectum”，保留了它的这些基本含义——这个拉丁词具体含义的历史变迁与近代主体概念兴起之间的关联，一直是思想史热议的话题——但在汉语中，我们很难用同一个词去刻画它的不同含义，因为一个涉及的是主词（主项）和谓词（谓项）之间的语言和逻辑关系，另一个则指向基体和偶性之间的本体论关系。当然，我们可以反过来追问亚里士多德：混用这两种含义，有没有偶然的语言事实之外的理由？我认为他在《范畴篇》中并没有意识到或至少没有回答这一问题。不过，此前一再强调的语言、思维和存在之间的同构性，可以帮助我们去理解，为什么“hypokeimenon”可以在语言、思维和存在三个不同层面出现。

2. 十范畴说

以上是《范畴篇》第二章对“是者”的四分。亚里士多德随后将两个实体范畴合并，但对偶性做了更细致的划分，区别出 9 种不同的偶性，它们和实体一起构成十范畴。

表 5.2　十范畴表

常见译法	李之藻	亚里士多德用词	希腊语	示例
实体	自立体	“实体” “这一个” “是什么”	*ousia* *tode ti* *ti esti*	人、马 苏格拉底 “苏格拉底是人”
量	几何	多少	*poson*	4 尺、5 尺
质	何似	什么样	*poion*	白的、文雅的
关系	互视	与什么相关	*pros ti*	两倍、一半、较大
地点	切所	哪里	*pou*	在吕克昂、在市集
时间	何时	什么时候	*pote*	昨天、去年
姿态	体势	处于……姿态	*keisthai*	躺着、坐着
具有	得有	拥有、占有、穿着	*echein*	穿着鞋
行动	作为	做	*poiein*	砍、烧
遭受	抵受	受	*paschein*	被砍、被烧

这些范畴，很多是我们熟悉的：例如量和质，我们今天经常谈量化研究和质性研究；还有关系范畴，此前柏拉图谈论的形式不少可以归入关系范畴。我们可以把它看作亚里士多德对不同谓词的进一步分类，也可以把它看作这些谓词所意指的语言之外的“是者”的区分。

上表着重强调亚里士多德的六个表达式，意在展示他划分范畴的可能依据。它们是希腊语中常用的疑问词，而相应的范畴则被看作对一个事物常见疑问的回答。[1] 例如，实体范畴对应的就是“（一个事物）是什么”。当一个完全

[1]　就此而言，李之藻最初的文言译法如“几何”“何似”“何时”等颇有古风，值得参考。

没听过“赤兔”这个词的人问你：“赤兔是什么?”你只讲：“赤兔是关羽的”，“赤兔是红黑色的”，“赤兔跑得快”，都没有办法让对方停止追问。只有当你说：“赤兔是一匹马”时，对方才会满意。因此，实体揭示了一个事物之所是。相应地，量是对“多少”的回答，质则是对“什么样”或“哪一类”的回答，颜色、美德都可以划入质的范畴。在日常语言中，这些疑问词引导我们去思考语言背后所预设的事物及其属性的基本分类。而在六个疑问词之外，亚里士多德用了四个动词不定式，从主动、被动、当下的姿态和具有的能力或装备四个方面，进一步规定事物的静态和动态特征，它们也回应了人们在语言中进一步描述事物的需要。

亚里士多德的范畴学说，无论是四范畴还是十范畴，都是在语言或逻格斯引导下的本体论反思。不少哲学家会质疑他分类的根据，但仍然会沿着这个思路，去考虑能否将纷繁世界的不同属性归约到一个最基本的分类中（图 5.12），例如波斐利、阿奎那、笛卡尔、康德甚至海德格尔。当然，今天对量化研究的强调，在一定意义上削弱了这种类别区分。但至少在日常经验中，范畴划分仍然是我们和世界打交道的基本方式。

3. 实体范畴

在亚里士多德的范畴理论中，地位最独特的是实体。它和其他范畴的关系并不对称。特别是划分四范畴的“在……之中”这一关系表明：其他偶性范畴都依赖实体存在，而实体则可以离开一个或者一类特殊的偶性，仍然保持其为实体。简而言之，实体在本体论上优先于偶性。

《范畴篇》的第五章专论实体，它将四范畴中两类不满足“在……之中”的范畴都称为实体：第一实体和第二实体。第一实体指“既不用来说一个主词，也不在一个基体之中”的存在物。能满足这个条件的，首先是像赤兔马或苏格拉底这样的特殊自然物。而第二实体则是可以用来说或归类第一实体，但是并不在它之中的存在物，亚里士多德将其称为属和种。[1]

---

[1] “eidos (species)”和“genus”这两个词译法不统一，我将这里的“eidos”译成“种”，把“genus”译成“属”，与之相应的，把在一个属下区分不同种的依据“diaphora (differentia)”译为“种差”。

图 5.12 托马斯·勒梅西耶《柳利著作精编》抄本（约 1321 年），卡尔斯鲁厄巴登州立图书馆。这或许可以称为中世纪哲学家柳利（中）的范畴表，最左侧的九位智者自上而下提出十个问题：是否存在（可能性）？是什么（本质）？由何而来（质料）？为何如此（形式）？多少（量）？什么样（质）？什么时候（时间）？哪里（地点）？何种方式（模式）以及凭借什么（工具）？而这些问题针对的则是对面“自然阶梯”上的一切存在，自下而上依次为人造物、元素、植物、感性的、有想象力的、理性动物（人）、诸天、天使和上帝。

当代生物学仍然采用属和种的分类。亚里士多德在《范畴篇》中用它们来对一切自然物进行分类。其中，“种”的希腊语是“eidos”，也就是柏拉图所说的形式，这里指事物的较小分类。属（genus）则是一个更宽泛的分类。比如说，苏格拉底是人，苏格拉底也是动物。人就是相对苏格拉底来说的最小分类，在它之下就是特殊的人。而动物是一个更宽泛的分类，在它之上还有生物，有“物质存在”，直到实体这个基本范畴。无论属还是种，它们都依赖个别物而存在，都是对个别物的分类，而不是反过来。这充分体现了第一实体在本体论上的优先地位。其他事物，不管是作为它的分类，还是它的偶性，都要依赖它而存在。亚里士多德本体论的基本图景和柏拉图的形式理论形成鲜明对照：无论我们如何理解柏拉图的形式，它都先于我们所接触到的可感的个别物理对象；而亚里士多德则反过来强调：在第二实体中，种比属的本体论地位更高，这恰恰是因为种更接近物理世界中的特殊实体。[1]

一个柏拉图主义者或许会问：为什么要把属和种同其他普遍词项或一般存在物区别开来？亚里士多德在《范畴篇》第五章中从语言角度进一步描述了它们的不同：与其他范畴不同，不仅属和种的名称，而且它们的定义都可以用来谓述主词。当我们说“苏格拉底是人”时，不仅“人”这个名称可以用来谓述苏格拉底，而且人的定义，例如“两腿的无毛动物”也可以用来谓述苏格拉底。但是普遍偶性就不行。尽管我们可以说“苏格拉底是白的”，我们却不能用白的定义去谓述苏格拉底，因为我们不能说“苏格拉底是颜色”。此外，我们后面会看到，亚里士多德要求定义是对一个事物的本质，一个事物“因其自身之所是”的界定，但白并没有界定苏格拉底因其自身之所是；而人与之不同，人界定了苏格拉底的本质存在。在这点上，亚里士多德的实体理论和柏拉图的形式理论有根本区别。

总结一下《范畴篇》里谈到的实体的优先性：其他所有事物或者是用来说（归类）第一实体，或者在第一实体之中，以第一实体为其基体。亚里士多德由此推断：如果第一实体不存在的话，那么其他事物就不可能存在。这也就意味着第一实体在本体论上（但未必在时间上）优先于其他一切存在物。

[1] 亚里士多德：《范畴篇》2b7-8。

三、亚里士多德论运动的本原与原因

在《范畴篇》中，亚里士多德不再进一步追问第一实体的存在是否可以还原为它的构成要素。然而，他在《物理学》中为了解释事物的运动变化，引入质料和形式这一组概念，这为刻画第一实体的内部结构指明了方向。

1. 运动的本原

亚里士多德的《物理学》，首先反思的是运动变化的本原和原因。对他来说，物理学（physics）的研究对象是自然或本性（physis），而“自然”最基本的含义就是事物运动变化的内在本原和原因。

上述自然定义实际上已经包含亚里士多德自然哲学的一个基本前提：自然界中存在着运动变化。（图 5.13）我们或许会觉得这是不证自明的事实，但巴门尼德的理论和芝诺悖论，已经展示了运动变化现象对早期哲学家所提出的理论挑战。与此同时，柏拉图尽管承认在可感世界中存在着运动变化，但却否认我们可以获得关于极端流变中的事物的知识。所以，当亚里士多德试图展示物理学或自然哲学是哲学的一个合法分支时，他既需要辩护世界中存在着变化，也需要证明我们可以获得关于这个变

图 5.13　亚里士多德《物理学》抄本（1250—1275 年），大英图书馆。装饰首字母中的哲学家在观察天体的运动，他头上醉醺醺的愚人则在木轮车中滚滚向前。画家的意图可能是将知识与愚蠢并置，强调过分专注玄想会让人癫狂，不过也呈现出运动无处不在，上至天体下至人体。

化中的世界的普遍的、必然的知识。这也就意味着，亚里士多德不能像前苏格拉底哲学家那样，仅仅接受运动变化存在的这一事实，同时提供世界如何产生运动变化的近乎机械论的解释；在亚里士多德看来，这不过是一种宇宙生成论（cosmogony），真正的哲学挑战是去澄清运动变化的理论前提，或者提供一种严格意义上的宇宙论（cosmology）。

亚里士多德采用归谬法来辩护运动变化存在。他首先假定宇宙中并不存在运动变化，所有事物都处于静止中。与此同时，感觉向我们呈现出来的世界却并非如此。感觉总是在经历各式变化，颜色的、声音的、味道的变化。此时有两种可能：一种可能是感觉如实地报道了世界之所是，那么，当然就存在变化，命题得证；另一种可能是，感觉是不可靠的，由它形成的关于世界的信念是错误的。此时，亚里士多德指出：当你承认有错误的信念形成，实际上也就承认了存在一种特殊类型的运动变化——心灵中的观念变化。由此可以推知，这个世界仍然存在着运动变化。[1] 当然，我们或许会质疑从心灵的变化去推导心灵之外的世界自然中的变化是否合法。这确实是个问题，但如果我们在心灵哲学上是一个物理主义者的话，要回答这样的质疑并不困难。即使并非无可辩驳，亚里士多德的论证策略至少是有趣的。接下来的问题是，我们如何从理性上把握运动变化？

亚里士多德认为，既然存在变化，那就一定存在差异。变化的一个最小条件，就是它应该包含着 a 和非 a 两个因素。他把这两个差异性因素称为对立。对立当然是一组特殊的差异，他经常谈论的对立，专指两极对立，例如白和黑在颜色上的对立。不过，亚里士多德认为同一类范畴的差异都可以被还原到它的两极或两极间的差异。[2]

然而，两个对立本原并不足以解释运动变化的产生。因为我们很难理解，一个事物根据其本性就会在对立面间转换，而对立面本身并不会提供它们相互转化的理由。白只会解释事物是白的原因，并不能够解释事物向着黑的变化，反之亦然。更重要的是，对立面会在变化中消失：当事物由白变黑时，白就消

[1] 亚里士多德:《物理学》8.3 254a23-31。

[2] 同上书，1.5 188b22-24。

失了。但当我们谈论变化时，我们总是在谈论什么东西在变化。也就是说，我们需要假定有一个东西在变化中保持不变，并且可以把变化归于它。例如我们会说，正是苏格拉底被晒黑了，他由白变黑。当然，我们也可以简单地说：这是一个由白到黑的转化。但如果我们要在物理世界中准确定位这一变化，就很难不引入类似苏格拉底这样的在变化中不变的存在物。亚里士多德将其称为质料，它是运动变化开始的地方，并且在整个变化过程中保持不变，作为基体承载着对立面的转化。[1] 例如我手里的白色粉笔，当我把它涂成红色，它的颜色发生了变化，但是它作为粉笔并没有发生改变，仍然适合于在黑板上书写。此时，粉笔就是这一变化中的质料。

亚里士多德进一步指出，我们之前提到的作为对立面的 a 和非 a，都可以解释为特定的形式（eidos）或逻格斯（logos）和它的缺乏（sterēsis）。[2] 这里的形式指的就是那些能够发生运动变化的属性。它可以是之前我们提到的九个偶性范畴中的任何一个，也可以是实体范畴。（图 5.14）不过，实体范畴中形式的变化比较复杂，因为它意味着实体的消亡。比方说，当苏格拉底失去人的形式时，他同时也就完全不再存在了，在这个过程中是否仍然

图 5.14　亚里士多德《物理学》抄本（1280—1285 年），巴黎马萨林图书馆。亚里士多德（左）向学生讲授运动学说。画师小心地标示了不同类别的动作，如“拽（trasio）”“推（pulsio）”“转（vertigo）”等。不过，这些动作都可以划归位移的范畴。

[1]　亚里士多德：《物理学》1.9 192a25-34。

[2]　同上书，1.7 191a12-14，此处原文的读法参照了牛津版《亚里士多德全集》英译者的建议。

有什么存在物作为基体保持不变，是一个极有争议的话题，暂且不谈。

回到关于运动变化本原的讨论，我们提到了质料、形式和缺乏，这是否就意味着理解变化的产生需要设定三个本原呢？亚里士多德指出，在这三个本原中，“缺乏”和其他两个本原有根本的不同：质料是在运动变化中保持不变的东西，而形式则是质料在运动变化中获得的新属性，或失去的旧属性，而缺乏实际上是对形式的否定，即形式的不存在。所以，当某个事物发生变化时，实际上是该事物由质料和缺乏的组合变成了质料和形式的组合。在转变中，质料保持不变，只是和它组合的另一个元素发生了变化。但缺乏因其自身不能得到界定：它本性就“不是”，而总是通过质料所获得的新形式，或者质料失去的旧形式来得到界定。所以，从本体论上说，质料和形式是两个更为根本的本原。亚里士多德由此证明，一个能经历运动变化的事物，一定是质料和形式的复合物。这又被称为亚里士多德的质形论（hylomorphism）。

2. 四因说

质形论无疑是理解亚里士多德运动变化学说的基本理论框架，但它只说明了运动变化的逻辑前提，并没有揭示运动变化发生的原因或理由。这是亚里士多德引入“四因说”的原因。不过要注意它和当代因果理论的区别。当代理论关注的是时间因果性，即原因和结果作为两类不同的事件内部有何关联；而亚里士多德首先关心的是运动变化这种自然现象背后的终极理由，而他给出的答案也远远超出了事件的范畴。这也就意味着，即使把四因说看作一种因果理论，它也不是以事件为中心的因果理论。

亚里士多德关心的当然首先是自然物的运动和变化。不过，技艺摹仿自然，从手工技艺的例子入手，或许可以帮助我们更好地把握四因说的内涵及其困难。要解释一双鞋的制成，我们首先会问：鞋是用什么做的？它的材料从何而来？而对它的回答，就是在阐释鞋的**质料因**。质料因解释了在鞋的生成中保持不变的构成要素，例如皮革，它来自某种动物。但动物皮革的存在本身，并不能完整地解释鞋的生产，因为我们可以用皮革去制造别的东西，比如说一件皮草。

真正把鞋和皮草等其他皮制品区别开来的依据，首先是鞋的形状和它所能完成的特殊功能。比方说一双凉鞋，它的特定形状（morphos）和适合于夏季穿着的功能就规定了它存在的理由，把它和其他皮制品，包括其他类型的鞋（如靴子）区别开来。亚里士多德认为形状或形式，规定了所生成事物的存在理由，解释了它在什么意义上是其所是，这是它的**形式因**。

但光有形式因和质料因是不够的，因为一只鞋特定的形状和皮革在存在上可以是分离的，只有当它们结合在一起时，才会生成特定的皮鞋。什么使形式因和质料因能够结合在皮鞋中呢？显然是鞋匠，因为他开启了质料和形式相结合的变化。鞋匠也因此被称为生产鞋的**动力因**。动力因无疑是四因中最接近当代因果理论的原因，但仍然有一个重要的差异。当代哲学家倾向于认为鞋匠切割皮革（图 5.15）等活动或事件，才是鞋得以制成的原因。而亚里士多德则强调是鞋匠本人，因为他作为鞋匠的存在，才使得切割皮革的活动成为鞋生成的原因。因为我们完全可以想象一个没有掌握制鞋技艺的儿童拿着皮革刀玩耍，但很难把他切割皮革的活动称之为制鞋。这里实际触及更深层次的动力因，因为我们会问：是什么使鞋匠成为鞋匠呢？显然是他所掌握的制鞋术。真正使得运动变化开始，使质料与形式相结合的原因不是鞋匠这个人，而是他心中的技艺，这才是严格定义的动力因，它开启了整个运动变化。

以上三种原因，足以解释这双鞋的制成吗？亚里士多德认为，要解释这双鞋为什么要选择这样的材质，为什么要切割成特定的形状和尺码，我们可能还需要一个更根本的理由：这双鞋是用来做什么的？对它的回答就是

图 5.15　黑像双耳陶瓶（前 500—前 490 年），波士顿美术博物馆。鞋匠附身向前，沿着顾客的脚切割皮革，他的助手在准备另一只鞋。这件陶瓶据说属于公元前 5 世纪雅典一位叫西蒙的鞋匠，他曾经招待过苏格拉底和他的对谈者。西蒙也是最早的苏格拉底式对话的作者之一。（拉尔修：《名哲言行录》2.13.123）

鞋的目的因或最终因。它的实现不仅出现在制鞋过程的最终阶段，而且作为最根本的理由解释了其他原因。因为鞋匠之所以愿意切割皮革，选择特定的皮革和特定的尺码都是为了实现某个特定的目的，例如为眼前的女士提供一双可以和她的长裙搭配的凉鞋。

3. 目的因

在制鞋的例子中，我们似乎不难理解亚里士多德为什么要用四类不同的原因或理由来解释鞋的生产，但当我们从技艺类比到自然时，困难就会浮现。质料因大概不难理解：一颗种子发芽长成大树，它的质料因就是种子原有的物质结构和它吸收的养分。而它的形式因当是后来大树的特定形状和其他能够规定该物种的特征。至于动力因，则可以追溯到这粒种子的父本和母本的结合，或许也可以追溯到阳光或太阳，它们共同促成了种子的生长变化。但什么是它的目的因呢？在制鞋的例子中，鞋的目的因实际上是鞋匠或订购它的顾客赋予的。正因为鞋匠和顾客拥有理性，他们才能进行这种有目的的活动，把随身穿着这一目的赋予没有生命的鞋。但在自然界中存在这样的原因吗？这也是很多人批评亚里士多德四因说的一个重要理由：在自然物中，我们看不到鞋匠或其他理性存在来赋予它目的因。或许大家会想引入造物主的概念，但这对于普通希腊人来说是陌生的，尤其对于亚里士多德来说，是不可接受的。因为他一再强调，自然哲学谈论的首先是自然物运动变化的内在本原。相应地，目的作为自然的最终本原，应该内在于自然物之中。一颗种子长成一棵大树，这是源自它的内在本性，而不是任何造物主或设计者赋予的。

我们接下来需要考察亚里士多德是否有好的理由引入目的因来解释自然物的变化，因为近代以来的物理学摒弃了目的因的存在，尝试对物理世界进行纯粹机械论的解释，而达尔文以来的生物理论直接针对的就是亚里士多德的自然目的论。目的因无疑是其四因说中最有争议的一环，也常常被认为是最薄弱的一环。

亚里士多德自己也意识到，相比其他三个原因，目的因的引入需要更多的解释和辩护。他的一个基本论证策略是：如果不引入目的因，自然界中就有一个维度得不到最佳解释。这意味着，亚里士多德并不认为目的因给自然现象提供了唯一的解释，而是说，相比其他理论，它提供了更好的解释。

（1）亚里士多德经常提到的一个现象是自然物的规律性。例如不同植物的树叶往往都会长在果实上方。用目的因来解释，就可以把这种现象说成是服务于遮蔽果实这一内在目的。再如牙齿的形成，总是会在口腔前面形成门牙适于撕咬食物，而在后面形成臼齿以便磨碎食物，这一组合有助于更好地消化食物。引入目的因似乎能更好地解释牙齿为什么形成这样的组合方式。再如心脏可以泵血，肾脏可以解析血液等。在亚里士多德看来，生物中包含的这种规律性现象，要么是出于内在的目的因，要么纯粹是偶然的结果。但作为一种解释来说，出于偶然的东西，是不太可能总是或者经常以同样的方式发生的，因此目的因才是适合解释这类规律性现象的终极理由。[1]

这是一个有趣的论证，它也说明了为什么在经受达尔文主义的洗礼之后，我们仍然愿意用目的论语言描述生物现象的产生，甚至谈论所谓进化的目的。生物的规律性构成了引入目的因的一个动因。但困难在于：并非所有规律都适合用目的因来解释。亚里士多德自己也提到，心脏在泵血时，总会发出咚咚咚的有规律的噪音，但是我们很难说心脏的存在，或心脏的有规律运动，就是为了发出这样的噪音。所以，在选择特定的规律性作为解释对象时，实际上已经设定了，在心脏的活动中，只有一个特殊的维度是适合用目的因来解释的，比如说它同其他内脏之间的关联。这也意味着，亚里士多德实际上把目的因所依赖的一套本体论引入他为目的因存在辩护的论证之中。

（2）另一个支撑目的因存在的论证是著名的技艺和自然的类比。刚才我们使用制鞋的例子来讲四因，也是在利用类比。技艺－自然类比认为：技艺或者是在摹仿自然，或者是在完成自然所不能完成之事。无论哪种情况，自然都被看作在技艺之先。亚里士多德因此认为，自然和技艺能够相互接续，构成一个连续性的结构，是因为它们具有相近的内部构造。在鞋的制作中，制鞋术作为动力因使得它的产品服务于特定的目的。同理，在自然物中，与制鞋术相类比的自然本性，也应该使特定的自然物服务特定的目的。在鞋的制作中，制鞋术需要通过鞋匠的工作实现，而在自然物的生产中，本性无须假手他人，它通过

[1] 亚里士多德：《物理学》2.8 198b32-199a8; 199b18-26。

自然物的内部结构，例如种子的基因，就能朝向它自身作为目的的实现。在这个意义上，本性也被看作自然物的目的因。[1] 当然，这个论证会有一切类比论证的通病，而且它所断定的自然和技艺或艺术之间的连续性也很难有直觉之外的支撑，是一个相对较弱的论证。

（3）亚里士多德在《形而上学》《论生存与毁灭》等著作中提供了一个更有趣的形而上学论证来为目的因辩护。他的基本想法是：像苏格拉底这样的有机体在一个给定的时刻是一个统一体，同时它在生命的衍生和变化中，也是一个统一体。而引入目的因，可以更好地解释一个有机体的共时性同一和历时性同一。比如说，在某个给定的时刻，苏格拉底是由五脏六腑、手、脚、大脑等不同身体部分构成的。如果我们不认为这些器官是随意组合的结果，就应该承认它们具有内在统一性。刚才已经提到心脏和肾脏间的关系，再如大脑和手的关系，不同器官之间的彼此服务和支撑，实际上也展示出这种内在的统一性，即一个事物内在的目的结构。从历时性角度看也是如此。苏格拉底从一个婴儿长大成人，他经历了各种各样的变化，而其中保持不变的是他的理性本性的目的，它在引导着苏格拉底身体的发育，以便他的大脑、感官、手脚可以更好地实现其理性功能。这个论证自然有它的缺陷，例如有些人会认为这里的目的论解释都可以还原为构成它的要素如细胞或基因。但如果我们拒绝这种还原论的解释，目的因至少是一种可能的辩护方向。此外，目的论解释为我们在常识中把握事物的统一性至少提供了一条便捷的路径。[2]

四、《形而上学》中的实体理论

引入质料因、形式因和质形复合物的内在结构，不仅有助于亚里士多德解释变化发生的理由，而且也引导他重新考察《范畴篇》中的第一实体的本体论

[1] 亚里士多德：《物理学》2.8 199a8-199b18。

[2] 参见《形而上学》7.17 和《论生存与毁灭》1.5，此处综述参考了希尔兹：《古代哲学导论》，第 240—245 页。

地位，在《形而上学》一书中重新规划实体和其他“是者”。

1.《形而上学》的主题

作为哲学重要分支的形而上学，起源于亚里士多德的同名著作。不过，“形而上学”（图 5.16）这个标题并不出自亚里士多德本人，而是来自他的文集编订者罗得岛的安德罗尼克斯（Andronicus of Rhodes，活跃于公元前 1 世纪）。“形而上学（metaphysica）”字面上指“自然（事物）之后的（事物）”，但也可能指“物理学之后”。所以，这个标题一方面可能暗示与这本讲义相关的课程，在亚里士多德的教育体系中排在物理学或自然哲学之后，另一方面也可能暗示这本书所要讨论的主要对象，是自然物之外的事物。既然自然物指那些处于运动变化中的事物，那么，形而上学就要论及不在运动变化之中的事物。

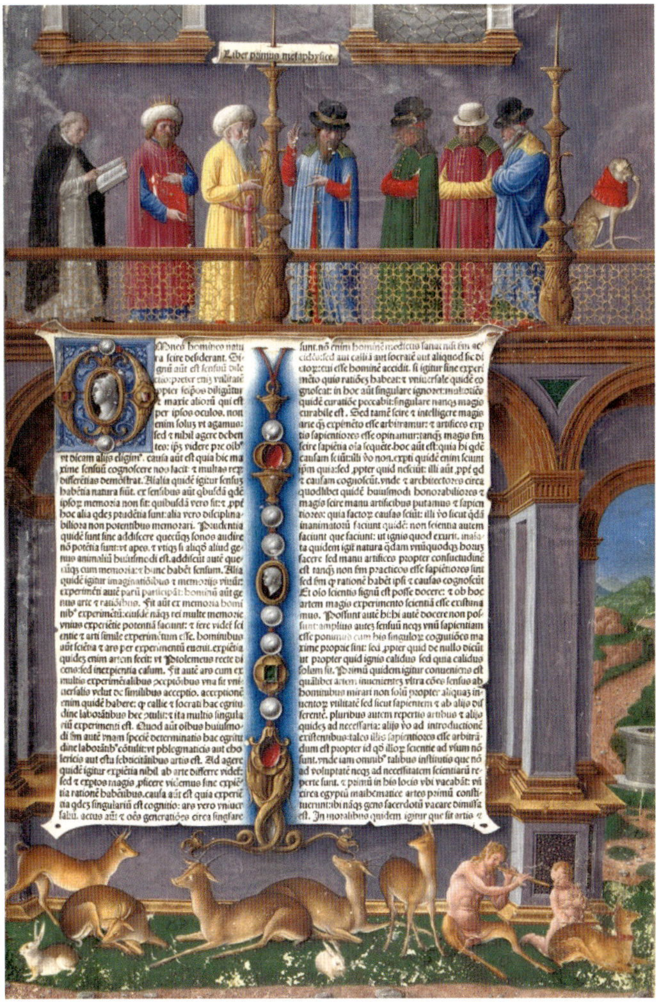

图 5.16 《亚里士多德著作集》早期印本（1483 年），纽约摩根图书馆与博物馆。此为《形而上学》开篇，一群正在争辩的哲学家和一只并没有求知天性的猴子，左一可能是阿奎那，左三是阿维洛伊。

亚里士多德自

己在《形而上学》中并没有使用“形而上学”这样的表述来界定这个哲学分支及其研究对象。他有时谈论“第一哲学”，因为他认为自己首先关注的是第一存在物，它并不处于运动变化之中，例如作为第一推动者的神，因此第一哲学有时也被称作神学。[1] 他有时把《形而上学》研究的对象称为智慧，特指有关最初的原因和本原的知识。[2] 当然，亚里士多德最有名的表述是，其他学科都只研究特定类型的存在物，例如生物学研究有生命的存在，矿物学研究能为人们所用的矿石。但形而上学则与之不同，它研究的是“是者”本身，而且不把它作为一类特殊对象来研究。因为数学在一定意义上也可以说成是在研究所有存在物或“是者”，但把它们作为数学对象（作为包含着量的差异的对象）来考察。亚里士多德强调，形而上学仅仅把“是者”作为最一般意义的“是者”来理解。

亚里士多德有关形而上学主题的不同表述显然存在巨大的张力：当他说形而上学是第一哲学或者神学时，他所关注的是一类特殊存在物，或者说至高存在物。但当他说形而上学研究的对象是“是者”本身，形而上学是关于“是者之为是者（to on ē on）”的研究时，他所关注的是最一般的“是者”或存在物。[3] 正如研究者所见，亚里士多德的形而上学内部包含着特殊形而上学和一般形而上学两种不同的研究路径。如何调和这两种路径是理解亚里士多德自己的形而上学的一个关键。时间关系，我们将聚焦一般形而上学的讨论。因为，把“是者”作为形而上学这一知识门类的研究对象，本身就会给亚里士多德的知识理论带来巨大的挑战。

2.“是”的同名异义与实体

亚里士多德要面对的挑战来自“是”的多义性（图 5.17）。我们已经多次提到，“是”可以表存在，表谓述，表真，表同一。而亚里士多德是第一个系统反思“是”的不同含义的哲学家。在《形而上学》中，他首先把“是”分成两个大的类别：一个是偶然的“是”，一个是因其本身的“是”。

（1）所谓偶然的“是”，指由“是”连接起来的主词和谓词之间并没有内在

[1] 亚里士多德：《形而上学》6.1 1026a29-32。

[2] 同上书，1.2 982b9-10。

[3] 同上书，4.1 1003a21-22。

图 5.17　亚里士多德《形而上学》抄本（14 世纪）。红线部分为第七卷开篇拉丁译文：ens dicitur multipliciter（“是”有多种说法），亚里士多德常用这一短语来表达“是”的多义性。

联系，它们只是碰巧在一起使命题成立。例如，“〔这个〕正义的〔人〕是文雅的”。其中，“正义”和“文雅”之间并没有任何概念上的内在关联使该命题成立。它之所以成立，仅仅是因为一个正义的人恰好也是文雅的。

（2）当然，对于理解“是”的含义来说，更重要的是因其本身的“是”：

（a）范畴分类：把主词或其指称的对象归入几个最基本的范畴。说“人是动物”或“苏格拉底是人”时，这是在将苏格拉底归入人这个范畴。同理，我们也可以说“白色是一种性质”或“勇敢是一种美德”等，其中，主词和谓词之间有必然的关联，谓词的定义往往在主词之中。

（b）表真：借用亚里士多德自己的例子，“正方形的对角线，不是可公度的”。这里“不是可公度的”不仅仅是说正方形对角线不具有可公度的性质，而且也表明“正方形的对角线是可公度的”这一命题为假。这里的真假，我们通过分析主项和谓项的概念本身就可以断定。

（c）潜能和现实的区分：亚里士多德认为潜能（dynamis）和现实（energeia）都是“是”的两种不同样态，这尤其体现在处于运动变化中的事物身上。例如，在苏格拉底的脸由白晒黑的过程中，在他被晒黑之前，他的脸显然还不是黑的。但亚里士多德认为，对于苏格拉底的脸来说，黑这个性质并不是凭空产生的：他的脸要能现实地被晒黑的一个前提就是它**可能**被晒黑，例如空气就不能被晒黑。亚里士多德将这种可以实现的可能性理解为苏格拉底的脸的潜能，因此，在它现实地被晒黑之前，它就潜在地是黑的。相应地，晒黑的过程，也就是黑色在苏格拉底的脸上由潜能变为现实的过程。与此同时，当我们说“苏格拉底的脸是苍白的”时，在断定它现实地是苍白的同时，因其自身也就断定了它潜在地是黑的或其他苍白之外的颜色。这并非出于偶然。当然，潜能和现实还有别的用法，也是亚里士多德形而上学理论中非常核心，也很难懂的一组概念。我们暂且略过。[1]

以上所列举的潜能、现实、表真，还有范畴归类这些“是”的不同用法，它们之间的关系看起来并不清楚。换句话说，“是”看起来是同名异义的（homonymous），同一个名称却包含不同定义。然而，在亚里士多德看来，一个严格界定的知识对象不仅是普遍必然的，而且必须是同名同义的（univocal）。例如生物学研究的对象是生物或者生命现象，它就必须具有共同的特征。当我们说多细胞生物、植物和动物都是生命时，生命现象的含义应该是同一的。

亚里士多德的一个重要理论贡献，在于他区分了两种不同的一词多义现象：一种是多种含义之间完全没有关联，另一种则是它们通过其中一个含义而具有内在关联。前者如英语里的“bank”，它既可以指银行，也可以指河岸。汉语里的“蛇头”既可以指一类爬行动物的头部，也可以指组织偷渡活动的头目。这两个用法之间，并没有明显概念上的关联，也没有办法放在同一个知识门类下研究。但后一类多义词则不同，例如“健康”，我们说一个人是健康的，也可以说一类食物是健康的，还可以说某人的尿液是健康的。这里健康的含义并不完全相同。说一个人是健康的，是指他的体液处于一种平衡的状态；而说食物是健康的，并不是说食物处于什么平衡状态，而是说它能促成或维持一个人体液平衡的状态；而健康的尿液（图 5.18）则是这种平衡状态的一个表征。这时，我们会发现“健康”的这些不同含义聚焦到“体液的平衡”上。亚里士多德把健康的这一含义称为它的核心含义（focal meaning）。

核心含义是英国古代哲学研究者欧文创造的术语，希腊语是“pros hen”，字面义为“因为它”“通过它”，指的是一个多义词的其他含义都因为这个核心含义而得到解释。[2] 在健康的例子中，虽然食物、尿液、体液，看起来好像属于

[1] 亚里士多德：《形而上学》5.7 1017a8-b9。有关亚里士多德的潜能概念，参见本书 10.2.3。

[2] G. E. L. Owen, 1960, “Logic and Metaphysics in Some Earlier Works of Aristotle,” in I. During and G. E. L. Owen (eds.), *Plato and Aristotle in the Mid-Fourth Century*, Göteborg: Almquist and Wiksell, pp. 163-190.

图 5.18 （伪）亚里士多德《自然问题集》中古法语译本抄本（1450—1475 年），海牙荷兰皇家图书馆。亚里士多德（中）与学生讨论医学和形而上学问题。左侧的学生手持烧瓶，瓶中应该是尿液，观察尿液是古代和中世纪医学诊断的重要手段。

不同的研究范围，但因为它们都和健康的核心含义有关，因此，医学就可以在核心含义下研究它们。相应地，如果能在“是”的多重含义中找到这一核心含义，也就能建立一门研究“是”的学问。

让我们回到《范畴篇》中所突出的实体概念。这里首先需要补充一点古希腊语知识，“实体（ousia）”本来只是“einai”（“是”的动词不定式）的一个分词形态，也可以译为“是者”。但亚里士多德强调它是一个特殊的“是者”，因为“是”的其他含义，要通过实体来解释，而实体之为是者，却不通过是的其他含义来解释。

一个东西要能成为实体，它需要满足“是”的最根本含义：它在本体论上是最根本的，在认识论上也是最根本的，即对其他“是者”的认识要依赖对实体的解释和认识。亚里士多德在强调实体在范畴中的优先性时，实际上就已经将它看作“是”作为范畴分类时的核心含义。不仅范畴分类如此，“是”的其他用法也是如此。例如当“是”用来表真时，一个命题是否分析地为真，也取决于一个属性能不能归属于一个实体，或者一个特殊的实体能不能划分到一个给定的范畴等。

研究者认为，形而上学在亚里士多德这里发生了一个很重要的转向。巴门尼德和柏拉图认为形而上学首先要对“是”本身提问：什么是“是”？而亚里士多德则把它转化为对“是”的核心含义的提问：什么是实体？

《范畴篇》的回答很明确，第一实体是像苏格拉底那样的特殊自然物。但在亚里士多德引入了质料和形式的区分来理解苏格拉底的内部结构之后，我们还能把《范畴篇》中的实体看作第一实体吗？本讲最后将在这一线索下考察《形而上学》第七卷（亦称 Zeta 卷）中的实体理论。

3. 实体的四个主要含义与质形论

《形而上学》第七卷因为所涉及的问题的重要性，以及其中包含的深刻理论困难，常常被称为古代哲学的珠穆朗玛峰。以下工作只是尝试提供一张粗略的思想地图。

亚里士多德在这里首先确定了实体的四个基本含义，虽然他后来主要讨论其中的三个。这四个基本含义成为判定什么样的存在物算实体的标准。

（1）**主词或基体**，即《范畴篇》中所说的“hypokeimenon”。无论它指的是主语、主项，还是基体，一个实体都必须得成为一个 hypokeimenon，甚至是最终的 hypokeimennon。这个标准我们在《范畴篇》中讲四范畴时已经谈到了：实体是不在任何其他基体中的最终基体，是不说（分类）任何其他主词的终极主词。

（2）**实质或本质**（to ti ēn einai）：这个希腊语短语的字面义为“是其过去之所是（to be what it was）”，但通常认为这里的过去式没有实义，故常译为“是其所是”。亚里士多德认为，实体作为“是”的核心含义，必须能解释一个事物之根本所是，规定这个事物和其他类别的事物的根本区别。

（3）**普遍物或共相**（katholou）：共相这个概念将成为中世纪哲学讨论的核心话题之一。很多解释者（包括亚里士多德在内）将柏拉图的形式看作共相。

为什么亚里士多德在严厉批判柏拉图的形式理论之后，仍然要强调实体的普遍性呢？这里需要回到“是”和思维或知识的同构性。既然实体是最根本的“是”，由此可以推知它也应该是最根本的可知对象，在认知领域也应当具有优先性。而知识首先把握的就是普遍对象的必然事实。所以，实体也应该具有普遍性。

（4）**属**（genus）：它有两种解释的可能：作为一种特殊的共相或亚里士多德式定义中的一个要素。前者容易理解，“动物”这样的属显然可以看作和“人”一样的共相；而亚里士多德式定义包含属和种差（diaphora）两个要素，例如把人这个种定义为“理性的动物”。其中，“理性的”是人的种差，把人和其他非理性动物区别开来，而“动物”揭示出人所归属的更高范畴。亚里士多德的定义因此可以写为：种 $=_{定义}$属 + 种差。在该定义中，“动物”就像自然变化中的质料一样被“理性的”这一种差赋予特定形式。而质料最能体现我们前面提到的基体标准，因为它在获得形式的过程中保持不变。因此，实体作为属的用法，要么可以还原为（2）共相的含义，要么可以还原为（1）基体的含义。所以，在判定一个存在物是否实体时，前三个标准更为基础。

哪些存在物有可能成为实体呢？首先是《范畴篇》中的（a）第一实体，即像苏格拉底这样的特殊自然物。但引入质形论以后，苏格拉底就不再是一个简单的、不可再分的存在物，而是质料和形式的复合物。所以，第一实体的构成要素（b）质料和（c）形式也能成为实体的候选。《物理学》中已经将质料和形式看作自然物运动和变化必需的逻辑前提或本原。因此我们就需要考察，在《形而上学》中，质料和形式能不能成为实体或原初的“是”？

（1）首先看主词 / 基体的标准，在《范畴篇》中，实体之所以是终极主词 / 基体，是因为它既不能用来说其他事物，也不在其他事物之中，而其他事物用来说它、对它进行分类，或者在它之中成为它的偶性。但在引入质形论之后，情况发生了变化：一方面，相比作为复合物的苏格拉底，他的质料看起来更适合成为终极基体，因为质料根据定义就是在形式的变化中保持不变的事物，它可以脱离规定它的形式特征而独立存在；另一方面，我们可以把“苏格拉底”当作一个谓词来说其他的主词，例如“这一堆血肉骨头就是苏格拉底”。血肉骨头是构成苏格拉底的质料，但甚至“血肉骨头”本身也不能成为终极主词。因为在亚里士多德看来，血肉骨头也是由质料和形式复合而成的。我们今天或许

图 5.19 亚里士多德认为月下世界的所有事物都由水、火、土、气四种元素以不同比例构成，每种元素分有冷、热、干、湿四种基本性质的两种。元素与元素之间是可以转化的，在元素的转化中保持不变的是原始质料。

可以说它们是不同类别的细胞。而对于亚里士多德来说，则是水、火、土、气这些元素的不同组合。一种常见的亚里士多德质料理论认为，水、火、土、气四种元素可以相互转换，在这些转换中保持不变的是原始质料，它不具有任何元素的本质特征（冷热干湿）（图 5.19）。因此，我们可以把“水、火、土、气”作为谓词来谓述原始质料，我们可以说“这堆原始质料是水、火，甚至是细胞、是血肉骨头，或是苏格拉底”。

将主词 / 基体标准贯彻到底，似乎不是苏格拉底这一复合物，而是原始质料，才是实体。但亚里士多德立刻否认了这一提案。他的理由是原始质料缺少分离性（chōriston, separatedness）和此性（tode ti, this something or some this）。这实际上新引入了成为实体的两个必要条件，如何准确地解释它们一直是富有争议的话题，这里仅给出我个人比较认可的解释方案：

分离性首先指的是存在上的分离性和独立性。一个具有分离性的事物，能够离开其他事物而作为自身存在，例如之前我们说苏格拉底离开他的那些偶性，仍然是苏格拉底。但是原始质料从来不能作为纯粹的原始质料存在，它一定要被特定的形式所形式化，因此至少得是水、火、土、气这四种基本元素的一个或它们的组合，所以不满足分离性的要求。

原始质料同样不具有此性。所谓此性，指的是一个事物作为一个数目上的统一体（numerical unity）所具有的个别特征，这些特征明确规定了它的存在，把它和同类的其他个别事物和其他类别的事物区别开来，使该事物能被称为“这一个”。但是原始质料不具备任何特定的规定性，我们也没有办法指出一堆原始质料，把它和其他个体区别开来。

质料不能成为实体，复合物同样也不能。因为复合物可以分解并还原为构成它的质料和形式，因此，复合物在存在上后于它的构成要素，不能满足实体作为“是”的核心含义必须具备的存在的优先性特征。

实体的三个候选还剩形式，它能成为实体吗？亚里士多德在讨论主词/基体标准时并没有给出明确的肯定回答。我们也和他一样，暂时悬置这个问题。

（2）此前已经提到，实体在认识论上也应具有优先性，而根据亚里士多德对于严格意义的知识的界定，普遍事物作为认知对象，它在解释上具有优先性。但这意味着只有普遍存在物才能成为实体吗？并非如此！

（a）亚里士多德认为普遍物是共同的，这就意味着它属于不止一个事物。然而，一个事物的实体[1]，它对于这个事物应当是独特的。因为这个事物的实体，它要能在本体论上解释这个事物本身的独特性，解释它和其他个体、其他类别的事物之间的差异。如果实体不是这个事物专有的，而是多个事物共享的话，那么，它对个别事物的解释，就很难构成终极解释。这是亚里士多德认为普遍事物不能成为实体的第一个理由。

（b）普遍事物不能成为实体的第二个理由与谓述有关。根据基体/主词原则，实体是不能再用来谓述其他主词的。但普遍词项显然可以作为谓词使用，不管是“人”“动物”“白”还是“美德”，它们都可以用来谓述其他个别事物，普遍事物因此不能满足终极主词原则。

（c）第三个理由则具有非常典型的亚里士多德哲学特征。他强调共相表达的是“这一类”，而不是“这一个”，或者说不具有此性。普遍词项在语言层面不能揭示出个别事物自身的独特性，只展示了它所归属的类别。因此和原始质料一样，共相没法满足实体作为“是”的核心含义的基本要求。

（3）既然基体/主词原则和共相原则都没法帮助我们找到实体，属原则自然也没法做到，因为它可以还原为前两个原则。我们最后再来看（4）实质或本质原则。

一个事物的本质，应能揭示该事物因其本身所是之物。例如我们说，人的本质就应当规定人之所是，它不涉及人可有可无的偶性因素。例如他是长发的、秃

[1] 请注意不再是作为一个特殊事物的实体，例如苏格拉底本人，而是苏格拉底这样的个别事物的实体。

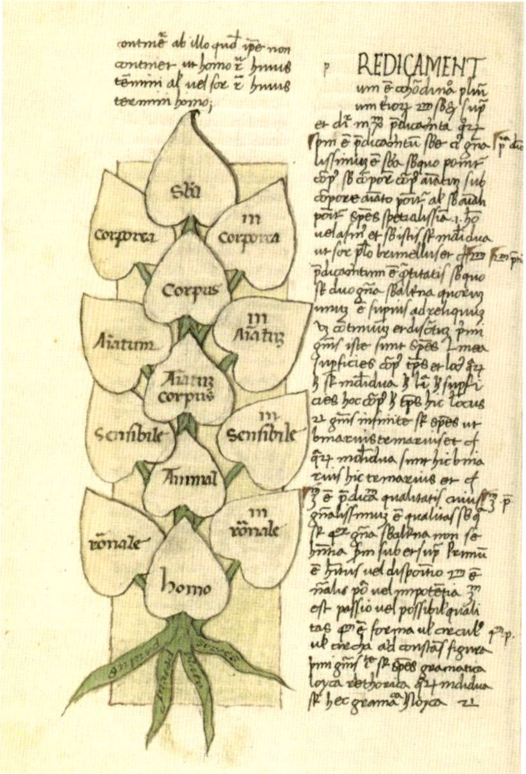

图 5.20　威尼斯的保罗等《小逻辑》抄本（1475 年），宾夕法尼亚大学图书馆。此图常被称为“波斐利树”，它的工作原理是不断地用种差将较大的属划分出较小的种。树干最顶层的是“实体”，根据是否有广延将它分为“物质”和“非物质”，根据有无灵魂将“实体”正下方的“物质”分为“生物”和“非生物”，根据有无感觉将“生物”分为“动物”和“植物”，根据有无理性将“动物”分为“人”和“非理性动物”。最下方的“人（homo）”构成了最小的自然分类，在大树的根部是特殊的人：彼得、保罗、柏拉图和苏格拉底，他们只有作为人才能被定义为“理性的动物”。同时，这定义不仅将人同非理性的动物，而且同没有感知的生物、没有灵魂的存在、非物质实体等其他类别区分开来。

头的，还是塌鼻子的。与此相反，一个人不能不是理性的，也不能不同时是一个动物。人的本质通常是以定义的方式给出的，因为亚里士多德相信属加种差的定义方式，在其理想状态（如波斐利树［图 5.20］）下，可以完整地规定一个事物之所是，同时帮助我们在一个知识分类体系中找到它严格的位置。但这里的困难在于，首先得到定义的仍然是种这样的普遍存在物，我们会面临与普遍物标准同样的困境。

那么，究竟什么样的存在物才可以满足以上三个标准，既成为终极基体 / 主词，又在认知上具有优先性，同时能规定一个事物的本质呢？让我们回到一直没有讨论的实体的第三个候选项：形式。首先必须强调的是，这里所谈论的是一个特殊实体如苏格拉底内部的形式，它不能与苏格拉底相分离，和苏格拉底一样是个别化的，因此和柏拉图所说的分离的或普遍的形式明确地区分开来。其次，这个形式只规定了苏格拉底的本质特征，例如他作为理性的动物、有生命的事物、物质实体的存在，而与它的偶性特征无关，这在后世的讨论中被称为苏格拉底的实体性形式。

然而，将《形而上学》中的实体解释为个别的实体性形式，同样会有若干文本和理论上的困难。

其中最为棘手的是：一个个别的形式在什么意义上能被定义，以便成为知识的首要对象？这里只能提示一个基本思路：亚里士多德这里所说的个别形式，它一方面专属于像苏格拉底这样的个别复合物，另一方面又例示一种普遍本质。因为苏格拉底的形式所揭示的苏格拉底的本质，实际上就是在苏格拉底身上被个别化的人性：一方面，因为是个别化的，它在存在论上必然结合着苏格拉底独有的特征，从而成为专属于苏格拉底的；但另一方面，它又保留着和柏拉图的人性和我们所有人的人性的相似性，使得它至少能在理智的认知活动中通过抽象活动被普遍化，从而成为定义的对象和知识的对象。

其次，在《范畴篇》所谈论的特殊实体中被个别化了的形式，才是我们所说的终极基体 / 主词。一方面，苏格拉底的人性显然不是普遍物，没法用来对其他主词进行分类，亚里士多德也非常明确地将它称为“这一个”，认为它具有明确的个别性；另一方面，苏格拉底的人性也不是作为某种偶性依附于构成苏格拉底的质料，而苏格拉底所具有的偶性，如他是塌鼻子的，反过来以他作为人的存在为前提。

当然，这只是一个非常粗略的描述和辩护策略。它可能导致其他理论困难，例如苏格拉底身上个别化的人性和苏格拉底性——某种苏格拉底身上没有办法被分有的特性，它也完全不同于柏拉图或其他任何个体所具有的特性，它们之间究竟有没有关联？苏格拉底个别化的人性被看作他的形式，而亚里士多德同时认为质料才是个别性的本原，那么，苏格拉底的人性的个别性从何而来？

作为一门导论课，这里无法再做更深的探索和分析。希望以上的描述足以呈现谈论实体或“是的核心含义”时需要面对的巨大理论困难：在突出个别存在物的本体论优先地位的同时又要捍卫其定义和认知上的优先性，亚里士多德必须在特殊和普遍之间开辟可能的理论空间。他没有给出现成的答案，但为后世的哲学家留下了足够多的线索和同样多的挑战。

阅读材料

1. Aristotle, *Physics* II, 3, 7-9 (Annas, 270-277).
2. Aristotle, *Categories* Ch. 1-5. (Cohen et alii, 694-700).
3. 《古代哲学导论》，第四章，第 1—4 节。

进一步阅读指南

原始文献

John Ackrill, *Categories and De Interpretatione*, translated with notes, Oxford: Oxford University Press, 1963.（著名的 Clarendon 亚里士多德系列丛书，译文贴近希腊文，评注精当深入，适合进阶读者。以下简称 Clarendon 系列）

*Aristotle, *Metaphysics,* translated with introduction and notes by C. D. C. Reeve, Indianapolis: Hackett, 2016.（《形而上学》出色的英译本，附有适合初学者的注释）

Aristotle, *On coming-to-be and passing-away* (*De generatione and corruptione*), revised Greek text with introduction and commentary by Harold H. Joachim, Oxford: Clarendon Press, 1926.（《论生成与毁灭》的希腊原文标准校订本）

Aristotle, *Physics*, revised Greek text with introduction and commentary by William David Ross, Oxford: Clarendon Press, 1936.（《物理学》希腊原文校订本，Ross 的评注也很有用）

*Aristotle, *Physics,* translated with introduction and notes by C. D. C. Reeve, Indianapolis: Hackett, 2018.（《物理学》出色的英译本，附有适合初学者的注释）

Jonathan Barnes, *Posterior Analytics*, second edition, translated with a commentary, Oxford: Oxford University Press, 1994.（Clarendon 系列）

*Jonathan Barnes (ed.), *The Complete Works of Aristotle*, Volumes I and II, Princeton: Princeton University Press, 1984.（学界最常用的全集译本，便于查阅。译文整体质量不错，但缺少适合初学者的导论、注释和评注，不少著作有更好的单行译本）

David Bostock, *Metaphysics Books Z and H*, translated with a commentary, Oxford: Oxford University Press, 1994.（Clarendon 系列）

William Charlton, *Physics Books I and II*, translated with introduction, commentary, note on recent work, and revised Bibliography, Oxford: Oxford University Press, 1984. (Clarendon 系列）

*Terence Irwin and Gail Fine (eds.), *Aristotle: Selections*, Indianapolis: Hackett, 1995.（一部

编排精当的选辑，包含适合初学者的导论、注释和术语表）

Werner Jaeger, *Aristotelis Metaphysica*. Oxford Classical Text. Oxford: Clarendon Press, 1951.（《形而上学》希腊原文标准校订本）

Christopher Kirwan, *Metaphysics: Books gamma, delta, and epsilon*, second edition, translated with notes, Oxford: Oxford University Press, 1993.（Clarendon 系列）

苗力田（主编）:《亚里士多德全集》，北京：中国人民大学出版社，2016 年。（全集中译本，建议对照英译本使用）

L. Minio-Paluello, *Aristotelis Categoriae et Liber De Interpretatione*, Oxford Classical Text, Oxford: Clarendon Press, 1949.（《范畴篇》与《解释篇》希腊原文标准校订本）

W. D. Ross, *Aristotle's Metaphysics*, Greek text and commentary, vols 1 and 2, Oxford: Clarendon Press, 1923.（可供参考的原文校订和有用的评注）

研究文献

*Jonathan Barnes, *Aristotle: A Very Short Introduction*, Oxford: Oxford University Press, 2001.《亚里士多德的世界》，史正永、韩守利译，南京：译林出版社，2010 年。（最出色的亚里士多德哲学导论之一，篇幅短小精到，极见功力，非常适合初学者。此书中文版为中英对照，中译文不可靠）

*Jonathan Barnes (ed.), *The Cambridge Companion to Aristotle*, Cambridge: Cambridge University Press, 1995.（经典导论文集，适合初学者）

Myles Burnyeat et al., *Notes on Book Zeta of Aristotle's* Metaphysics, Oxford: Sub-faculty of Philosophy, 1979.（Owen 主导的一场持续四年的研讨班的经典记录）

Michel Frede, *Essays in ancient philosophy*. Minneapolis: University of Minnesota Press 1987.（弗雷德早期古代哲学研究论文集，包含数篇亚里士多德理论哲学研究经典文献）

Allan Gotthelf, "Aristotle's Conception of Final Causality," in A. Gotthelf and J. G. Lennox (eds.), *Philosophical Issues in Aristotle's Biology*, Cambridge: Cambridge University Press, 1987, pp. 204-242.（目的因研究的经典论文）

R. J. Hankinson, *Cause and Explanation in Ancient Greek Thought*. Oxford: Oxford University Press, 1999.（古代哲学中的原因概念的经典研究）

Terence Irwin, *Aristotle's First Principles*, Oxford: Clarendon Press, 1988.（亚里士多德理论哲学研究经典，较难）

Kathrin Koslicki, *Form, Matter, Substance*, Oxford: Oxford University Press, 2018.（亚里士多德式的质形论与实体理论前沿研究）

*Jonathan Lear, *Aristotle: The Desire to Understand*, Cambridge: Cambridge University Press, 1988. 乔纳森·李尔:《理解的欲求：亚里士多德哲学导论》，刘玮译，北京：北京大学出版社，2021 年。（与 Barnes 的导论同样精彩，可读性强，论述更为深入，中译出色）

Carlo Natali, *Aristotle: His Life and School*, D. Hutchinson (ed.), Princeton: Princeton University Press, 2013. 卡罗·纳塔利：《亚里士多德：生平和学园》，王芷若译，刘玮校，北京：北京大学出版社，2021 年。（了解亚里士多德生平的上佳之作）

聂敏里（选译）：《20 世纪亚里士多德研究文选》，上海：华东师范大学出版社，2010 年。（收录不少英语世界亚里士多德研究的经典论文）

G. E. L. Owen, *Logic, Science and Dialectic*. Ithaca, NY: Cornell University Press, 1987.（和 Frede 的文集一样，包含多篇有关亚里士多德理论哲学的经典论文）

C. D. C. Reeve, *Substantial Knowledge: Aristotle's* Metaphysics. Indianapolis, IN: Hackett, 2000.（一部有野心的《形而上学》研究导论）

*Christopher Shields, *Aristotle*, 2nd edition, London: Routledge, 2014.（和作者的《古代哲学导论》一样，语言平易近人，论证思路清晰）

*Christopher Shields (ed.), *The Oxford Handbook of Aristotle,* Oxford: Oxford University Press, 2012.（一部不错的导论文集，比剑桥指南内容丰富，也更贴近前沿）

Tuomos E. Tahko (ed.), *Contemporary Aristotelian Metaphysics*, Cambridge: Cambridge University Press, 2011.（亚里士多德形而上学的当代延伸）

Sarah Waterlow (Broadie), *Nature, Change and Agency: A Philosophical Study*. Oxford: Clarendon, 1982.（亚里士多德自然哲学的经典研究，适合进阶读者）

Michael Wedin, *Aristotle's Theory of Substance: The* Categories *and* Metaphysics *Zeta*. Oxford: Oxford University Press, 2000.（实体理论的精彩研究，大量论证重构和细致分析，适合进阶读者）

《斯坦福哲学百科》（*SEP*）词条

*Aristotle

Aristotle on Causality

Aristotle on Non-contradiction

Aristotle's Categories

Aristotle's Logic

*Aristotle's Metaphysics

Aristotle's Natural Philosophy

第六讲

亚里士多德论美德与行动

在讨论苏格拉底和柏拉图的道德心理学时，我们已经注意到：古希腊人的伦理思考围绕美德和幸福展开，它首先关心的是个人的性格品质和自我价值的实现。在这一点上，它看起来和近代以来的主流道德哲学有明显的不同。

以上差异导致有些哲学家会谈论伦理和道德的区别。不过，西文中的“道德（morality, moralité, Moralität）”一词，源自拉丁文“mos”。该词的本义和“伦理”的词根“ēthos”的两个重要哲学含义非常接近。它既可以指风俗、习惯甚至法律，也可以指一个人的性格和品质。此外，它还有一个比较特别的用法，指一个人的生活方式——不容遗忘的是，哲学对古人来说首先是一种生活方式。单就词源而论，我们看不到伦理和道德的根本差异。然而，我们今天所使用的“道德”一词，试图把人的道德行为从一般的性格和品质中剥离出来，

图 6.1 热内·马格利特《戈尔孔达》油画（1953 年），休斯敦曼尼尔美术馆。套中人如雨滴一般落下，仿佛全无区别，尽管我们都知道，并不存在两粒完全相同的雨滴。

将它们同责任和义务捆绑在一起。无论是义务论还是后果主义的道德哲学，都认为道德价值及其要求与个人的本性或性格无关，而取决于某种非个人化的道德义务或法则。尽管功利主义看起来需要一种利己主义的心理机制，但它所关心的首先也是没有个性的理性行动者，是一些可以被去个性化的，从而可以量化的价值。借用英国哲学家伯纳德·威廉姆斯的说法，在近代道德哲学视野中，理想的道德行动者首先是一个没有个性的自我（characterless self）（图 6.1）。[1] 这一点确实是现代道德哲学和古代伦理思考的一个重要差异：古人在谈论伦理行动者时，他们关心的是一个具有特定品质的个体。无论是美德恶德，还是我们后面会谈到的不自制，行动者总是作为拥有特定品性的自我来与他人打交道。

人们也常常像这样来刻画伦理学的古今之分：古人首先关心“什么是善好”，而近代以来的哲学家则关心“什么是应当”或“什么是正当”。这个区分没能充分注意的是，古人在谈论美德和其他伦理品质时，也同样关心应当和正当性的问题。举个例子来说，古代使用的美德词汇所描述的品质也有可能将人们导向伦理上错误的行为。例如一个暴徒的勇敢会让他完成更多恶行，一个聪明的黑客，自然会造成更大的伤害。当然，我们可以说暴徒无所畏惧的品质不能称之为勇敢，只有对那些不应当害怕的东西无所畏惧才是勇敢，勇敢者也应当有所畏惧，而法律显然是应当敬畏的对象。然而，这里的问题是：什么是应

[1] 威廉斯：《羞耻与必然性》（第二版），第 131—132 页。

当畏惧的？美德中的这种规范性来源于何处？所以，我们需要留心，古代关于幸福和美德的讨论并非完全和应当无关，只不过古人所认为的应当，未必来自我们通常所说的道德义务。

由此可见，简单地谈论伦理与道德、善好与正当的区分，认为古人只关注基于习俗和传统的道德行为，关心通过习惯养成的性格品质，一切以个人的美好生活为中心，而对更一般性的义务和规范性要求漠不关心，这样的漫画式图解既容易忽视古今伦理反思的连续性，也容易掩盖二者更深层的差异。因此，我们的讨论并不对“伦理”和“道德”的用法做断然区分，而期望通过细致的辨析和深入的反思来和古人对话。

首先可以向古代的美德伦理学家追问的是：拥有了恰当的品质或者习性，确保我们能恰当地有所畏有所无畏，这就一定是美德吗？比如说一个小孩子天性无畏艰难，同时又得到良好的规训，能自觉遵纪守法，这就是美德吗？之所以会有这样的疑问，是因为这种品质看起来，只是外在地被交付于这个儿童，而并非他内在的卓越。那么，什么才能使他成为美德的拥有者呢？这就会涉及灵魂的内在状态：一个儿童所缺乏的美德的重要条件，在希腊人看来就是他的理性。在有关柏拉图的讨论中，我们已经读到一种对理性和美德的道德心理学解释。本讲也将以此为线索，考察亚里士多德在他的伦理学中如何解释理性和幸福、美德以及我们的道德行动之间的内在关联。（图 6.2）

图 6.2 《死亡艺术》抄本（15 世纪），马赛市立图书馆。亚里士多德手中条幅写道：“人类啊，我真心实意地劝你，抛弃那虚空之物，别遗失了天上的喜乐。”对于亚里士多德和近代以前的读者来说，伦理反思应当能导向美好生活，让人在死亡的阴影中安身立命。

一、亚里士多德论伦理学的本性

亚里士多德有两部著作以《伦理学》为名，一部是大家较为熟悉的《尼各马可伦理学》，另一部是《欧德谟伦理学》。[1] 让人费解的是，其中有部分内容完全重叠，即《欧德谟伦理学》的第4—6卷和《尼各马可伦理学》的第5—7卷，它们也常常被称作“共同卷（common books）”。这一貌似“自我抄袭”的现象罕见且让人费解：它们完成于不同时期吗？为不同的读者写作吗？出自不同的编辑者吗？比较主流的意见认为，《欧德谟伦理学》是一部相对早期的作品，而《尼各马可伦理学》则成书较晚。相较于著作年代，我更想强调两部著作的内在差异：《欧德谟伦理学》提供了更系统的伦理学反思，更愿意把伦理学的探索放在与之相关的自然哲学和形而上学背景下。而《尼各马可伦理学》则从一开始就强调伦理学作为一个特殊知识门类的自主性。

在深入讨论亚里士多德有关伦理研究本性的方法论反思之前，需要强调的是，在探讨亚里士多德的伦理思想时，不要忽略他的《政治学》。这涉及希腊化时期之前伦理学的一个重要特征，即对于人的伦理反思，不能够脱离城邦的语境（图6.3）。我们在柏拉图的《理想国》中对此已有所领教。亚里士多德拒绝在个人和城邦的善之间做出截然区分，一个重要的依据是：个人对至高善的认识要转化为真正的行动，需要良好的教育和性格的涵养，需要正确的律法的引导，而这些只能在城邦中实现。[2] 如果说柏拉图的《理想国》还允许某种城邦之外野生哲学家存在，亚里士多德则明确否认这样的可能性。而之所以如此，正源于《尼各马可伦理学》中所强调的伦理知识的独特性。

在《尼各马可伦理学》一书中，亚里士多德并没有用“伦理学”一词来指他正在进行的研究。[3] 他有时会说这是关于“人类事务”的研究，但更多的时候，他会说它是一门政治科学（politikē epistēmē）。[4] 这里所谓政治科学，在他看

[1] 通常认为《大伦理学》一书并不出自亚里士多德之手，而且其中论述相对简略。

[2] 亚里士多德：《尼各马可伦理学》10.9 1179a34以下。

[3] 亚里士多德在《政治学》4.11 1295a36中确实提到他早期写过一本研究“伦理事务（ta ēthika）”的著作。

[4] 例如亚里士多德：《尼各马可伦理学》1.2 1094a27-29。

图 6.3　安布罗焦·洛伦泽蒂《好政府与坏政府的寓言》湿壁画局部（1338 年），锡耶纳市政厅。“我们看到每一个城邦都是某种共同体，而每一个共同体的建立都是为了某种善好……显然，当所有共同体都致力于某种善好，那至高的并且包容其他一切的〔共同体〕就以超绝一切的方式致力于那最高的善好。它就是所谓的城邦，这个共同体也就是政治共同体。”（《政治学》1.1 1252a1-7）

来是最具支配性的一门知识。因为亚里士多德要研究的是对于人来说至高的善，能统摄其他一切善好的至善，因此以其作为研究对象的学科的知识地位也应高于其他实践知识。而在亚里士多德看来，只有政治科学才能满足这样的要求。

首先，政治知识统摄着一个城邦中其他的知识或技艺。例如军事的技艺，就是为政治科学所关心的城邦整体的善服务的；其次，政治科学包含着立法知识，它涉及什么样的行动是该做的，什么样的行动是该避免的，因此也决定了什么样的知识是城邦需要的，什么样的知识应当禁止；最后，即使我们认为城邦的善和个人的善是一样的，但因为后者只针对个体，而前者显然高于个体，因此政治科学要追求的城邦的善对于人来说是更大的善。

当然上面所说的这一切，从根本上依赖亚里士多德的著名论断：人是城邦的动物。[1] 这也就意味着，人的本性规定了，只有在一个共同体中生活，个人的本性才能得到最大限度的实现。这是亚里士多德为什么要把关于人之善的研究归于政治科学的一个重要原因。在此基础上，他进一步推断，研究对象的独特性也决定了政治科学或我们今天所说的伦理学方法论的一系列基本特征。

为说明伦理学方法的独特性，亚里士多德首先引入一个基本的方法论原

[1]　亚里士多德：《政治学》1.2 1253a2-3。

则：一门知识所要求的精确性，是由它的研究主题决定的。用他的话说，不同的主题对应不同方式的论证或逻各斯。而政治科学的对象是至高的善，亚里士多德有时也会把它更具体地界定为高贵的和正义的（kala kai dikaia）行动。和柏拉图不同，他关心的首先是经济和政治活动中，或者说人际交往中所实现的正义，这显然只有在城邦中才有可能。

接下来需要强调的是，由于希腊城邦林立，同样的行动在不同的城邦中有可能得到不同的伦理评价，并产生不同的后果：在斯巴达受到赞誉的行动在雅典就未必有人叫好。所以，人们自然会产生这样的想法：政治科学研究正义的品质，而正义在城邦和城邦之间的差异如此之大，以至于这门学问完全依赖习俗，和人的本性无关。这是传统的习俗与本性之争，可以追溯至智者和苏格拉底的时代。[1] 亚里士多德断然拒绝习俗论者的相对主义正义观，宣称上述差异并不能直接论证正义和自然本性无关，因为通常认为善好的东西有时也会给人带来伤害，例如勇敢，但这并不意味着什么是善好的标准完全是人们约定俗成的结果，与人的自然本性无关。但与此同时，亚里士多德也承认这种差异性会带来一个重要后果：

> 关于这样的主题，从这样的前提出发，我们就该满足于以粗略的和概要的方式来展示其真理，因为这里的主题和给出的前提都只在大多数情况下成立，我们得出的结论也是如此。[2]

在亚里士多德看来，人们伦理观念的多样性揭示了伦理研究的对象并不具有一成不变的属性。这也是亚里士多德在伦理学著作中拒绝给出具体行动指南的原因，他不愿意预先给出一个在一切情境中都成立的先天标准，去判断一个具体的行动是否正当或高贵，因为这是对伦理学研究对象差异性的漠视。与此同时，亚里士多德实际上将伦理学和严格意义的知识剥离开来。因为严格意义的知识研究的是普遍对象的必然属性，它所追求的知识是不可能不如此的必然真理，而伦理学的不精确性决定了它不属于这一范畴。当然，我们也要小心，不要夸大伦理对象的差异性，误以为它蕴涵了伦理真理的相对性。因为亚里士多

---

[1] 见本书 2.1.3。

[2] 亚里士多德：《尼各马可伦理学》1.3 1094b19-22。

德认为，在大多数情况下，得到充分辩护的伦理主张是成立的。而且，他并不否认存在少数在一切情境中都成立的伦理标准，因为这条法则本身也只是在大多数情况下成立。

图 6.4　亚里士多德《伦理学、家政学》抄本（15 世纪），尚蒂伊孔代博物馆。父母们将孩童介绍给教师。插画作者显然没有意识到，对于亚里士多德来说，包含伦理学、家政学和政治学在内的政治科学并不适合年轻人。

最后附带一提的是，伦理学的方法论特征也决定了它不适合年轻人来学习（图 6.4）。理由有二：年轻人缺乏经验，因此不了解伦理学所遵循的实践原则在具体场景中的运用，不懂得什么是例外的情形；年轻人更愿意听从他们的感觉，而不是理性，常常像不自制的行动者一样违背正确理性行事。这里，我们又回到理性在伦理实践中的作用，尤其是理性在并非普遍适用的实践法则中的运用。此时的理性应当具备什么样的特征，这是本讲关注的核心问题。

二、亚里士多德的幸福概念

1. 作为终极目的的最高善

理性行动的一个重要特征就是它的合目的性：行动总是为了某个特定的目的。亚里士多德对于幸福作为最高善的理解，也是在行动目的论框架下提出的。他首先给出一个善的目的论定义：善实际上就是我们行动所指向的目的，为了它我们才去完成一些特定的行动。简单说，善即目的。[1]

亚里士多德随后对目的做了区分，有些目的因其自身就成为目的，我们选择它们不是为了别的，而有些目的则是为了别的事物。例如我们辛苦劳作，是为了挣到一笔钱，而挣钱是为了维持生活。此时，辛苦劳作就不是最终目的。亚里士多德认为在作出这样的区分后，我们的行动总会指向一个最终目的，否则目的链条就会没有尽头。[2]需要注意的是，亚里士多德的这个结论可以有两种不同的理解：一种是存在唯一的终极目的，我们做其他的一切都是为了它；另一种是，我们可以有很多目的链条，但每个链条都有一个最终环节，即该目的论链条的最终目的。这也就意味着，可能有很多最终目的或最高善。

这两种对最终目的理解的差异，最终会影响我们对亚里士多德幸福观的把握。第一种理解实际上是从所有行动都指向目的出发，去推断有一个目的是所有行动的目的。这样的推断有量词转换谬误（quantifier shift fallacy）的危险。因为我们不能从所有人都有一个妈推出，有一个人是所有的人的妈；第二种理解则会带来如下问题：如果我们认为人的行动有多个终极目的，它们之间有高下之分吗？如果有，哪一个目的应当被看作最高善呢？我倾向于认为亚里士多德实际上接受第二种理解，并且认为善的目的论定义和目的的区分并不足以确定何为最高善，因此他进一步提出一个事物要成为最高善需要具备的三个特征：

（1）最终性或完整性。这两个词是从不同角度解释亚里士多德所说的“teleion”。“最终性”将最高善和前面所说的目的论链条联系在一起，认为它总是因其自身就是值得选择的，从不会因其他事物而值得选择，它也因此成为目的论链条的最终一环而不是其他环节；“完整性”则强调最高善不缺少任何因其自身值得选择的事物。例如亚里士多德说快乐是因其自身就值得选择的事物，我们选择一个事物可能是因为它能给我们带来快乐，但不会再因为其他的目的选择快乐。但他同时指出，在有些情况下，我们会因为幸福而选择快乐，这个时候我们并不是把快乐作为幸福的一个手段，而是把快乐作为幸福的一个构成要素。此

[1] 亚里士多德：《尼各马可伦理学》1.1 1094a2-3。

[2] 同上书，1.2 1094a18-22。

时，幸福之所以高于快乐，恰恰是因为它是更加完整的善。这两种不同翻译或解读显然指向两种不同类型的善：一个是单一的，另一个则包含着不同要素。

（2）自足性。亚里士多德认为，最高善是最终的或完整的，它也因此是自足的。因为最高善因其自身就使得拥有它的生活成为值得选择的，并且这样的生活什么都不欠缺。把第一个标准解释为最终性还是完整性，无疑会影响到我们这里对自足性的理解。完整性显然更容易解释最高善的自足性。

（3）不可并列性。它字面上指的是幸福作为最高善，不能拿来和其他善放在一起列数。这里也有两种解释的可能，一种认为，幸福作为至高善，完全和其他善不在同一个范畴，我们找不到一个标准来对它们进行比较。我把它称作超越性解读，认为幸福超越了一般的善的范畴，有如柏拉图所说的善的形式；另一种解释则认为，幸福作为善是如此完备，以至于没有办法把它和个别的善进行比较，就像你不会谈论北京人口多还是中国人口多，因为其他的善，只要它是严格意义上的善，就已经包含在最为完整的最高善中。[1]

这些特征可以帮助我们在日常经验中刻画最高善应当符合的形式标准，但仍然不能指明究竟是什么样的活动、状态或事物能同时满足这三个形式特征。正是在这一背景下，亚里士多德引入著名的功能论证，很多人认为它是在尝试为至高善是什么给出一个实质的回答。

2. 人之善与功能论证

功能论证的基本思路是：幸福作为人的最高善，有时也简称为人之善，如果它是人所独有的，就应该与人特有的功能的实现联系在一起。

亚里士多德在这里试图把人的幸福转化为人的功能的实现，而这依赖一个更一般的前提：如果一个事物具有特定的功能，那么这个事物的善好就在于它的功能的实现。例如我们把一支粉笔说成是好粉笔，是因为它能很好地行使自己的功能，比如说在黑板上书写。而唯有粉笔可以完成或者只有粉笔才做得好的工作，就是粉笔的功能。这里所说的功能（ergon），在希腊语中泛指工作。在特定语境中，它指的是一个事物所特有的活动或能完成的特殊任务，它把该类事

[1] 亚里士多德：《尼各马可伦理学》1.7 1097a15-b21。

物同其他事物区别开来。我们在讲目的因时已经谈到过这一点，目的因之所以具有优先性，就在于它规定了一个事物功能的实现，从而确定了该事物的本质。[1]

功能论证也是在这一目的论框架下引入的。但需要注意的是，本讲讨论的目的论首先是行动的目的论，即行动总是指向特定的目标。而功能概念所依赖的目的论则有所不同，它指的是一类事物的内在目的。如果一类事物的内在目的即这类事物的善，在于它的功能的实现，而人如果有功能的话，那么人之善也在于人的功能的实现。

以上是功能论证的基本框架，其中几乎每一个命题都是有争议的。以下是一个粗略的重构，没有完整重现亚里士多德在《尼各马可伦理学》中的所有论证步骤，而是着重指出其中最有争议的核心命题。[2]

(1) 事物 F 的善好取决于它的功能或特征性活动的（良好）实现。(前提：事物的内在善好与它的功能)

(2) 人有自己的功能。(前提)

(3) 人之善在于其功能的（良好）实现。(1，2)

(4) 人的功能即灵魂符合理性或包含理性的活动。(前提：理性活动的独特性?)

(5) 人之善在于灵魂符合理性或包含理性的活动的（良好）实现。(3，4)

(6) F 的美德即使 F 的功能得以良好实现的品质。(前提：美德的定义)

(7) 人之善在于符合美德的理性活动的实现。(5，6)

命题（1）引入我们提到的一般法则，它用来揭示一个事物（包括自然物在内）的善好、内在目的与功能之间的必然关联。事物 F 的特征性活动即 F 得以存在的目的因，它规定了 F 作为 F 类事物存在的理由及其追求的目标，也就是 F 的善好。然而，这个一般法则除了预设某种可疑的目的因和自然目的论之

[1] 见本书 5.3.3。

[2] 亚里士多德：《尼各马可伦理学》1.7 1097b24-1098a20。更详细的讨论见拙文《亚里士多德论人之功能》，载《古典与中世纪研究》第四期，北京：商务印书馆，2023 年，第 35—58 页。

外，它所提到的“F 的善好”也是含混的。它既可以指（a）构成 F 这类事物的出色个例的属性，或使某个 F 成为好的 F 的属性，也可以指（b）对于某个 F 来说的善好。就（a）而言，一支可以书写的粉笔还算不上好的粉笔，只有书写流利的粉笔才算。也就是说，并不是 F 的功能实现就能造就好的 F，只有功能的良好实现才能。那么，什么才是功能的“好”的实现呢？这个问题的提出，本身就意味着命题（1）并没有真正界定 F 的好，因为它的定义项中包含着一个并未澄清的“好”；就（b）而言，我们并不清楚用于书写或书写流利这件事对于粉笔来说是不是件好事，因为这意味着它的毁灭。所谓木秀于林风必摧之。亚里士多德最终的结论指向的是（b）对于人来说的善好或者人内在地要欲求的善好，亦即人的幸福，然而他在论证中更多谈论的是（a）使一个人成为在伦理生活中出色的人的善好，亦即美德。这里是否存在混淆概念的谬误，值得进一步思考。

命题（2）断定人有特定的功能。亚里士多德并没有严格地论证这一点，而是采用了两组经验证据来辩护这一前提：一是不同职业的人们总是有特定的功能或工作，例如鞋匠制鞋、音乐家演奏；二是人体各部分都有特定的功能，例如眼睛的功能是看，脚的功能是行走等。（图 6.5）但由此可以推出人作为一个自然类别，一个没有任何限定的个人也具有功能吗？这里可能存在的逻

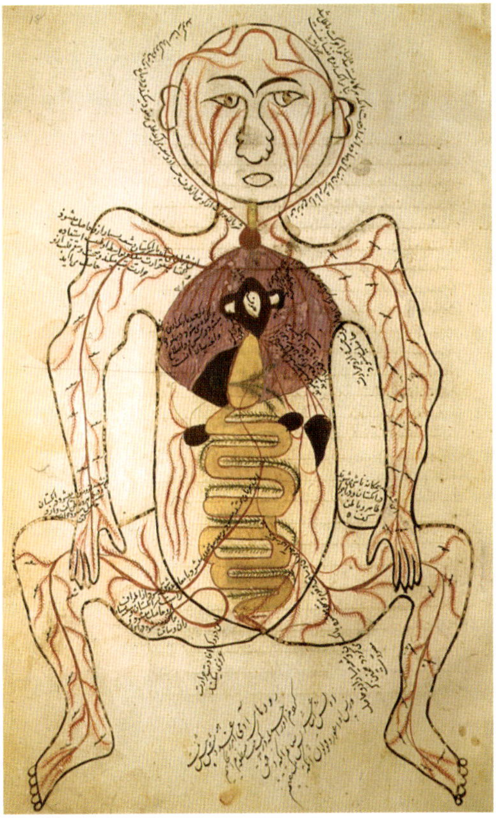

图 6.5　曼苏尔《人体解剖》之动脉图，抄本（15 世纪），美国国立医学图书馆。直到今天，我们仍然愿意谈论心脏的功能，认为它在动物体内主要就是为了血液循环。这一功能能否良好实现，决定了心脏是好是坏。心脏的功能无疑与有机体的其他部分乃至整体密切相关，一个离开了身体的心脏没有功能可言。或许这一事实让亚里士多德相信：有机体整体也有专属于它自身的功能和存在理由，否则它无法规定其部分的功能。

辑谬误，留给大家自行探索。

命题（4）进一步确定人的功能。亚里士多德诉诸他的自然哲学，特别是我们还没有充分展开的灵魂学说，认为人有很多活动是与其他事物共有的，因此不能被看作人的功能所在：吸收营养维系生命，这是和植物共有的；有感知、能够运动，这是和大部分非理性动物所共有的；看起来唯一为人所独有的就是理性或逻格斯。亚里士多德进一步区分两种不同的理性活动，一种是用理性进行思考的认识活动，另一种他称之为服从理性的活动，即人的欲望或意气等非理性部分服从理性指挥的活动。但无论哪种理性活动，亚里士多德将它看作人的功能的理由似乎都是：它是人所独有的、唯一的。然而，从一个性质对于一类事物 F 而言是独有的，就可以推出该事物 F 的善取决于这个独有的性质吗？例如发动大规模战争的能力看起来是人所独有的，也需要逻格斯的参与，但它真的可以定义人本身的内在目的和人之善好吗？

命题（6）引入美德的定义。古希腊人所说的美德，可以泛指一个事物所具有的优秀品质或倾向性，使该事物成为同类事物中的卓越个体，它和我们所谈到的 F 的善好的（a）含义密切相关。亚里士多德在此断定，美德就是使一个事物的功能得到最大实现的品质。比如说一支粉笔，当它的外形、材质等让它在黑板上流利书写，我们就说这是一支出色的粉笔，而它所具有的结构性特征就是这支粉笔的美德。反过来，粉笔功能的良好实现，就是与自身美德相匹配的在黑板上流利书写的活动。依此类推，人之善在于人的功能〔的良好实现〕，也就是与人的美德相匹配的活动。需要注意，这里的美德可能是单数也可能是复数，因为亚里士多德指出，如果人只有一种美德，人之善就是与该美德相匹配的活动，但人也可能有多种美德，此时就是匹配那最好的和最完满的美德的活动。[1] 由此可见，单纯符合理性或包含理性的活动并不足以定义人之善好，只有当这样的行动由具有美德的人完成时，我们才能说人之善得以完全实现。

借助功能论证，亚里士多德似乎把他对人的自然本性的理论反思和人应该如何行动的伦理反思结合了起来。有学者认为他是在用自然哲学和形而上学为伦理学奠基，这是一种类似元伦理学自然主义的主张，认为我们所谈论的伦

[1] 亚里士多德：《尼各马可伦理学》1.7 1098a16-18。

理价值是独立于人的心灵的事实，并且这些事实就是我们能通过理性认识和把握的自然事实。这种立场有助于解释伦理规则的普世有效性等特征，但也会遇到相应的理论挑战。其中最重要的是，为什么我们对人的自然本性的事实性描述，可以成为人的伦理活动的规范性来源？为什么我们可以从人之所是推出人之应当？功能论证是不是混淆了事实判断和价值判断？

功能论证一直备受学界关注，近年来的研究文献可谓汗牛充栋，然而，这个结构简单、目标明确的论证所带来的一系列挑战，在历经巨细无遗的分析之后，仍然有广阔的理论空间有待探索，因为它触及伦理思考能否由理论哲学为之奠基、什么规定了人之为人等根本问题。

3. 幸福与沉思活动

即使我们承认功能论证对什么是幸福给出了一个实质性的答案，这个答案仍然是不能让人满意的。因为幸福在这里被看作人的理性功能的良好实现，但理性本身有多重面向。它既可以指纯粹的理性思考认识活动，也可以指灵魂非理性部分服从理性的活动，这大约可以对应人们的理论探求和伦理实践。因此，亚里士多德的解释者，仍然必须在幸福的一元论和多元论之间做出选择，说明幸福作为至高善究竟是一种单一的理性活动的实现，还是多种理性活动的最大实现。

不幸的是，《尼各马可伦理学》在不同语境中给出截然相反的答案。在第二卷以后的讨论中，亚里士多德首先关心的是伦理美德，强调理性在不同伦理实践领域中的多样性，同时又将伦理美德跟理智美德区分开，认为它们指向不同的目的：一个指向人的实践活动，另一个指向理论认识，而人的幸福作为最大的善似乎应该同时包括这两者。但到了第十卷，亚里士多德把沉思从理性众多活动中挑选出来，认为它高于其他生活方式，最为确切地规定了人的最高善或幸福的实现（图 6.6）。

幸福一元论和多元论的张力内在于亚里士多德的著作本身，但同时也是所有从幸福出发的美德伦理学必须面对的困难：一方面，当我们以幸福作为终极目的整合人生实践时，我们希望把它作为理论出发点和断定什么是伦理善的标准，用它来衡量其他的善，此时幸福本身如果不是确定的单一活动，就很难承担这样的功能。这是一元论说法会具有的吸引力：它保障了在幸福目的论链条中审视伦理生活所需要的确定性；与之相反，多元论的优点则体现在亚里士多德和柏拉图哲学的一个重要差异上：亚里士多德始终要求我们回到具体语境中思考伦理善恶，反复强调哲学伦理学不是教义手册，因为我们必须通过自己的经验去考虑实际情形。而幸福多元论可以很好地保护伦理善的多元性，以及不同善之间的不可公度性。

图 6.6　亚里士多德《尼各马可伦理学》抄本（15 世纪），维也纳奥地利国家图书馆。第六卷开篇的这幅插图生动地展示了三种不同的生活方式。右下方的独眼巨人波吕斐摩斯生性贪婪，象征追逐物质享乐的快乐主义；左下方是伟大的隐忍者奥德修斯，他通过斩杀波吕斐摩斯建功立业，表明伦理生活对快乐主义的超越和克服；不过，最崇高的生活方式属于怀抱斯芬克斯的智慧女神，这种沉思生活追求的只是理解和真理。

当然，在极端一元论和多元论之间也会有第三条道路。一元论的立场，其实可以进一步细分为包容性的一元论和排他性的一元论。包容性的一元论虽然只谈论理性的一种活动，但这种活动把理性的其他活动，要么作为它的必要手段，要么作为它的必要构成要素整合进去，只有非包容性的一元论才将其他善完全排除在外。

无论采取哪种立场，在一元论与多元论之争中，我们始终关心的，仍然是人的理性沉思活动和伦理实践活动之间的关系。回到《尼各马可伦理学》第十卷，亚里士多德在辩护沉思生活是最高善之前，首先列举了三种不同的生活方式，它们分别对应着三种内在的善：快乐、美德和理解。所谓内在的善，指的是因其自身就值得我们欲求的对象的善。对快乐的追求将我们导向带来愉悦的娱乐活动，这是快乐主义的生活方式；而要在城邦中最大限度地实现美德，则必须参与决定城邦重要事务，它将我们导向伦理和政治生活；最后，对理解和真理的追求则将我们指向哲学生活。（图 6.6）

在此基础上，亚里士多德给出了如下理由来说明沉思活动就是人的最高善：

（1）沉思活动源自人的理性，它所关系到的也是最为可知的对象。而严格知识的对象是普遍对象的必然属性，它们和神一样是永恒的存在。沉思永恒必然的对象使人类得以超越个别的行动和偶然的快乐，也使理性成为人的灵魂中最为卓越和神圣的要素，因为理性让人的生活最为接近神。亚里士多德在《物理学》和《形而上学》中都谈到，作为第一推动者的神，只能在永恒的沉思活动中反观自身。人因为身体的限制，不能持久地进行这样的沉思，但理性至少可以让人片刻超越此世存在，进入一种接近神的自我反思状态。（图 6.7）亚里士多德认为，这足以说明沉思活动是与人最完满的美德相匹配的活动。

（2）沉思是最为持久的活动。在身体许可的范围内，只要我们愿意，就可以持久地投入到对真理的沉思中。与之相反，我们很容易在追逐快乐的过程中感到厌倦，而在城邦中能否实现美德又容易受到运气的左右。

图 6.7　亚里士多德《伦理学、家政学》抄本（15 世纪），尚蒂伊孔代博物馆。着装有如圣母的女性姿态虔诚，仰首默观永恒不变的神、天使和星辰，她象征着沉思生活带来的幸福（félicité contemplative）。

（3）符合美德的活动，总是让人愉悦的，因为它是人的自然本性不受阻碍的实现。而在符合美德的活动中，理性的沉思最能让人愉悦，因为它最大限度地实现人的自然本性。

（4）沉思是最为自足的活动。因为它不像其他活动那样依赖外在的善：娱乐活动往往需要通过物质满足来实现，而在城邦中实现伦理美德，则需要有好的名声、财富、朋友等。沉思活动所要求我们的，只是自身的理性能力。

（5）唯有沉思活动看起来是仅因自身就被人喜爱，因为其他类型的活动还会带来活动之外的产物。例如伦理实践可以带来荣誉和权力，而沉思活动所带来的只是在沉思中呈现出的真理（图 6.8）。

（6）沉思是闲暇中的活动。而最高的善应当使我们处于闲暇中，因为只有在闲暇中我们才彻底放松。我们的所有活动并不是为了活动本身，而是为了得到休憩，正如战争最终是为了和平。这一点是沉思生活和伦理生活的区别所在：伦理生活总是要求投入和参与，不得闲暇。在亚里士多德看来，这种忙碌的生活并不能让人获得最终满足。

图 6.8　伦勃朗《亚里士多德沉思荷马半身像》油画（1653 年），纽约大都会艺术博物馆。亚里士多德衣着浮夸，肩上挂着亚历山大大帝赠予的大金链，双眼却在沉思中迷离：荷马所敞开的神圣世界让他沉浸其中，在自我满足中遗忘俗世的财富和荣誉。

（7）神所进行的只有纯粹理智活动。如果我们认为神享有更高的善，这也就意味着，纯粹理智活动就足以成为这种更完满状态的充分条件。因此，沉思活动使我们接近神甚至得以成神（theosis），就是在赐予我们更完满的幸福。[1]

在有关最高善的最后分析中，亚里士多德既谈到了伦理标准，也引入了神与人的本体论秩序。这里所谈论的善不再只是伦理的善，而涉及更超验

[1]　亚里士多德：《尼各马可伦理学》10.7 1177a12-1178a8。

的善，亦即神的善。我们不难辨识出它与柏拉图的渊源，这将在后来的新柏拉图派中发扬光大。与此同时，也不应忘记亚里士多德伦理学中真正更属人的一面。功能论证认为人的善在于人所独有的功能的最大实现，但沉思活动显然不比那些服从理性的或符合伦理美德的活动更满足这一点：因为沉思活动是人和神共有的，但神并没有伦理生活。从这个角度看，伦理美德活动更属于人此世的生活。因此，在亚里士多德的哲学伦理学中，政治或伦理生活仍然有它的位置，至少应当被看作次好的善。[1]

三、亚里士多德论美德

政治生活追求伦理美德，沉思生活则向往理智美德，两种不同的美德对应着理性的两种不同能力和活动。其中，伦理美德除了包括传统四枢德中的勇敢、节制和正义外，还有慷慨、大气等，它们涉及理性之外但又能服从理性的灵魂能力；而理智美德，则是理性能力本身所具有的卓越品质（图 6.9）。至于

图 6.9　安布罗焦·洛伦泽蒂《好政府与坏政府的寓言》湿壁画局部（1338 年），锡耶纳市政厅。“好政府的寓言”由两组象征美德的人物组成：（画面右侧）端坐中央的是锡耶纳的化身，他的头顶是基督教传统的信、爱、望神学三美德，右手边坐着和平、勇敢、明智，左手边则是大气、节制和正义（均按从左至右顺序），它们被看作公正的统治者必备的美德。正义同时出现在画面左侧，位于宝座之上，头顶天平，右手的天使在施予刑罚，左手的天使则在公平分配。她的上方是智慧女神。除了信、望、爱与和平之外，其他美德都出现在亚里士多德的讨论中，而且他在伦理美德中也尤为关注正义，并率先将其区分为分配正义与惩罚正义。不过，亚里士多德会将明智和智慧归入理智美德。

[1]　亚里士多德：《尼各马可伦理学》10.8 1178a9-14。

这两种美德之间的关系，它仍然关系到亚里士多德的一元论与多元论之争，我们将结合实践智慧这一特殊的理智美德做进一步的分析。

1. 伦理美德的定义

关于伦理美德，亚里士多德有个经典的定义：

> 美德是一种与决定相关的品质（hexis），由某种中道构成，此中道乃相对我们而言、由理性定义，并且正如明智者所愿意定义的那样。[1]

这个定义高度凝练，其中可以讨论的话题很多。

首先，这里的“品质”指一种持久而不易改变的状态，属于质的范畴。在亚里士多德的范畴理论中，美德之外另一种常见的品质是知识，人们一旦习得这样的状态，就会在行动中会形成稳定的倾向。美德的倾向与决定相关。决定（prohairesis）是一种特殊的理性欲求，它指的并非随机的选择，而是在理性欲求引导下通过思虑、衡量、谋划而做出的决定。在这个定义中，亚里士多德可能既暗示美德是通过决定形成的品质，也强调美德这种品质可以引导我们在特定情境中做出恰当的决定来引导自己的行动，例如勇敢的人在面临险境时挺身而出。

接下来我们看何谓“中道”，这无疑是上述定义的核心。亚里士多德的美德理论常常被称作中道学说（doctrine of the mean），它强调美德是介于过度和不及两种极端状态之间的一种平衡（图 6.10）。例如慷慨，这是涉及金钱财物的美德，与它相对的不及是吝啬，而过度则是浪费或挥霍。慷慨是介于二者之间的一种值得赞扬的品质，既不吝惜财物，又不铺张浪费。类似地，勇敢是怯懦和鲁莽之间的美德。亚里士多德的中道学说看起来和我们常常听到的中庸之道一样，强调过犹不及，允执其中。同样，我们也很容易想象对这种中道学说的一种常见批评：这和平庸的、毫无立场的折中主义有何区别？

这将我们导向上述美德定义中对中道的进一步限定：它是“相对我们而言的〔中道〕”。亚里士多德认为，这指的是相对于伦理实践者的中道，特别是在

[1] 亚里士多德：《尼各马可伦理学》2.6 1106b36-1107a2。

一个特定的城邦共同体中的伦理行动者。他在此基础上将这种特殊的城邦化（政治化）的中道同几何式的或完全量化的中道区别开来。举例来说，某人为锻炼身体，需要补充肉类营养。对他来说，每周只吃 2 磅肉不太够，而吃 10 磅肉就过了头。那么，对于他来说，中道是不是把两者相加求个平均数 6 磅呢？并不见得，因为这取决于他自己的体重和健康的需要，甚至还有他所生活的共同体的审美要求。6 磅很有可能对他来说仍然太多。

图 6.10　亚里士多德《尼各马可伦理学》抄本（15 世纪），奥地利国家图书馆。开放的厅堂中，身穿斗篷的年轻人可能是一位学者，紫衣女子将一枚金币交付他，以展示对知识事业的慷慨。厅堂之外是两个在地狱中受罚的神话人物：红衣女子是达那俄斯的一个女儿，被罚用破漏的水罐取水，徒劳无功；赤裸的坦塔罗斯永远得不到近在眼前的水和食物（奥维德：《变形记》4.458-463）。具体寓意不明，或许分别象征与美德对立的过度与不及：一个恣意挥霍，一个求而不得。

亚里士多德进一步认为，我们需要诉诸理性来确定何为中道。而所谓诉诸理性，实际上就是诉诸明智的人，听从他们独特的理性能力所做出的判断。换句话说，美德是进行决定的状态或品质，它由拥有实践智慧者所奉行的中道构成。在刚才的例子中，真正的中道是明智的人根据这个人的身体状态做出的恰当判断。亚里士多德强调，一方面，这里所说的中道是相对于伦理行动者的，另一方面中道又是基于高出个别伦理行动者的判断，它是一个公认明智的人给出的界定。这也就意味着，中道学说仍然不能直接为我们的行动提供指南，指出什么样的具体方案是符合美德的。这将我们带回伦理学内在的不精确性。在特定情境中，什么是过度，什么是不及，有很多因素需要考虑。在这个著名的美德定义中，亚里士多德只不过把所有因素和评判标准都归于一个明智的人。而所谓明智，就是在特定情境下做出正确判断的理性能力或品质。

图 6.11　亚里士多德《尼各马可伦理学》抄本（15 世纪），奥地利国家图书馆。天地交汇处一座突兀的石山，美德女神安坐其上，怀中的月桂树象征至高的荣誉，右手拿着金色的棍子，两端喷出火焰，一枚金苹果在其上保持微妙的平衡。苹果是一切诱惑的源头，美德需要正确地支配欲望，在过和不及之间寻找中道，以获得永恒的生命。通往美德的路途无比艰难，有人懈怠，有人奋力攀升却不知危险将至。

因此，中道学说并不是一种不加反思的折中主义，它也不意味着可以将所有伦理情境量化，然后求出一个符合美德的状态。它仅仅指出了美德往往要在极端的心理状态中寻求一种平衡。（图 6.11）

2. 伦理美德的基本特征

根据亚里士多德的定义和他有关勇敢、节制、慷慨、大度、温和等具体伦理美德的讨论，伦理美德应当具有如下一系列特征：

（1）美德是性格中持久稳定的状态或品质，它在人们的决定和行动中得以表达。亚里士多德此处需要面对美德伦理学常常遭遇的一个批评：真的存在某种稳固持久、难以改变的性格特征决定我们的行动吗？亚里士多德的回答是肯定的。他认为，我们首先可以区分心灵能力和相应的活动，例如理性有计算的能力，也可以完成计算活动。而理性能力在反复的活动实践中会掌握相关的技巧或知识，从而形成稳定的状态或行动倾向，例如在简单的计算熟练之后，我们无须思考就可以直接给出答案。在亚里士多德看来，之所以能做到这一点，就是因为心灵具备了某种稳定的状态或品质（hexis），它介于能力和活动之间。而美德就是这样一种与之类似的居中状态。这里可以看到苏格拉底道德心理学传统的影响：当苏格拉底说美德即知识时，道德知识就是这样一种心灵的稳定品质，我们不见得时时在用它，但一旦拥有就不容易失去。当然，这并不是在主张亚里士多德接受苏格拉底关于美德即知识的断定，而只是强调他们都认为美德是一种稳定的、不易改变的心灵品质。

（2）伦理美德通过经验或实践习得。这一特征明确地展示了亚里士多德和柏拉图的苏格拉底的差异。在柏拉图笔下，苏格拉底所谈论的美德知识是先天的，而亚里士多德强调，所有知识都从感性经验开始，美德也不例外，需要通过反复的经验和实践才能成形。例如，要成为勇者，偶尔完成一两次英雄壮举是不够的。他需要通过反复实践形成稳定的品质，使自己在需要展示勇气的场景中，总能像一个勇者那样去行动。对实践和经验的强调，也暗示了伦理美德不仅仅只跟知识相关，而是关系到具体的行动者和情景，这与中道学说相呼应：只有在既相似又存在内在差异的不同情境中，针对我们作为伦理行动者的现实，正确地判断何为过度何为不及，才有可能形成美德。

（3）然而，仅有关于中道的认识是不够的，因为在伦理实践中，我们不仅会因为对中道的错误认识而偏离美德，欲望、愤怒等非理性因素也会干扰判断和决定。亚里士多德认为，真正的美德应当帮助我们在这些非理性因素的影响下也能做出正确的决定。因此，美德是关系到行动和情感的品质，在一个特定的情境下根据对美好生活的规划，来决定采取什么样的行动，甚至表达什么样的情感。与下一讲要谈到的斯多亚派不同，亚里士多德不认为一个有美德的人要摆脱所有情感。他认为伦理行动者应当保持恰当的情感：当一个正义的人遇到不义时，表达一定的义愤是必需的。因为对不义完全无感是一种不及，是一

图 6.12　亚里士多德《伦理学》抄本（1470—1480 年），大英图书馆。美德树主干上的蓝圈红字是各式美德，两侧的黑圈黑字则是相应的恶德，左侧为过度，右侧为不足。例如，节制就在放荡和麻木之间，慷慨则在挥霍和吝啬之间。当然，有些美德并没有绘出相应的过度和不足，例如最顶端的明智和正义。

种恶德。当然，过度地愤怒以致丧失理智也是恶德。

（4）美德在过和不及两种恶德之间寻求中间地带（图 6.12）。这是中道学说的核心，前面的讨论已经充分。

（5）美德的第五个特征其实不难从前面的讨论中推导出来：在一个具体的情境中，要找到恰当的中道，让非理性情感服从理性，就必须让理性能良好地实现其功能。亚里士多德将其称之为正确理性，而这就需要理智美德的参与。在这一点上，亚里士多德实际上延续了苏格拉底依赖的唯理智论传统，只不过他不再认为智慧或其他理智美德是人们获得伦理美德的充分条件，但他并不否认理性的某种稳定品质仍然是伦理美德的必要条件。

3. 理智美德

亚里士多德在《尼各马可伦理学》第六卷谈到与理性相关的五种卓越品质，它们在一定意义上都可以使理性获得正确的认识或真理，分别是技艺、明智、理解、知识和智慧。

（1）技艺（technē）虽然出现在这一卷，但亚里士多德小心地将它和真正的理智美德区别开来。如图 6.13 所示，技艺是生产性的，指向各式有用的产品，而产品外在于我们的心灵甚至生产活动。因此，评判一个匠人的标准，首先是他所完成的作品，而不是他的心灵品质，而且技艺的实现与匠人的行为动机或理由无关。但在谈论美德时，我们首先关心的是心灵本身所处的状态或具有的品质，而不是一个人的外在行动，只有当一个人的外在行动出于恰当的行为理由，例如为了某种内在的善时，它才被看作有美德的行动。因此，严格来说，技艺不能算作美德。

（2）接下来是明智或实践智慧（phronēsis），象征它的女神总是低头看着大地。在理智美德中，它是一种更加扎根于伦理生活的品质，包含着对具体情境的断定，判断它是否符合我们所接受的一般道德标准。实践智慧是帮助我们把握一般法则何时适用、何时不适用的灵魂品质。它关系到具体的行动和事物的偶然属性，在不同的情境中会有所不同。没有它，我们无法在现实的伦理生活中做出符合正确理性的判断，更无法通达伦理美德所需的中道。与个别行动的关联，将实践智慧同其他三个理智美德区分开来。它所指向的目的是**行动**，而不是认知。

（3）与明智不同，理解、知识和智慧指向的首先都是理论性的认知，以获取真理本身为目的。它们关心的都是普遍对象的必然属性，并不会随着情境的不同而发生变化。这里所说的理解（nous），实际上是一种特殊的理智直观，它直观性地把握那些没法被证明的前提、公理、定义。它是理智对于理性认识特别是证明性知识**起点**的把握，例如我们上一讲谈到的非矛盾律。

（4）这里的知识（epistēmē），指严格意义的知识能力，即在理解所把握的前提、公理和定义的基础上，以符合逻辑的方式推演出来的证明性知识，它作为一种稳定的品质存在于认知者的心灵之中。

（5）智慧或理论智慧（sophia），即哲学作为爱智之学所追求的对象。它在某种意义上是理智直观和证明性知识的结合。例如一个拥有智慧的数学家在看到前提和要证明的结论时，无须纸面推演，就能不假思索地准确把握前提和结论间的内在关联。因为理智所关注的是事物永恒不变的属性，它也将我们导向那些永恒不变的、最值得尊崇的存在，从而实现沉思中的幸福。

由此可见，理智的四种美德，实际上可以还原为两种：实践智慧和理论智慧。图 6.13 下方居于宝座的正是理论智慧，它是直观和知识的结合。它和实践智慧的差异可以用不同方式来界定。从认知的对象来说，智慧总是关心普遍必然的事物，而实践智慧则涉及伦理生活中偶然的、个别的变化；从目的来说，智慧是为了让我们获得知识和真理本身，而实践智慧则指向行动中的善。

但就人的行动而言，实践智慧和理论智慧孰高孰低，或者说它们之间有什么样的关联，千百年来一直是亚里士多德传统争议的话题：在强调一般性知识是实践智慧的出发点时，人们倾向于认为理论智慧高于实践智慧，因为实践中的谋划需要前提，需要通过纯粹理智的直观去把握那些与善相关的普遍法则。此外，亚里士多德的知识分类要求逻辑成为其他一切知识必要的前提，实践智慧自然不例外，而逻辑显然属于理论智慧的范畴；但另一方面，亚里士多德突出个别情境的重要性，认为人们对个别情景的理解不可化约为对知识的一般性把握，这引导某些解释者认为亚里士多德在道德认知上是特殊主义者（particularist），从而断定我们在经验和实践中所获得的实践智慧对个别对象的准确

图 6.13 亚里士多德《伦理学、家政学》抄本（15 世纪），尚蒂伊孔代博物馆。上图自左至右依次为知识、技艺和明智，下图则为理解和智慧。

把握高于抽象的智慧。当然我们还可以思考，拥有理论智慧是否能成为拥有实践智慧的充分条件：一个出色的理论家在面对重大的伦理抉择时，是不是总能得出正确的结论？还是伟大的思想常常会犯“伟大的”错误——就像某个委身纳粹的哲学家为自己的辩解。

另一个值得关注的话题是理智美德和伦理美德的关系，尤其是明智和伦理美德的关系。亚里士多德有一个著名的表述：

> 〔伦理〕美德使目标正确，而明智则使朝向目标的方式〔正确〕。[1]

这里的关键在于，伦理美德包含着对非理性部分的规训，使伦理行动者成为一个理性和非理性有机结合的整体，因此能在特定的情境中，稳定地产生向善的欲求。理智美德本身之所以无法做到这点，是因为亚里士多德还有一个重要的断言：纯粹的思想本身不具备动机性力量，不能推动人行动，人的行动还需要思想之外的欲求作为动机。[2] 所以，我们在特定的情境中愿意去做善的行动，还需要伦理美德提供对善的欲求，使得思想从纯粹的理论认知变为实践导向的谋划。但另一方面，我们之所以知道一个行动是善的，知道所采取的行动可以实现所欲求的善，这需要明智的判断。所以，伦理美德和明智之间是不可分离的关系。而且，只有明智所包含的理解，才能使人们先天拥有的性格品质成为真正的伦理美德。没有明智，就不可能存在伦理美德，反之亦然。那么，它们之间有优先性的差别吗？如果有的话，孰先孰后呢？就伦理教育而言，应该先培养良好的性格品质还是先训练正确的谋划能力呢？这些问题留待大家进一步探索。

四、亚里士多德论行动主体性

亚里士多德的伦理学不仅关注美德和幸福，也反思行动者的心理状态。因为伦理美德关涉到行动和情感，而行动和情感之所以具有伦理价值，一个前提

[1] 亚里士多德：《尼各马可伦理学》6.12 1144a7-8。

[2] 同上书，6.2 1139a35-36。

是它们能归属行动者，或者说行动者需要为之做出回应或承担责任。因此，亚里士多德需要对伦理责任做出更清晰的界定。

在《尼各马可伦理学》第三卷第1章中，亚里士多德首先通过引入人们对一个事件的道德态度，来确定该事件的归属：如果一个事件E造成了恶劣后果，而人们认为肇事者S应当受到谴责，甚至得到相应的惩罚，此时E就被归咎于S，他自愿地造成了恶劣的后果，也应当为之承担相应的责任；与此相反，如果E造成了同样恶劣的后果，但人们基于某种正当的理由，认为S可以得到宽恕，甚至得到怜悯和同情，此时E就不被归于S，因为S只是这个事件的当事人或承受者：他不自愿地承受了E的发生及其后果。

这里需要强调一下，在谈论亚里士多德的自愿性概念和责任理论时，我们将使用“事件”一词来刻画责任的对象，这是因为当代关于责任的讨论过于关注行动本身，而忽略了伦理责任的其他维度，如我们对于被动产生的情感反应的责任。而亚里士多德从一开始就强调责任既关系到行动又关系到情感，因此在接下来的讨论中，我们将采用更为宽泛的事件概念来进行描述。

亚里士多德实际上把人们对于事件E的事后态度，作为区分它是否自愿的标准。这样的标准看起来是外在于事件本身的。如果这是唯一的标准，它很可能就意味着：一个事件如果没被人发现，人们对它没有任何表态，该事件就谈不上自愿与否。这无疑是个荒谬的结果。因此，亚里士多德需要退回事件本身，来考察当事人在事件发生的过程中所做的贡献，以此断定该事件的发生究竟是自愿的，还是非自愿的（图6.14）。在这一讨论中，自愿性（hekousion）被看作当事人承担道德责任的一个必要条件。

与此同时，亚里士多德认为，人们可以基于某种正当理由认为一个造成恶劣后果的事件不需要受到惩罚，也因此将该事件看作不自愿的。什么是所谓正当理由呢？亚里士多德对伦理事件自愿性的探讨，正由此入手，先澄清不自愿性的充分条件，再讨论自愿性和道德责任的条件。

通常认为，亚里士多德为不自愿事件给出了两个相互独立的充分条件：一是该事件由外力作用产生，一是该事件由当事人的无知造成。根据逻辑法则，我们只需对这两个不自愿性的充分条件加以否定，就可以得到自愿性的两个必要条件：如果一个事件不受外力作用，并且该当事人不是出于无知而导致该事件发生，那么这个事件就是自愿的。换句话说，一个自愿的伦理事件的当事人应当作为事件本原对事件的发生有所控制，同时也要拥有相应的知识，这是自愿性的两个必要条件。这一主张对后世影响深远，当代行动哲学在讨论一个行动如何归于行动者时，控制条件和认知条件仍然被看作两个不可或缺的要素。

图 6.14 《伊菲革涅娅的牺牲》湿壁画（1 世纪），庞贝悲剧诗人寓所，那不勒斯国立考古博物馆。阿伽门农（右）因猎杀女神阿尔忒弥斯（左上）的牝鹿而招致报复：只有杀死自己的长女伊菲革涅娅，希腊联军才有可能前往特洛伊。在埃斯库罗斯笔下，身为统帅的阿伽门农尽管不情愿，在女神的胁迫下，仍然接受命运的安排，决定将她的女儿献祭。然而，这正是一系列血腥谋杀和悲剧的开端。在细致谋划之后才做出决定的阿伽门农是否要为这一切承担责任，悲剧诗人、亚里士多德和我们可能有不同的答案。

1. 不自愿性的外力条件

首先看控制条件或外力条件。举个例子，一艘船遇到风暴，飓风在水手们无所作为的情况下把这艘船带到某个港口。对这些水手来说，船航行到这个港口，显然不是他们自愿而为的结果，这个事件外在的物理原因是风暴而不是水手们启帆、划桨、掌舵等驾船的工作。但是，一个事件的动因外在于行动者，这一点就足以决定该事件是不自愿的吗？我们可以变化一下这个例子的某些条件，假定风暴发生时水手们通过观察风向和风力，及时调整航行的方向，使得这艘船被狂风送到了他们的目的地港口。此时，我们还会说这次航行不是水手自愿而为的结果吗？

或许正是预见到可能出现这样的反驳，亚里士多德补充了另外一个条件：只有当一个事件的当事人对该事件的发生无所贡献时，它才是出于外力的。但是，我们仍然可以进一步追问，满足了动因外在于当事人和当事人无所贡献这两个条件，一个事件的发生就一定是不自愿的吗？或者说当违背其中一个条件时，该事件就一定是自愿的吗？

亚里士多德考虑了一些存在争议的例子：

（1）第一类例子涉及人们在胁迫下的行动。例如一位僭主控制了你的亲人，逼迫你做耻辱之事，或者有人拿枪指着你的头，让你把钱包交给他。在这种情况下，你作为当事人是上述行动物理意义上的动因：因为无论是交出你的钱包，还是去做让你蒙羞之事，都不存在一个像海风那样的外在物理原因。此外，你确实也通过完成这些行动贡献了自己的能动性。但你真是自愿的吗？亚里士多德没有给出答案，但值得深思的是，这里所谈论的外力是不是仅指物理意义上的外力？心理上的胁迫，要不要考虑进来？

（2）第二类例子有所不同：还是一群水手在海上遇到风暴，为了让船能够平安度过风暴，他们把船上的货物扔到了海里。他们的行为是自愿的吗？和被人用枪指着头时交出钱包一样，这个事件的发生有外力的作用，但是海风这个外力，并不是货物被扔到水里的直接物理原因。这个行动仍然是当事人自己完成的。此时，行动者同样是不情愿的，就像亚里士多德所说的，一般情况下没有人愿意把货物扔到水里。但和前面受到胁迫的情形不同，我们会倾向于认为水手是自愿的，或者至少像亚里士多德所说的，它是某种混合行动，既是自愿又是不自愿的。因为在这个特定情境中，水手仍然控制着自己身体的活动，可以保证他完成扔货物的动作；此外，他们也有不扔的选择自由，或者至少是可能性。简而言之，相比于被迫交出钱包，我们似乎更愿意相信扔掉货物以求自保是一个自愿行为。

（3）第三类例子会更麻烦。亚里士多德提到，我们为了某些崇高目的会承受羞辱。此时，当事人看起来跟受到胁迫一样，都是在外在因素的作用下，去做了一件自己一般情况下并不愿意的事情。但这种行为反而会得到赞扬，例如老莱子不顾自己年逾七旬，身穿斑斓彩衣，强行卖萌作婴儿状，只求博双亲一笑（图 6.15）。在我们的文化传统中，老年人是没有穿衣自由的，穿上不合时宜的衣物只会让自己蒙羞，但老莱子的行为却被列入二十四孝，广为宣传。在亚里士多德看来，这意味着它们是自愿的，因为自愿性是一个事件得到赞扬或谴责的必要条件。但它跟刚才所说的受到胁迫的行为又有什么不同？它和水手被迫扔掉货物的例子有什么共同之处，又有什么差异？亚里士多德为什么要强调这种差异，把它们作为两类不同的案例？亚里士多德没有回答，我也不想在此越俎代庖。[1]

图 6.15　周密《老莱子娱亲图》册页（年代不详），俄勒冈大学美术馆。

2. 不自愿性的无知条件

接下来看无知条件。亚里士多德做了一系列有趣的区分，他试图证明：并不是所有与无知相关的行动和情感反应，都是不自愿的。

颇为出人意料的是，亚里士多德首先考虑了当事人对于无知行为及其后果的事后态度，如果他感到遗憾或懊悔，这个出于无知的行动对他来说就是不自愿的——或者更应该说不情愿的。反之，如果他毫无悔意，那么，这个行动对

[1]　有兴趣的读者可以参考拙文《亚里士多德论混合行动》,《外国哲学》第 40 辑，北京：商务印书馆，第 84—123 页。

于他来说就既不是不自愿的，也不是自愿的，而是与自愿性无关。假设眼前有个蒙面人向你挑衅，你一怒之下把他杀了。揭开面具，一种情形是你发现他其实是你的朋友，跟你开了个不合时宜的玩笑，此时你会深深懊悔，而这个出于无知的行动就是不自愿的，通常也会得到怜悯或宽恕；另一种情形是，这个被杀死的蒙面人正是你苦苦找寻的敌人，杀掉他并不会让你有太多遗憾——或许只会遗憾没有亲自把他折磨致死，而不会对他的死亡本身感到遗憾。在亚里士多德看来，此时，蒙面人的死亡对你来说就与自愿和不自愿无关。这部分符合我们的直觉，但是我们仍然会疑惑：可以单凭当事人的事后态度来断定一个伦理事件是否应该归于他吗？我们或许会倾向于认为，事后的态度至多只是个征兆，而不应成为判断标准。

亚里士多德的第二个区分是**出于无知**和**在无知中**造成的事件。一个严重醉酒的人失去了理性的控制力，他处于某种无知中，但仍然有行动力，在无知中做了些事后记不起来的事情，造成种种恶果。在这种情况下，他可以因为自己行动时处于无知的状态而免责吗？这至少在古希腊是无法接受的，因为醉酒闹事往往还要罪加一等。亚里士多德指出，尽管在醉酒的那一刻，行动者确实处于无知状态，但该行动的终极本原并不是醉酒造成的无知，而是当事人更早时饮酒的行为。如果他明明知道自己酒品不好还要去买醉，这样的明知故犯当然是必须要为之承担责任的。与此相对，那些出于无知的行为找不到别的原因，只有无知才能作为相关伦理事件的终极解释。比方说杀死蒙面朋友的行为，除了当事人的无知，没有其他因素可以解释这个事件的发生。也正因为如此，该事件被看作不自愿的（图 6.16）。

第三个区分是关于普遍事物的无知和关于特殊事物的无知。前者指的是对普遍道德法则的无知，包括成文法和不成文法中广为接受的基本道德原则。在亚里士多德看来，当事人此时不能以不知者不罪作为借口来逃避责任。因为对于一般法则的无知，并不能成为相关事件的终极解释。在亚里士多德看来，一个理性的行动者就应当知道这些一般性法则。如果他碰巧不知道，他就没有履行自己作为伦理共同体成员的义务，是对自己作为理性存在的疏忽职守。我们再次提到“应当”的概念，但是这个“应当”所体现的规范性从何而来，亚里士多德并没有给出特别明确的解释。与此相反，当一个人对行动的具体条件如行动的内容、对象、周遭环境、结果等缺乏了解时，他的行动就是不自愿的。例如医生在不知道自己手中的药物已经被人调包成毒药时把它给了病人。这里，我们或许会进一步追问，既然我们不能把对普遍道德法则的无知作为免责的理由，那是不是对某些导致恶果的具体行动条件的无知同样不能使我们免责，因为我们有义务知道？亚里士多德没有再进一步讨论这样的话题，大概因为与行动相关的具体条件复杂多变，我们很难给出在大多数场合适用的判定标准。

图 6.16 《俄狄浦斯杀死拉伊奥斯》湿壁画（罗马时期），开罗埃及博物馆。对自己的身世一无所知的俄狄浦斯杀死了在路口与他抢道的老人。多年之后，俄狄浦斯才得知自己当年杀死的正是亲生父亲拉伊奥斯，他在痛苦中戳瞎了自己的双眼。俄狄浦斯弑父显然出于对行动对象的无知，但在悲剧诗人笔下，他仍然毫不犹豫地惩罚自己的恶行。

总而言之，在亚里士多德看来，只有当一个事件 E 的当事人 S（1）对于 E 的具体条件无知，并且（2）该无知是 E 发生的终极原因，同时（3）S 对于 E 的发生感到痛苦和遗憾，此时，E 对于 S 来说才是不自愿的。

3. 伦理品质与责任

以上是亚里士多德对外力和无知两个不自愿条件的分析。需要再次强调的是，他的伦理学关心的并不仅仅是具体的行动、情感反应或伦理事件，还有当事人的稳定品质或性格特征。性格品质有时又被亚里士多德称为“第二自然本性”，就像我们的自然本性一样，江山易改，本性难移。品质一旦形成，我们就很难按照其他方式行动。而前面在谈到外力条件时，我们曾经暗示只有当事人还有别的行动路线时，他实际采取的行动或情感表达才是自愿的。那么，一个受到自己的内在品质支配的当事人，他的行动还是自愿的吗?

这里涉及的是美德和恶德等伦理品质的自愿性。它关系到两个相互区别但又紧密相关的问题：一是美德和恶德这样稳定的行动倾向，它们的形成是不是自愿的和取决于我们的？一是这种固定的行动倾向形成之后，我们的行动还是不是自愿的和取决于我们的？亚里士多德对这两个问题的回答，都诉诸我们可以说不的权利。而他的表述也非常接近当代所说的“其他可能性原则（Principle of Alternative Possibilities）”，即一个行动之所以是自由的，是因为行动者有其他的行动路线可以选择：

> 当行动是取决于我们的，不行动也就取决于我们，当我们可以说不时，我们也可以说是。[1]

总有两种不同的选择摆在行动者面前。亚里士多德以此解释一个人需要为他有缺陷的性格品质的形成承担责任。之所以必须引入这个原则，是因为人们总会寻找种种借口来说明糟糕品质的形成，不是因为自己，而是来自他无法摆脱的原因。

亚里士多德强调，品质的形成来源于实践。我们正是在反反复复的实践中最终成为具有特定品质的人：行高尚之事，就成为正派贤人；行低贱之事，就成为卑劣小人（图 6.17）。在亚里士多德看来，如果实践本身是取决于我们的，那么由它形成的品质也就是取决于我们的。

上述实践之所以取决于我们，仍然在于它能满足控制因素和认知因素两个自愿性条件。

亚里士多德首先指出，我们在实践时总是追求向我们显现为善之物。或许

[1] 亚里士多德：《尼各马可伦理学》3.5 1113b7-8。

图 6.17 杨·米克《美德的窄门与恶德的宽门》油画（1630 年代），华沙国家博物馆。“你们要从窄门进去，因为宽门和大路导入丧亡；但有许多的人从那里进去。那导入生命的门是多么窄，路是多么狭！找到它的人的确不多。”（《马太福音》7：13-14）前景中尚未成年的孩童，已经在窄门与宽门之间做了选择。

有人会认为，一个人没法控制事物如何向他显现，因为他是一个什么样的人，事物就会以什么样的方式向他显现。例如肉欲的快乐总是向不知节制的人显现出巨大的吸引力。与之相反，亚里士多德认为我们应当控制事物如何向我们显现，就像我们应当决定自己成为什么样的人一样。那么，为什么我们负有这样的义务呢？这里的规范性又从何而来呢？亚里士多德并没有进一步解释，我们只能假设这是成为一个伦理行动者的基本前提：我们必须思考一个事件的不同价值维度，以此决定把什么样的东西看作善的和值得追求的，对一个事件的价值认知始终取决于我们。

第二个条件则直接与伦理知识相关。常有人将恶劣品质归于当事人的无知，尤其是不知道某类实践会导致恶劣品质的形成：一个行动者可能不懂得防微杜渐的重要性，不知道看似无足轻重的恶行会积重难返，成为恶德。针对这样的主张，亚里士多德同样强调，我们有义务去了解从特定实践中会发展出什么样的性格品质。因为宣称自己不知道这一点，实际上已经表明我们不是拥有完全理智的人，或者说心理本身已经有了缺陷。不过，在这里我们并没有被告知的是，我们为什么要对这样一种无知的状态或心灵的缺陷承担责任，如果它是天生的呢？亚里士多德只是说，只要我们在城邦或伦理共同体中生活，只要我们还是伦理行动者，就必须拥有这样的知识。

我们再来看美德和恶德自愿性的第二个问题，它涉及性格决定论。亚里士多德强调：一个形成了固定品质的人，比如说一个不义的人，尽管养成了行不义之事的稳定倾向，他所行的不义仍然是自愿的。但这并不意味着，这个不义之人在具有不义的品质之后，只要他愿意，就可以摆脱这种品质。如果是那样的话，不义对他来说就不是一种恶德，而只不过是心灵暂时的状态。不义作为一种恶德，根据定义即使不是无法摆脱的，至少是难以摆脱的。但在亚里士多德看来，至少在这种品质形成之前，对于当事人来说，只要他愿意，他就不会形成这样的品质。也就是说，虽然当下他没有其他的可能性，但是他过去曾经有过。如果我们把他当下的状态，从因果上追溯到之前自愿选择的结果，这时候他就需要承担责任。亚里士多德说，就像扔一块石头，石头一旦出手，它的运动方向就很难调整了。但在石头出手之前，我们可以自由决定它所要朝向的方向。[1] 所以，在拥有特定性格之后，行动者之所以仍然要为性格决定的行为负责，是因为这是过去自由选择的结果。当然，这里是否有向前无穷追溯的危险，是值得进一步探究的话题。

五、亚里士多德论不自制

本讲最后简单介绍亚里士多德实践哲学中最困难的问题——不自制问题。相关研究可谓汗牛充栋，当代哲学家在论及这一问题时，即使不是专门的哲学史家也常常回到亚里士多德的文本，因为它引入了若干重要区分来展示不自制

[1] 亚里士多德：《尼各马可伦理学》3.5 1114a17-19。

问题的复杂。本讲集中于其中一点：不自制为什么既有不可理解之处，又仍然是一个可以归于伦理行动者的自愿行动。我们先从唐纳德·戴维森的经典论文《意志软弱如何可能》入手，来展示不自制现象的难解之处。

1. 戴维森论不自制

不自制是这样一种现象：行动者有意地违背自己的最佳判断行事。具体来说，当行动者 S 可以做 x（“去上西方哲学课”）也可以做 y（“在宿舍打游戏”），x 和 y 对 S 来说都是有吸引力的，但 S 判断在当前条件下做 x 比做 y 更好，但在行动中 S 并没有遵循自己关于最佳行动路线的判断，选择了去做 y 而不是 x。此时，行动者的价值判断和最后所采取的行动路线之间发生了断裂。不自制不时发生，但仍然是一个边缘现象，因为我们并不总是陷入这种心灵的分裂或行动和判断的断裂中。不过，这种边缘现象会逼迫我们去反思我们视为理所当然的行动法则的解释力。前面已经提到，苏格拉底在《普罗泰戈拉篇》中给出的解决方案，他的无人有意作恶的主张，就很难解释我们对不自制现象的直觉反应。[1]

戴维森在《意志软弱如何可能》这篇著名论文中，分析了构成不自制现象的基本要素和一些常会受到质疑的行动法则。他对不自制现象刻画如下：

> 一个行动者在做 y 时是不自制的，当且仅当（a）这个行动者有意做 y，即把 y 作为他要去完成的目的；（b）并且相信他在选择 y 的同时，还有 x 这样一个选项向他开放，或者说有其他行动的可能性；（c）同时断定，在考虑了一切之后，做 x 都比做 y 要更好。[2]

在戴维森的描述中，前两个条件向我们暗示不自制行动仍然是一个自愿行动，我们需要为之承担相应的伦理责任。那么，为什么会有一些哲学家像苏格拉底那样，认为不自制现象是不可能的呢？戴维森认为，我们通常会接受 P1 和 P2 两条行动的一般法则，而它们如果同时成立的话，似乎就蕴涵着不自制现象是不可能的。

---

[1] 见本书 2.2.3。

[2] Donald Davidson, “How Is Weakness of the Will Possible?” in id. *Essays on Actions and Events*, Oxford: Clarendon Press, 1980, p. 22.

（P1）如果一个行动者想做 x 超过想做 y，同时他又相信自己可以自由地做 x 或者做 y，那么，如果他有意图做 x 或 y 中的一个，他就会做 x 而不是做 y。

（P2）如果一个行动者判断做 x 比做 y 更好，他就会想要做 x 超过想要做 y。

P1 关心的是行动者的欲望和他的有意行动之间的关系。这个原则不难理解：我们想做什么，就会有意去完成什么，只要条件许可，我们会把动机转化为行动；P2 涉及的则是判断和欲望之间的内在关联。这同样不难理解：尤其是在亚里士多德传统道德心理学中，欲望总是依赖认识，因为欲望的对象需要通过某种认识方式向我们呈现出来。就像前面提到的，一个人在形成特定性格时，总是在追求向他显现出的善。所以，欲望追求什么，首先得认识到它是什么。动物根据感性认识行动，而人则通过理性认识采取行动。所以，P2 看起来也是符合亚里士多德传统的一个行动哲学法则。

但如果 P1 和 P2 同时成立的话，当一个行动者在考虑了一切之后，仍然断定做 x 比做 y 更好，那么他显然就会想做 x 超过想做 y。此时如果他一定要做点什么的话，他就会去做 x，而不会去做 y。不可能出现他在判断做 x 比做 y 更好的前提下反而有意做 y，不自制现象因此也就不可能发生。但如果我们承认不自制现象确实存在，同时又不想为了解释这种边缘现象的产生而抛弃 P1 和 P2 这样行之有效的行动法则，就必须对上述法则或者对不自制现象的描述有所修正。

戴维森的文章主要就是来应对上述挑战。亚里士多德关于不自制的讨论更为丰富，篇幅和体例所限，我们集中看他如何利用实践三段论来解释不自制的可理解性。

2. 亚里士多德论不自制的可理解性

亚里士多德所说的三段论，包含大前提、小前提和结论三个部分。大前提通常是一般性的判断，比如说“人都是会死的”。而小前提则是相对具体的命题，例如“苏格拉底是人”。如果大小前提的表述符合逻辑推演法则的话，从中可以得出结论，“苏格拉底是会死的”。亚里士多德在逻辑学著作中详细讨论了什么形式的命题及其否定能够构成三段论推理，这是他的逻辑学的一个重要贡献。

对我们的讨论来说重要的是，亚里士多德认为三段论也很好地刻画了行动时的实践推理，解释了行动者如何获得具体实践判断的过程。只不过，实践三段论的结论所涉及的不再是“某个人是否会死”这样的描述性内容，而是“我们应该做什么”的规范性内容。而且更重要的是，它所获得的结果，不是以命题形式出现的结论或理论判断，而是一个与上述规范性内容相应的行动。[1]

实践三段论的引入，尤其是以行动作为其结论的主张，看起来非常符合戴维森提到的两条行动法则：当行动者做出实践判断时，他就会产生相应的欲望，而这个欲望就会直接导向相应的有意行动，这中间不需要额外的心灵活动作为过渡。这也就意味着，亚里士多德并不认为一个不自制的行动者是在进行一个完全非理性的行动，他的行动理由仍然可以通过实践三段论的方式来表示。亚里士多德并不否认不自制者最后的动机和实践判断存在冲突，其心灵内部包含着紧张关系，但他并不认为这是理性的判断和非理性欲望的直接冲突——像柏拉图的灵魂三分的图景暗示的那样，而是将其归结为两种不同的实践三段论的冲突。

首先，根据不自制现象的定义，不自制者显然可以得出做 x 比做 y 更好的判断，一个通常被认为正确的判断。举例来说，一个糖尿病人面对一块蛋糕，因为不自制，他在正确地判断不吃蛋糕比吃蛋糕更好的同时禁不住诱惑吃了蛋糕。亚里士多德认为，这个不自制的糖尿病人可以通过一个三段论来得出他的正确判断。

> 大前提：糖尿病人应该拒绝过度的甜食；
> 小前提：（a）我是一个糖尿病人；（b）这块蛋糕是过度的甜食；
> 结论：我应该拒绝这块蛋糕。

这一三段论因为指向正确的结论，因此被称作“好的三段论”。需要再次强调的是，如果好的实践三段论推演能够**现实**完成，那么，它最后得到的不仅仅是一个单纯的命题，而是一个现实的行动动机，只要不受外力阻碍，就会指向拒吃眼前这块蛋糕的外在行动。此外，这个三段论推理可以进一步拆解为两个

[1] 亚里士多德：《尼各马可伦理学》7.3 1147a26-28。参见亚里士多德：《论动物的运动》7 701a7-16。

小的三段论，因为小前提中包含着两个不同的命题，一个是对“我”作为行动者身份的断定，另一个则涉及行动对象属性的确认。这当然是由实践三段论的特殊性决定的，它总是关联到行动者和行动对象两个要素，这也是它和理论三段论的另一个重要差异。亚里士多德认为，不自制者至少在理论上可以完成“好三段论”推理，否则他不会得出这样一个判断：吃这块蛋糕是不好的。

与此同时，亚里士多德认为不自制者所经历的诱惑或对于甜食的欲望实际上隐含着另一个三段论推理。之所以说是隐含的，是因为这个行动者未必在心灵的现象层面意识到它，但作为一个理性行动者，只要他愿意，就可以补完这样一个所谓“坏的三段论”：

> 大前提：人应当尝试所有甜食。
>
> 小前提：（a）我是一个人；（b）这块蛋糕是甜食。
>
> 结论：我应当尝试这块蛋糕。

显然，行动者可以补充“甜食能够给人带来快乐”，“能带来快乐的东西都应当尝试”这样的命题来解释他为什么要接受这样一个大前提，但这不是我们这里要关心的。重要的是，在亚里士多德看来，这两个三段论的存在表明不自制的行动者所经历的心理冲突最终可以还原为两种不同的实践推理的冲突。不自制者的问题并不是欲望压过了理性，而是他的理性为什么遵循了坏的三段论而不是好的三段论（图 6.18）。

一种常见的解释是不自制者在小前提上出了问题，或许是出于对眼前的蛋糕的强烈欲望，他不再把它看作过度的甜食，或者不再把自己看作一个糖尿病人，而把蛋糕看作普通甜食，或把自己当作普通人。因此，他并不是在现实地完成了好的三段论推理，现实地得出“我应该拒绝这块蛋糕”的结论后公然违背它。他确实有能力做这样的推论，但现实中并没有完成它，因为在行动的时刻，他“选择”了坏的三段论推理的小前提，由此激活了坏的三段论。当然，在“选择”坏的三段论的小前提之前，他是有可能“选择”好的三段论的小前提，从而激活好的三段论推理的，否则的话，他就没有另一种行动的可能性了。而这一涉及小前提的“选择”，因为涉及“我”或“这块蛋糕”这样的个别存在，它关系到的是知觉领域，而非知识领域。因此，不自制者完全可以有正确的知识，但仍然可能因为知觉错误而违背基于知识的判断。

图 6.18　亚里士多德《伦理学》抄本（1397 年），尚蒂伊孔代博物馆。这三幅图中左侧都是理性，右侧都是欲望，中间的人物自上而下依次是自制者、不自制者和有美德者。自制者和不自制者的理性和欲望都处于紧张的拉扯状态，而有美德的人的理性和欲望在姿态上却能达成一致。插画作者认为不自制是一种理性和欲望的对峙，欲望的诱惑使得行动者放弃了理性的判断。

由此可见，亚里士多德并不认为不自制行动者会在同一个时刻**现实地**经历两种不同的实践三段论的撕裂，或者在同一个时刻经历他们背后的欲望和理性判断的分裂，它们之间的对立是历时性的。不自制者的错误只不过是在行动的关键时刻，因为错误的感知，激活了坏的三段论的小前提作为他进行推理的前提。[1]

这个解决方案的好处在于，一方面，它强调不自制的行动者并不是简单地出于欲望行动，而是他的欲望本身隐含着一个实践三段论推理，也隐含着一个理性判断，他最后的行动符合这个隐藏判断。另一方面，它也解释了行动者违背自己最佳判断的现象出现的心理机制，因为人总有可能在行动时刻遗忘了“初心”，遗忘了最早的小前提。

当然，亚里士多德的批评者仍然会觉得它实际上并没有解释为什么在行动

[1]　亚里士多德：《尼各马可伦理学》7.3 1146b35-1147a10; 1147a24-b3; 1147b9-16。

图 6.19 《亚里士多德与菲莉丝》青铜水罐（14 世纪晚期），纽约大都会艺术博物馆。传说中亚里士多德以“爱征服一切”来为自己开脱。

的关键时刻，欲望会占据行动者的心灵，使他不再成为自制的人。与此同时，这个解释可能会带来更大的问题，按照亚里士多德的说法，要克服不自制现象，只要保证有一个正确的小前提就可以了。前面我们也看到，他一再强调对具体事物的正确认识，尤其是通过实践智慧来保证行动者在特定伦理情境中拥有正确的小前提，从而避免不自制现象。因此，在亚里士多德看来，不自制现象最终仍然源自认知缺陷，在这点上他和苏格拉底并没有根本分歧。差别只在于，亚里士多德认为这个认知缺陷不在于理性关于普遍必然事物的认识，而在于我们对个别行动性质的断定。然而，克服认知缺陷，就可以改变不自制状态吗？

最后，借一个中世纪的传说结束本讲。据说亚历山大大帝曾经沉迷于他的情妇菲莉丝不能自拔，亚里士多德很不满，觉得这会让正在接受哲学教育的大帝偏离对美好生活的追求，于是自信满满地劝告他：“你们年轻人心火太旺，总受不住诱惑，把控不住自己。让我去会会这个菲莉丝。”从这尊雕像上，我们不难看到亚里士多德最后的下场（图 6.19）。这当然只是中世纪人的想象，没有任何历史依据。但它似乎更符合我们的直觉：即使像亚里士多德这样以沉思美好生活为业的哲人，对伦理生活复杂情境充分洞察的明智者，大概也会有控制不住自己的时候。人非圣贤，孰能无过，即使圣贤如耶稣基督，在即将受难之前也曾有这样的祈祷：“我父，若是可能，就让这杯〔苦酒〕离开我罢！”[1]

[1] 《马太福音》26: 39。

阅读材料

1. Aristotle, *Nicomachean Ethics*, I, 7 (Cohen et alii 874-878).
2. Aristotle, *Nicomachean Ethics*, III, 1-5 (Cohen et alii 890-901).
3. Aristotle, *Nicomachean Ethics*, VII, 1-3 (Cohen et alii 913-919).
4.《古代哲学导论》，第四章，第 6—8 节。

进一步阅读指南

原始文献

* Aristotle, *Nicomachean Ethics,* translated by Christopher Rowe, with philosophical introduction and commentary by Sarah Broadie, Oxford: Oxford University Press, 2002.（译文出色，不过最有价值的是 Broadie 的导论）

Aristotle, *Nicomachean Ethics,* translated with introduction and notes by C. D. C. Reeve, Indianapolis: Hackett, 2014.（《尼各马可伦理学》出色英译本，译文可靠，附有适合初学者的注释）

*Aristotle, *Nicomachean Ethics,* 3rd edition, translated with introduction, notes and glossary by Terence Irwin Indianapolis: Hackett, 2019.（《尼各马可伦理学》经典译本，译文可读性好，但有时不够紧贴原文，附有适合初学者的注释和词汇表）

亚里士多德：《尼各马可伦理学》，廖申白译，北京：商务印书馆，2008 年。（可对照以上两种英译阅读）

*Aristotle, *Politics: A New Translation,* translated with introduction and notes by C. D. C. Reeve, Indianapolis: Hackett, 2017.（《政治学》新译本，译文可靠，附有适合初学者的注释）

*Jonathan Barnes (ed.), *The Complete Works of Aristotle*, Volumes I and II, Princeton: Princeton University Press, 1984.（学界最常用的全集译本，便于查阅。译文整体质量不错，但缺少适合初学者的导论、注释和评注，不少著作有更好的单行译本）

I. Bywater (ed.), *Ethica Nicomachea*, Oxford: Clarendon, 1894.（虽然有些陈旧，仍是《尼各马可伦理学》的希腊文标准校订本）

Alois Dreizehnter, *Aristoteles' Politik*, Munich: Wilhelm Fink, 1970.（《政治学》较可靠的希腊文校订本）

*Anthony Kenny, *The Eudemian Ethics*, Oxford: Oxford University Press, 2011.（《欧德谟伦

理学》出色译本，可读性好，有精要注释）
Michael Pakaluk, *Nicomachean ethics: Books VIII and IX*, Oxford: Clarendon, 1999.（Clarendon 系列）
C. W. Taylor, *Nicomachean ethics, Books II-IV*, Oxford: Clarendon, 2006.（Clarendon 系列）
R. R. Walzer and J. M. Mingay (eds.) *Ethica Eudemia*, Oxford: Oxford University Press, 1991.（《欧德谟伦理学》的希腊文标准校订本）
Michael Woods, *Aristotle's Eudemian Ethics: Books I, II, and VIII*, Second edition, Oxford: Clarendon Press, 1992.（Clarendon 系列）

研究文献

*Jonathan Barnes (ed.), *The Cambridge Companion to Aristotle*, Cambridge: Cambridge University Press, 1995.（经典导论文集，适合初学者）
Sylvia Berryman, *Aristotle on the Sources of Ethical Life*, Oxford: Oxford University Press, 2019.（有关亚里士多德是否道德自然主义者的最新研究）
*David Bostock, *Aristotle's Ethics*, Oxford: Oxford University Press, 2000.（出色的亚里士多德伦理学简明导论，深入浅出，适合初学者）
Sarah Broadie, *Ethics with Aristotle*, New York: Oxford University Press, 1991.（亚里士多德伦理学经典研究，内容较深，适合进阶读者）
Howard Curzer, *Aristotle and the Virtues*, Oxford: Oxford University Press, 2012.（亚里士多德美德理论的全面研究）
Paula Gottlieb, *Aristotle on Thought and Feeling*, Cambridge: Cambridge University Press, 2021.（亚里士多德道德心理学的最新研究）
Robert Heinaman (ed.), *Aristotle and Moral Realism*, Boulder, CO: Westview, 1995.（非常出色的亚里士多德伦理学研究文集，作者不仅有哲学史家，还有当代哲学家）
*Richard Kraut, *Aristotle: Political Philosophy*, Oxford: Oxford University Press, 2002.（出色的亚里士多德政治哲学导论）
*Richard Kraut (ed.), *The Blackwell Guide to Aristotle's Ethics*, Oxford: Blackwell Publishers, 2005. 理查德·克劳特:《布莱克维尔〈尼各马可伦理学〉指南》，刘玮、陈玮译，北京：北京大学出版社，2014 年。（非常出色的研究论文集，中译可靠）
John McDowell, *The Engaged Intellect: Philosophical Essays*, Cambridge, MA: Harvard University Press, 2009.（作者系当代著名哲学家，收录数篇亚里士多德伦理学研究经典论文）
Carlo Natali, *Aristotle: His Life and School*, D. Hutchinson (ed.), Princeton: Princeton University Press, 2013. 卡罗·纳塔利:《亚里士多德：生平和学园》，王芷若译，刘玮校，北京：北京大学出版社，2021 年。（了解亚里士多德生平的上佳之作）

Carlo Natali (ed.), *Aristotle's "Nicomachean Ethics", Book VII*, (Symposia Aristotelia), Oxford: Oxford University Press, 2009.（收录数篇有关不自制问题的精彩论文）

*Michael Pakaluk, *Aristotle's* Nicomachean Ethics: *An Introduction,* Cambridge: Cambridge University Press, 2005.（不错的《尼各马可伦理学》导论，适合初学者）

Michael Pakaluk and Giles Pearson (eds.), *Moral Psychology and Human Action in Aristotle*, Oxford: Oxford University Press, 2010.（非常出色的亚里士多德道德心理学研究文集）

Ronald Polansky (ed.), *The Cambridge Companion to Aristotle's* Nicomachean Ethics. Cambridge: Cambridge University Press, 2014.（一本较新的《尼各马可伦理学》导论文集，文章质量不齐，参考书目非常好）

C. D. C. Reeve, *Aristotle on Practical Wisdom:* Nicomachean Ethics *VI*, Cambridge, MA: Harvard University Press, 2013.（理智美德的专题研究）

*Amélie O. Rorty (ed.), *Essays on Aristotle's Ethics*. Berkeley: University of California Press, 1980.（亚里士多德伦理学研究经典论文集）

*Christopher Shields, *Aristotle* 2nd edition, London: Routledge, 2014.（和作者的《古代哲学导论》一样，语言平易近人，论证思路清晰）

*Christopher Shields (ed.), *The Oxford Handbook of Aristotle,* Oxford: Oxford University Press, 2012.（一部不错的导论文集，比剑桥指南内容丰富，也更贴近前沿）

Bernard Williams, *Ethics and the Limits of Philosophy*, Cambridge, MA: Harvard University Press, 1985, Chapter 3.（威廉斯的名著，本章包含对亚里士多德伦理学的精彩反思）

《斯坦福哲学百科》（*SEP*）词条

*Aristotle

*Aristotle's Ethics

Aristotle's Political Theory

Aristotle's Psychology

Moral Character

Virtue Ethics

Weakness of Will

第七讲

希腊化哲学中的自然与伦理

古典哲学以雅典为中心，以苏格拉底、柏拉图和亚里士多德的传承为主线，线索清晰。与此不同，希腊化时期的哲学发展流派纷呈、人物众多、头绪纷繁，当代读者对之也较为陌生。相较于此前深入的论证剖析，本讲会更关注历史线索的梳理和对不同学派主要学说的展示，以自然哲学、形而上学和伦理学为重点，尤其关心它们之间紧密的关系，着力呈现伊壁鸠鲁派和斯多亚派辩护的自然主义伦理学以及作为一种生活方式的怀疑论。

一、希腊化时期哲学概要：历史背景与学派兴起

1. 历史背景

希腊化时期作为一个历史分期概念，始于公元前 323 年亚历山大大帝去世（图 7.1），终于公元前 30 年托勒密王朝最后一位统治者“埃及艳后”克里奥帕特拉去世，绵延近 300 年。哲学史的分期有所不同，它的开端是公元前 322 年亚里士多德的离世，而它的下限则延展到公元 2 世纪，即新柏拉图主义兴起之前的这一段时期，包括罗马帝国早期的哲学。哲学史采取这样的划分，是因为早期的罗马帝国哲学，无论用希腊语还是拉丁语写作，主要还是在延续之前 300 年的哲学思考，尤其是斯多亚学派的主张。这个时期被称作“希腊化时期”，是因为它是希腊的语言、文化和教育（paideia）向整个地中海沿岸扩展的时期。希腊化时期的哲学不仅出现在雅典，也在罗马、亚历山大、罗德岛等地繁荣。随着文化和教育的急速扩张，希腊化时期的古希腊语经过简化，被称为“普通

图 7.1 《亚历山大正传》抄本（1420 年），大英图书馆。狮鹫让亚历山大大帝飘浮在空中。自古代晚期起，人们就相信亚历山大大帝不仅是陆地之主，而且上天入海，无所不能。他建立的庞大帝国虽然存续时间不长，但他死后开启的希腊化时代从根上改变了希腊乃至整个西方世界的政治形态和生活方式，思想也不例外。

图 7.2　拉斐尔《保罗在雅典布道》挂毯草图（1515—1516 年），伦敦 V&A 博物馆。“有几个伊壁鸠鲁派和斯多亚派的哲学家同他争论……他们遂带保罗，领他到了亚略巴古，说：‘我们可以知道你所讲的这新道理是什么吗？我们听见你说了一些新奇的事，所以我们想知道这到底有什么意思。’”（《使徒行传》17：18-20）

希腊语（Koinē）”，成为当时的通用语言。我们因此也就不难理解，为什么在哲学史上的希腊化时期兴起的基督教，它的早期经典《新约》会采用希腊语作为它的语言（图 7.2）。

从政治上讲，亚历山大大帝建立的庞大帝国，最终带来了希腊民主政治的终结，同时也是城邦政治的终结。希腊不再是众多彼此独立的小城邦，而成为一个庞大的帝国。亚历山大的帝国存续时间较短，很快被小一些的帝国和王国取代。再往后，它曾经的疆域又被罗马帝国统一。大一统帝国的政治形态，成为这段历史发展的主流。它给哲学带来的一个重要冲击，就是伦理学和政治哲学的分离。

造成伦理学和政治哲学分离的原因是多样的。从外部讲，政治控制的加强导致哲学家们谈论政治和公共事务的言论空间被压缩。与此同时，希腊化时期

图 7.3 《休憩的拳击手》青铜（希腊化时期），罗马国家博物馆。

人们的心态也同此前大不相同。从亚历山大的马其顿帝国分裂之后，到罗马帝国重新统一之前，地中海沿岸很长一段时间处于激烈的政治动荡之中。这是一个危机四伏的时期。人们普遍感受到强烈的焦虑和不安。这尊著名的拳击手青铜像（图 7.3），捕捉的是激烈比赛后的短暂瞬间。这本应是放松的时刻，但拳手全身的肌肉都是紧张的，扬起的头颅上伤痕累累，眼神无比坚毅。希腊化时期的艺术善于展示强烈的戏剧性和心理张力，很好地再现和传达了当时普通人的心态：脆弱的个体在激烈的时代动荡中无所依托。这也能从内部解释为什么这个时期伦理学会成为关注的焦点。当然，这里讲的伦理学已经不再是亚里士多德《尼各马可伦理学》中所说的政治科学。它首先是给个人心灵带来抚慰的学问，更接近我们今天所说的涉及个体伦理关怀的实践哲学，而心灵疗愈也被看作希腊化哲学的一个重要功能。

过去的教科书常常把希腊化时期看作古希腊哲学的衰落期，认为该时期只谈论与伦理相关的实践问题，充斥着和人生经验相关的实践教诲（心灵鸡汤），并没有太多的哲学理论成就可言。这种偏见已经被最近四五十年的深入研究所颠覆：希腊化时期著作完整流传的不多，大多以残篇传世，这是它们长期没有得到应有关注的重要原因。然而，经过数代学者的努力，现有的文献足以展示，这是一个思想非常活跃的时期，希腊化哲学家在逻辑学、自然哲学、形而上学、知识论等理论哲学领域都有卓越建树。此外，学派的兴起和学院化的建制，为哲学成为一个严格的知识门类奠定了坚实基础。而他们以个体生活和心灵的平静为核心的伦理思考，也牢牢地建立在自然哲学和形而上学反思之上。

2. 希腊化时期的哲学学派

“学派（school）”一词，起源于古希腊语“scholē”，本义为闲暇。哲学起源于闲暇，当希腊的城邦公民有时间投身于自我教育，并且参与城邦的政治和文化生活时，学校或学派就应运而生。它首先关系到的不是知识生产建制，而是一种作为生活方式的哲学。在学派里，人们不仅学习与哲学相关的知识，而且以一种特定的方式共同生活。这一点或许可以追溯至毕达哥拉斯和他的追随者，在柏拉图的学园和亚里士多德的吕克昂学园中初具雏形，在希腊化时期则进入其发展的黄金时代。学派成员，就像后来的兄弟会一样（个别还有女性哲学家参与其中），首先是一个具有特定公共生活和多重面向的共同体，而不仅是一个学术团体。当然，一个学派通常有它相对稳定的教诲或学说，还有特定的传承，它需要有固定的学派领袖，类似于我们的学院、书院需要有山长。学派的领袖成为整个共同体的楷模，不仅在学识上如此，在伦理生活中也是如此。

希腊化时期的学派，几乎都可以追溯到雅典。除了伊壁鸠鲁学派之外，其他学派都可以上溯至苏格拉底，也都把苏格拉底看作他们的哲学英雄和生活典范。如图 7.4 所示，最早建立的

图 7.4　坎达丝·史密斯《希腊化时期雅典的哲学学派》，引自 Long & Sedley (eds.), *The Hellenistic Philosophers,* vol. 1, p. 4。中文地名为本书作者译。

学派，是柏拉图学园。它在阿尔克西劳斯（Arcesilaus，前316—前241年）于公元前266年接掌之后即转向怀疑论。离学园不远是伊壁鸠鲁的花园，与其他学派热衷于公共场所讲学不同，这里是伊壁鸠鲁的私人住所，流淌着酒和蜜的土地。再往雅典城里走，我们就会遇到喜爱闹市的斯多亚派哲学家。“斯多亚”一词本指长廊，有些人因此将它译作“廊下派”。它位于雅典市集（agora）北侧，以壁画闻名。市集不仅是商业中心，也是政治中心——苏格拉底常常在此与雅典公民对谈，也在此被投票处死。稍远一点是亚里士多德的吕克昂学园，那里也曾经是伊索克拉底的修辞学校。最后是犬儒学派，他们是一群愤世嫉俗的哲学家，认为当时的伦理实践变得越来越虚伪，败坏了伦理生活的本意，所以采取极端的方式对抗陈腐的伦理规条。犬儒学派可能是最难称之为学派的学派，它并没有一个固定的场所，经常游荡在雅典的街头。犬儒学派把自己的主张追溯到著名的第欧根尼（前404—前323年），他非常崇尚苏格拉底对伦理生活的忠诚，但以一种极端的方式忠实于他所追求的伦理理想，完全无视任何来自习俗的伦理规范。（图7.5）例如他常常公开自慰，嚷嚷“要是一个人可以通过揉肚子来解饿就好了”。[1] 第欧根尼认为一个人只应当让理性充当行为的向导，“用勇气来对抗运气，用自然来对抗习俗，用理性来对抗情感”。[2] 据说柏拉图管他叫“发了疯的苏格拉底”，倒也恰如其分。

希腊化时期不同学派的哲学家们，最早都以雅典为中心。他们在同一个城邦里生活，彼此激烈交锋，相互竞争，以吸引公众的注意。随着帝国的扩张与希腊语言和文化的传播，他们也开始在地中海文化圈的不同区域活动。希腊化时期实际上也是哲学去中心化的一个时期。雅典仍然重要，但亚历山大港、罗马、罗德岛等地，也开始做出重要的哲学贡献。

一个值得关注的事件，是官方哲学讲席的设立。著名的哲学家皇帝马可·奥勒留（Marcus Aurelius，121—180年）于公元176年，建立了罗马帝国的四个哲学教席，涵盖柏拉图派、亚里士多德派、斯多亚派和伊壁鸠鲁派四个哲学传统。这或许可以看作对已有哲学学派的官方认定，它进一步推动了哲学

[1] 拉尔修：《名哲言行录》6.46; 69。

[2] 拉尔修：《名哲言行录》6.38。

研究的建制化发展。而学派化的建制对哲学教学和思考带来了直接影响：[1]

（1）教学内容：希腊化时期的哲学家之间常常有竞争关系，他们都希望自己的教学和写作得到更多关注，吸引更多学生，从而壮大自己的学派。而该时期政治的动荡激发了普通民众对伦理和个人道德修养的关注，因此，大多数希腊化哲学学派都把伦理学和实践哲学放在首位。

（2）教学方法：一个学派自然会产生保持学术稳定的需求，该时期的哲学家因此在教学中非常关注哲学思考的教义化。也正是在这个时期，学术正统的想法开始进入历史视野。学派传承是保存正统的重要方式，它可以有效地捍卫学派建立者的权威。逍遥学派或吕克昂学园要捍卫亚里士多德的权威，而学园派则要辩护一种特殊的柏拉图理解，选择值得信赖的学派传人是其中的关键。当然，在学派漫长的发展过程中，总会有一些原创性思想产生，它会同学派创始人的学说产生

图 7.5　让－莱昂·热罗姆《第欧根尼》油画（1860 年），巴尔的摩沃尔特斯艺术博物馆。第欧根尼住在浴桶里，过着苦修生活。据说他曾经在白天点上一盏灯，说要找一个真正的人。

[1]　以下论述，参考了 Gill and Pellegrin (eds.), *A Companion to Ancient Philosophy*, pp. 423-426; James Warren and Frisbee Sheffield (eds.), *The Routledge Companion to Ancient Philosophy*, New York: Routledge, 2014, pp. 393-398。

张力。所以每个学派又会有分裂的可能，我们稍后在讲斯多亚派时会稍作展开。

（3）哲学传承的方式：苏格拉底述而不作，讲究言传身授，希腊化时期哲学家更希望把哲思文本化。柏拉图虽然撰写了大量哲学对话录，但《柏拉图全集》的编订，以及亚里士多德吕克昂学园内部讲稿的整理，都是在希腊化时期完成的。各学派传人为捍卫创始人的权威，通过解释和评注他们著作的方式来展开自己的思考。哲学评注这种写作方式，尤其在亚里士多德学派和柏拉图学派中扎下根基，我们在讲到中世纪哲学时还会重申这一点。

（4）哲学思考表达方式：这里的关键词是论战。希腊化哲学家往往在雅典、罗马这样的学术中心共同学习和生活，他们在激烈竞争中避免不了面对面的论战。在流传下来的著作中，我们看到，无论是伊壁鸠鲁派还是斯多亚派，都在不断回应同时代人的批评。在这种思想交锋中，一批哲学术语的含义被固定下来。因为能进行有意义的哲学讨论的一个重要前提是，大家在讨论的确实是同一个问题，这就需要通过定义明确的哲学概念和术语把问题固定下来。例如这时期用“phantasia”来指认知印象，用“telos”指目的等。特别要提到的是，现代西方语言不少哲学术语，就来自该时期西塞罗对古希腊哲学词汇的创造性翻译，例如“本质（essentia）”“质（qualitas）”“量（quantitas）”“人性（humanitas）”等。拉丁语能够以抽象、精准的方式延续和发展希腊人的思考，无疑拜西塞罗所赐。

顺带一提的是，希腊化时期学派的兴起使得人们更关心不同思想的流传和演变，出现了一种新的写作方式叫 doxography，或许可以译作“学说汇编”。它将人们的 doxa 或哲学意见分门别类地汇集起来，就像亚里士多德曾经做过的那样，这实际上构成了最早的独立哲学史写作。

二、伊壁鸠鲁派论自然、灵魂与快乐

伊壁鸠鲁学派有时又被称为快乐主义或享乐主义（Hedonism）。人们常常望文生义，对这个学派有很多误会，以为他们只是一群纵情声色的富家子弟，这显然与历史不符。伊壁鸠鲁（前 341—前 270 年）本人是一个非常严肃，甚至可以说崇尚禁欲苦修的哲学家。他的花园不仅欢迎一般公民，而且接纳妇女、奴隶，甚至妓女这样一些社会底层和边缘人物（图 7.6）。他们所追求的快乐也远远不是那种肤浅、粗俗的物质享乐。

图 7.6　薄伽丘《名媛》抄本（15 世纪），法国国家图书馆。伊壁鸠鲁的学生莱昂提瓮（左）据说是个交际花，西塞罗曾经爹味十足地写道："莱昂提瓮这个交际花居然胆敢反驳特奥弗拉斯托斯——她的言辞确实优雅，但伊壁鸠鲁的花园就是这么放肆妄为。"（《论神的本性》1.93）薄伽丘和插画作者显然继承了西塞罗的厌女情绪。

伊壁鸠鲁派的学说主要来自以下文献：（1）第欧根尼的《名哲言行录》保存的伊壁鸠鲁本人的三封信，分别涉及他的物理学说、伦理教诲和有关天文学、气象学的观察；（2）名为《学说要点》和《梵蒂冈格言集》的名言汇编；（3）拉丁作家卢克莱修（殁于公元前 50 年代中后期）的哲学长诗《物性论》，它虽然成书较晚，但相对完整地保存了卢克莱修所理解的伊壁鸠鲁学派的思想；（4）非常值得一提的是意大利小城赫库兰尼姆，它就像藏经洞一样，保存了大量伊壁鸠鲁派著作。公元 79 年，赫库兰尼姆和庞贝同时被维苏威火山埋葬，其中有一间哲学图书馆，18 世纪出土了 1800 多卷高度碳化的纸莎草卷。这里不仅有伊壁鸠鲁早已失传的《论自然》——有大约 1/3 的篇幅以残篇形式存留下来——而且还有大量来自菲罗德姆斯（Philodemus，前 110—前 30 年）的著作。人们过去只知道他是当时颇有名气的文学家，伊壁鸠鲁的追随者，但对其学说不甚了了。现在则有很多证据表明，赫库兰尼姆的哲学图书馆很可能就是他的私人收藏，其中保存着他同一著作的不同版本。这批卷轴的内容正在缓慢地重现天日，改写我们对伊壁鸠鲁学派的了解。

1. 伊壁鸠鲁的原子论

伊壁鸠鲁派的哲学以快乐为终极目的，但他们同时强调，研究自然是确保纯粹快乐的唯一途径。自然哲学的价值就在于它可以帮助心灵获得应有的平静，因为它尤其有助于我们驱除对死亡不必要的恐惧，认识什么才是必要的和纯粹的快乐。

伊壁鸠鲁的自然哲学以原子论为核心，其中大部分内容可以追溯到与苏格拉底同时代的哲学家德谟克利特。在德谟克利特看来，整个世界是由无数不可再分割的原子构成。原子的存在、性质和它的直线运动，决定了我们所经验到的自然现象。与此同时，德谟克利特的原子论会带来两个重要困难：

（1）形而上学困难：所有事件，包括人类行动在内，都是由心灵之外的原子和它们的变化所决定的。在这样一个物理决定论的世界里辩护人类行动的自由，是一个巨大的哲学挑战；[1]

（2）认识论困难：和智者相似，德谟克利特怀疑我们的感觉和其他认知能力是否能掌握原子的存在及其真正性质，因为我们的认知能力经常会对自然界的性质做出截然相反的报道。有的人认为冷、有的人认为热，其原因很可能是唯一实在的原子本身既不热也不冷，冷热以及其他可感性质（形状和大小除外）都只是人们约定或者虚构的性质。[2] 后面我们会看到，这也是怀疑论产生的一个重要历史缘由。

伊壁鸠鲁自然哲学的一个重要成就，就是通过修正德谟克利特的部分主张来回应上述困难。他首先从认识论入手，强调感觉本身就是实在的，也是真的。包括亚里士多德在内的很多哲学家认为，感觉就现象层面或它在我们心灵

[1] 伊壁鸠鲁：《致美诺克乌斯的信》134，见 A. A. Long & D. N. Sedley, *The Hellenistic Philosophers*, Cambridge: Cambridge University Press, 1987, LS 20A。这套文集经常简写为 LS，它以主题的方式编排，包含一些最重要的残篇的文本和翻译，是了解希腊化哲学必不可少的工具书。

[2] DK68 B9.

中的显现来说，并不是虚假和错误的——甚至当我们把一根半截插在水里的筷子看成弯曲时也是如此，因为我们的视觉器官的构造就是这样表征外在世界的。感觉本身并没有错，错误在于基于感觉做出了不正确的判断。

在伊壁鸠鲁看来，感觉不仅如实地报道外在世界，而且所有知识最终都可以还原为感觉。那么，我们通过感觉可以把握到的外在世界是什么样的呢？

（a）感觉证实了我们的身体和其他物质都处于运动和变化之中，这是再明白不过的事实。

（b）感觉呈现出物质的运动变化绝不可能是无中生有。因为就我们所观察到的自然物而言，每一类特殊事物，特别是有生命的事物，都从特殊的种子或精子发育而来。如果生成变化，只是纯粹的无中生有的变化，它就可以完全随机地产生，不会出现这样的规律现象。

（c）感觉帮助我们推论虚空的存在：感觉告诉我们世界是有变化的，而世界又是由物质构成的。物质要产生变化尤其是位移变化，就必须有虚空存在。因为如果整个空间都由原子这样具有三维延展性的物质构成，没有任何空隙，那么，运动变化就不可能产生。伊壁鸠鲁在此引入的虚空概念，同样可以追溯到德谟克利特，可以看作对巴门尼德的回应。虚空不具有任何自然物的特性，所以是非物质的，但是我们又不得不肯定它的存在来解释感觉所证实的运动变化。

在以感觉为根基的认识论引导下，我们可以进一步了解伊壁鸠鲁原子论的主要内容：

（a）整个自然和它的所有部分都由物质构成；

（b）物质最终可以还原到最基本的构成要素，即原子。“原子”的本义就是“不可再分割的”，在这里指具体的、固态的、不可再分的微粒，原子的存在解释了可观察的所有现象；

（c）原子可以进行三种不同类别的运动：基于自身重量的运动、原子之间的碰撞和难以刻画的偏斜运动。这是伊壁鸠鲁最有原创性的贡献之一，也是解决德谟克利特遇到的自由问题的关键。卢克莱修在《物性论》中有一段精彩的描述：

图 7.7　迈克尔·伯格斯《卢克莱修》版画（1682），出自 Thomas Creech, *T. Lucretius Carus, Of the Nature of Things*, 2nd and 3rd editions, Oxford and London, 1682-1683, front piece. 诗人手指向的天体上写着 casus。此词含义丰富，此处可能指机遇、偶然。相应地，手指和天体间的黑点很可能象征偏斜运动，它是偶然性存在的前提。

当原子因自己的重量在虚空中直线下降时，它们会在完全不确定的时间和不确定的地点在空间中略微偏转，〔其幅度〕仅仅足以让你说〔它们的〕运动发生了变化。但它们如果不是惯于偏转，就会像雨滴一样，穿越无边的虚空直落下来，不会发生碰撞，也不会产生任何打击。在这种情况下，大自然就不会产生任何东西。[1]

在伊壁鸠鲁派看来，原子因为自身的重量在虚空中进行着类似自由落体的直线运动，这是原子的自然运动。但如果像德谟克利特所认为的那样，原子只有直线运动这一种运动形态，那么，匀速运动的不同原子就会沿着各自的轨迹平行下落，它们之间永远不会发生关联和碰撞。这样就不会出现原子和原子的组合，无法构成任何原子之外的物质存在。这显然有悖于我们感知到的事实，也有悖于原子论者原子构成万物的基本立场。伊壁鸠鲁派由此推断，原子必然还有直线运动之外的运动形态，他们将其命名为偏斜运动（拉：clinamen，英：swerve）（图 7.7）。它

[1]　卢克莱修：《物性论》2.217-224。

是原子微乎其微、不可预测的随机运动。

偏斜运动的第一个作用是使原子相互碰撞，产生我们可见的宏观世界；第二个作用是让人类摆脱命运的号令。卢克莱修在《物性论》中，把原子的偏斜运动和我们的意愿（voluntas）以及行动关联起来：正如原子可以通过偏斜产生新的运动，只要我们有特定的欲望（例如想要喝酒），就可以产生一个执行欲望的意愿（例如去取酒杯），并决定身体的行动。这个类比如何成立，我们并不清楚。但可以确定的是，卢克莱修认为原子的偏斜运动，为我们的意愿及其活动提供了一个物理机制上的解释，它确保我们并不是生活在一个决定论的世界中。他进一步指出，即使原子的偏斜运动不是人的行动自由的充分条件，它至少是一个必要条件，没有原子的偏斜运动打破命运的桎梏，就没有意愿存在的可能性。[1] 人们今天也常常以类似的理由将量子世界的随机运动和人的自由意志联系起来，可以进一步思考的是：人的自由究竟需不需要原子或亚原子微粒的随机运动作为它的必要条件？

2. 伊壁鸠鲁的灵魂论

无论原子的偏斜运动与我们的意愿有什么关联，原子并不直接决定我们的行动，而要以灵魂为中介。

伊壁鸠鲁派认为，灵魂作为一个自然存在，同样是由物质所构成的。卢克莱修为此提供了一个论证：

（1）灵魂和身体可以相互作用。（前提：经验观察的事实。一个身心健康的人可以让身体完成他的灵魂想要完成的正常动作，身体的状态也会影响灵魂的状态）

（2）只有相互接触的事物，才能够相互作用。（前提：物理因果作用的条件）

（3）灵魂和身体相互接触。（1，2）

（4）有物质存在或有广延的事物，才可以通过它们的部分发生相互接触。（前提：接触的定义。）

[1] 卢克莱修：《物性论》2.251-293。

（5）灵魂也是物质存在或有广延的事物（3，4）[1]

由此可知，灵魂和身体的因果交互作用决定了灵魂只能是物质。这是一个有趣的论证。后世心物二元论的一个困难，就是解释非物质的心灵如何同身体“接触”并发生交互作用。二元论者需要修订甚至否认这里的某个或几个看起来难以反驳的前提，例如修订接触的定义，以便容纳非物质存在与物质存在的虚拟接触。

有意思的是，在伊壁鸠鲁派的本体论中，灵魂并不被看作一个内部统一的整体。和柏拉图、亚里士多德一样，他们也认为灵魂可以区分为理性和非理性的部分。非理性部分由火、风和某种不知名的精致原子构成。这种不知名的原子使灵魂具有感知，也拥有快乐和痛苦的经验，而它之所以不知名，也正是因为在已知的任何元素中都找不到感知的存在。例如，那些可见的物质表面会放射出一系列可见的图像（eidōla），当这些图像进入眼球时，我们就对它们产生感知。伊壁鸠鲁强调，构成灵魂非理性部分的原子遍布全身，使我们可以获得触觉经验。但与此相对，理性的部分聚集在胸腔内部，它负责的是比感知更高的认识功能，例如形成概念、做出判断、进行推理等。但与从不出错的感知不同，这些高级功能也带来了出错的可能，例如做出错误的判断，因为它也会在睡梦等其他心灵活动中获得有关外界的不可靠图像。[2]

伊壁鸠鲁派将我们的知觉信念——例如“那里有一匹骆驼”——解释为感觉、印象和概念的运用。而概念本身又是通过感觉印象和记忆形成：例如对个别骆驼的感知印象通过记忆的沉淀使我们获得了骆驼的概念，而在我们说出“骆驼”这个词时，这一预先存在的前概念或先入之见（preconception）使我们能将它用在当下的场合，进而得出上述判断或信念。这使得我们能将从明显证据中获得的概念应用到某些并不明显的事情上。比如说我们不太熟悉的羊驼，在没见到它之前，我们有骆驼的概念可以帮助我们隐约地去推断它的外形、重量、习性等属性。

此外，伊壁鸠鲁认为，一个人广博的经验引导他相信与之交往的同类也必然具有类似的概念和感知结构，即存在相似的灵魂。当然，这里所说的经验本身最

[1] 卢克莱修：《物性论》3.161-176。

[2] 伊壁鸠鲁：《致希罗多德的信》46 = LS 15A。

终也源自感知。这或许可以看作伊壁鸠鲁对后世所谓“他心问题”的回答。[1]

3. 伊壁鸠鲁派心理学的伦理意涵

希腊化哲学家对自然的思考左右着他们的伦理主张，伊壁鸠鲁的灵魂学说也不例外。

首先，灵魂也是由不同类别的原子构成的物质存在，只不过内部结构异常精微和复杂而已。原子不规则的偏斜运动，意味着原子组合而成的结构很容易崩解。在伊壁鸠鲁看来，我们作为个体的存在并不能等同于灵魂，而是灵魂和身体交互作用结合而成的整体。如果偏斜运动带来了该结构的崩解，那就意味着我们的死亡。此时，死亡的不仅仅是我们的身体，也有我们的灵魂，或者说首先是整体的人。因为当身体死亡以后，我们固有的、可以标示出我们存在的结构，就已经消失了。当然，构成身体的原子还在，但它们彼此之间不再具有原来的构成性结构。构成灵魂的原子也是如此。所以，身体的死亡也意味着灵魂作为一种精微结构的消解（图 7.8）。

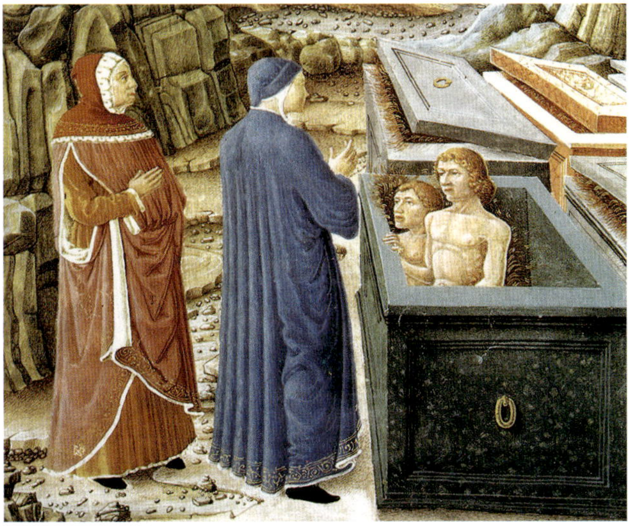

图 7.8　但丁《神曲》抄本（15 世纪），梵蒂冈图书馆。“这一带都是伊壁鸠鲁派信徒的墓地，他们与伊壁鸠鲁本人葬在一起，他们认为，灵魂与肉体一道死去。”（《地狱篇》第 10 首）

在伊壁鸠鲁看来，死亡的本性就决定了我们对死亡的恐惧是不理性的：

（1）死亡时所发生的事件，只不过是灵魂从有到无的转化，或者叫虚无化。在死亡中，没有什么是可以恐惧的。因为当死亡来临时，“我们”就不存在了，成

[1]　卢克莱修：《物性论》4.722-822 = LS 20D。

了虚无。而虚无不会给我们带来任何值得恐惧的东西。[1]

（2）有人会说，或许虚无本身不会给我们带来痛苦，不会让我们产生恐惧。但是我们在还活着的时候，对于虚无的展望或对死亡的前瞻，会使我们恐惧，让我们痛苦。伊壁鸠鲁的回答很直接：如果一个东西出现时不会引起痛苦，而我们也确实知道它的出现并不会给我们带来痛苦，却在事先想到它出现时感到痛苦，这实在毫无意义可言。[2]

（3）伊壁鸠鲁进一步指出，就像我们出生之前不会有任何感知和不舒适感。同样，当我们不再存在之后，也不会有任何痛苦发生在我们身上。因为所谓的痛苦，就是对那些违背我们自然本性的事物的知觉，当我们已经不存在了，作为知觉的主体就没有了，还有什么痛苦可言呢？[3]

伊壁鸠鲁对死亡的反思，无疑针对他那个时代所经历的不安全感。过去的某段时日，一场瘟疫左右着我们的生活，死亡的阴影笼罩在所有人身上，伊壁鸠鲁的主张还能给我们安慰吗？在这里，首先可能需要去思考的是：死亡是不是能等同于我们的终结或虚无化？或者说死亡，它的意义是不是只是一个单纯的事件，例如某些生理功能的停止，或其他心理活动的终结？死亡对我们的影响，除了上述事件本身之外，它是不是还意味着对我们所拥有的善或者我们可能拥有的快乐的褫夺？在这样一个框架下，大家可以继续思考，伊壁鸠鲁关于死亡不值一惧的论证是否仍然有效。

前面谈论的主要是恐惧和痛苦，现在回到伊壁鸠鲁派伦理学的核心：快乐。这也是他们的灵魂学说带来的第二个伦理后果。整个古代伦理学都在尝试回答什么是美好生活，而伊壁鸠鲁派的特殊之处正在于他们把美好生活等同于快乐（图 7.9）。那么，快乐为什么能成为所有人都追求的终极目的呢？

前面已经提到，感觉的产生，实际上就是灵魂对外在物理世界的一种回应：可感物的刺激通达感官时，我们就产生了感觉。伊壁鸠鲁把灵魂的所有活动都还原到感觉，认为它们都起源于这一最基础的灵魂同外在世界打交道的方式。同样，他认为整个灵魂会对物理世界所产生的认知印象（phantasia）做出回应。

[1] 伊壁鸠鲁：《致美诺克乌斯的信》122 = LS 25A。

[2] 同上书，124 = LS 24A。

[3] 卢克莱修：《物性论》3.830-911。

图 7.9　奥古斯丁《上帝之城》抄本（约 1475 年），巴黎圣热讷维耶沃图书馆。伊壁鸠鲁（左）手中的条幅写着："人之善在快乐。"斯多亚派的芝诺手中的则写着："人之善在美德。"

在灵魂的回应中，最根本的是对“世界是什么样”的认识，这是感觉和在感觉基础上形成的记忆和判断。与此同时，灵魂不仅把世界感知为一个纯粹客观的对象，而且把它感知为一个可以跟自身发生关联的存在物。而灵魂跟世界最基本的关联，就是在感知到外在对象的同时经验到快乐和痛苦，这被看作对于世界与我们的关联究竟是好还是坏的一个基本判断。这种最基础的快感与痛感引导着我们的行为倾向：我们感知为快乐的，就欲求它；痛苦的，则逃避它。

如果说美好生活是人所独有的、最大的善，那么，在伊壁鸠鲁看来，快乐就是美好生活的起点（archē），也是它的终点（telos）。[1] 伊壁鸠鲁这里使用了我们熟悉的两个希腊哲学术语：“起点”正是早期哲学家关注的本原，它不仅指时间上的开端，也指支配事物的法则。这意味着，我们对幸福生活的追求不仅要从快乐开始，而且要以快乐的实现作为引导行动的法则；而“终点”则是亚里士多德等目的论哲学家所关注的事物的内在目的，这意味着快乐不仅是我们最终要实现的状态，而且是我们内在本性的完满实现。

快乐和痛苦作为善与恶最基本的形式，引导着欲望，因为快乐即欲求的实现，而痛苦则是欲求得不到满足。值得注意的是，伊壁鸠鲁派对欲望做了细致的区分，一方面他考察欲望和灵魂某个部分的具体关联，由此做出了理性和非理性欲望的区分；另一方面他考虑欲望本身所具有的规范性，即它是否值得我们去满足。

（1）伊壁鸠鲁首先把欲望区分为空洞的欲望和自然的欲望，这实际上是基于欲望起源以及欲望能否得到恰当实现的考量。

（a）所谓空洞的欲望，要么是那些不可能实现的欲望，要么是那些并不能真正给我们带来快乐的欲望，因为它们跟我们的自然本性无关。例如对于不朽的渴望，这种欲望注定不能实现，它是空洞的。而对城邦中追逐虚名浮誉，同样也是空洞的，因为它和我们的自然本性没有任何关联。

（b）与空洞的欲望相对的是自然欲望，它们扎根于我们的自然本性之中，是与生俱来的，并且会引导我们追求符合自然本性之物。伊壁鸠鲁在自然欲望下又做了进一步的区分：（I）一些是自然且必要的欲望，例如对食物和居所的欲望，

[1] 伊壁鸠鲁：《致美诺克乌斯的信》128 = LS 21 B。

它们对于维系生命，保证身体健康、灵魂不受困扰，或者简单说伊壁鸠鲁派所追求的美好生活是必要的；（II）而另一些则是单纯自然但并不必需的欲望。例如对某些昂贵的饮料如香槟的欲望。口渴了想要饮料，这对于生存是必需的，它无疑是一个自然而必要的欲望。但并非只有香槟才能解渴。而且这种昂贵的饮料是难以获得的，对它的渴望会使灵魂丧失自足性这一重要快乐，而自足性之所以重要，是因为它可以最大限度地使灵魂摆脱身外之物的搅扰。因此，在伊壁鸠鲁看来，只有自然而且必要的欲望才应当得到满足，因为它不掺杂对于难以获致的奢侈之物的空洞欲望。[1]

既然不是所有的欲望都应当得到满足，那么，也不是所有的快乐都值得追求，所有的痛苦都要逃避。

首先，和空洞的欲望一样，空洞的快乐因为它的不现实性或非自然性，本身就不值得追求。伊壁鸠鲁本人就有禁欲和苦修倾向，认为延宕某些身体快乐的满足，或者忍受这种身体的欲望不被满足的痛苦，对于获取更大的快乐是必要的。他显然是把快乐和痛苦放到人整体的善或幸福的参照系中来考量，认为某些痛苦，对于我们获得整体的快乐亦即整体的善来说是必要的。这样一种描述，听起来非常接近后来的功利主义伦理学：它把快乐和痛苦放在同一个参照系中进行量化、比较、计算，来权衡哪个行动对于我们来说是好的，或哪个行动可以最大限度地促成我们的快乐。而所谓幸福，不过是快乐的最大化。

这里特别需要注意的是，上面有关欲望的区分已经提醒我们：在伊壁鸠鲁看来，快乐不仅有量的差异，而且有质的区别。因此，幸福也并不在于追求快乐在量上的最大化，而在于追求“真正的”快乐，那种既是自然的，又是必要的快乐。

（2）在空洞的快乐与自然的快乐的对立之外，伊壁鸠鲁又引入两个关于快乐的区分，即非理性的快乐和理性的快乐，动态的（Kinetic）快乐和静态的（katastematic）快乐之分。不过，它们并不是相互独立，而是相互嵌套的区分。非理性的和理性的快乐之区分不难理解，它们分别和灵魂的两个部分相关。而快乐的动态和静态之分，则是对非理性和理性快乐心理机制的进一步澄清。

[1] 伊壁鸠鲁：《致美诺克乌斯的信》127-132 = LS 21 B。

伊壁鸠鲁认为灵魂的非理性部分所追求的快乐，通常是动态的快乐。这种快乐和满足相关，例如渴了去喝水。而快乐的增长意味着痛苦的减少，因为饥渴的欲望得到满足的同时，相应的因饥渴而来的痛苦就在消减，而且这种非理性的快乐很大程度上依赖痛苦的减少。这也就意味着，要实现这样的快乐，就必须经受一定的痛苦。所以，非理性的、动态的快乐不是纯粹的快乐。

与之相对的理性的快乐或静态的快乐，它不需要预设事先经历的痛苦，是纯粹的满足感。它彻底摆脱一切对我们的身体和灵魂的束缚。这里所谓束缚，就是身体和灵魂的匮乏，它使灵魂产生欲求，并因此经历痛苦和搅扰。而静态的快乐则使我们摆脱了所有这些烦扰，伊壁鸠鲁将这种理想状态称作“atarxia”，即无所烦扰，无忧无虑，一种自由自在、不受痛苦拘束的快乐。在伊壁鸠鲁看来，这样的快乐只能通过践行美德和认识自然才能获得，而它们都需要理性的参与和主导。在这个意义上，理性的、静态的快乐实际上就是人类理性本性的最大实现。（图 7.10）

图 7.10 《会饮场景》湿壁画（前 50 年），赫库兰尼姆壁画，那不勒斯国立考古博物馆。“给生活带来快乐的不是狂歌痛饮，不是娈童女色，也不是享用昂贵餐桌上的鱼和其他佳肴，而是清醒的推理，厘清每一个选择和逃避的理由，驱逐那些给灵魂重重困扰的意见。”（LS 21B）

图 7.11 菲罗德姆斯《驳智者》赫库兰尼姆卷轴（1 世纪?），牛津博德利图书馆。菲罗德姆斯用四句箴言总结了伊壁鸠鲁《学说要点》的前四条主张（拉尔修:《名哲言行录》10.139-140），它们是治疗不快乐的良药，也可以看作伊壁鸠鲁派的“四句教”：“不畏神，不虑死，善易得，苦好忍。”

静态的快乐也引导我们去思考伦理美德在快乐主义伦理体系中的地位：美德被看作纯粹的、真正的快乐得以实现的一个必要条件。在有些情况下，伊壁鸠鲁甚至声称：正义的、睿智的、受人敬重的生活是实现快乐的必要和充分条件。因为正义就是人与人之间为了避免相互伤害的契约，而其他的美德也可以如此解释。[1] 在快乐主义图景中，一方面，我们选择美德是为了快乐，而不是为了美德本身，就像我们选择吃药是为了健康；但另一方面，实现美德的活动也在产生快乐或者伴随着快乐，美德是唯一与快乐密不可分的事物。[2] 所以美德的实践既有工具性的善，同时也是伊壁鸠鲁所追求的快乐生活的构成要素。当然，与亚里士多德强调快乐与活动的内在关联不同，伊壁鸠鲁所说的快乐，是摆脱一切搅扰，是一种最终的平静。（图 7.11）

三、斯多亚派论自然、普纽玛与美德

毫无疑问，斯多亚学派是希腊化时期最有影响力的哲学流派，尤其是在罗马帝国早期，几乎成为官方哲学。在新柏拉图派兴起之前，它的影响扩大到整

[1] 伊壁鸠鲁:《学说要点》31-5 = LS 22A。

[2] 拉尔修:《名哲言行录》10.138。

图 7.12 《百官志》抄本（1436 年），牛津博德利图书馆。罗马皇帝哈德良与哲学家爱比克泰德论辩。哈德良是爱比克泰德的仰慕者，公元 2—3 世纪时有一位匿名作者用拉丁语写过以两人为主角的问答，流传甚广。爱比克泰德的回答力求机锋犀利、直指要害，例如：

> 哈："什么样的生活最好？"
> 爱："最短的。"

个知识界，从奴隶爱比克泰德（约 50 年代—135 年）（图 7.12）到罗马皇帝马可·奥勒留，人人都谈斯多亚。

和希腊化时期其他哲学流派一样，斯多亚派同样起源于雅典，它的创始人是来自塞浦路斯季蒂昂的芝诺（Zeno of Citium，约前 334—前 262 年）——请注意不要将他和芝诺悖论的作者伊利亚的芝诺混淆。斯多亚派早期的代表人物还有克里安特斯（Cleanthes，前 331—前 232 年）和克吕西普（Chrysippus，前 279—前 206 年）。克吕西普著作等身，据说完成过 165 部哲学论著，很遗憾没有一部完整保存下来。不过，我们今天对早期斯多亚学派的了解，主要还是通过克吕西普的残篇，人们也把他看成斯多亚学派的第二创建者。

公元前 2 世纪中叶的一个重要事件对希腊化时期哲学的发展至关重要：斯多亚派差遣使者，前往罗马和其他哲学流派论战。论战的效果差强人意，务实的罗马人对希腊人的哲学论证并没有特别大的兴趣。但这是哲学从雅典为中心，向希腊其他领域扩展的一次重要尝试。在这种扩展中，通过和其他学派的互动，斯多亚学派也产生了一些变化。正统的斯多亚派，在灵魂上持一元论立场，认为灵魂并没有理性和非理性之分，我们只有一个单一的理性灵魂，不同的心灵活动不过是理性灵魂的不同呈现。但在中期斯多亚派中，出现了波塞多尼乌斯

(Posidonius，前 135—前 51 年）这样的哲学家，他把柏拉图的灵魂三分学说整合到斯多亚派的主张中，在一定情境中处理心灵内部分裂的问题。有人也因此认为这实际上造成了斯多亚派内部的分裂。不过，波塞多尼乌斯的著作同样仅存残篇，以上说法大多来自斯多亚派的批评者，例如盖伦和普鲁塔克。这种报道是否可信，波塞多尼乌斯的灵魂学说和正统学派究竟有多大的张力，其实很难断定。

斯多亚派后期成为罗马帝国的官方哲学，很多用拉丁语写作的知识分子开始采纳斯多亚派的主张，其中影响最为深远的是塞涅卡（前 4—65 年）（图 7.13）。他在自然哲学和道德哲学等领域都留下了大量著作，在传承正统斯多亚派主张之外，也有自己的原创贡献。塞涅卡之外，我们提到过的哲学家皇帝马可·奥勒留和被释放的奴隶爱比克泰德，他们都有独立的著作传世，为后世了解斯多亚派提供了可靠的参考。遗憾的是，他们并不太关注逻辑学和其他理论哲学的问题，对于自然哲学的贡献也非常有限，并不能完整展示斯多亚派的哲学成就。

图 7.13　塞涅卡《作品集》抄本（14 世纪中叶），西班牙国家档案馆。塞涅卡的著作在中世纪和文艺复兴时期都非常流行。

1. 斯多亚派理论要旨

在斯多亚派看来，哲学首先是一种生活方式，通过一系列练习和实践，以专业知识的方式处理“什么对我们真正有益”这类实践问题。在回答什么是人的幸福，什么是人最大的善时，就像伊壁鸠鲁派选择快乐一样，斯多亚派毫不犹豫地把美德当作他们的答案。（图 7.9）他们也因此需要辩护一种我们之前提到的德福一致的主张，论证美德的获得是实现幸福生活的必要和充分条件。有趣的是，和伊壁鸠鲁派一样，斯多亚派的这一伦理主张同样整合在他们更广阔的哲学图景或世界观之中。

斯多亚派的哲学图景具有如下特征：

（1）它首先以鲜明的**目的论**立场描述了人的美德：按照美德的方式来生活，就是我们要追求的内在目的。这里显然针对伊壁鸠鲁派的主张，拒绝把美德看作获取快乐或其他善的手段。

（2）斯多亚派把美德目的论主张，融汇到更广阔的宇宙目的论中。一方面，他们认为宇宙本身包含着内在目的，但这种内在目的本身并没有肯定宇宙作为整体，也没有直接肯定人的活动作为其中一个部分具有能动性（agency）。因为这是一个受物理法则支配的**决定论**世界。另一方面，斯多亚派的道德责任学说需要他们辩护人在决定论世界中的自由和能动性，这成为斯多亚派哲学的一个突出贡献。因此，当斯多亚派把关于美德的目的论理解置于自然目的论图景中，强调我们的本性是自然的一部分时，它会得出一个接近亚里士多德自然主义伦理学的主张：按照美德生活，就是按照自然本性生活。当然，这里还缺失一些重要的论证环节，稍后再补充。

（3）斯多亚派接下来要解决的问题是：什么样的哲学反思可以确保我们正确理解人的美德的目的论特征以及宇宙的内在目的？他们明确地强调，我们必须以一种**系统的**方式反思世界。早期斯多亚派哲学家，因此要求我们把逻辑、自然哲学或物理学（包括形而上学）和伦理学整合起来。强调自然界之所以是目的论的，是因为它本身就贯穿着理性的作用，尤其是正确理性的作用，尽管是以一种非人格的方式。自然内在的正确理性向我们指引伦理生活应当遵循的方向。而这种方向和自然界整体的目的本身，因为都是理性的产物，所以我们可以通过逻辑学的方式来把握他们。[1]

斯多亚派常常借用一些比喻来展示逻辑学、物理学和伦理学在他们的哲学体系中的关联：

（a）哲学就像一只动物，逻辑是它的骨头和筋腱，支撑起动物的整体；

[1] 此处参考了希尔兹：《古代哲学导论》，第 323—324 页。

而伦理学则是它的血肉，是最丰满、最为人可见的部分；而使动物成为有机整体，真正成为一个有生命的事物的动物灵魂，则是物理学。

（b）哲学也可以比作一枚鸡蛋：逻辑学是蛋壳，将自然哲学和伦理学都包含在内，使它们形成一个整体；不过，蛋黄或者哲学的核心仍然是物理学；剩下的蛋白象征着伦理学。

（c）哲学也像一片富饶的土地，作为围墙守卫它的是逻辑学，最可见的果实是伦理学，而扎根大地、结出累累硕果的大树则是物理学。[1]

过去人们谈到斯多亚派哲学，受拉丁作家的影响，常常觉得他们只有些伦理思想。例如英语中的“stoic”一词，就有禁欲的含义，伦理色彩极其鲜明。但在哲学体系的这一系列类比中，理论哲学，尤其是对于自然的研究，才是他们整个思想的核心。

斯多亚派的物理学不仅包含自然哲学——因为他们和伊壁鸠鲁派一样是唯物论者，认为只有物质存在，因此物理学涵盖了整个世界的基本秩序以及基本存在者——也包含着他们的本体论和形而上学。同样，这里所说的逻辑学也应当从广义来理解，它是对语言中的逻格斯的研究。和亚里士多德一样，他们所说的逻辑学既包含修辞学，也包含辩证法，而辩证法中同样包含着知识论、语言哲学、语法学等。最后再看伦理学，它不仅关心道德理论和实践，而且也关注生物学和灵魂学，对生命和灵魂的理论反思有机地嵌合在他们的伦理主张中。简而言之，斯多亚派希望他们的整个哲学成为一个有机体，各个部分相互关联和渗透。

2. 斯多亚派的逻辑学和本体论

斯多亚派逻辑学是其哲学大厦体系性和严密性的坚实保障，它的关注点与亚里士多德的逻辑学有明显差异：亚里士多德的《范畴篇》主要是对词项的考察，三段论很大程度上也是在处理词项之间的逻辑关系。与之不同，斯多亚派更关注的是命题和命题之间的关系。

要理解这一点，需要先提到一个我们在中世纪哲学部分会进一步展开的概

[1] LS 26B.

念，它被称作“lekton（复数：lekta）”，字面义为“所言”，即我们用语言记号来意指的内容，同时也是思想的内容。当我们说“苏格拉底在睡觉”，这个句子所表达的内容，即苏格拉底处于睡眠状态这一事态就是它的所言。在所言中，有的是一个词项尤其是谓词所表达的内容，例如“睡觉”这个动词所传达的内容，它通常是不完整的，有的则像刚才的例子那样，是一个完整的句子表达的内容，它做出肯定或者否定判断，或者为真或者为假。

斯多亚派强调，在对论证的考察中，更要关心的是后一种即完整的所言，有时也被称作“所论（axiomata）”，即包含判断的思想内容或后世所说的命题，尤其是它们彼此之间的逻辑关系。

斯多亚派的一个重要成就是发现了五种最具基础性的推理形式，它们不可被证明，而其他合法的逻辑推理，都可以还原或者分析为这些最基本的推理形式，具体如下：

（1）如果 p，则 q；p；故 q；（肯定前件式）

（2）如果 p，则 q；非 q；故非 p；（否定后件式）

（3）并非 p 并且 q；p；故非 q；

（4）或者 p 或者 q；p；故非 q；

（5）或者 p 或者 q；非 p；故 q。（选言三段论）

这些论证形式也采取了三段论的形式，但其中的 p 和 q 这些变量，不再是亚里士多德所关注的词项，而是斯多亚派所说的完整的所言或所论，即我们今天的命题。斯多亚派认为所有思考都要遵循这些论证形式或逻辑法则。逻辑学的一项重要工作，就是将复杂的论证分析为以上五种不可证明的推理形式。在希腊化时期，斯多亚派的命题逻辑与亚里士多德派的词项逻辑成为两个并行体系，但在新柏拉图派兴起并接受亚里士多德逻辑后走向衰落，只通过波埃修等少数人的工作为后人所知，要等到 20 世纪才被卢卡西维茨（Jan Łukasiewicz）等逻辑学家重新发现。斯多亚派的命题推演形式是理解他们自由意志相容论的关键，我们将通过波埃修的相关讨论来展示这一点。[1]

[1] 见本书 9.4.4。

就本体论基本立场而言，和伊壁鸠鲁派一样，斯多亚派也认为整个世界都是物质的，只有有广延的物体才是真正存在的事物。希腊化时期的主流思想就是唯物论的，这种倾向要等到新柏拉图主义的兴起才会有根本性的转变。

斯多亚派辩护唯物论的思路也跟伊壁鸠鲁派很接近，不过它直接的来源是柏拉图的《智者篇》。《智者篇》247d-e 讨论了这样一个问题：拥有存在的事物，它们究竟有什么样的特征？一个很重要的回答是：能够产生作用或接受作用的能力。也就是说，一个事物如果真的存在，它要么能对其他事物产生作用，要么能被其他事物作用。不过，斯多亚派在这里补充了一个重要前提：只有有形的物体才能够相互作用。从这两个前提出发，我们不难得出结论：只有有形的物体才拥有真正的存在，才是真正的所是。

不过，与伊壁鸠鲁派不同，斯多亚派在虚空或空间之外，对于其他一些非存在给出了更加精细的刻画和分类（图 7.14）。

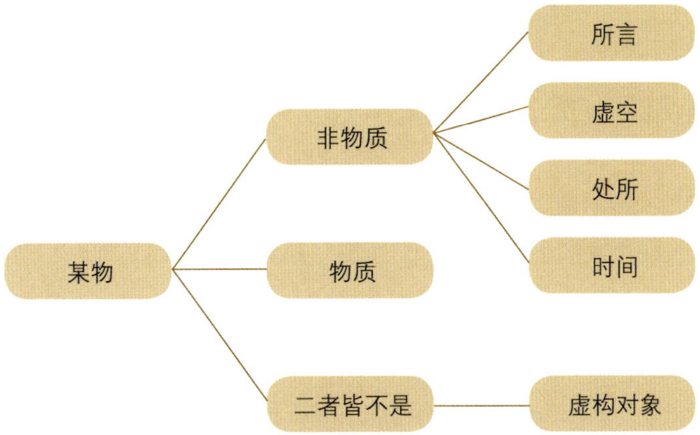

图 7.14　斯多亚派的本体论

无形的事物，比如说时间、处所、虚空、所言等，它们看起来既没有广延，也不能和其他事物发生因果作用，因此不是真正的存在。但斯多亚派认为这些无形的事物和那些纯粹依赖我们个别心灵的事物完全不同，因为它们是理性思考和交流中可以传达的对象（尤其是所言），甚至是感知得以可能的必要条件（例如时间和处所）。在这个意义上，这一类特殊的无形事物同样是独立于个体心灵而实在的。斯多亚派把它们称之为持存的（huphestos），强调它们独立于心灵的特征，区别于那些纯粹虚构的事物如半人半马兽，但同时坚持把无形的事物和心灵之外的有形事物区别开来，强调它们仍然和半人半马兽一样，并不是真正存在的事物。这意味着，在斯多亚派这里，持存和存在具有不同的内涵和外延，存在的必然持存，但持存的未必存在。而且看起来还有一类事物如虚构对象，它们既不存在也不持存。[1]

斯多亚派本体论的另一个重要主张，是强调所有存在的事物，无论实体还是性质，都是个别的存在。而普遍事物或共相，例如“人”，只是心灵虚构的对象。斯多亚派对共相的解释据说非常接近后来洛克的立场。根据塞克斯都的转述，在斯多亚派看来，包含共相的判断，如“人是理性的、会死的动物”并没有预设人这样的共相的存在，因为它可以被理解为一个伪装的条件句：“如果某个事物是人，那么这个事物就是理性的、会死的动物。”经过重新解释或转写之后，“人”虽然可以成为一个命题的主项，但它与“苏格拉底”这样的个别词项完全不同，并不意指某个真正存在的事物。[2] 显然，尽管斯多亚派坚持唯物论立场，但他们的本体论与逻辑和语言哲学密不可分。

3. 斯多亚派的自然哲学与普纽玛学说

斯多亚派物理学认为整个宇宙有两个不同本原：一是神，一是质料。这两个本原的引入都与此前的哲学有深刻渊源。和希腊化时期其他哲学思潮一样，斯多亚派哲学很大程度上是对之前哲学思考新的综合和推进，并不是一个纯粹原创的、凭空而来的体系。

首先，这里的神指的是永恒的理性，或者包含着理智特征的宇宙大火，它决定着万物的命运，同时使万物具有内在的可理解结构。这些思想要素显然都可以追溯到赫拉克利特。赫拉克利特认为火是世界的本原，同时认为火是逻格斯的外现。

其次，在斯多亚派看来，因果作用得以产生，既需要一个施加作用的物质，也要有一个接受作用的物质。而质料就是这样一个静态的、接受作用的物

[1] LS 27 A-D.

[2] LS 30I.

质要素。就像亚里士多德所说的，它本身没有确定的形式，也没有确定的性质。它是静态的，只有受到其他事物的作用，才会形成新的事物，即那些我们可知的事物。

以上构成了斯多亚派宇宙论的基本解释原则，在此基础上形成了他们独特的宇宙生成论：整个世界实际上就是一场宇宙大火（ekpyrōsis, conflagation），它无穷无尽、不断循环。首先出现的是没有任何分别的单一的火；然后火通过对质料的作用，产生出可以辨识的基本元素，尤其是水、土、气等；在这些元素的基础上，火创造出我们可以认知和理解的世界；因为这个世界是物质的，所以它也是会朽坏的，当它耗尽之时，又将复归于火。

斯多亚派在循环生灭的宇宙图景中，为传统四元素说给出了更加动态的解释：火和气是两个比较轻的元素，构成宇宙中的主动力量；而水和土这些更重的元素，则构成被动地承受作用的力量。这决定了斯多亚派宇宙最底层的特征，即元素层面的基本形态。

比元素更复杂的物质形态被称为“普纽玛（pneuma）”，这是斯多亚派自然哲学中最有原创性的概念。这个词在希腊语里含义丰富，可以指呼吸、动物的生气、风，而在稍后的基督教传统中，还可以指三位一体中的第三位——圣灵。不过，斯多亚派的用法更加特别，所以我们最好还是采用音译的方式。

普纽玛首先是冷和热两种性质，或火和气两个元素彻底结合的产物。它是“所有存在着的”物体得以持存的原因，并且引导着有生命物体的生长和变化。普纽玛在自然物中所起的作用，类似亚里士多德传统的形式，尤其是实体性形式，它赋予质料以特定属性，规定每一个事物本身的存在，并且引导每个事物指向它内在的自然目的。

此前谈到伊壁鸠鲁的唯物论主张时，我们提到灵魂或其他事物，实际上都是原子的某种组合，但这种组合的产生看起来只是原子偏斜运动的一个随机结果，这和我们在自然知识中所预设的自然对象的内在稳定性以及自然对象分属于不同类别等自然特征都会形成冲突。与之不同，斯多亚派在这里尝试借用亚里士多德传统中的实体性形式，来解释一个事物如何成为一个整体，一个事物究竟由什么样的要素规定了它的本质。

需要注意的是，斯多亚派持非常彻底的唯物论立场。只有有形的物质才能相互作用。而普纽玛被认为能施加上述作用以维持一类事物作为该类事物的存在；就此而言，它就必须是一种物质。此外，斯多亚派还强调，普纽玛对一个事物的本质规定，是遍及该事物整体的。比如说一块石头，并不是只有它的一部分使它成为石头，而是它的每一个部分都是作为石头而存在的。当然在人这种有机体中，我们会更加清楚地看到这一点。在这种情况下，斯多亚派就要求普纽玛作为一个施加作用者，遍及拥有普纽玛的事物整体。

与此同时，世界的另一个本原是质料，它是接受作用的要素。那么，普纽玛和质料这两种物质是什么关系？这是斯多亚派自然哲学很让人费解的一点。因为个别事物的质料也遍布它的整体，石头显然如此。为了辩护这一点，克吕西普引入一种特殊的混合理论，认为我们的普纽玛和作为身体的质料混合在一起，以至于可以在同一个时间、同一个空间的同一个体中存在两种不同的物质。[1] 但是，希腊化时期的唯物论强调物质本身是不可入的，在这个前提下理解这样特殊的混合是非常困难的。

就我们的讨论来说更重要的是，斯多亚派区分了三种不同类型的普纽玛，赋予事物不同的存在等级：（1）第一类普纽玛实际上是某种品质或者结构性的安排，希腊文是“hexis”，这里专指维系一个没有生命的物体存在的结构性特征，或可称为它的凝聚力；（2）第二类普纽玛希腊文是“physis”，即“自然”或“本性”。这种自然式的普纽玛，特指维护有生命事物的生命特征的结构，它保障了一个有生命事物的存在；（3）第三类普纽玛，则被称作“psychē”，亦即灵魂。但这里灵魂所具有的功能和亚里士多德所说的灵魂有一个重要差异：它仅仅负责动物和人类心灵的专有活动，不包含营养生长这些与植物共有的低级功能。

4. 斯多亚派的灵魂论与美德学说

根据斯多亚派的主张，灵魂所具有的功能分两大类：一类帮助我们获得心灵图像或表象（phantasia），即认知能力或表象能力；另一类被称作冲动（hormē），即欲求能力或意动能力。这两种能力规定了人和世界打交道的两种不

[1] LS 48C.

同方式。一方面，通过认识能力 / 表象能力，我们获得关于世界的信息，此时人和世界发生交流的方向是从世界到心灵；另一方面，欲求能力又能使我们的灵魂对世界产生作用，此时的方向是从心灵到世界。当然，斯多亚派在每个能力内部都会做进一步的区分，特别是表象能力，它因感官而不同；欲求能力也是如此。更重要的是，他们引入了一种特殊能力来解释人的灵魂对不同能力的控制作用，将其称作灵魂的“主导部分（hēgemonikon, the governing part）”。斯多亚派认为，一个理性灵魂之所以没有被不同能力分裂，仍然保持着整体性存在，依赖的就是这一主导部分。克吕西普曾经将灵魂比作蛛网，主导部分是蛛网中央的蜘蛛，它的脚抓着所有线头，灵魂的任何风吹草动，从感觉到冲动，都在它的控制之下。[1]

首先是感觉。在斯多亚派看来，感觉的形成，并不简单地只是感觉材料作用于外感官的结果。在成年人理性的心灵中，感觉的产生一定包含着主导部分的参与。因为在感觉中，我们不仅看到某个色块、听到一个声音、闻到一种味道，而是同时察觉到是自己的灵魂在产生这样的感知，并且将这些感觉同个别对象甚至一类事物联系起来，例如我们看到一匹马、听到风声。它包含着灵魂的自我意识和概念的运用，而“马”这个概念的形成，在斯多亚派看来，是理性灵魂特别是主导部分作用的结果。与亚里士多德传统有所不同，斯多亚派并不接受感觉和理性认识之间的截然区分。因为在感觉的形成中，我们获得关于外界的感觉表象，同样需要理性灵魂的参与。

当然，外感官和理性灵魂的主导部分处于身体的不同位置。理性的主导部分，有时也被称作“努斯（nous）”或理智，通常位于身体的中心即心脏中，支配着灵魂的其他感官和整个身体。此外，斯多亚派也强调，在感觉形成的过程中，主导部分的作用是相对被动的。因此，感觉经验只是主导部分受作用的结果，在接受外界的刺激时，根据它自身所处的状态形成一个特定的印象。

不过，在斯多亚派看来，主导部分还可以发挥更积极的作用，这体现在它的认可（synkatathesis）能力上。与动物不同，我们的理性可以对感知中形

[1] 卡尔基狄乌斯：《〈蒂迈欧篇〉评注》220，引自 Keimpe Algra, Jonathan Barnes, Jaap Mansfeld, and Malcolm Schofield (eds.), *The Cambridge History of Hellenistic Philosophy*, Cambridge: Cambridge University Press, 1999, pp. 571-572。

成的表象进行评价，对其认可或拒绝，从而形成理性表象。这也就意味着，理性灵魂的主导部分不单在被动地接受感觉信息，而且对感觉信息进行加工，并且做出判断，例如“这场风暴是危险的”。这些判断构成了信念和知识的基础。

对斯多亚派伦理学来说，主导部分最为重要的认可或判断，是指向行动的实践判断，它将人的表象能力和冲动能力联结起来。斯多亚派强调，我们的欲求或冲动引导下的行动，一定建立在理性主导部分的认可之上。如果理性主导部分没有给出任何特定的判断或形成特定理性表象，我们就不会采取行动。他们甚至认为，通常归于非理性的情感，也是理性判断的展现。这听起来有点奇怪。斯多亚派的理由在于，我们之所以产生特定的情感反应，例如恐惧，是因为在感知或理性表象中，灵魂把某种将要发生的事件表象为一种恶，而且是一种我们应当逃避的恶。例如“这场风暴对我是有害的”。此时，我们就会自然而然地产生恐惧情绪，来表达对于将会发生的恶的拒斥。这种表象及其衍生出的判断对于情感经验之所以必要，是因为情感经验总是指向特定的意向对象，我们总是对具体的事物如死亡、名誉扫地等产生恐惧。[1] 斯多亚的情感理论揭示出情感经验中常被忽视的认知要素，经努斯鲍姆（Martha Nussbaum）等学者的努力，它在当代情感研究中重新焕发了活力。

如何面对情感，是希腊化哲学家普遍要应对的理论挑战。伊壁鸠鲁派的哲学家采取了一种退守的方式。而斯多亚派的哲学，既有退守的一面，又有进取的一面。

首先看进取的一面。斯多亚派强调情感反应只是理性判断的结果。情感反应之所以有时被称为非理性的，是因为我们往往会对和特定情感相关的表象产生一种不计一切代价的认同。比如说，有的人在瘟疫中遇到死亡的威胁，会觉得生命是唯一值得宝贵的东西，其他什么都不重要，荣誉也好，自由也罢，都可以放弃。在斯多亚派看来，这就是一种非理性的行动，它的根本缘由，不是像柏拉图所说的是出自灵魂某个非理性部分，而是理性本身做出了错误的判断。所以相应的治疗方案，就是去修正理性，做出恰当的判断，以免情绪控制

[1] LS 65A, K, X.

整个心灵。[1]

图 7.15 《马可·奥勒留像》大理石（2 世纪），慕尼黑古代雕塑展览馆。“一个人在思想上越接近无情，他就越接近力量。正如悲伤是软弱的标志，愤怒也是如此。”“摈弃你认为这个或那个对你有伤害的判断，下定决心摒弃这种意见，你的愤怒就会终结。”（《沉思录》11.18）

不过，他们的情感哲学也有消极的一面。斯多亚派的理想仍然是要根除而不是克制情感。他们常说贤者无情（apatheia）（图 7.15），强调人的道德理想就是要努力形成正确的理性判断来根除情感，达到不动心的状态。[2] 在这一点上，斯多亚派和伊壁鸠鲁派一致，同样致力于追求心灵的平静，摆脱一切搅扰。只不过前者着力于理性的自我修正，后者则关注自然而必要的欲望以及静态的快乐。

总之，斯多亚派通过强调理性灵魂中主导部分的作用，来解释感觉、情感反应等常常归于非理性灵魂的功能，认为它们实际上是同一个理性灵魂整体的不同显现。斯多亚派虽然谈到理性灵魂的不同能力，这些能力甚至对应身体的不同器官，但他们并不认为理性灵魂因此被区分为彼此隔离的不同部分和功能，因为所有这些能力的实现都是主导部分作用的结果。哲学史家们把这种主张称为一元论（monism）的灵魂学说，和强调理性与非理性之分的哲学传统区别开来。

这也意味着，在涉及伦理实践的判断中，斯多亚派回到了苏格拉底的唯理

[1] LS 65J.

[2] 例如塞涅卡：《书信集》116.1。

智论传统。行动哲学的老问题也随之而来：在这样一个一元论框架下，如何解释不自制问题？如何理解我们在情感搅扰、理性犹豫不决等经验中感受到的灵魂内部分裂？这或许是斯多亚派在捍卫一种高度简约的心灵概念时必须要面对的挑战。当然，他们理想中的贤者不会经历这样的自我分裂，因为那意味着心灵的软弱和美德的沦丧，而美德在斯多亚派的伦理价值体系中，占有前所未有的重要地位。对伊壁鸠鲁派来说，美德首先是实现快乐这唯一内在善好的必要手段。而对斯多亚派来说，美德本身就是善好。他们甚至进一步断言，美德是唯一的善好。

斯多亚派首先把美德界定为灵魂主导部分持久而稳定的性格品质，它使行动者能成就美好之事或崇高之事。美德也就是人类本性的卓越之处。斯多亚派正是在这一定义基础上，进一步论证美德是唯一的善：

（1）如果一个事物 x 既有好的用处也有坏的用处，那么，x 就不是善好。（前提：善的定义）

（2）美德之外的其他一切事物（例如生命、健康、快乐、美貌、力量、财富、名声、高贵的出身等）都既有好的用处也有坏的用处。（前提：经验事实）

（3）美德之外的其他一切事物都不是善好。（1，2）

（4）美德是善好。（前提：某种共识）

（5）美德是唯一的善好。（3，4）[1]

这个论证形式有效，简洁有力，但它的结论却非常反直觉，对于希腊人尤其如此。因为希腊人通常所说的善好（agathon）并不仅仅指道德上的善，而是包括一切有价值之物，尤其是那些能激发我们欲求的对象。这也引导我们去反思这个论证所依赖的三个前提是否都像它们所显现的那样有说服力。命题（4）显然成立，命题（2）看起来也不难辩护，一个僭主显然能把自己的健康、力量、财富都用在压迫民众上，一般来说，一个邪恶的人会让命题（2）中提到的一切都产生坏的用处。但必须小心的是，在这样的例证中，我们显然是在道德

[1] 拉尔修：《名哲言行录》7：101-103 = LS 58A。此处论证重构参考了《古代哲学导论》，第 357—358 页。

的意义上来理解好的用处和坏的用处。这提醒我们注意，在这个论证中，斯多亚是不是在前提中已经暗自缩小了“善好”的外延，使得只有作为道德善的美德才能满足善的定义。此时，命题（1）就显得可疑了：如果这里的“好的用处”指的是道德上的好，那么，这个定义看起来已经将广义的善好等同于道德的善好，因为只有道德上的善好才不可能产生道德恶果，此时接下来的推论就有乞题的危险；而如果“好的用处”不限于道德上的好，还可以指增进一个人的快乐、财富、名声等，那么，很有可能美德也不能满足善好的定义，因为在一个专制的国度，正直的美德很可能会为自己招来灭顶之灾。

当然，美德被看作唯一的善好或价值的直接后果，就是亚里士多德所关心的财富、健康之类的外在善，甚至生命本身，都不再被看作本身就是善好。人们自然会质疑斯多亚派哲学家：如果这些东西本身没有价值，你为什么不散尽家财？你为什么还要追求健康？你为什么不干脆结束自己的生命？如果你已经拥有了美德，要保证自己始终为善，此时自杀不就完满了吗？确实有斯多亚派哲学家平静地接受自杀，例如塞涅卡（图7.16）。但对于他们的理论来说，这样的理论后果仍然是荒谬的，塞涅卡也只是平静地去死，而不是找死。

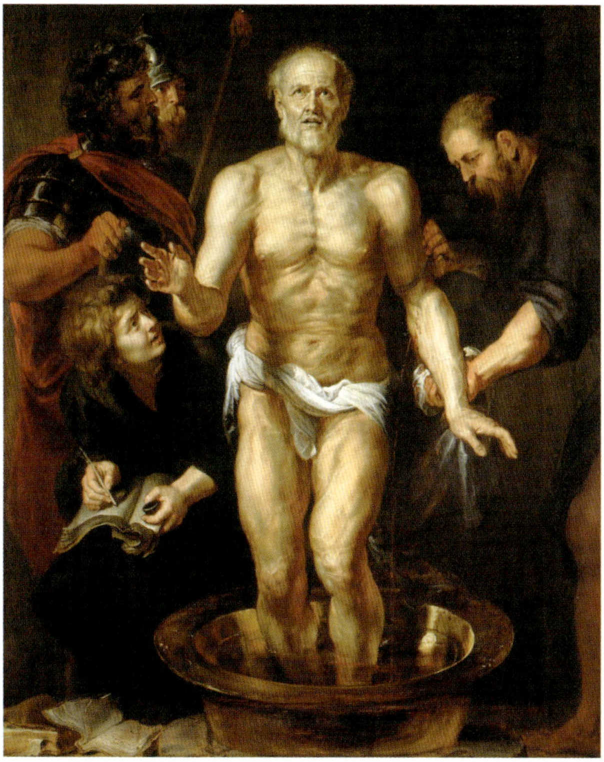

图 7.16　鲁本斯《临终的塞涅卡》油画，慕尼黑老绘画陈列馆。暴君尼禄无端将他的老师塞涅卡赐死，塞涅卡先后尝试割腕、饮鸩、热水浴，最终在蒸气浴中窒息而死。在鲁本斯笔下，他健壮的身躯沐浴在光线中，双眼望向未知的彼岸，如殉道者一样展示自己的“圣痕”。他身旁的男孩急切地写下“vir（男人）”，或许是称赞他的男子气概，但更可能是还没来得及写完“virtus（美德）”。

所以，克吕西普等斯多亚派哲学家，引入了一个新范畴："值得选择的中立物（adiaphora proēgmena, preferred indifferents）。"他一方面坚持关于善的严苛标准，认为只有（在道德上）不能被误用的才是善。财富、健康和生命显然不能满足这样的条件。但另一方面，克吕西普认为这些事物与贫穷、疾病等不同，仍然是值得选择的，可以成为欲求的目的。也就是说，在不威胁美德地位的情况下，我们可以把这类事物放在它们的对立面之前。在斯多亚派的讨论中，道德价值开始作为一个独立的范畴区别于我们欲求的对象。[1]

与此同时，在斯多亚派学说中，"决定（proairesis）"这个概念，变得越来越重要。他们将决定这种心灵活动同理性灵魂的主导部分联系在一起。我们之前提到的对表象的认同或拒斥，实际上也是一种决定，只不过是认知层面而不是实践层面的选择。决定当然还会出现在实践理性中。当斯多亚派将善好和决定的对象区分开来，他们就给出了一种非常独特的善好理论。在他们的理论中，善好和价值（axia）的广延是不一样的。善好并不包含所有我们在决定中优先选取的那些东西，此时我们也可以将它所对应的希腊词 agathon 直接译为"善"，因为，它已经接近我们所熟悉的道德善的概念。

那么，作为唯一善的美德具体是什么样的呢？对于斯多亚派来说，美德首先是处理生活事务的技艺或知识。[2] 而所谓生活事务，首先涉及的是各种各样的冲动，因为它们构成了行动的动机，例如自我保存的冲动，照料后代的冲动等。美德就是以理性的方式来处理这些动机。

需要说明的是，这些冲动不仅来自灵魂的非理性部分，而且包含着来自理性的主导部分对于善恶的判断。可以再强调一下，对斯多亚派来说，情感实际上就是一种错误的判断。因为正确的冲动会将善作为善，将中立的作为中立的来对待。美德是唯一的善，而情感所包含的错误冲动或者错误判断，经常会把中立的事物作为真正的善来对待。这也是为什么斯多亚派要将无情作为伦理理想的原因。在很大程度上，斯多亚派回到了苏格拉底关于"美德即知识"的判断，只不过这里知识不再指抽象的理论知识，而是关于特定情境中如何处理价

[1] 拉尔修：《名哲言行录》7.101-3 = LS 58A。

[2] LS 61G-H.

值和善的实践知识或实践智慧。

作为唯一的善，美德的运用可以使人的理性本性得到最大程度的实现。这种对美德的目的论式理解，源自斯多亚对整个宇宙的目的论理解。因此，按照美德的方式来实现理性本性的内在目的（telos），也就是遵照自然本性生活。在斯多亚派看来，美德就是顺应自然。当然，这里的自然已经不再仅仅指我们的自然欲望，也不是我们的自然能力。因为在斯多亚派的宇宙论中，我们所拥有的能力不过是宇宙作为整体的永恒理性或逻格斯显现的一种方式。既然自然把它呈现为一个有内在结构、内在秩序的目的论整体，我们只有把握住它的各个构成部分，才能与自然相一致，过上美好的生活。[1]

斯多亚派因此将希腊人传统信仰的宙斯理解成一个自然的立法者，这也是后世将自然法传统追溯到斯多亚派的原因之一。自然为整个宇宙立法。在宇宙中，所有自然物都无差别地接受自然的立法；但是人这种理性的动物是一个例外：尽管宇宙理性使得万物的发生成为自然，但人的理性仍然可以认可或拒斥自然的安排；这种宇宙自身的法则和安排，斯多亚派有时也把它叫作命运。（图 7.17）但他们并不自认宿命论者（fatalist），并不认为自然法则规定了我们的内在目的，我们的行动就因此失

图 7.17　巴塞洛缪思·安杰利卡斯《论万物之属性》抄本（15 世纪中叶），法国国家图书馆。斯多亚派哲学家以一种自上而下的视角理解自然及其因果性，以一种超然世外的姿态从远处观看他们的生活世界。

[1]　拉尔修：《名哲言行录》7.87-9 = LS 63C。

去了自由和意义。斯多亚派强调，我们可以通过主动认可或拒绝命运的安排，来表达自己的态度：当我们主动认可命运的安排时，就好像被马车拽着的人跟着马车一起向前，我们的心灵也可以在这种认可中获得平静和自由；而拒绝认可命运，并不会改变我们被马车拽着向前的命运，但必然失去平静与自由。[1] 这种在决定论图景下对人的自由的辩护是否成功，我们留待第九讲再来讨论。[2]

回到斯多亚派关于美德即顺应自然的主张，他们还给出了非常具体的建议，一步步将顺应个体的理性本性和顺应自然整体联系起来。并创造了一个专门的术语“oikeiosis”来意指这样一个自我调适、自我扩大的过程，一个推己及自然的过程。与马可·奥勒留同时代的斯多亚派哲学家希洛克勒斯（Hierocles，活跃于2世纪）用一系列同心圆（图7.18）来展示自下而上的自我调适过程：（1）从最小圈的自我出发，考虑自我的心灵和身体所需要的真正的善；（2）随后推广到一个核心家庭应该具有的美德或卓越品质，关心自己的父母、配偶、兄弟姊妹和子女；（3）再推广到一个更大的家族，再到一个民族——此时已经不再是传统的城邦国家，在一个国家里面往往会有多个不同的民族，尤其是在帝国之中；（4）再从民族层面上升到国家；（5）最后到整个人类。[3] 国家绝不是政治实践的终点，这是斯多亚派和之前的城邦哲学非常不同之处：在这样一个帝国时代，他们强调人的自然本性的最大实现应当超越国家的层面，上升到人类所共

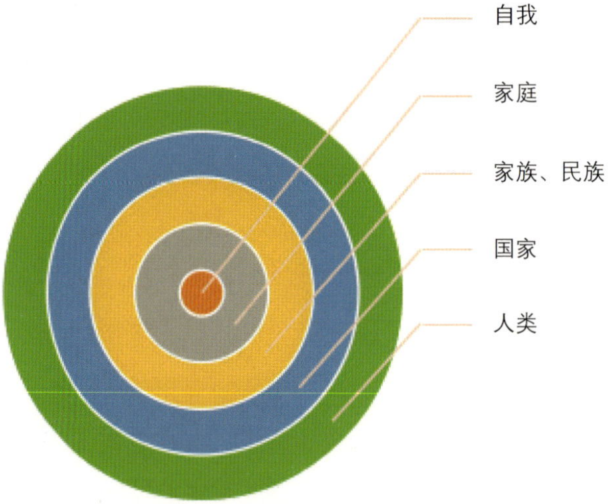

图7.18 希洛克勒斯的自我调适

[1] LS 62A，62C.

[2] 见本书9.4.3。

[3] LS 57G.

有的善和真正的价值。这一自我调适的目的是为了缩小人和人之间的关系，让异乡人成为同胞，同族人有如兄弟，而父母子女有如自己。

斯多亚派在这种推演中提出了宇宙大同的理想，把整个宇宙看作一个城邦，一个我们在其中生活的理性共同体，让所有人关心所有人。这种民胞物与的崇高理想让斯多亚派在古代政治哲学传统中独树一帜，对后世影响深远。[1]

四、作为生活方式的怀疑论

本讲最后简单介绍一下常被忽视的古代怀疑论传统。怀疑论（skepticism）一词源自古希腊语“skepsis”，本义为“探究”或“追问”，尤其指苏格拉底所示范的开放性的哲学追问。怀疑论者拒绝同时代柏拉图派、逍遥学派、伊壁鸠鲁派、斯多亚派，甚至犬儒学派的哲学研究进路，把他们通通称为教条主义者，认为他们放弃了哲学作为追问的基本立场，固守某些并没有坚实根基的教条，因此阻断了哲学反思作为探究这样一种生活方式的意义。对于古代哲学家来说，怀疑论首先是一种生活方式，而不仅仅是某种知识论立场，而且这种方式也并不首先和怀疑这样一种心灵活动有关。

怀疑论者思考的基本出发点，是想要解决现象世界和本体世界之间的反常张力：事物向我们显现出来的样子，并不是事物实际所是，或者至少不像哲学家们所认为的那样。我们已经看到，在德谟克利特、巴门尼德、柏拉图的哲学中，事物的表象和它的本体之间的对立都非常明显。怀疑论者希望通过解决这种张力来获得心灵的平静。就这点来说，他们同希腊化时期其他哲学家一样，将心灵不受搅扰的平静作为哲学实践的终极目的。但当他们意识到自己做不到这一点时，他们决定悬置判断（doxa），此时，仿佛出于某种偶然，在悬置判断时，他们孜孜以求的平静不期而至，如影随形。[2]

[1] 宇宙大同的想法可以追溯到更早的犬儒派第欧根尼，他曾骄傲地宣称：“我是一个宇宙公民。”（拉尔修：《名哲言行录》6.63）

[2] 塞克斯都：《皮浪主义概要》1.27-28。

与近代以来的怀疑论者不同，古代怀疑论关心的问题，首先是信念或判断（doxa），而不是知识，或者是知识的辩护。在古希腊语中，“doxa”首先指的是事物向认知者显现的样子，同时也包含着判断或者接受命题为真的信念。但当苏格拉底和柏拉图将 doxa 和 epistēmē 对举时，它指的是有认知缺陷的判断。所以，古人所关心的 doxa，并不完全等同于当代知识论中的信念。因为在当代讨论中，信念本身在认知价值上是中立的，有一些信念通过得到辩护或其他附加条件得以成为知识。但在苏格拉底和柏拉图的哲学传统中，doxa 总是包含一定的负面特征。

到了希腊化时期，斯多亚派哲学家认为，认知者对于所接受的印象可以有三种不同的态度：前面提到了主导部分可以认可或拒绝认知印象，但其实还有第三种可能：悬置判断。悬置判断无疑是怀疑论的核心：当我们不能获知或者确认真理标准时，就应该避免做出任何有关真值的断言。在对真理的探究中，怀疑论者注意到我们的印象和所认定的事实不一致，或者印象内部的不一致，他们因此决定悬置判断，以免为印象的真假而苦恼，从而获得心灵的平静。

当然，古代怀疑论不仅起源于现象与实在的区分，它还可以追溯到德谟克利特有关我们无法达到知识的断言、智者的相对主义立场、苏格拉底式的无知，以及柏拉图《美诺篇》里提到的探究悖论。与不可知论或相对主义不同，怀疑论者认为，悬置判断的方式可以一劳永逸地解决这些知识论困难。

1. 学园派与皮浪主义

古代怀疑论包括学园派和皮浪主义两个基本阵营：学园派在柏拉图去世以后就开始转向怀疑论，其中起到决定性作用的是阿尔克西劳斯（Arcesilaus），他的追随者包括卡尔内阿德斯（Carneades，前 214—前 128 年），还有更晚一些的西塞罗，后者有时也叫“新学园派”；皮浪主义通常会追溯到皮浪（前 362—前 275 年）（图 7.19）这位传说中的哲学家，它作为学派组织更加松散，主要是一些追随者坚持他开创的哲学反思进路。代表人物包括提蒙（Timon，前 320—前 235 年），塞克斯都·恩披里克（Sextus Empiricus，公元 2 或 3 世纪）——“恩披里克”是他的称号，意为“经验主义者”。

我们对古代怀疑论的了解大多来自塞克斯都的报道。他认为怀疑论两个阵

图 7.19 彼特拉克大师（？）《哲学家皮浪在风暴中的平静》素描 (16 世纪早期)，奥格斯堡美术馆。皮浪（中戴帽者）指着安然进食的小猪说："贤者当效仿它的安然自若。"下方的德语写着："想要运用真智慧的人不会在乎焦虑和痛苦。"

营的区别在于：

学园派彻底颠覆了斯多亚派、伊壁鸠鲁派、亚里士多德派所展示的知识论主张，认为我们并不能获得确定的知识，唯一能获得的知识就是应当悬置判断。他们有时也被称作"教条主义式的怀疑论者"。因为他们对"我们应当悬置判断"这个命题，持有非常坚定的信念，认为这是唯一可以获得的确定知识，因此必须以此摒弃所有其他知识。

与之相对，皮浪主义并不认为悬置判断就是哲学活动的终结，心灵的平静才是。当然，在悬置判断以后怀疑论者往往因此获得平静。但需要指出的是，在悬置判断时，皮浪主义者强调我们要关注事物向我们所显现的样子，而不是事物本来所是的样子。而"我们应当悬置判断"这个命题，在他们看来本身也是不确定的，也就是说，我们对"我们应当悬置判断"这个命题也应当悬置判断。这反过来会促成皮浪主义者不再教条式地坚持认为悬置判断可以终结所有哲学问题，而是要以一种更积极的姿态重新回到哲学追问中。

我们也可以用一阶和二阶的悬置来区分学园派和皮浪主义：他们都接受的是一阶的悬置，即对“世界是什么样的”悬置判断。皮浪主义的独特之处在于，它对悬置判断本身也要悬置判断，由此引入二阶的悬置。所以，从作为一种生活方式的怀疑论来看，皮浪主义更为彻底——尽管怀疑或悬置对他们来说只是暂时的举措，他们始终要去追寻哲学真理。

2. 皮浪主义的基本原则

我们对皮浪主义的了解主要来自塞克斯都的《皮浪主义概要》。该书突出了一个所有古代怀疑论者都接受的基本原则：对于所有的论证，我们都可以提出一个同样的论证加以反驳。在皮浪主义者看来，当我们处于这样的知识论境地时，就有义务悬置判断。[1]

> 对于一个命题 p，如果存在一个同样强大的论证去支持非 p，那么我们就有认知义务去悬置关于 p 的判断。所谓悬置关于 p 的判断，就是不要断定 p 或者非 p 为真。

皮浪主义者提出一系列论证，来支持他们为什么做出悬置判断的选择——当然，他们也会适时地提醒我们对这些论证的效力悬置判断。其中有两组论证影响深远：一组是归于埃奈西德穆（Aenesidemus）的十式，它通过诉诸动物多样性、人与人之间的差异、环境的差别等，把不同的现象或者想法对峙起来，向我们揭示在这些情形中为什么会出现相反的判断；另一组是阿格里帕（Agrippa）的五式，它更多是针对教条主义的证明和论证方式，指出它们经常会陷入无穷倒退，或者独断地把某个假设当作不可置疑的思想出发点等。

我们以埃奈西德穆的第一式为例，来考察怀疑论者会受到的批评。[2] 它涉及动物的多样性：一个事物 X 可能会向某一种动物例如人类显现为 F，但向另一种动物显现为 F*。这里的 F 和 F* 是一组对立的或不相容的属性。借用一个赫

[1] 塞克斯都：《皮浪主义概要》1.7。

[2] 同上书，1.40-61 = LS 72B。

拉克利特的例子：海水对于人是有毒的，但对于海鱼却是健康的。[1]

作为哲学家，我们必须思考 X 本身是什么：X 究竟是 F，还是 F*，或者两者都不是？我们提到过相对主义的回答：X 对于 A 来说就是 F，对于 B 来说就是 F*。这个答案可以从两个角度来理解：一方面，它实际上并没有真正回答我们在知识论上关心的问题，即 X **本身**究竟是 F 还是 F*。因为它只针对 X 相对于 A 和相对于 B 是什么做出了断言，拒绝或者推迟回答上述问题；另一方面，它也以某种教条的方式回答了“X 本身是什么”的问题。因为相对主义者认为，我们没有办法对 X 本身是什么做出一个断定，我们所能说的，只是它相对于 A 是什么，相对于 B 是什么。所以 X 本身既不是 F 也不是 F*。

那么，一个皮浪主义者会怎么看？他会接受以上第二种理解，接受一种事实上的不可知论吗？皮浪主义者在一定意义上会接受不可知的结论，但拒绝以教条的方式来接受。他会认为，我们在这里之所以不能断定 X 是什么，是因为我们始终是一个现象的参与者，而不是一个独立的、客观的判断者。我们总是海水向之显现的认知主体，总是“海水究竟有害还是有益健康”这场争论的参与者。在皮浪主义者看来，我们注定没法摆脱这样的认知地位，从而得出一个超然的论断，来判定 X 本身是什么样的。这个回答不同于相对主义的教条式回答，因为，皮浪主义者会认为这或许是一个答案，但对这个答案本身，我们也要悬置我们的判断。因为我们没法从自身的认知处境中抽身而出。所以，一个彻底的怀疑论者会认为，我们从“海水相对人是有害的，相对海里的鱼是有益健康的”这一点出发，不能做出任何断定，甚至我们不能断定它既不是有害的，又不是有益的。因为它可能是有害的或者有益的，只不过我们没法在认知上通达这一点。

这个对比可以帮助我们更好地理解皮浪式的怀疑主义者所持的认知立场，以及他们如何应对古人对怀疑论的批评。这些批评主要包括两个方面的内容：

（1）一方面，人们会批评怀疑论者也是教条主义者，认为他们把“悬置一切判断”本身当成普遍有效的法则。我们已经看到，至少在塞克斯都看来，这是学园派的立场，未必是皮浪主义者的主张。

[1] DK22 B61.

图 7.20 《亚历山大正传》抄本（1420 年），大英图书馆。据说亚历山大在远征印度时，曾遇到一群神秘的“裸体哲学家（gymnosophistai）”。他们告诫皮浪和他的老师阿那克萨库斯，如果他们还待在亚历山大的宫廷里，就永远不可能获得真智慧。皮浪将这一**判断**牢记于心，回到故乡就开始简单而清贫的生活。(拉尔修:《名哲言行录》9.61-63)

（2）另一方面，人们认为怀疑论会导致无所作为。这是从实践哲学的角度来考虑，它和希腊化时期的整个哲学氛围密切相关。在批评者看来，怀疑论者悬置一切判断，而我们的行动总需要判断。盲人骑瞎马，夜半临深池，总得判断一下前面的路是否危险，深渊究竟存在不存在。不判断就动弹不得。悬置了判断，也就悬置了行动。当然，还有另一种可能，怀疑论者实际上是些虚伪的人：一方面他们在理论上要悬置一切判断，但为了正常生活下去，他们不得不做出判断。（图 7.20）两种情况显然都是难以接受的。

皮浪式的怀疑论者有思想资源来回应这样的批评吗？这里的关键是，怀疑论者会强调，我们要悬置的是判断，而不是事物给予我们的认知印象，以及我们基于认知印象所产生的行动冲动。怀疑论者实际上借助斯多亚派的行动哲学框架，认为我们先有认知，然后根据认知产生冲动。只不过，他们强调其中不需要判断的参与：只要我们处在一个特定的情境中，就会获得恰当的认知印象，自然而然地产生相应的行动倾向，就会有行动。这可以作为对怀疑论者无所作为的指责的回应。但它也是有代价的。很重要的一点是：判断跟行动没有了关联，行动只是认知印象的自然后果。

阅读材料

1. Epicurus, *Letter to Menoceceus*, 121-135 (Annas, 338-341).
2. Cicero, *On Fate* 40-43 (Annas, 18-20).
3. **The Early Stoics on the Emotions* (Annas, 97-100).
4.《古代哲学导论》，第五章。

进一步阅读指南

原始文献

爱比克泰德:《爱比克泰德论说集》，王文华译，北京：商务印书馆，2009 年。

Julia Annas and Jonathan Barnes, *Sextus Empiricus: Outlines of Scepticism*, Cambridge: Cambridge University Press, second edition, 2000.（《皮浪派概要》出色的直译）

Cyril B. Bailey, *Epicurus: The Extant Remains*, Oxford: Clarendon Press, 1926.（原文校订本，附有英译和注释）

Richard Dufour, *Chrysippe. Oeuvre philosophique*, 2 volumes, Paris: Les Belles Lettres, 2004.（克吕西普残篇希法对照本）

Graziano Arrighetti, *Epicuro Opere*, 2nd edition, Turin: Einaudi, 1973.（伊壁鸠鲁残篇希意对照，最佳原文校订本）

John M. Cooper and J. F. Procopé (eds. and trans.), *Seneca: Moral and Political Essays*, Cambridge: Cambridge University Press, 1995.（出色的塞涅卡实践哲学论著选辑）

Marcus Deufert (ed.), *Titus Lucretius Carus De rerum natura Libri VI*, Berlin/Boston : De Gruyter, 2019.（《物性论》最新原文校订本）

R. Dobin (trans.), *Epictetus: Discourses and Selected Writings*, New York: Penguin, 2008.（《论说集》英译本）

Tiziano Dorandi (ed.), *Diogenes Laertius, Lives of Eminent Philosophers*, Cambridge: Cambridge University Press, 2013.（《名哲言行录》包含大量希腊化时期的史料，尽管不完全可靠，但仍是重要的资料集，此为原文校订本）

Don Fowler, *Lucretius on Atomic Motion. A Commentary on De Rerum Natura 2.1-332*, Oxford: Oxford University Press, 2002.（《物性论》第二卷前 300 余行极为出色的哲学评注）

Christopher Gill (trans.), *Marcus Aurelius, Meditations*, Books 1-6, Oxford: Oxford University Press, 2013.（《沉思录》前六卷的出色英译和详细评注）

*Brad Inwood, *Seneca: Selected Philosophical Letters Translated with Introduction and Commentary*. Oxford: Oxford University Press, 2007.（塞涅卡道德书信选，评注精当，适合初学者）

* Brad Inwood and L. P. Gerson, *Hellenistic Philosophy: Introductory Readings*, second edition, Indianapolis, IN: Hackett, 1997.（出色的原著选读，适合初学者入门）

拉尔修:《名哲言行录》，徐开来、溥林译，桂林：广西师范大学出版社，2010 年。

*A. A. Long & D. N. Sedley, *The Hellenistic Philosophers*, Cambridge: Cambridge University Press, 1987.（收录希腊化时期最重要的残篇和报道，第一卷为译文和评注，第二卷为原文，研究该时期哲学必备的资料集）

卢克莱修:《物性论》，李永毅译，上海：华东师范大学出版社，2022 年。

Marcus Aurelius, *Meditations with Selected Correspondence*, Robin Hard (trans.), Oxford: Oxford University Press, 2011.（《沉思录》可读性不错的英译）

Pamela Mensch (trans.), *Diogenes Laertius: Lives of the Eminent Philosophers*. Oxford: Oxford University Press, 2018.（《名哲言行录》英译本，插图出色，并附有相关研究论文）

H. Mutschmann and J. Mau, *Sextus Empiricus* I, Leipzig: Teubner, 1958. (《皮浪派概要》原文校订本)

Leighton D. Reynolds (ed.), *L. Annaei Senecae Ad Lucilium Epistulae Morales* (Oxford Classical Texts), Oxford: Oxford University Press, 1965.（塞涅卡《道德书信》拉丁文校订本）

Leighton D. Reynolds, *L. Annaei Senecae Dialogorum libri duodecim*, Oxford: Oxford University Press, 1977.（塞涅卡哲学对话录校订本）

H. Schenkl (ed.), *Epicteti Dissertationes ab Arriano Digestae*, Leipzig: Teubner, 2nd ed., 1916.（《论说集》希腊文校订本）

M. F. Smith, *Lucretius, On the Nature of Things*, Indianapolis and Cambridge, Hackett, 2001.（《物性论》可读性不错的英译）

Hans von Arnim, *Stoicorum Veterum Fragmenta* Leipzig: Teubner, 1903-5.（早期斯多亚派原文集）

研究文献

Keimpe Algra, Jonathan Barnes, Jaap Mansfeld, and Malcolm Schofield (eds.), *The Cambridge History of Hellenistic Philosophy*, Cambridge: Cambridge University Press, 1999.（希腊化时期哲学经典综述，适合进阶读者）

Julia Annas, *Hellenistic Philosophy of Mind*, Berkeley, CA: University of California Press, 1992.（希腊化心灵哲学研究经典导论）

Julia Annas, *The Morality of Happiness*, New York and Oxford: Oxford University Press, 1993.（当代哲学视野下的古代伦理学研究经典）

Julia Annas and Jonathan Barnes, *The Modes of Scepticism: Ancient Texts and Modern Interpretations*, Cambridge: Cambridge University Press, 1985.（怀疑论十式经典研究）

Jonathan Barnes, *The Toils of Scepticism*, Cambridge: Cambridge University Press, 1990.（怀疑论五式的出色研究）

Richard Bett (ed.) *The Cambridge Companion to Ancient Scepticism*, Cambridge: Cambridge University Press, 2010.（剑桥指南系列，出色的导论文集）

Susanne Bobzien, *Determinism and Freedom in Stoic Philosophy*, Oxford: Clarendon Press, 1998.（斯多亚派自由意志问题经典研究，分析哲学史研究典范之作，适合进阶读者）

Tad Brennan, *The Stoic Life*, Oxford: Oxford University Press, 2005.（一本出色的斯多亚派哲学导论）

Myles Burnyeat (ed.), *The Skeptical Tradition*, Berkeley: University of California Press, 1983.（怀疑论研究经典文集，名家云集，涵盖古代与近代怀疑论传统）

Myles Burnyeat and Michael Frede (eds.), *The Original Sceptics*, Indianapolis and Cambridge, Mass.: Hackett, 1997.（古代怀疑论经典研究论文集）

J. M. Cooper, *Pursuits of Wisdom: Six Ways of Life in Ancient Philosophy*, Princeton: Princeton University Press, 2012.（古代伦理学导论，第四、五章与本讲相关）

*Michael Frede, *A Free Will: Origins of the Notion in Ancient Thought*, Berkeley, CA: University of California Press, 2011. 迈克尔·弗雷德:《自由意志：古典思想中的起源》，陈玮、徐向东译，北京：生活·读书·新知三联书店，2022 年。（著名的 Sather 古典学系列讲座，深入浅出）

David Furley, *Two Studies in the Greek Atomists*, Princeton: Princeton University Press, 1967.（仍然重要的经典研究）

Pierre Hadot, *The Inner Citadel: the Mediations of Marcus Aurelius*, Harvard: Harvard University Press, 1998.（当代法国著名古代哲学研究者代表作英译）

Brad Inwood, *Ethics and Human Action in Early Stoicism*, Oxford: Oxford University Press, 1985.（斯多亚派实践哲学的经典研究，仍可参考）

*Brad Inwood (ed.), *The Cambridge Companion to the Stoics*, Cambridge: Cambridge University Press, 2003.（剑桥指南系列，出色的斯多亚派导论）

*A. A. Long, *Hellenistic Philosophy: Stoics, Epicureans, Skeptics*, 2nd edition, London: Duckworth, 1986.（希腊化哲学经典导论）

A. A. Long, *Epictetus: A Stoic and Socratic Guide to Life*, Oxford: Oxford University Press, 2002.（爱比克泰德经典导论）

A. A. Long, *From Epicurus to Epictetus: Studies in Hellenistic and Roman Philosophy*, Oxford: Oxford University Press, 2006.（希腊化哲学最出色研究者之一的论文集）

*Phillip Mitsis (ed.), *Oxford Handbook of Epicurus and Epicureanism*. Oxford: Oxford University Press, 2020.（出色的导论文集）

*Martha Nussbaum, *The Therapy of Desire*, Princeton: Princeton University Press, 1994. 玛莎·努斯鲍姆:《欲望的治疗》，陈玮、徐向东译，北京：北京大学出版社，2018 年。（希腊化时期伦理学研究经典，面向一般读者）

Tim O'Keefe, *Epicurus on Freedom*, Cambridge: Cambridge University Press, 2005.（伊壁鸠鲁和卢克莱修自由学说的出色研究）

*Tim O'Keefe, *Epicureanism*. Durham: Acumen, 2010.（可读性不错的导论）

Richard Sorabji, *Emotion and Peace of Mind: from Stoic agitation to Christian temptation*, Oxford: Oxford University Press, 2000.（精彩的斯多亚派情感和心灵哲学研究）

Gisela Striker, *Essays on Hellenistic Epistemology and Ethics*, Cambridge: Cambridge University Press, 1996.（出色的论文集）

《斯坦福哲学百科》(*SEP*) 词条

Ancient Atomism

Ancient Ethics

*Ancient Skepticism

Ancient Theories of Freedom and Determinism

Epictetus

*Epicurus

Lucretius

Marcus Aurelius

Pyrrho

Seneca

*Stoicism

第八讲

普罗提诺论万物本原与人类自由

新柏拉图主义是希腊化之后最有影响的古代哲学流派，也是连接古代和中世纪哲学的枢纽，但它的桥梁作用长期以来没有被学界充分认识。在接下来的几讲中，我们会看到，一方面，不仅教父哲学、拜占庭哲学直接受其影响，中世纪阿拉伯哲学、犹太哲学和拉丁世界的哲学，也带有鲜明的新柏拉图派理论印记。甚至中世纪哲学家对亚里士多德思想的接受，也常常以新柏拉图派的注释为中介，而这些构成了他们哲学思考的基本出发点。另一方面，新柏拉图派哲学也展示出古代晚期哲学家整合旧有哲学传统，协调柏拉图与亚里士多德哲学思想的努力，他们尝试用系统化的方法重新诠释哲学各分支，重构以本体论反思为核心的哲学大厦。新柏拉图派哲学家在有关统一性、本体论的善、自我意识、人的自由决定等研究领域卓有贡献。但与此同时，新柏拉图派哲学因为

图 8.1 《博学之家》石棺（275—280 年），又称“普罗提诺石棺”，梵蒂冈博物馆。画面的中心是展开的卷轴，却没有人在阅读。两位缪斯女神将目光投向哲学家，他沉浸在哲思中，唯有沉思让灵魂永恒。

体系宏大、术语烦琐、神秘主义色彩强烈，在当代学界较少得到专业研究以外的关注，近年才有所改观。

篇幅所限，我们将以普罗提诺（图 8.1）为核心，展示一个高度简化的新柏拉图哲学体系速写，但仍然希望能较为完整地呈现新柏拉图派的理论风貌，尤其是他们在形而上学领域的重要贡献。

一、新柏拉图主义兴起的历史背景

1. 新柏拉图主义之前的柏拉图派

柏拉图派哲学不仅起源于柏拉图的《对话录》，也来自他在学园和其他场合口头讲授的所谓“未成文学说”。这些柏拉图自己未曾付诸文字的内容，我们可以通过亚里士多德和其他一些古代作家的报道有所了解。其中最著名的是被称作《论善好》的公开演讲。

出人意料的是，柏拉图在这场面向普罗大众的讲座中并没有谈论伦理和美好生活，而是尝试从毕达哥拉斯派有关数的反思出发，去解释世界的生成和它所拥有的善好。他认为一个事物的卓越在于它的持存、美和形式，而这些都源自事物内部的秩序，尤其是一个整体内部不同部分的恰当比例。显然，秩序依赖事物的统一性，柏拉图由此断言统一性或一本身就是一切善好的原因，或善好本身。然而我们生活的世界不仅有善好和秩序，也有恶和混沌，因此需要有与一相对立的原则来作为其原因，他将其称为“不定的二（dyas）”。一是主动的，而二是被动的，一作用于二，就会生成三，更进一步则会生成四。四是一个非常关键的数。因为一、二、三、四可以分别对应几何上的点、线、面、体，通过它们我们就可以组合成物理世界最基本的数学维度。同时一、二、三、四的和又是十，这是一个完满数，包含了所有个位数，十进制里的所有数。[1] 在柏拉图看来，这样一些数与数之间的关系，它们首先体现在算术、几何、和声和天文中所包含的秩序与失序，最终构成了整个复杂世界的起源。柏拉图“善即是一”的结论让毫无哲学训练的普通听众目瞪口呆，但它却成为柏拉图主义发展的重要生长点。

柏拉图去世后，他的侄子斯彪西波成为学园派领袖。这之后将近一百年，学园派的思考主要是在深化和系统化柏拉图关于数和世界的反思，这尤其体现在塞洛克拉底（Xenocrates，前 396—前 314 年）的主张中。他进一步发展了数本原的思想。上一讲提到，当阿尔克西劳斯成为学园领袖时，学园派的思想发生了怀疑论转向。

学园派的怀疑论倾向维系了将近两个世纪，它的转变发生在公元前 1 世纪。当时，罗马大军攻陷希腊，苏拉的军队劫掠了雅典，也毁掉了柏拉图的学园。正是从该时期起，柏拉图的追随者不再通过一个特定的研究机构聚集在一起。他们更多通过阅读和评述柏拉图的著作，来成为柏拉图派哲学家。到了罗马帝国时期，政府和达官贵人们重新提供资助，促成了新的学园的兴起。和希腊化时期其他哲学流派一样，柏拉图派思想也向整个地中海的不同区域扩散，其哲学导向也从怀疑论重回教条主义传统，回归柏拉图的正统。

上述转向的一个关键人物是安提奥库斯（Antiochus，殁于公元前 68 年），他是雅典学园最后一位学术领袖，正是他重启关于世界本原的系统性反思。由

[1] 毕达哥拉斯派的“圣四”，参见本书 1.2.3。

图 8.2　奥古斯丁《上帝之城》抄本（约 1475 年），海牙荷兰皇家图书馆。阿普雷乌斯（站立者）在《苏格拉底的神》中引导人们崇拜苏格拉底提到的精灵，它们居住在天与地之间，是人和神之间的中保（mediator）。

他开创的柏拉图学派，一直延续到普罗提诺之前，被后世学者称作中期柏拉图主义（Middle Platonism）。但这实际上是从新柏拉图主义往前看，是一个明显历史错乱的说法。而“新柏拉图主义”的叫法本身，也是近代哲学史家的发明：普罗提诺和他的追随者只认为自己是柏拉图主义者，没有什么新或不新可言。不过，“新柏拉图主义”这个说法沿用已久，而且普罗提诺的原创性思考，确实带来了柏拉图主义的根本变化。所以，我们还是借用传统说法，把普罗提诺和他之前的正统柏拉图派区分开来。

中期柏拉图主义最近得到学界更多关注。他们的著作很多也是以残篇的形式流传，但也有一些例外。例如普鲁塔克（45—120 年），当代读者大多熟悉他的《希腊罗马名人传》。他首先作为历史学家为后人所知，但其伦理学著作在古代也颇有影响，可以算最知名的中期柏拉图主义者。中期柏拉图主义的其他代表人物包括阿尔喀诺俄斯（Alcinous，活跃于公元 2 世纪中叶），他有一本《柏拉图主义手册》相对完整地保存了下来。还有北非的阿普雷乌斯（Apuleius，124—170 年），他的《金驴记》是当时流传很广的文学杰作，奥古斯丁也曾提到他的《苏格拉底的神》（图 8.2）。

另一位值得一提的是努梅尼乌斯（Numenius，2 世纪后半叶），他虽然没什么完整的著作流传，但普罗提诺在世时就有人指控他只不过是在抄袭努梅尼乌斯，当然，普罗提诺和他的学生波斐利有力地回击了这一不实指控。

图 8.3　奥古斯丁《上帝之城》抄本（约 1475 年），海牙荷兰皇家图书馆。前景左侧是斯多亚派，右侧是柏拉图派，他们在智慧女神面前争执不休。

中期柏拉图主义具有很多希腊化时期哲学学派的特征：它强调学术正统，不再直接从所关心的哲学问题出发，而是从学派已经有的哲学资源和内部的一些争论出发，以评注的方式来展开哲学思考等。与此同时，它也要面对同一时期其他哲学流派的竞争（图 8.3）。希腊化时期的学派建制，也影响到柏拉图的教条主义转化。相比更具有破坏性的怀疑论思想，教条式的柏拉图主义或许更能吸引追随者。不过，在普罗提诺的哲学探索中，怀疑论也构成了一个重要的背景。

2. 异教新柏拉图主义传统

普罗提诺在公元 3 世纪开创的新柏拉图主义学派，虽然组织相对松散，但从罗马帝国时期一直延续到 7 世纪阿拉伯占领时期。我们接下来会采用异教新柏拉图主义这样一个标签，以便把普罗提诺与他的异教追随者和同时期信仰亚伯拉罕宗教但深受柏拉图派影响的哲学家区别开来。

新柏拉图主义异教传统肇始于普罗提诺，但真正使其得以成为一个学派的关键人物则是他的忠实追随者波斐利（Porphyry，约 234—305 年）。正是他在遇到普罗提诺时，说服普罗提诺把讲授的内容变成著作。普罗提诺去世后，波斐利亲自为他作传，并整理其著作，按论题集中编成《九章集》。此外，波斐利除了撰写哲学论著之外，还是第一位评注亚里士多德著作的新柏拉图派哲学家。他为亚里士多德的《范畴篇》撰写的《导论》（*Isagoge*），成为哲学史上影响最大的教科书之一：中世纪拉丁世界的逻辑和哲学训练都从这本著作开始，其中所提出的共相问题，成为后世哲学家需要反复面对的形而上学、语言哲学和知识论的核心问题。[1]

在波斐利的努力下，新柏拉图派的基本课程体系得以确立：他们从阅读亚里士多德著作入手，亚里士多德的逻辑学和形而上学成为整个哲学训练的出发点——在这个意义上，新柏拉图主义者也是新亚里士多德主义者，只不过他们会在柏拉图和普罗提诺等人的哲学棱镜下拆解、重构和整合亚里士多德的思考；波斐利之后的新柏拉图主义者在接受亚里士多德的启蒙之后，再去读柏拉图的《对话录》。和我们今天的实践相似，他们通常从柏拉图与伦理相关的对话开始，随后深入有关自我和灵魂的讨论，例如《阿尔西比亚德篇》《斐德若篇》等，最后推进到《蒂迈欧篇》和《巴门尼德篇》中的讨论。《蒂迈欧篇》解释世界如何生成，而《巴门尼德篇》则是柏拉图对话中不多的探讨“一”的著作。这种阅读和评注柏拉图对话的实践，可以追溯到中期柏拉图主义，但把它系统性地同亚里士多德哲学训练衔接起来的工作，是由波斐利完成的。

波斐利之后一个重要的哲学家是扬布里科（Iamblichus，约 242—325 年），他强化了新柏拉图派的神秘色彩，认为法术或招神术（theurgy）的实践对于新柏拉图派思考至关重要，这也成为后世哲学家排斥新柏拉图派思想的一个重要缘由（图 8.4）。

普罗提诺之后古代晚期最有成就的新柏拉图派哲学家是普罗克洛（Proclus，约 412—485 年），他的很多著作相对完整地保存下来：他为《巴门尼德篇》等

[1] 见本书 11.3.1。

图 8.4　奥古斯丁《上帝之城》抄本（约 1475 年），海牙荷兰皇家图书馆。此图描绘普罗提诺和波斐利在讨论如何用招神术来净化灵魂，两位哲学家身后魔鬼样的精灵颇能反映后世基督教作家对异教新柏拉图派的看法。不过，扬布里科曾公开批评波斐利对招神术保持怀疑态度。现通常认为，新柏拉图派对招神术的迷恋始于扬布里科。

柏拉图对话撰写的评注；长篇巨作《柏拉图神学》（虽然标题如此，但它主要是一部形而上学论著）；当然，他对中世纪影响最深远的是仿照欧几里得的《几何原本》写成的《神学原本》。该书的摘要被翻译改写成阿拉伯文，并被称为《亚里士多德的纯善之书》。这部新柏拉图派著作因此长期被误认为出自逍遥学派。这部阿拉伯文著作后又被译成拉丁文，改称《论原因》(*Liber de causis*)，对不少拉丁哲学家（例如大阿尔伯特和他的追随者）的形而上学思考产生深远影响。值得一提的是，阿奎那是最早认识到此书并非出自亚里士多德之手的哲学家。

最后要提到达马斯基奥斯（Damascius，约458—538年之后）(图8.5)，主要是因为新柏拉图派乃至整个古希腊哲学传统的一个标志性事件：公元529年，查斯丁尼大帝关闭了新柏拉图学派在雅典的学园。新柏拉图派的思想此后还在地中海其他地区传播，特别是流传到叙利亚，对后来的阿拉伯思想产生深远的影响。但529年雅典学园关闭这个事件非常有象征意义，经常会被教科书看作古代哲学终结的标志。[1]

图8.5　马索利诺《圣凯瑟琳与哲学家论辩》湿壁画(1425—1431年)，罗马圣克莱芒大殿。殉道者凯瑟琳来自亚历山大城，她的传说部分源自同城的希帕提娅（Hypatia，约355—415年）。希帕提娅是古代最知名的女哲学家、数学家和天文学家，她的授课吸引了大量听众远道而来，可惜著作没能流传。她是一个宽容基督徒的异教新柏拉图主义者，但因卷入当地政教纷争而被一群基督徒暴民私刑处死。她的死使后世新柏拉图派如达马斯基奥斯产生强烈的反基督教情绪，她也因此成为哲学殉道者。

新柏拉图主义作为学派组织相对松散，但在其发展中也呈现出一些基本特征：[2]

首先，新柏拉图派哲学采取兼收并蓄的研究路径，有时候也会被蔑称为折中主义。它究竟是折中主义，还是一种旁采众家之长的学说，这取决于我们如何评价他们的理论贡献。至少可以肯定的是，新

[1]　此处关于历史分期的讨论，见本书9.1.1。

[2]　以下论述，主要参考Christian Wildberg, “Neoplatonism,” *SEP*〈https://plato.stanford.edu/archives/win2021/entries/neoplatonism/〉。

柏拉图派尝试调和整个希腊文化传统，不仅仅是哲学，还有文学、宗教甚至招神术。从中期柏拉图主义开始，很多柏拉图派哲学家也是出色的文学作者。不过，他们也并非将整个希腊思想传统通盘接受：他们明确拒斥伊壁鸠鲁派的快乐主义和斯多亚派的极端唯物论立场。

希腊化时期，伊壁鸠鲁派和斯多亚派是主流，他们在本体论上都坚持只有物质才是真正存在的事物。新柏拉图派兴起后，哲学史发生了一个逆转，心智被看作更根本的存在物，我们的物理世界反而需要通过心智来得到解释。所以，新柏拉图派的哲学家通常都共享以下两个根本预设：（1）心智的意识，在一个很重要的意义上，在本体论上优先于物理领域。它经常会被看作终极的实在。这是一种心智高于物质的唯心论立场；（2）实在就其可以被认知和包含着物理的显现而言，依赖一个更高的或者最高的原则，该原则本身是统一的和（数量上）单一的。

上述两个预设结合在一起，就意味着心智或心智相关的存在物，应当被看作世界的本原。而新柏拉图派要去面对的挑战是：当他们把本原看作柏拉图未成文学说中的“一”那样独特的、具有内在统一性的事物，就必须要解释，宇宙纷繁复杂的现象中的差异性和多样性从何而来？为什么我们能用一个单一的原则，而且是跟心智意识相关的原则来解释所有这些丰富的、看起来独立于心灵的现象？这个挑战有多个维度，既有一和多的张力，也有心智和物质之间的根本差异。普罗提诺正是在这一历史背景下，开启了一种新的哲学潮流。

3. 普罗提诺：生平及著作

关于普罗提诺的生平，我们知之不多，波斐利的传记也语焉不详。他很可能出生在埃及，在亚历山大城受的教育。通常认为阿莫尼乌斯（Ammonius Saccas，175—242 年）是他的老师。阿莫尼乌斯是个传奇人物，在他的学生中，除了普罗提诺之外，还有两位奥利金，其中一个就是后来基督教传统中影响很大，但又常常会被当作异端的亚历山大城的奥利金（Origen of Alexandria，约 185—253 年）。

普罗提诺跟从阿莫尼乌斯问学长达 11 年。公元 242 年，在完成学业后，他作为哲学家而不是士兵参加罗马帝国的波斯远征，想要借此机会学习波斯和印度的哲学。这是皮浪之外，少见的古希腊和东方哲学传统发生连接和碰撞的记载，可惜没有更多资料支撑。他的远征（参见图 7.20）因为 244 年罗马皇帝的去世很快结束，普罗提诺随后在罗马定居。在一些上层人士的资助下，他建立了一个柏拉图派的学校，向所有人开放。与雅典和亚历山大城不同，当时的罗马并非哲学中心，普罗提诺以一己之力改变了这一状况。他于公元 270 年在坎帕尼亚去世。

我们现在读到的普罗提诺的著作，由波斐利在他死后 30 年才编订完成。波斐利在编订时，并没有按照普罗提诺自己的写作顺序，而是遵从了新柏拉图学派探究哲学的基本理路。和希腊化时期对实践哲学的关注一致，第一卷从伦理的讨论出发。第二、三卷上升到自然哲学，提供关于宇宙生成的解释。普罗提诺认为，自然中有一类存在物非常特别，即有生命的事物，而它们的本原是灵魂。普罗提诺所说的“灵魂”含义丰富，包括人的个体灵魂、宇宙灵魂和作为本体的灵魂。同时，他认为必须要从本体的灵魂上升到理智，最后是太一。所以，第四、五、六卷依次讨论灵魂、理智和太一。当然，第六卷里也包含着关于数、存在等话题，以上也只是一个大致的划分，其中的内容往往有交叉。

普罗提诺的著作被称作《九章集》（*Enneades*）（图 8.6），共六卷，每卷九章论文。这些论文有长有短，讨论的深度也有差别。普罗提诺的书很不易读，因为他的著作有讲稿性质。波斐利常说他写作时脑子往往比笔快。他的著作既有大量思想上的跳跃、论证上的缝隙，也混杂着神秘主义因素，如何在当代语境下清晰明白地展示他的思考，对于哲学史家一直是巨大的挑战。[1]

在进入普诺提诺的理论哲学之前，我们先扼要概述一下他的思想来源，主要包括三个方面：

（1）首先是他之前的柏拉图派传统。柏拉图的未成文学说自不待言，需要强调的是，普罗提诺非常严肃地对待学园派和皮浪主义的怀疑论，特别是这种怀疑论对于表征主义（representationism）的质疑。表征主义认为，我们的心灵

[1] 本讲以下讨论主要参考 Eyjólfur K. Emilsson, *Plotinus*, London: Routeledge, 2017。

在感知和理智中所把握到的只是心灵图像，是对外在世界的表征。心灵不可能通达世界之所是，只能把握世界向我们的显现。这影响到普罗提诺的理智学说，他之所以要强调理智所把握的对象内在于理智之中，实际上就是对怀疑论的一个回应。当然，对他影响更大的是中期柏拉图主义者的学派理想，即整合柏拉图的思考，将散见于不同对话之中的主张，以及口传下来的未成文学说统合起来。对他们来说，最重要的挑战来自《蒂迈欧篇》，柏拉图在其中描述了造物主如何像工匠（Demiurge）一样，照着他对理念世界的把握来创造物理世界。这是柏拉图少有的系统讨论自然哲学的对话，它和《巴门尼德篇》后半部分有关“太一”的辩证法反思形成巨大张力。就像我们在《理想国》的线段喻中看到的：辩证法属于理智的领域，而自然哲学属于可见的领域，它们如何能关联起来？柏拉图在《论善好》中暗示了一些可能的线索，但要把它构建成一个完整的、精微的思想体系，还需要大量的工作。普罗提诺认为这是他应当承担的哲学使命。

图 8.6　普罗提诺《九章集》抄本（15 世纪晚期），佛罗伦萨美第奇劳伦佐图书馆。图为该书拉丁译者斐奇诺的序言，插画出自阿塔万特（Attavante degli Attavanti）。

图 8.7　乔瓦尼·科隆纳《史海》抄本（1447—1455 年），巴黎法国国家图书馆。亚里士多德（中）登堂开讲，出人意料的是，他右手边第一位竟是数百年后的普罗提诺。

（2）柏拉图派之外，特别要提到亚里士多德传统（图 8.7）。亚里士多德的形而上学为普罗提诺提供了很多重要的哲学术语，比如说现实与潜能、质料与形式的区别，还有他的灵魂学说，尤其是我们还没有机会细讲的亚里士多德灵魂学说中的理智论：亚里士多德认为我们对普遍必然对象的理性把握，必须上溯到理智这样一个能够超越物质的存在物上。在亚里士多德这里，理智是我们心灵的一部分，还是独立于我们的神圣实体，有很多争议。[1] 值得关注的是，逍遥学派代表人物阿芙罗狄西亚的亚历山大（Alexander of Aphrodisias，活跃于 2 世纪晚期、3 世纪早期），在他自己撰写的《论灵魂》中，尝试把亚里士多德在他的灵魂学说里提到的理智这样一种认知能力和认知活动，同亚里士多德在《形而上学》谈到的只能进行自我反思、自我认识的理智实体连接起来，把它解释为一个独立于人的心灵的神圣理智。这个解释对普罗提诺产生了深刻影响。

[1]　见本书 10.2.3。

（3）最后要提到斯多亚派，尽管斯多亚派的唯物论是普罗提诺和他的追随者们极力反对的。普罗提诺接受斯多亚派关于逻格斯是宇宙的内在本原的说法，认为宇宙作为整体包含着内在的可知结构。他甚至更进一步，不认为宇宙内在的可知结构是随附在可以还原到世界的物质构成之上，而认为它本身就是独立于物理世界而存在的本体。

以上构成普罗提诺哲学思考的历史出发点，但我们显然更关心他的原创思想贡献。教科书常常会谈到太一学说和流溢说，它们有效地纾解了柏拉图派形而上学与自然哲学之间的张力。这一判断泛泛而言并不算错，但如果我们对其形而上学图景没有整体把握，尤其是不了解他的理论哲学所包含的自下而上和自上而下两种不同研究进路，就很容易误读普罗提诺的主张。

二、普罗提诺哲学的两条进路

1. 万物之等级

普罗提诺认为，不同类别的存在物构成了一个严格的等级秩序。在这一秩序中，不同事物之间具有一种不对称的依赖关系。简单来说，下位事物的存在和变化，需要通过上位事物来解释。而上位事物是下位事物的来源，同时它们又能独立于或超越于下位事物而存在。

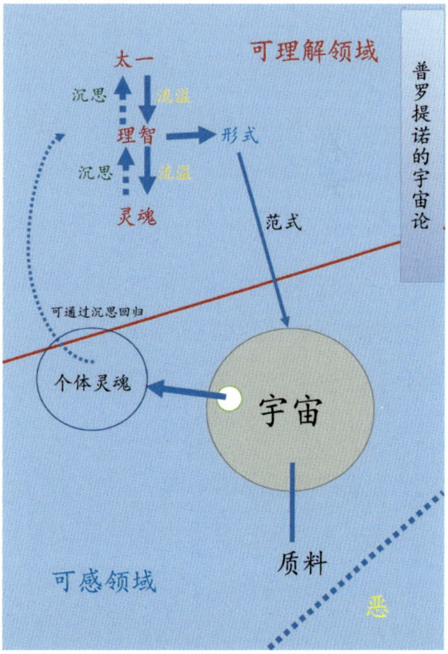

图 8.8　普罗提诺的宇宙论，此图依据 returnofthespacegods.wordpress.com/2010/09/24/the-cosmology-of-plotinus/，有修正。

在这样一个等级制的世界图景（图 8.8）中，普罗提诺首先像柏拉图在太阳喻中所做的那样，区分可感领域和可理解领域。可理解领域包含之前提到的三个本体。这里的本体，是对希腊语“Hypostasis”的翻译。新柏拉图派认为，存在这样一些超越经验世界的本体，它们同时构成了对于经验世界的存在以及纷繁复杂的现象和变化的最终解释。整个普罗提诺的哲学，就是在解释我们所生活的可感世界和超越我们的可理解世界之间的关联：（1）至高无上的是**太一**（to hen）：我们没法对太一做出任何肯定性的陈述，最多只能把它称为至善、善；（2）仅次于太一的是**理智**，普罗提诺延续亚里士多德派传统，将它看作超越于人的心灵之外的神圣思考者，在它之中包含着作为可见世界范式的形式或理念。在普罗提诺看来，只有在这个层级才出现了我们所谈论的所是，而太一则超越所是之上。（3）比理智更低的一级是**灵魂**，经常会被误认作宇宙灵魂。但作为本体的灵魂，不能等同于赋予宇宙整体以生命的宇宙灵魂，因为灵魂本体包含人的个体灵魂在内的所有灵魂。人的灵魂源自理智领域，但因为与身体的结合进入了可感领域，但通过沉思活动可以回归理智领域。因此人的个体灵魂位于中间地带，图中用一条虚线暗示了它可能的回归。

整个可见世界或宇宙作为整体也是有生命的，赋予它生命的正是刚才提到的宇宙灵魂。在可见世界中，普罗提诺主要谈论两种存在物：一是我们通常所说的**物质**，既包括没有生命的事物，也包括有生命的事物，它们的一个共同特征是由形式和质料复合而成，这里可见亚里士多德传统的影响；二是处于万物等级最底部的**质料**。他对于质料也有不同的描述，我们后面会简单地分析几条，其中最重要的有两点：一是质料是空间广延的本原，它可以容纳那些有广延的事物，也就是刚才我们所说的物质；二是质料作为最底层，它缺少任何可感可理解的形式。就它自身来说，它是形式的缺乏。作为缺乏，它也就什么都不是。在这个意义上，我们可以说质料和太一一样也在所是之外。当然，正如图中所示，质料会和恶联系在一起。普罗提诺有时甚至会把它等同于恶，同时又认为它是其他恶的来源。[1]

以上主张无疑让人困惑，我们暂且记住普罗提诺宇宙论包含的基本要素以及它们之间的等级关系。同时要注意的是，这个等级制图景的顶端是至善，而底端是恶。所以，它不仅是对我们经验的物质世界和超验的理智世界的描述或

[1] 以上形而上学框架参见普罗提诺《九章集》5.1。

解释，而且同时规定了整个等级秩序的内在价值。或者说，它有一个规范性的维度。这一点对于后面要谈到的神义论非常关键。

2. 自下而上的进路

对于万物之等级秩序，我们可以自上而下地谈论太一如何生成万物，同样也可以自下而上地从我们熟知的自然界去推导太一的实在。在亚里士多德看来，后者是人们更自然的探求知识的路径。因此，我们也先从物理世界入手，去思考为什么普罗提诺要引入可理解世界的三个本原。

首先要引入一条一般性的形而上学法则，它有时被称作“优先拥有法则（The Principle of Prior Possession）”：

> 当一个事物 X 能够解释为什么其他事物具有 F 属性时，X 本身也具有 F，而且以一种卓越的方式具有 F。[1]

这一原则可以追溯至柏拉图形式理论中的因果性原则和自谓述原则，但这里的 X 显然不局限于柏拉图所说的形式或 F 本身。[2] 在普罗提诺看来，这一法则支配着除了太一和质料之外的其他所有事物。而这里的 F 指的是事物的属性，尤其是自然物不可或缺的本质属性。普罗提诺常举火和热的例子。通过加热这样一种方式，火的存在解释了为什么其他事物是热的。根据这条法则，火本身也应当具有热的属性或者说是热的。而它之所以以一种卓越的方式是热的，是因为热是火的一种本质属性，火不可能离开热而成其为火。

在《九章集》最后一章中，普罗提诺从统一性（Unity 或 oneness）出发，去推断存在着比我们的自然物更高的灵魂、理智和太一，而万事万物，他们的存在都必须以太一作为本原。他的一个基本想法是：所有的所是之所以成为所是，都是通过太一。[3]

我们将普罗提诺的论证稍作展开。上述等级秩序中第一个确定的存在物是物质，而不是质料，因为质料缺乏任何形式和特定性，也缺乏任何形式的所

[1] 参见 Emilsson, *Plotinus*, p. 44。

[2] 见本书 4.4.1。

[3] 普罗提诺：《九章集》6.9.1-3。

是。对普罗提诺来说，“是”一定“是某物”，即具有某个特定属性的事物。第一个具有特定属性的就是物质，它最重要的本质特征是广延性：一个物质存在通过特定的空间上的量或广延成其为该物质。普罗提诺进一步指出，所有物质，除了它本身之所是之外，还得是“一个”。这是一个很奇怪的表达，普罗提诺强调的是：一个事物首先得是“一”，如果没有这种统一性或一性（unity or oneness），事物也就不可能存在。例如一群羊如果没有统一性，羊群也就不存在了；一列歌队或军队也是如此。我们的人造物也是这样，一间屋子如果没有统一性，光有砖石木材，或光有一定的外形，也不成为真正意义上的房子。

因此，我们必须解释事物的统一性从何而来。此前已经提到，物质都是形式和质料的复合物，它本身就包含着形式和质料的二分。而歌队、羊群这样的例子，更明显地由多个不同的个体构成。所以它们之所是（being）本身是多。显然，羊群之为一就和它之所是有所不同。这是普罗提诺和亚里士多德很重要的一点不同：一个物质存在凭借自身并不能解释它为什么是一。

那么，物质的一从何而来？普罗提诺从人造物谈起：一幢房屋的统一性来自建造者心灵中的蓝图，因此建造者的灵魂是房屋统一性的来源。普罗提诺在其他地方提到，有生命的事物的统一性也是由它的灵魂所赋予的。他进一步断言，整个物质宇宙作为有机整体，它的统一性也是由宇宙灵魂赋予的。

然而，在普罗提诺看来，灵魂并不是统一性的终极解释。因为灵魂本身也是多。这里的多有多个层面：就人的个体灵魂内部来说，柏拉图派讲灵魂三分，同时谈论灵魂的不同能力，例如欲望、推理、理智直观等；而作为本体的灵魂也潜在地包含了所有个别的灵魂，包含着内在的可差异化和多样性，它同样也不是一。

因此，在灵魂之上还需要引入一个更高的本体“理智”。之所以如此，首先有思想史的渊源：至少按照亚历山大的解释，亚里士多德在《论灵魂》中已经开始谈论神圣的理智作为人类理解活动的来源。与此同时，柏拉图派传统认为《蒂迈欧篇》中的工匠造物主在创造世界时，也是作为一个理智存在者以理性的方式设计物质世界。

更哲学化的理由来自柏拉图派的形式理论。在他们看来，灵魂可以思考什么是正义的事物，这就意味着存在正义本身或正义的形式来解释为什么我们在经验中可以把某些行动说成是正义的。但为了回应怀疑论对表征主义的批评，普罗提诺强调柏拉图式的形式并不是在所有心灵之外，而必须内在于作为认知者的心灵之中。因此，如果我们接受形式理论，认为在经验世界之外，存在一个形式世界，而同时我们的个体灵魂并不总能把握形式，这也就说明了形式并不是内在于灵魂中。而形式作为知识的来源又必须始终内在于一个认知者和思考者中，因此，始终思考形式的只能是不同于灵魂的一个更高的本体，即理智。

然而，理智本身仍然不是统一性的终极来源。理智作为纯粹的思考活动，它仍然必须包含差异性。一个最小的差异性就是它作为思考者的存在和它作为思考对象的存在：即使理智在进行自我思考，它作为思考者（noesis）和作为思考对象（noema）的区分仍然是必需的，否则我们就不可能断定事物之所是，将其与我们的心灵混淆。因此，理智的多样性首先表现在认知主体和认知对象的差异上，或者可以称之为理智的二象性；另外一个多样性表现在认知对象本身的多样性。柏拉图提到不同的形式，例如高贵、正义、火等，此外还有一些更根本的形式，例如差异、同一、运动、静止等。这些形式的存在是有区分的，它们的定义是不同的。对象的差异性也决定了理智仍然是多而不是一。

追问至此，我们就不得不在理智之外，引入一个额外的本原，来解释上述等级秩序中为什么除了质料之外的其他事物都是一。这个本原就只能称为“一”或“太一”。它除了是一之外什么也不是。我们甚至不能说“太一是一”，而只能说“太一”，不能加上“是”，至于为什么不能，稍后再讲。以上追问至少表明，在普罗提诺的体系中，如果一个事物成为“一”要有终极解释，只能把它勉强称为“太一”这样一个超越万有的事物，以此完成自下而上的推演。这一推演过程无疑有不少令人困惑之处，其中关键正在于我们对灵魂、理智、太一三个本体都没有明确的界定。

3. 自上而下的进路：流溢说

我们回到传统的自上而下的进路，重新界定太一、理智、灵魂三个本体，同时考虑太一如何生成万物。这一生成的过程常被称作“流溢（emanation）”。

我们要小心这样的说法，因为这个词直接来自后世的拉丁哲学传统，普罗提诺并没有使用过与之对应的术语，他更常谈论的是“进程（proodos，process）”，尤其是从原因到行动的进程。[1] 更重要的是，流溢作为物理隐喻，包含着一系列内在的困难；甚至把生成说成一个过程，本身也是有误导性的，因为它包含了某种时间性的概念，让我们误以为太一和万物之间是一种时间上的先后关系。我们暂且遵从汉语学界的习惯把太一生万物称为流溢，但拒绝这些误导性的暗示。

流溢之所以会发生，是因为存在这样一条形而上学法则：

> 所有完满的事物都会生成。[2]

而太一根据定义就是至善和完满，它不缺乏任何东西。就像水满了会溢出，太一的完满也会溢出自身；在这个过程中，万物得以生成。

深入普罗提诺的宇宙生成论，我们会发现这样一种流溢宇宙论，依赖一个更深层的形而上学法则，即所谓现实性或者现实活动的双重性法则（double activity）：宇宙中所有现实活动在某种意义上都是双重的，既有内在的向度，又有外在的向度。所有现实活动既通过内在的向度保持为自身，又通过外在的向度使外在的世界发生变化，而发生变化的一种最根本方式就是生成新的事物。例如火在燃烧的现实活动中，既保持为自身，保持火始终为热的本质特性；同时，它又使其他事物变热，或者说生成了新的热的事物。这两个维度显然是不对称的。[3]

根据现实活动的双重性法则，普罗提诺生动地描述了从太一到理智再到灵魂的进程：

> 太一（to hen）因无所追寻、无所拥有、无所需求而完满，它也因此充盈而出，它的充盈，造就了另一个事物。刚生成的事物转身朝向太一并得以充实，它在看向〔太一〕时成为理智（nous）。〔它〕在与太一关

[1] Emilsson, *Plotinus*, p. 49.

[2] 普罗提诺：《九章集》5.1.6。

[3] 参见 Emilsson, *Plotinus*, pp. 48-57。

系中的停留，这产生了所是（to on），而它对太一（或它自身?）[1] 的凝视则生成了理智。它停留在与太一的关系中正是为了它能看见，因此它是同时成为理智和所是。它和太一相似，倾泻出一种多样性力量，从而产生与它相似的事物——毕竟，理智是太一的形式（eidos）——，正如先于它的〔太一〕将它倾泻而出。这一来自理智实体的现实性就成为了灵魂，而理智则保持〔不变〕。因为理智生成时，先于它的〔太一〕也保持〔不变〕。[2]

太一的充盈或流溢明显包含两个向度：一是源头向外的生成，二是被生成的事物通过反观源头来成为自身。最初被生成的事物就是理智，而理智本质上是思维活动，因此“看”这一认知活动就是理智本性的实现，理智也在默观太一的活动中成为作为认知者的理智。不过，与超越所是的太一不同，理智本体先需要有所是或有特定的本质，才能成为它作为理智的存在。因此，最初被生成的事物包含着内在的二象性（duality），它既是所是，也是理智。不过，需要强调的是，这里的“生成”或“成为”并不包含时间上的变化，甚至也没有一种从潜能到现实的变化。它仅仅表明，对我们来说，理智的现实性既可以被看作“是”，又可以被看作“理智”，但并不存在两个不同的现实活动，而只有一个单一的现实活动。与太一“生”理智相似，理智生灵魂，灵魂生万物。

不过，灵魂的生成活动和理智有所不同，因为在灵魂中已经包含了多样能力的分化，而且它所生成的对象也不再是一个可理解的对象，而是可感的对象。作为比理智更低的本体，灵魂的生成能力也因此受到限制：它所生成的只是它自身的一个影像。所以，灵魂在生成其他事物时不再能完全保存为自身。这一点，我们稍后再展开。但这也就意味着，灵魂在生成可见可感的万物时，它其中的一部分就会进入所生成的事物中，为之赋予生命。

从以上太一生万物的粗略描述中，我们注意到这里的生成始终受到现实活动的双重性法则制约，它始终不是一个单向的过程，因为被生成者始终在返回

[1] 此处文本解释有争议。

[2] 普罗提诺：《九章集》5.2.1。

图 8.9　分形图。普罗提诺描述的生成活动既是由“无所是”的太一到万物的自内而外的“进程”，也是太一之外的万物作为被生成者反观其本源的由外而内的“进程”。

生成者（图 8.9）：理智会看太一，灵魂也可以回顾理智甚至太一。这提醒我们去反思“流溢”这一单向性隐喻的局限。

（1）首先，流溢的说法预设了某种空间概念：只有当某个事物充盈之后，它才会流溢。但这种空间概念很难解释：为什么这个充盈的事物在流溢之后，它仍然保持为自身，没有任何损失或变化可言。

更重要的是，普罗提诺的描述从本质上说并没有包含生成或制造的过程，因为并没有任何物质的或空间意义上的事物在其中产生或者出现。我们刚才所谈论的都是超越可感世界之外的现实：普罗提诺描述的只是太一本身、作为纯粹思想的理智、作为生命本源的灵魂这三者间的内在差异。所有本体都是非物质的存在，没有任何空间可言。它们各自也不能作为一个承载者去承受某种主动的推动者的作用。所以也没有宽泛意义上的变化发生，更不用说一个新事物的生成。

（2）其次，流溢暗示了某种时间上的过程，至少是某种潜在的、复杂的统一体展开或内部分离的活动。但普罗提诺展示的，仅仅是万物等级秩序中，下位事物相对于上位事物的本体论依赖关系，它是一个非时间性、非空间性的依赖关系。简单地说，普罗提诺要向我们传达的是：我们不可能在脱离统一性的前提下，去理解什么是纯粹的理智思考；也不可能在脱离理智的前提下，去理解什么是理性灵魂的生活。因为它们事实上存在这样的依赖关系。

毋庸讳言，当普罗提诺把太一、理智和灵魂称为本体时，我们确实容易把它们构想成三个独立的存在物，仿佛它们之间有一种“先后”关联。但这里的先后一定不要理解成本体论意义上的分离，而应该更多看作三个形而上学原则之间的关联，即统一性、可理解性与生命原则。

（3）最后，流溢这个隐喻的不足，在于它只强调了满出的这一面，即向外的一面；流溢没有把握住向内的一面。普罗提诺描述了一个既有抛出又有回望，既有前进又有回退的沉思循环的过程，或三种原则的相互关系。一方面，他不否认三本体之间的不对称关系，但是这种不对称关系又不能等同于单向的生成与被生成的关系。

以上描述仍然非常抽象和晦涩。普罗提诺的论述确实包含深刻的洞见，可以成为探索一些最为抽象、最为一般性的形而上学法则的线索和基础。但他又不得不依赖各种各样的隐喻：或者是物理的隐喻，例如我们反复纠结的流溢、源自柏拉图的太阳喻；或者是心理的隐喻，例如一个居于下位的事物，因为它的匮乏或者相较于上位事物的不完满性，就会产生一种回望它的源头的渴望。这意味着，普罗提诺在面对他的听众时，仍然无法摆脱人们在经验世界中熟悉的思考方式。当然，普罗提诺并没有止步于此，他尝试通过更激进的方式，帮助我们摆脱拟人化的思考，以便更直接和准确地把握作为物理世界终极解释的三本体。

三、普罗提诺的三本体与自然世界

1. 太一

普罗提诺的太一理论，既是他整个哲学中最有原创性的部分，也是最让人费解的部分。这首先是由太一在整个本体论秩序中的位置决定的：太一超越于理智之外，这也就意味着它超出了理性可以把握的范围；它甚至不能是任何有意义的言谈所及的对象，因为任何言语和思考都包含着区分、差异和多样性，而这些都和太一需要承担的统一性的终极解释这个任务相冲突。

关于太一的谈论，实际上是在努力言说那不可言说之物。包括普罗提诺在内的新柏拉图派，有时也会在理性的言述之外诉诸神秘经验：他们通过静观、沉思，甚至某种意义上的迷狂来从经验世界中抽身而出，去和神秘的太一合而为一，以达到对太一的不可言传的直接把握。这甚至都不是一种直观，而是一种无言的体验。这种进路对于新柏拉图派哲学思想是一把双刃剑：一方面它希望为哲学思考敞开更丰富的领域，把神秘经验包容进来；另一方面，这种做法又超越了理性的界限，实际上引入了更多理性无法通达的要素。

哲学是否应当容纳神秘体验，需要大家自行思考和判断。我们这里还是把目光集中在理性可以谈论的视域，以一种近乎不可能的方式来谈论太一。

太一的本体论地位决定了我们首先只能以一种否定的方式（via negativa）来谈论它：太一不是理智，甚至也不是所是，而是超越了理智和所是。这类似于后世的否定神学，认为只有将上帝和其他我们能理解的对象区分开，才能间接地认知这样一个从根本上不可被认知的对象。

（1）普罗提诺首先认定太一**不是**，我们不能说太一“是”什么。因为“是”本身就不适用于太一，因此不能将太一划入是者的范畴。在普罗提诺的术语体系中，“是”就等于“是某一个特定的事物”。但此前的讨论已表明，任何具有特定属性的事物，包括纯粹理智在内，都必然包含着某种内在的二象性或多样性，这就决定了它不能成为太一。不过，普罗提诺立刻强调，虽然我们不能说太一是什么，但也不能说太一绝对地“不是”，特别重要的是，不能说太一不存在。[1]否则那就太荒谬了：整个世界的实在和解释的根源最终是一个“无”，一个不存在的东西，而它对于这个世界是什么并不能够提供任何信息和解释。

所以，在后来的否定神学中，我们会看到这样一种看似违背排中律的表述：上帝或太一既不是 F 又不是非 F。这仍然可以看作一种理性可以把握的表述，其理由在于它帮助我们理解了太一实际超越了 F 范畴，甚至超越了“所是”的范畴。刚才举的这些例子，只是要展示我们思考的局限，但同时又要避免把

[1] Emilsson, *Plotinus*, p. 76.

太一和任何具体的、特定的所是混同起来。普罗提诺为之付出的一个理论代价，就是对于“所是”和“存在”的近乎独断的区分。我们必须承认太一虽然不“是”，但它仍然存在。

（2）其次，太一是**不可设想**和**不可言说**的（图 8.10）。因为在思考活动中，我们作为思考者，哪怕作为纯粹的理智，也不是太一，也不可能达到和太一完全合一，因此也不可能在思考中把握太一的存在。更重要的是，理智的把握和言谈需要判断，而判断本身包含着主项和谓项的本质差异。对普罗提诺来说，甚至“（太）一是一”这样的表述，也在暗示着我们把太一看作一个事物，然后用系词“是”把一个属性和它捆缚起来。这种捆缚可以表达同一性，但即使是同一性也意味着言说和思考中的两个不同时刻：一个时刻将“一”看作是要被认同的项或主项，另一个时刻将“一”看作认同项或谓项。所以，普罗提诺认为，“（太）一是一”这种说法已经破坏了太一的纯粹统一性。[1]

图 8.10 奥托·范·维恩《眼所未见，耳所未闻》版画，出自 *Amoris Divini Emblemata*, Antwerpen: Officina Plantiniana (Balthasar Moretus), 1660, p. 9。基督教否定神学常引的一段经文：“天主为爱他的人所准备的，是眼所未见，耳所未闻，人心所未想到的。”（《哥林多前书》2：9）

以上两点是通往太一的否定路径。但如果只有纯粹的否定，

[1] 普罗提诺：《九章集》6.9.5，Emilsson, *Plotinus*, p. 79。

它不能提供任何实质性的思考和推动，当我们谈论的对象乃生活世界的本原时尤其如此：太一不仅要解释我们生活世界如何“是”，而且要规定它“应当”如何。因此，我们还需要一条肯定的路径来通达太一。所以，在关于太一的谈论中，否定路径和肯定路径不能截然二分。

普罗提诺的肯定路径很直白：太一即善。从历史渊源来说，普罗提诺的太一学说源自柏拉图太阳喻中善的形式。只不过他不再把善本身看作形式，而作为超越形式之外的存在——因为形式本身根据定义，就是被理智所把握的对象。“被理智所把握”这个性质决定了形式的二象性，也决定了它不能是对统一性的终极解释，而且也不能是对事物之为善的终极解释：因为太一作为统一性的终极解释，在本体论秩序中优先于一切形式，包括善的形式在内；而太一不仅在本体论上优先于其他存在，在价值上也是如此，因为只有绝对统一的事物才无所欲求，才是全然自足的完满存在。

（1）普罗提诺的原创性贡献，就在于他把至善从形式中彻底剥离出来，让它成为不可言说不可思议的太一：

> 无论你把太一理解成理智还是神，太一都要超出〔它们〕。当你在思想中把它统一起来时，它仍然超出你的想象，它远远比你所理解的要更加统一。因为太一在自身之中，它没有任何属性。我们应该用自足性来思考太一的“一”性，因为在所有事物中，它是最为自足的、独立的、最没有需求的；而一切“多”，只要它还没有成为一，它就是有需求的。它们的实体需要成为一。但是太一并不需要它自身：因为它是它自身。[1]

这段描述从自足性的角度去辩护太一之为至善。而太一的自足性又通过它无所需求的否定特征得到理解：其他事物的实存需要从多成为“一”，如果没有“一”，它们就不能作为实体存在。这是之前已经讲到的统一性相对于“是”的优先性，而太一则不需要自身之外的任何事物来成为“一”，因为它本身就是一。

（2）太一之为善还可以从另一个角度来理解：太一生成万物，其他一切都

[1] 普罗提诺：《九章集》6.9.6。

通过太一而得以保存，这也就意味着，其他一切的存在也应当依赖太一。不仅如此，其他一切的福祉或者自身价值的实现也依赖作为本原的太一。

以上关于太一之为善的两个辩护构成了太一学说的肯定路径。通过将否定和肯定路径结合起来，我们可以勉强得以接近理性限度内的太一。

2. 理智

理智是太一流溢的产物。为了更好地把握理智不同于太一的差异性和多样性，我们将用一些具有时间含义的语言来描述理智的生成，会谈论先和后或潜能和实现，但务必注意，这并不预设任何时间上的区分或产生，真正重要的仍然是前文所说的本体论上的依赖性。

太一最先流溢出的，常常被称作潜能理智。这是一个源自亚里士多德的术语，它区别于正在现实地进行思考的理智。潜能理智只是“可以”实现这种思考活动。普罗提诺同时又将潜能理智和柏拉图未成文学说传统中的“不定的二”联系起来。因为太一流溢的向外维度产生了一个不同于它的存在，而这两个存在都是不定的：太一本身不是任何确定的事物；而刚流溢出来的事物在没有回望太一之前，它本身也什么都不是，而只是潜在的。

当潜能理智回看太一时，它立刻意识到有一个不同于它的存在，意识也就随之诞生。在普罗提诺的体系中，意识首先诞生于一种根本的差异性，即理智作为思考者和不同于理智的思考对象之间的差异。需要注意的是，理智的思考对象不能是太一本身，而只是太一的一个影像（image），是它的一个表征。[1] 因为太一超出了理性思考的范畴，理智没法准确地把太一当作太一来把握，它能够意识到的只是影像。而这个影像不是别的，就是在流溢中生成的理智本身，只不过当理智意识到自身的时候，它就不再是潜能的了，因为意识活动已经实现。而意识或思考活动的实现，对于理智来说也不是别的，就是它本身作为思考者的存在。[2] 这是一个令人费解的表述，我们稍后再来看理智的自我思考与它的存在的关系。

[1] 普罗提诺：《九章集》5.3.11。

[2] 此处解释参考 Emilsson, *Plotinus*, pp. 96-99。

在理智的生成中，首先出现的是潜能理智作为思考者和它作为思考对象的区分，这就是之前提到的理智本身的二象性。在普罗提诺看来，这种二象性，是一切理智思考得以成立的前提。当我们进行有意识的理性活动时，如果不能察觉到我们作为意识者和意识对象的差异，在他看来，这个活动就不构成真正的意识。后世哲学家往往会谈论所有意识都蕴涵自我意识，而普罗提诺关于理智本体二象性的反思，或许可以看作这种说法的一个历史源头。

当然，理智所能把握的不仅是它自身。柏拉图在《智者篇》里谈到五个最根本的范畴，又称“通种”：是、同一、差异、变化、静止。它们被称为最大的类，是因为关于所有事物的谈论（包括形式在内），都需要诉诸这些最根本的范畴。它们对应着应用最为宽泛的五个谓词，可以用来谓述几乎一切主词。[1] 普罗提诺的一个重要贡献正在于向我们揭示，一切根本范畴都在理智活动自身中，它们构成其他理解活动的基础。

（1）“是”：前面已经提到，只有在理智回望太一，意识到它和太一的差异之后，理智作为一个独立的存在才现实地成为一个“所是”。此时，和太一不同，它可以作为一个事物，而且可以将一种属性归于它：理智**是**思考者，思考这种活动可以归于它。

（2）同一：理智在思考时，会意识到自己把握不住太一，而只能把握作为太一影像的自身。而因为理智就是它自身，所以它对自身的把握是一个“如其所是”的把握，这就获得了关于自身同一性的知识。

（3）差异：理智如果能对自身有正确的认识，它就既把握了它是自身，也把握了它**不是**太一，这就是差异性。差异性也被称作他者性，在柏拉图的《智者篇》中，它用来刻画一个事物同其他事物的不同，解释我们如何可以谈论一个事物不是另一个事物，甚至包括那些虚构的对象。普罗提诺在这里向我们展示的是，我们之所以能够运用差异性概念去描述一个事物不是另一个事物，正因为理智在它的自我意识中就包含着对于“它不是太一”的意识。

（4）变化：理智意识到自身从最初被太一抛出的潜在的理智“变成”了现实的理智。

[1] 柏拉图：《智者篇》254b7-259e7。

（5）静止：理智的现实活动无须指向外在于它的对象，而是“停留”在它自身中，它就能够把握自身和最根本的范畴。[1]

理解的对象不止于柏拉图的通种。普罗提诺进一步论证，理智活动所涉及的范畴还包括量、质和数等。[2] 普罗提诺由此提出自己的八范畴学说，他认为通过这些对于理智本体或所是的最基本刻画和分类，我们就可以把握这个世界最基本的可理解结构。

不过，要准确理解理智和可理解对象的关系，还是要回到理智的自我思考。刚才的描述会让人产生这样的印象：好像先有一个思考者，然后它通过思考活动通达自身，并在内省中理解一切。这是不精确的，因为真正存在的首先是**思考活动**而不是思考者，然后是这个思考活动自身展示出思考者和思考对象的差异；但从事物的层面或者本体论的角度来说，真正存在的就只有思考活动。这也就意味着，普罗提诺所谈论的自我思考或自我理解，并不是通过内省的方式所达到的自我审视，它甚至也不是自我反观，而只是理智自我存在的方式。只有当我们这些在时间中生存的人去把握理智的时候，才需要区分思考主体和思考对象之间的差异。

理解了这一点，我们就能更好地把握理智思考对象的一个重要特性，即内在性。根据普罗提诺的范畴学说，最根本的范畴都可以通过理智思考**活动本身**得到解释。在这个意义上，它们内在于思考活动。因此，并不是在理智之外有统一性、差异性、质、量这些属性存在于外在世界中，理智要通过某种方式去通达或直观它们；而是理智在其自身活动中把它们展现出来。这是一种非常独特的知识论路径：知识对象是被理智构建出来的。自我思考同时也是一个构建活动，它既是思考者自我构建的活动，同时也是构建思考对象的活动。普罗提诺试图向我们证明，不仅刚才所说的八个范畴能够被理智直接把握，柏拉图所说的其他形式也能在理智中呈现出来，成为理智所能把握的形式体系的一个部分。[3]

理智对形式的认识是一种直接的、无须推理的把握。不过，更有争议的

[1] 普罗提诺：《九章集》5.1.4，此处解释参见 Emilsson, *Plotinus*, pp. 108-113。

[2] 普罗提诺：《九章集》6.2.21。

[3] 普罗提诺：《九章集》5.9.5。

图 8.11 《罗斯柴尔德颂歌集》抄本（13 世纪末或 14 世纪初），耶鲁大学图书馆。此图前的文本摘引了 12 世纪神学家里尔的阿兰的一段格言："我的圆心无处不在，圆周却无处存在。"（《神学规章》7）在普罗提诺的可理解领域中，理智的自我意识有如无处不在的圆心，一切可理解之物尽在其中。

是，普罗提诺认为理智对形式的直观，说到底仍然是理智的自我把握（图 8.11）。这就意味着，在理智本体层面，对于任何一个具体的柏拉图形式的把握，都是对于整个形式体系的把握，因为理智乃是一切可理解形式的总和。换句话说，什么是某个特定的柏拉图形式（例如正义），取决于该形式在整个形式体系中的位置。这构成普罗提诺知识论的一个重要原则，即认知整体主义原则：要理解任何一个可理解对象，都必须要理解整个可理解领域。[1]

概而言之，理智作为第二本体，以自我意识或自我思考为它的存在形态，但在它的思考活动中已经内在地建构出一切可以理解的对象。

3. 灵魂

理智除了通过自我思考保持自身的存在，它也向外流溢。灵魂是理智流溢的产物，但流溢是双向性的活动，所以灵魂也会回望理智，以它自己的方式把握可理解对象，包括柏拉图式形式。但此时灵魂回望理智所把握的形式就不再

[1] 普罗提诺：《九章集》6.2.20。参见 Emilsson, *Plotinus*, pp. 134-140。

在理智之中，也不再在形式自身中，而在它们的影像中。这影像实际上就是灵魂通过自身活动的外在性所创造出来的柏拉图形式的个别化。因为灵魂不再能把握抽象的、普遍的形式，而只能把握在个别的可感事物中被例示的形式。例如，它并不是首先把握到白本身，而是白的事物或者白的事物所具有的共同特征。不过灵魂本体仍然是一个理性的活动，它把握的仍然是一个理性对象，只不过该理性对象必须通过和可感世界的关联才能实现。之前的分析并没有涉及可感世界，只有在灵魂活动的层面，灵魂的外抛才会抛出一个例示了形式种种特征的可感世界。[1]

图 8.12　奥古斯丁《上帝之城》抄本（约 1475 年），海牙荷兰皇家图书馆。古罗马学者瓦罗（Varro，前 116—前 27 年）认为宇宙灵魂遍布整个宇宙，以日月星辰为他的感官，以太为它的心灵，它如同神一般，上至天宇，下至黄土，无所不在。（《上帝之城》7.23）

在进一步讨论之前，我们要对这里所说的“灵魂”略作澄清。普罗提诺谈到的灵魂实际上可以指五种不同类别的存在物：

（1）宇宙灵魂：整个宇宙是一个有机体，为之赋予生命的是宇宙灵魂（图 8.12）。宇宙灵魂仍然是个别的灵魂，因为它会被我们宇宙“作为整体”个别化；

[1]　普罗提诺：《九章集》4.1。

（2）群星的灵魂；

（3）整个地球的灵魂；

（4）个别的人的灵魂；

（5）灵魂本体：它是前四种灵魂的本原与总和，它只是潜在的、未分化的灵魂整体。[1]

所有灵魂都具有的共同特征是：它们都是理性的思考者，同时也是生命的本原。普罗提诺的灵魂显然不同于亚里士多德的灵魂。因为后者包括植物灵魂，而且动物灵魂的官能也独立于理性。在普罗提诺的体系中，所谓植物灵魂，实际上是灵魂的某种“阴影（ichnos）”具有的性质，真正的灵魂一定是理性的。[2]

值得追问的是：灵魂作为理性的思考者，它和理智有什么区别？主要在于它们的思考方式：理智以一种非进程性、非推论式的方式直接把握对象，类似后世所说的“理智直观”；而灵魂在回望理智对象的过程中，需要通过推演去把握理智直接把握到的不同认识对象。灵魂必须遵循这种时间上先后的进程。更重要的是，它是在可感图像中通过抽象的方式把握形式。所以，它把握到的是散落在不同可感个体中的普遍对象，在这个意义上，它也不是一种直接的理解。这就意味着，灵魂（特别是个体灵魂）并不总能观照理智，因为它的本体论地位限定了它的认知能力。

在区分了灵魂和理智之后，我们来处理另一个涉及灵魂本体论地位的棘手问题。“灵魂本体”被看作其他类别灵魂的总和，包括人的个别灵魂在内。这会导出一个让人难以接受的结果：所有的灵魂都只是同一个灵魂，即作为本体的灵魂。这是不是可以推出，你的灵魂和我的灵魂就是同一个灵魂呢？并非如此！当普罗提诺断言灵魂本体包含所有灵魂时，灵魂本体只是以一种没有实现的、不明确的方式包含其他灵魂。而个别灵魂在自然世界中，总是在特定的身体上获得实现，与身体的关联会决定个别灵魂的差异。但与此同时，我和你的灵魂有共同的来源，它们都包含在整体的、没有分化的灵魂本体中；在这个意义上，可以说我们在本原上具有同一关系。所以当我们说我们的灵魂就是灵魂

[1] Emilsson, *Plotinus*, pp. 144-145。

[2] 普罗提诺：《九章集》4.4.18。

本体时，这并不是在“数目上”同一的意义上来说，因为在未分化的状态中，我的灵魂并不现实存在，你和我的灵魂并没有数目上的区分。所以不能以此推导“我的灵魂和你的灵魂是一个灵魂”。[1]

不过，普罗提诺其实不太关心我的灵魂和你的灵魂的个体差异，因为支撑他的哲学大厦的根基是作为至善的统一性。统一性规定了所有事物应当追求的善，我们的灵魂的终极幸福也应该朝向与不可言说的法则的同一，与不可言说的太一的同一。所以，灵魂的个体差异对他来说是不重要的。这一点在他的自由学说和自我决定理论中会表现得更加明显。

普罗提诺谈到的个别灵魂中，最不容易理解的可能是宇宙灵魂（psychē kosmou）。这个概念可以追溯到柏拉图的《蒂迈欧篇》。[2] 他认为宇宙作为一个整体，也是有生命的。而因为宇宙作为整体高于人类个体，它拥有的也是更高形态的生命。如果说人类的生命是有理性的，那么宇宙整体的生命更应如此，所以有一个理性的灵魂支配着宇宙。

古人之所以用这种拟人式的想法来看待宇宙整体，是因为他们愿意用一种生物学模型把整个宇宙理解为有机体。这背后的动机是他们观察到宇宙中自然现象的规律性，尤其是不同构成部分的有机契合。对于古人来说，最神秘难解的是星体之间运动的和谐。它似乎暗示了星体并非随机形成，而是彼此呼应着运行，它们之间的协调就像我们的身体器官一样。除了星体之外，古人认为自然物内部复杂而精致的结构，似乎也出于某种智能的设计，昭示着宇宙作为一个整体是在合乎理性地运行。[3] 即使今天，我们也会谈论作为整体的宇宙在“采取”某种行动，比如说有些人会认为瘟疫的爆发，实际上就是自然作为整体对人的反馈。

需要强调的是，宇宙灵魂和人的个体灵魂有一个重要区别：宇宙灵魂作为整体并没有下降到世界中，而是在“上方”支配着它。之所以要强调这一点，是因为我们会看到下降（或者堕落）到肉体中的人的灵魂，它要面临肉体的死亡。这无疑会威胁到灵魂的不朽，而且和肉体的关联也会改变它的存在方式，

[1] 普罗提诺：《九章集》，4.9.1-2。

[2] 柏拉图：《蒂迈欧篇》29d7-31a4。

[3] Emilsson, *Plotinus*, pp. 154-155.

使它发生变化。因此，如果宇宙灵魂也下降到宇宙整体中，我们就会遇到一个威胁：宇宙整体会不会灭亡？这会和普罗提诺有关宇宙永恒的信念发生冲突。此外，宇宙灵魂如果下降到宇宙中，就会像人的灵魂一样，受到物质（身体）的作用，会发生相应的改变，而反过来又会改变宇宙，我们的世界就会变成一个随机的、不可靠的整体，这在普罗提诺看来也是不可接受的。[1]

当然，我们最关注的还是那些会“堕落”到身体中的个别灵魂。（图 8.13）不过，“堕落”这种说法对于我们理解灵魂和身体的关系有很大的误导性。

（1）虽然很多人相信普罗提诺接受柏拉图的灵魂先在说，认为（人类）个体灵魂在进入身体之前存在于灵魂本体中，然后再进入我们的身体。但这一说

图 8.13　奥古斯丁《上帝之城》抄本（约 1480 年），马孔市立图书馆。普罗提诺（左侧蓝袍授课者）认为需要身体的理性灵魂除了人之外，还有精灵。而且他们因此和人一样要忍受情感的搅扰。而且他们的身体是不朽的，这搅扰将永无止息，他们的生活也因此比人类更加悲催。（《上帝之城》9.10）

[1]　普罗提诺：《九章集》2.9.7; 4.8.2。

法预设了某种空间概念，仿佛灵魂的存在是依赖空间的。因此，需要再次强调，包括我们的个体灵魂在内，灵魂首先是一个实体，而且是非物质实体，不受任何空间限制。

（2）更重要的是，普罗提诺从本体论上论证并非我们的灵魂在身体中，而是身体在灵魂中。

（a）这首先是因为灵魂的作用遍布整个身体，正因为灵魂的存在，我们的身体才具有它作为有生命物所具有的那些能力，而不是反过来。普罗提诺强调灵魂之于身体的优先性在于，灵魂控制着身体。他常把身体在灵魂中比作空气在光中，强调是光把空气照亮。这个比喻突出了灵魂之于身体的控制，所以不能把身体这种有广延的存在看作对灵魂的束缚。灵魂和身体的关系，在普罗提诺看来，更像是一个行动者和他的工具的关系。

（b）其次，灵魂的能力也不在身体的器官中。我们的视觉并不在眼睛中，只不过视觉活动需要在眼睛中实现。因此，从理论上来说，视觉也可以在其他生理器官上实现。这种反直观的主张，在今天看来，反而具有了某种超前性，例如科学家们会尝试利用盲人的其他生理构造来获取视觉信息。

（3）最后，普罗提诺回到灵魂作为意识活动的统一性，去辩护灵魂的非物质性和不受身体的限制。他说，如果灵魂在身体中的话，它就会在身体的某个部分中：（a）要么在受到外界刺激的部分中，（b）要么在其他部分中。前者没有办法解释同一个灵魂可以意识到其他部分所受到的刺激，以及在同一个时刻所产生的其他意识；后者同样需要解释灵魂为什么能意识到其他部分受到的刺激。所以，普罗提诺断定：灵魂自身的统一性决定了它不能被还原为身体中任何一个有广延的部分，甚至也不能够还原为作为整体的身体，因为灵魂还能完成超越身体的、非物质性的活动，例如理解活动。[1]

因此，在涉及灵魂和身体关系时，普罗提诺首先拒绝斯多亚派的还原论立场，拒绝把灵魂都化约为物质身体的性质。但与此同时，我们也很难说他持一种彻底的二元论立场，因为他实际上采取了一种逆向的还原，把生命体所具有的理性生命活动都还原到灵魂，并且认为它们完全可以在其他物质基础上实

[1] 普罗提诺：《九章集》4.3.19-23; 4.7.6，此处解释参考 Emilsson, *Plotinus*, pp. 173-180。

现，这是一种非常有趣的灵魂－身体观，对于后笛卡尔时代的我们尤为可贵。

4. 自然世界

灵魂之下是自然世界。它包含着物质和质料两种不同存在物。它们的生成都是同一个流溢过程的结果，并没有时间上的先后。

灵魂的向外流溢，实际上也是它回望理智、希望把握理智对象的后果。灵魂要把理智对象（柏拉图式形式）抛射到个别事物中，因此需要一个“容器”去承载形式。形式的存在方式也发生变化，不再在理智之中，而进入个别的可感事物中。在普罗提诺看来，这一转变要得以实现，必须引入质料，但质料仍然只是流溢的副产品。因为灵魂回望理智，是为了理解理智对象即形式，并不是为了创造质料。但是，灵魂所追求的对象的实现又离不开质料，所以质料在此就变成灵魂活动的必要条件。质料也因此成为灵魂所提供的形式的容器。这里所说的形式不再是柏拉图式的分离的形式，而是亚里士多德所说的个别事物的实体性形式。质料与形式相结合之后，它们首先成为有广延的物质，它是质料与形式的复合物。这个复合物，又可以再接受其他性质，或者接受灵魂：有些可以接受动物灵魂，有些可以接受人类灵魂，或者宇宙作为整体接受宇宙灵魂，从而使得某些有广延的物质拥有生命；当然也有一些事物不再接受灵魂，因此成为无生命的存在物（图 8.14）。在这个图景中，质料被放在最底层承载着不同的物质，而物质进一步承载着灵魂。[1]

质料作为“容器”的说法显然可以追溯到柏拉图的《蒂迈欧篇》，其中提到“chōra”这样一个既可以理解为基体也可以理解为空间的存在物，它容纳着个别事物。[2] 但普罗提诺谈论的质料不具有任何属性，包括广延在内。因为广延仍然是一种“特定的”性质，会使质料成为一个特定的存在物，而他所说的质料并非如此，它更接近通常归于亚里士多德名下的原始质料。[3]

（1）质料没有任何形式，因为它作为一个要容纳所有可感可知的形式的容器，如果本身已经具有某种特定形式，就会阻碍它成为一个无所不容的容器。

[1] 普罗提诺：《九章集》3.4.1; 2.4.6，此处解释参考 Emilsson, *Plotinus*, pp. 186-187。

[2] 柏拉图：《蒂迈欧篇》48e4。

[3] 见本书 5.4.3。以下有关普罗提诺质料概念的论述参考 Emilsson, *Plotinus*, pp.189-200。

质料所接纳的一切形式都来自灵魂，并最终来自理智本体，包括物质性（sōmatotēs, corporeity）在内。

（2）质料本身是不可变的，因为它承载着所有变化，从性质转化到实体生灭。进入质料的形式不会改变质料，因为质料还是可以接受所有的形式，这与亚里士多德所说的原始质料相似。

（3）质料实际上就是一种缺乏，是一种特殊的“非－是者（to mē on, non-being）”。缺乏是对可能出现在某事物身上的性质的不在场的刻画，例如我们说一个人会生气，在没有生气之前，他就处于一种缺乏的状态，缺少怒气。但是我们从来不会说桌子缺乏怒气，因为生气这种事永远不可能在桌子上实现。所以，当我们说一个人身上缺乏怒气的时候，是说他身上可能实现的东西没有实现。不过与质料相关的缺乏非常特别：质料可以容纳所有可感可知的形式，所以它本身缺乏一切形式，也因此不具有任何属性，不是任何事物。质料是没有限定的、完全不确定的。在这个意义上，质料被看作一种特殊的非是者。不过，与太一一样，质料尽管并非是者，但并不是不存在。因为否认质料的实在性，就是在否认自然世界的实在性，而这是普罗提诺不会接受的。他认为灵魂流溢而出的世界，仍然具有实在性，只不过是一种较低的实在性而已。

图 8.14　《存在的巨链》版画，出自 Diego Valdes, *Retorica Christiana*, Perugia : Apud Petrumiacobum Petrutium, 1579, p.221。近代早期柏拉图派将万物的等级刻画为自上而下的巨链：上帝、天使、人、动物、植物、矿物。

（4）质料是不可感知的。和太一一样，只能用一系列否定的方式来说质料不是任何形式、不会改变、不可量化等，当我们进一步断言它从根本上是不可感知的，那么，我们在什么意义上可以断定质料存在呢？普罗提诺主张，我们可以通过不思考的方式来认知和把握质料，就像我们通过不看的方式去把握黑暗一样。但这仍然是一种隐喻的、抽象的、否定的方法。其实，和我们通达太一的路径一样，我们只能断定太一不是什么和它是不可设想、不可言说的，而当我们断言它是至善时，我们也仅仅表明它不依赖任何其他事物。

回到普罗提诺整个形而上学体系，在我看来，对统一性的关注正是他思想的原创性所在，但也让他不得不为之付出沉重代价。当我们把统一性甚至与一个事物之所是剥离开时，它就超出了理性把握的范围之外。与此同时，统一性和质料本身作为超越我们理解的存在物，就不可被区分，因为它们都同样被称作非是者，我们无法通过任何肯定陈述将它们实质性地区别开来，除了独断地断定一个在万物秩序的顶端，另一个在底端（图 8.15）。

（5）质料是恶，并且是其他恶的原因。这或许是质料所有属性中最出人意料的一个，因为我们习惯于将关于质料的反思归入自然哲学和形而上学的范畴。这里要强调的是，普罗提诺谈论的恶和他所谈论的太一的善，首先都是在本体论意义上说的。如果说太一的善首先是从自足性的意义上来说的，质料的恶也是如此：质料是依附性的存在，它的所有存在都需要通过其他的形式来例示；如果太一的善是从保存的意义上来说的话，那么，质料的恶就在于它无所保存，总是处于实体和属性的生灭之中，尽管它自身在事物的生灭中保持不变。当然，我们更关心的是伦理的恶，和理性行动者相关的恶。

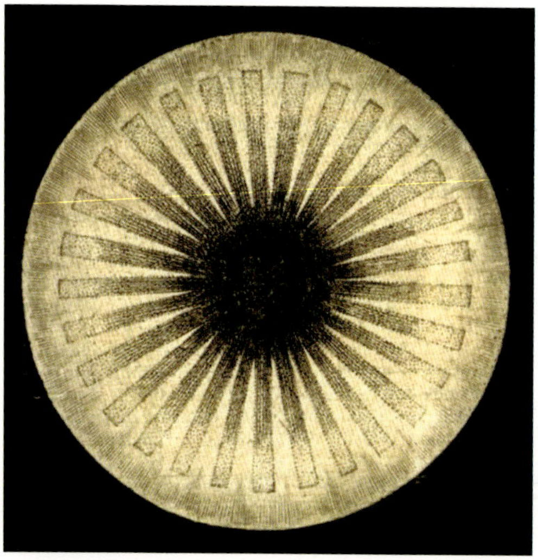

图 8.15　版画，出自 Robert Fludd, *Utriusque cosmi maioris scilicet et minoris metaphysica, physica atque technica historia*, Oppenhemii : Johan-Theodori de Bry, Hieronymi Galleri, 1617, p. 29。原书将神或太一描述为一个圆形的发光形式出现在原始质料的深渊或黑暗上方，它将黑暗驱赶到中心，离神圣的光明越近，黑暗越稀薄，反之则越厚重。作者暗示，我们通过光看到黑暗。但这幅图或许也可以理解为黑暗从质料深渊的中心向上方扩散，一点点吞噬光明，我们通过黑暗来感知到光。因此，太一的光明还是质料的黑暗，孰先孰后，很可能仅仅是视角的差别。

四、普罗提诺论神意与恶的起源

在普罗提诺以太一为至善本原的世界秩序中，伦理恶的出现及其起源就具有了一定的神正论（theodicy）色彩：太一虽然不是人格神和造物主，但它的流溢是其他一切存在的起源，同时太一作为至善的本原自上而下支配着我们的伦理世界，它如何能容忍恶的存在？当恶的发生不可避免时，太一在什么意义上仍然是至善和完满的存在？

1. 柏拉图《蒂迈欧篇》中的神正论问题

神正论问题可以上溯到柏拉图《蒂迈欧篇》中的"创世"神话。该书提到一位工匠神（Demiurge），以永恒的形式世界为范式，利用混沌中已有的水、火、土、气四元素的"迹象（ichnos）"，创造了星体、品位较低的众神、宇宙灵魂以及人的理性灵魂；而众神又模仿工匠神，建造了人的非理性灵魂、动物、植物，并将人的个体灵魂安放在他们所创造的身体之中。柏拉图强调，神意支配着他所创造的世界。

我们首先需要将这里的创世神话同犹太－基督教传统的创世说区别开来。后者认为，在上帝创世之前，无物存在。而柏拉图的工匠神并非自虚无中创造，而是在已有的、无序的物质存在基础上进行创造。"创世"在这里更多是指将可理解的结构赋予水、火、土、气等基本元素乃至一切物质存在，把柏拉图式的形式同物理世界结合起来：例如，火是四面体，空气是八面体，水是二十面体，而土是立方体。正如这幅中世纪细密画（图 8.16）所展示的，工匠神更像一位数学家，而不是近代以来常常类比的钟表匠。不过，和钟表匠一样，工匠神在创造世界的过程中希望他所完成的作品在自然许可的范围内尽可能地卓越和突出。[1] 在柏拉图看来，这就需要尽可能好地赋予世界以恰当的结构，这结构同时成为神意支配我们生活世界的方式。

在这样一个由神意支配的世界中，恶从何而来呢？柏拉图没有给出专门的哲学论述，但暗示了三个回应的线索。

[1] 柏拉图：《蒂迈欧篇》30a2-7。

图 8.16 《道德化圣经》抄本（约 1220—1230 年），奥地利国家图书馆。此为卷首插图，作为建筑师的上帝在依照几何学的法则创造世界。

（1）首先是多样性或丰富性原则（the principle of plenitude），简单来说，就是多样的善好比单一的善好要更好。要理解这一原则，首先要注意柏拉图谈论的恶并不局限于伦理的恶，它包含所有负面的事物，所有具有内在缺陷或给人们带来不便的东西，例如自然灾害、身体缺陷等。柏拉图认为这些包含着缺陷的事物仍然是好的，只不过不是最完满的。它们和更加完满的事物一起，构成了一个有高低之分的世界秩序，例如前面提到的“存在的巨链”。这等级秩序本身就是善好的，因为善好以多样性的方式出现在不同层面，如果不存在那些可朽的、不那么完满的事物，这个世界就只有孤零零的永恒存在者，这违背了善好的多样性原则。与此同时，柏拉图强调工匠神的造物之所以不完满，并非是出于工匠神的嫉妒，因为他希望所有存在尽可能像他一样完满。[1] 这表明工匠神并非恶的原因，而他之所以容忍有缺陷的事物存在，是为了保护善好的多样性。这一原则虽然没有直接解释恶从何而来，但为后世的神正论辩护有内在局限的受造物的价值敞开了思路。

[1] 柏拉图：《蒂迈欧篇》29d6-30a2。

（2）第二个解释线索来自必然性的存在（the existence of necessity）。柏拉图认为自然世界的产生是工匠神的理智和必然性共同作用的产物。[1] 这里的“必然性”，指的是工匠神不得不在无序的、不和谐的状态中赋予世界以可理解的结构，水、火、土、气等元素的无规则运动构成了有序世界存在的一个必要条件。这种无序状态并不因为工匠神的理智设计而彻底消失，恰恰相反，工匠神的创造必须得在必然性许可的限度内来实现，这也就解释了为什么尽管工匠神希望所有存在尽可能像他自己那样完善，但在时空中出现的自然物仍然是不完满的。因为必然性作为世界的另一个原因，决定了不完全受理智支配的不规则运动和偶然事件，这成为自然意义的恶（或缺陷）的来源。不过，这里仍然没有给出伦理恶得以产生的直接动力因或效力因（efficient cause）。

（3）《蒂迈欧篇》也提到了灵魂在恶的起源中的作用。柏拉图认为，灵魂对理性作为神性的忽视，导致它屈从于灵魂三分中低级的欲望和意气，由此产生了恶。此时，柏拉图谈论的不再是有缺陷的造物，而是灵魂的态度或者说“选择”的恶果，它看起来更接近我们所关心的伦理恶。但这里的“选择”之所以打上引号，是因为柏拉图把这种灵魂之恶称为灵魂的疾病，但所有灵魂的疾病都是由身体的疾病造成的；[2] 而身体之所以有病，正因为构成它的水、火、土、气等元素处于无序的状态之中，这将我们重新指向作为自然恶来源的必然性。[3] 此时，灵魂的恶被还原为身体的本体论的恶，使得恶的起源问题重新成为一个本体论问题。但对于一个产生神正论疑问的读者而言，这显然不是一个能让人满意的回答。此外，它还使得灵魂的选择及其自由成为可疑，因为灵魂的恶看起来最终源自不受其控制的必然性。

2. 普罗提诺论神意与自由

当普罗提诺面对恶的起源问题时，他就必须既要说明恶如何能出现在一个神意支配、尽可能好的世界之中，还要更加明确地区分本体论的恶和伦理的恶，对伦理恶的起源给出更令人信服的解释，并且这一解释至少不应威胁到人

[1] 柏拉图：《蒂迈欧篇》48a1-2。

[2] 同上书，86b1-87b9。

[3] 同上书，82a1-b7。

的自由，最后一点对于深受斯多亚派影响的普罗提诺尤为重要。

普罗提诺的回应依赖他的本体论图景，尤其是“从太一到质料”的等级秩序。首先，他把我们这里所谈论的恶界定为缺乏，缺乏尺度、界限、形式、自足性、确定性、稳定性、主动性、丰富性等善所具有的属性。[1] 这是一种本体论意义上的恶。它的来源，取决于一个事物在本体论等级秩序中的位置。当它越远离可理解的领域，越远离作为至善的太一，同时又更接近质料时，那么，它就越远离善的属性，就会产生不和谐和冲突，或者说产生恶，而质料本身作为一切形式的缺乏，它在这个意义上就等价于本体论的恶。

其次，普罗提诺强调，这些“缺乏”被包含在更广阔的本体论图景中，而且它们事实上构成了可感的物理世界的一部分，甚至是一个“最美好”的世界的一部分。[2] 因为这个世界不欠缺任何等级的事物：从太一到理智到灵魂本体，然后到世界灵魂、人的灵魂，到物质，再到质料，各种各样的事物的存在都能在万物秩序中找到它们的位置。显然，普罗提诺在很大程度上是回到柏拉图的多样性原则去辩护现有的世界仍然是一个最好的世界。他认为，不同等级的事物的存在和它们远离太一的本性这个事实，本身并不是一个问题。因为所有的活动都有内外二象性，其中外在的活动会使得它产生一些并非出自本来目的的副产品，而这些副产品本身也并不是坏的，只不过处在等级秩序中一个较低的位置，和其他事物一起构成了一个完满的世界。

不过，对于普罗提诺和其他新柏拉图派来说，一个大麻烦在于：他们比柏拉图更明确地强调统一性或一性（unity or oneness）在整个等级秩序中的奠基性作用，并且将太一等同于至善，因此就不太容易辩护，为什么多样性和丰富性本身也是一种善。

此外，以上讨论仍然只涉及本体论意义上的恶。普罗提诺清楚地意识到这一点，他引导我们重新思考等级秩序的另一极，也就是质料。质料本身只是一个“非 - 是者（non-being）”。它什么也不是，既不能说是善，也不能说是恶。只有当质料和那些具有自我意识的存在物发生关联的时候，它才成为伦理意义

[1] 普罗提诺：《九章集》1.8.3。

[2] 同上书，3.2.11。

上的恶。当一个有自我意识的存在者（即我们的灵魂）不再朝向太一或至善的那一极，而是将自己的欲望转向质料所在的这一极时，我们就会产生伦理意义上的恶，普罗提诺将其称为灵魂的恶德（kakia）或灵魂的软弱（astheneia），并且将它同与质料等同的恶（kakon）明确区别开来。[1]

与《蒂迈欧篇》不同，普罗提诺拒绝将灵魂的疾病还原到身体的疾病，而是强调灵魂因为其自我意识而拥有了自主性决定自己的"灵魂朝向"。恶德实际上是灵魂误用了自己的自主性和自我意识的结果。这里的自我意识和自主性如何理解，我们稍后再讲。

先总结一下普罗提诺有关神意如何与恶的存在相容的讨论：太一不需要为恶的产生负责：因为恶要么是**本体论意义**上的，源自纯粹作为缺乏的质料；要么是**伦理意义**上的，源自个体灵魂这种居中的存在者误用了自主性。

然而，以上辩护有一个很重要的前提：灵魂可以并且应当为自身的朝向承担道德责任。而一个"能够承担道德责任的行动者"，必须要满足一些最小条件。在亚里士多德那里，我们谈到了控制的和认知的条件。[2] 这些条件，或许都可以被笼统地称为人为了承担道德责任所应拥有的自由。因此，普罗提诺必须解释，在一个受太一以降的神意支配的世界中，仍然存在着自由，仍然有某些存在物的一部分活动不是由它在先的世界的其他本原和其他活动所决定的（图8.17）。或者说，即使它们能够决定该存在物的活动，也并不会剥夺他的自由，仍能让他成为一个负责任的行动者。

普罗提诺断言，所有人都拥有决定对错的内在本原，也都有可能按照自己关于对错的判断来（自由地）行事。但是，只有某些真正拥有美德的人才能运用这一本原做出正确的判断，并因此实现幸福。但即使是那些做出错误判断的恶人，他们的行动也不是直接由创世的活动决定的，而是同样拥有自由的本原，并且因此正当地受到谴责。[3]

不过，普罗提诺同时强调：人作为自由的本原，是和神意的秩序分不开的。因为神意所支配的不仅仅是那些无生命的事物或者只有低等知觉的生物，

[1] 普罗提诺：《九章集》1.8.13-14，参见 Lloyd P. Gerson, *Plotinus*, London: Routledge, 1994, p. 194。

[2] 见本书 6.4.1-2。

[3] 普罗提诺：《九章集》3.3.4。

图 8.17　奥古斯丁《上帝之城》抄本（约 1475 年），海牙荷兰皇家图书馆。普罗提诺与命运之轮。不过，普罗提诺并不认为命运是唯一的原因："万事皆有预兆，万物自有原因，但有两种方式：有的以灵魂为原因，其他的则以周遭世界为原因（案：即命运）。"（3.1.10）当然，问题的关键在于作为原因的灵魂本身是否仍受更高的因果关系的约束。

而且也包括我们的认知、意愿，甚至选择也不例外：

> 但如果有人说"我主宰着自己对这个或那个的选择"呢？
>
> 你将要选择的也已经安排好了，因为你的〔选择〕并不在〔宇宙〕整体计划之外，而是你自己就被算在其中。[1]

普罗提诺如此来解决人的自由和宇宙整体秩序之间的张力：一方面世界的秩序在因果上是由神意决定的；另一方面，这个秩序不仅决定了我们外在的行动也决定了我们的选择，但并没有破坏我们的自由。

这显然是一种类似相容论者（compatibilist）的观点，认为在一个决定论的世界中人仍然保有自由，并需要为自己的行为承担责任。但普罗提诺必须要论证而不是简单地断言，因为如伊壁鸠鲁派这样的不相容论者，就不认为在人的选择被预先因果决定的前提下还有自由可言。

[1]　普罗提诺：《九章集》3.3.3。

普罗提诺暗示了一个重要的线索：如果我们的行动仍然“取决于我们（eph’hemin）”，那我们就是自由的。那么，什么样的行动取决于我们呢？

> ……当我们不服从机遇、必然性、强烈的情感，做一件事只是因为我们意愿〔做它〕，并且没有任何东西与我们的意愿（boulēsis）相冲突，这件事就取决于我们。如果是这样的话，那么，“取决于我们”这一概念指的就是：一件事服从意愿，并且它是否发生，取决于我们如何意愿。[1]

概括地来说，一个事物 X 取决于我们，就在于它的发生与否取决于我们的意愿，或者说我们的意愿是 X 存在的必要条件，并且是使之发生的动力因，宇宙秩序不能不顾我们的意愿使 X 发生。这里实际上预设了我们的意愿是真正属于我们的，一件事取决于我们的意愿，它也就取决于我们。

普罗提诺谈到 X 的发生与否取决于我们的意愿，看起来是在谈论一种能够在两种不同的行动路线之间进行“选择”的能力。但它仅仅看起来如此：首先，他在这里并没有充分解释世界所运行的路线和我们的意愿之间的关联，而只是断言世界的运行不能不顾我们的意愿而使 X 发生或不发生；但是问题在于，我们的意愿本身也是在神意所支配的秩序中的。如果意愿的产生本身也是由神意因果决定的话，那么引入这样一个中介并不能够保证我们（行动）的自由，至少对不相容论者是如此；其次，普罗提诺真正关心的，其实也不是我们在两种不同的可能中进行选择的能力——尤其不是我们在善和恶之间进行选择的能力——而是我们能够行善，能够回返太一和至善的能力。在他看来，这种在善恶中进行选择的自由，远远没有“成为一个真正的自我的自由”那样重要。

这里实际上触及**古代两种不同的自由概念**：一种认为只有当一个人实现理想的自我状态、不受束缚、独立于万物时，他才是自由的；另一种则只要求一个人在行动时，他的决定和选择不受自身之外的因素束缚。

普罗提诺的自由观属于前一种，因为它首先通过因果的方式来刻画什么是取决于我们，强调那些不真正出自于我们的就不取决于我们。但一件事是否出自我们，这并不意味着我们要对它进行控制；因为他引入一个重要区分：单纯地**属于**

[1] 普罗提诺：《九章集》6.8.1。

我们的和真正**是**我们自己的。[1] 单纯属于“我们的”，是那些和我们作为有生命物紧密联系在一起的属性或活动，例如呼吸、感知、物质欲望、对身体的爱护；而真正能够**成为**“我们自己的”，是我们作为理性的存在，作为纯粹理智思考者的存在。在谈到什么取决于我们时，普罗提诺强调，只有像理智本体那样摆脱了任何对质料和物质的依附之后，我们的所有思考和实现活动都只依赖自身的静观，这时才有真正的自由，万物皆备于我。这时，我们作为行动者其实只有一种选择：归于至善、止于至善。与此同时，真正能够成为我们自己的，也只有那些能通过美德和理智、太一实现神秘合一的人，只有他们才拥有真正的自由。

此外，正如学界已经注意到的，在普罗提诺关于自由的讨论中，第一人称复数是非常关键的。[2] 从亚里士多德开始，古希腊哲学家都在谈“取决于我们”，而不是“取决于我”。普罗提诺尤为突出复数的意义，因为他关心的并不是一个个别的道德行动者如何通过在善恶之间的抉择来为自己的行动承担责任；而是在一个没有城邦的行动者中如何去实现和太一、理智的合一。任何个体的特征，因为来源于质料、身体和感性经验，都是没有价值的。重要的是**我们**是谁，而不是**我**是谁。在我看来，这也正是奥古斯丁等后世作家对新柏拉图派解决方案的不满之处，因为它没法真正刻画我的道德责任来源，尤其没有解释我如何成为作恶者。随着思想语境的转化，这一问题变得愈发紧迫，它也推动着哲学的发展朝向另一种历史形态。

阅读材料

1. Kevin Corrigan, *Reading Plotinus: A Practical Introduction to Neoplatonism,* West Lafayette, Indiana: Purdue University Press, 2005, Chapter 1 “An Overview of Plotinus' Thought: Texts,” pp. 7-22.
2. Eyjólfur K. Emilsson, *Plotinus*, London: Routeledge, 2017, Chapter 2 “The World according to Plotinus,” pp. 37-69.

[1] 普罗提诺:《九章集》1.1.7-13。

[2] Emilsson, *Plotinus*, p. 285.

进一步阅读指南

原始文献

George Boys-Stones, *Platonist Philosophy 80 BC to Ad 250: An Introduction and Collection of Sources in Translation*, Cambridge: Cambridge University Press, 2018.（出色的中期柏拉图主义文选和导论）

*Kevin Corrigan, *Reading Plotinus: A Practical Introduction to Neoplatonism,* West Lafayette, Indiana: Purdue University Press, 2005.（出色的导论和文选，选材精当，适合初学者）

John Dillon and Lloyd P. Gerson, *Neoplatonic Philosophy. Introductory Readings*, Indianapolis: Hackett, 2004.（一部出色的新柏拉图主义文选）

John Dillon and Andrew Smith (eds.), *The Enneads of Plotinus with Philosophical Commentaries*, Las Vegas: Parmenides Publishing, 2012–.（集结全球普罗提诺专家的译注本，类似 Clarendon 出版的柏拉图和亚里士多德系列，每一册提供《九章集》的一章译文和详细哲学评注，适合进阶读者，目前已出版 16 卷）

Paul Henry and H.-R. Schwyzer, *Plotini Opera* I-III, edition minor, with revised text, Oxford: Clarendon Press, 1964-82.（普罗提诺著作集希腊原文标准校订本）

Plotinus, *Enneads,* 7 volumes, Greek text with English translation by A.H. Armstrong, Cambridge, MA: Loeb Classical Library, 1968-1988.（希英对照本，广为接受的权威英译，可读性好）

Plotinus, *The Enneads*, edited by Lloyd P. Gerson, and translated by George Boys-Stones, John M. Dillon, Lloyd P. Gerson, R.A. King, Andrew Smith and James Wilberding, Cambridge: Cambridge University Press, 2018.（集结英语学界出色译者的最新译本，译文更贴近原文）

研究文献

John R. Bussanich, *The One and its Relation to Intellect in Plotinus*, Leiden: Brill, 1988.（关于太一及其流溢的经典研究，包含对一系列重要文本的评注）

Damian Caluori, *Plotinus on the Soul*, Cambridge: Cambridge University Press, 2015.（普罗提诺灵魂学说的前沿研究）

Ursula Coope, *Freedom and Responsibility in Neoplatonist Thought*, Oxford: Oxford University Press, 2020.（关于新柏拉图派自由和责任学说的思想史背景和理论贡献的出色研究）

*Eyjólfur K. Emilsson, *Plotinus*, London: Routeledge, 2017.（目前英语世界最出色的普罗提诺研究导论，作者善于化繁为简，表述清晰准确）

Eyjólfur K. Emilsson, *Plotinus on Intellect*, Oxford: Oxford University Press, 2007.（普罗提诺理智概念的出色研究）

Lloyd P. Gerson, *Plotinus* (Series: Arguments of the Philosophers), London: Routledge, 1994.（较为艰深的导论，适合进阶读者）

*Lloyd P. Gerson (ed.) *The Cambridge Companion to Plotinus*, Cambridge: Cambridge University Press, 1996.（难以替代的导论文集）

Lloyd P. Gerson (ed.), *The Cambridge History of Philosophy in Late Antiquity*, 2 vols., Cambridge: Cambridge University Press, 2010.（深入全面的古代晚期哲学史）

*Pierre Hadot, *Plotinus or the Simplicity of Vision*, translated by Joseph Thomas, Chicago: University of Chicago Press, 1998.（法语世界的经典导论，原书出版于 1963 年）

Paul Kalligas, *The Enneads of Plotinus: A Commentary,* vol. 1, translated by E. K. Fowden and N. Pilavachi, Princeton: Princeton University Press, 2014.（原文为希腊文，每章附有简短导论、内容概要和详细的希腊文本评注，侧重展示思想史背景，适合进阶读者。第二卷将于 2023 年出版）

Denis O'Brien, *Plotinus on the Origin of Matter*, Naples: Bibliopolis, 1991.（普罗提诺质料概念的经典研究）

*Dominic O'Meara, *Plotinus: An Introduction to the Enneads*, Oxford: Oxford University Press, 1993.（出色的导论，适合初学者入手）

Pauliina Remes, *Plotinus on Self. The Philosophy of the 'We'*, Cambridge: Cambridge University Press, 2007.（普罗提诺自我概念的深入研究）

*Pauliina Remes, *Neoplatonism*, Berkeley and Los Angeles: University of California Press, 2008.（可读性不错的新柏拉图派导论）

James Wilberding and Christoph Horn (eds.), *Neoplatonism and the Philosophy of Nature*, Oxford: Oxford University Press, 2012.（新柏拉图派自然哲学研究文集）

《斯坦福哲学百科》(*SEP*) 词条

Ancient Theories of Freedom and Determinism

Iamblichus

*Neoplatonism

Numenius

Plato: Timaeus

*Plotinus

Plutarch

Porphyry